总主编　刘春田

◎21世纪知识产权系列教材

商标法原理与应用

（第二版）

冯术杰　著

中国人民大学出版社

· 北京 ·

图书在版编目（CIP）数据

商标法原理与应用/冯术杰著．—2版．—北京：中国人民大学出版社，2024.1
21世纪知识产权系列教材
ISBN 978-7-300-32571-2

Ⅰ.①商… Ⅱ.①冯… Ⅲ.①商标法-中国-高等学校-教材 Ⅳ.①D923.43

中国国家版本馆CIP数据核字（2024）第011492号

21世纪知识产权系列教材
总主编　刘春田
商标法原理与应用（第二版）
冯术杰　著
Shangbiaofa Yuanli yu Yingyong

出版发行	中国人民大学出版社		
社　址	北京中关村大街31号	**邮政编码**	100080
电　话	010－62511242（总编室）		010－62511770（质管部）
	010－82501766（邮购部）		010－62514148（门市部）
	010－62515195（发行公司）		010－62515275（盗版举报）
网　址	http：//www.crup.com.cn		
经　销	新华书店		
印　刷	北京密兴印刷有限公司	**版　次**	2017年7月第1版
开　本	787 mm×1092 mm　1/16		2024年1月第2版
印　张	19 插页1	**印　次**	2024年1月第1次印刷
字　数	446 000	**定　价**	55.00元

作者简介

冯术杰，巴黎第一大学法学博士和法学硕士，清华大学法学院副教授，博士研究生导师，清华大学法学院科技文化与竞争法中心主任；兼任北京知识产权司法保护研究会副会长、北京市人民检察院行政诉讼监督研究基地研究员、中华商标协会专家理事、中华商标协会海外维权委员会专家委员、青岛仲裁委员会仲裁员、中国国际经济贸易委员会域名争议解决中心专家。主要从事知识产权法、竞争法、国际经济法的教学和科研工作。出版中文专著一部、法文专著一部、文集一本，在国内外期刊发表中文、英文和法文学术论文五十余篇。

修订说明

自本书于2017年出版以来，我国颁布或修订了多部与商标法有关的法律、部门规章和司法解释：2018年《电子商务法》颁布，2019年《商标法》经历了第四次修改，2020年《民法典》颁布、《最高人民法院关于审理涉电子商务平台知识产权民事案件的指导意见》发布，2021年《商标审查及审理标准》经历修改并改名为《商标审查审理指南》。本书第二版对第一版中涉及的相关内容作了更新。另外，考虑到反不正当竞争法中的反假冒制度（禁止混淆条款）与商标法的紧密关系，本书第二版也增加了这方面的内容。

衷心感谢中国人民大学出版社各位编辑严谨、细致、高效的工作！特别感谢黄宇、袁旺然、李冠泓、孙玥、刘蕴琦等同学对本书修订的有力支持。

冯术杰

2023年10月8日于清华园

编写说明

这部商标法教材的编写力求知识点的全面性、理论的系统性、理论与实践的结合、理论通说与新观点的结合、国内法与比较法和国际法的结合，在此特作说明。

就知识点的全面性而言，与专利法和著作权法一样，商标法的内容包括三个部分：权利的取得（取得的条件和程序）和维持（注销、撤销和无效宣告的条件和程序）；权利的内容和范围（排他权及例外）；侵权救济（侵权认定和救济程序与措施）。本教材覆盖了商标法上述所有知识点。

就理论的系统性而言，商标权的取得与维持是权利有效性的正反两个方面，商标权的权利边界与侵权救济是权利范围的正反两个方面。贯穿这两个问题的一条主线就是商标的识别功能，它在上游决定着显著性这一商标权取得和维持的核心条件，在下游决定着混淆可能性这一商标侵权认定的基本条件。这“一条主线、两个问题”决定了本教材结构上的系统性：商标权取得和维持的实体条件基本一致，混淆可能性标准在商标权取得和商标侵权认定中基本一致，因而本教材在前面的权利取得章节分别评述具有共性的内容，而在后面的章节仅分别评述具有个性的内容。这种前后呼应的写法避免了重复并将知识点融会贯通。仅对地名商标与地理标志、商标“抢注”和驰名商标三项内容，因其在我国目前法制中的特殊重要性而以单独章节评述。

就理论与实践的结合而言，经过改革开放以来近四十年的发展，我国的商标法实践在市场经济不断发展的背景下日趋丰富，这给法律的解释和适用带来了很多挑战，但也为理论研究提供了宝贵的素材。本教材紧密结合我国的法律和近年来的代表性案例，分析对商标法原理如何运用到规则的解释和适用中，又在规则的适用中反思我们对商标法原理的认识。

就理论通说与新观点的结合而言，教材宜把理论通说介绍给学习者，但也需要就问题的分析角度和方法作出示范，包括对既有认识和做法的批判与超越。本教材在很多知识点的分析中提出了作者的观点和理由，请读者以批判眼光研读。

就国内法与比较法和国际法的结合而言，一方面，欧美法上的理论和实践在对很多问题的分析中被用来作比较；另一方面，我国商标法上相关规则的条约渊源都被评述。值得注意的是，一方面，与美国相比，欧盟和欧洲大陆法系国家在商标法理论和制度上都与我国更具有同质性；另一方面，我国已经形成了自己的商标法制发展道路，对外国法的借鉴或对条约项下义务的履行都必须注意到我国商标法及反不正当竞争法自己的制度体系。

自2008年开始在清华大学法学院为硕士研究生讲授商标法及反不正当竞争法课程以来，作者一直密切关注国内外商标法及相关竞争法领域的理论、立法、实践、政策，并经常参与法院和商标审查机关的疑难案件、规范性文件的研讨和论证，也为企业的商标申请和维权提供过策略性咨询意见。作者在上述理论和实践工作中的所知和所想都直接或间接地在本教材的内容中有所体现，希望这些内容对于商标法领域的研究人员、实务工作者和学习者有所帮助。书中的疏漏、不足之处，敬请读者指正。

感谢知产宝数据库公司高级副总裁钟鸣博士对本书内容的宝贵意见。感谢清华大学法学院的朱晓睿、王楠楠等同学在资料整理上的帮助。感谢知产宝数据库公司提供的数据支持和裁判文书。

冯术杰

2017年6月13日于清华大学法学院

目　录

第一章　商标概论

一、商标的概念

（一）商标的定义

商标，是将某种商品或服务的不同提供者相区分的商业标识。这是从商标的功能的角度对其所作的定义，而且是根据法律视野内商标的基本功能来作的定义。这里面有几层意思：其一，商标是商业标识（commercial signs）的一种，商标之外的商业标识还有很多种，比如企业名称、商号或者字号（trade name）、商品外观（英美法系中的 trade dress）、工业品外观设计、企业的 logo、商业标语、商品名称、商品型号、地理标志、域名等。商业标识或标识（signs）不是个法律概念，需依据通常含义来理解。标识，一般也被理解为起着识别或区别作用的符号。[①] 换句话说，商业活动中起识别或区别作用的标识，不止商标一种。其二，商标的功能是将某种商品或服务的不同提供者（undertakings）相区分。商标之外的前述标识也都有识别或区别的功能。一般来看，企业名称、商号或字号、企业的 logo、商业标语是用来区分不同企业的；商品外观、工业品外观设计、商品名称、商品型号是用来区分不同商品的；地理标志是用来区分不同产地的商品并表征品质特征的；域名是用来区分不同网站的。与这些标识的固有的区别功能不同的是，从法律的角度看，商标是用来区分商品或服务的不同提供者的，准确地说，是用来将某种商品或服务的不同提供者相区分的，而不是用来区分不同商品或服务的提供者的。

（二）商标的外延

在法律层面，凡是实际起到（从商标使用角度评价，涉及获得显著性、未注册驰名商标、商标使用义务、商标侵权行为的认定等多个制度）或能起到（从商标注册审查角度评价）将某种商品或服务的某个提供者与其他提供者相区分的功能的标识都是法律意义上的商标。实际上，上述各种不同的标识在发挥其固有功能的同时都有可能同时发挥着识别商品或服务的提供者的功能，它们也就都是法律意义上的商标，受《商标法》的调整。在这种情形下，在这样的标识上就存在事实概念和法律概念的交叉重叠。也就是说，一个标识

---

① 比如《与贸易有关的知识产权协议》（以下简称 TRIPs 协议）第 15 条中所使用的标识（signs）一词。

可能同时是企业的商标、商号或字号、企业名称、域名等，比如 IBM。这一现象在法律上有两种性质的表现：一是法律概念之间的重叠。前述标识中有些是法律概念，即不同法律制度或规则的调整对象，比如商号或字号、企业名称、工业品外观设计、域名（商品外观是英美法上的法律概念，不是中国法上的法律概念）。不同的法律制度各自按照自己的价值目标设置了客体认定条件和调整规则，凡是符合其条件的，都将被纳入各自的调整范围。这样，就会出现事实上的同一对象被定性为不同法律客体，从而被纳入不同法律制度调整范围的情况，产生请求权竞合及权利冲突的问题。请求权竞合的情形，比如，第三人未经授权在电脑商品的生产和销售中使用"联想"这一标识，可能导致消费者就电脑商品的提供者产生混淆、误认，同时侵犯联想公司的商标权和商号权，联想公司可以依据《商标法》和《反不正当竞争法》主张权利，但损害赔偿不能重复计算。权利冲突的情形，比如，"欧尚"是甲公司的商标，同时也是乙公司的商号，而两家公司经营的商品或服务相同或类似。在法律规则层面，甲公司可以依据注册商标专用权（以下简称"商标权"）要求乙公司停止使用"欧尚"商号，乙公司也可以依据商号权要求甲公司停止使用"欧尚"商标。要解决此类冲突，就要分析这两种权利在产生时间上的优先性以及各自经过使用所形成的权益的正当性。[①] 二是非法律概念与法律概念的重叠。前述标识中有的不是法律概念，比如企业的 logo、商业标语、商品型号，它们可能会被不同的法律制度纳入调整范围，从而被定性为商标等法律概念，于是，事实上的概念和法律上的概念被同时用于指称同一事实对象。

二、商标的功能

从法律的角度看，商标有三项功能：识别功能、商誉承载功能和品质指示功能。在国外判决和理论学说中还存在商标的广告功能和投资功能的说法，比如欧盟的相关判决[②]以及《世界知识产权组织反不正当竞争示范条款》中的评述。[③] 这两个功能仍然是基于法律所调整或保护的前述三项功能，这两者也没有在商标法及反不正当竞争法的制度或规则的形成或适用中有不同于前述三项功能的体现。

（一）识别功能

识别功能或区别功能，即商标就某种商品或服务将某个提供者与其他提供者相区分的功能，也被表述为指示来源（origin）的功能。它是商标的基本功能。商誉承载功能和品质指示功能均依托识别功能而发挥作用。商标的识别功能是商标法的核心：在原理层面，保护商标的识别功能是《商标法》的价值目标所在；在制度层面，识别功能是商标法的保护客体的认定条件、商标权范围的确定依据和商标侵权的认定标准。换句话说，商标法的基本目的就是保护商标的识别功能。这体现为：它只保护具有识别功能或识别性（distinctive-

---

① 参见《最高人民法院关于审理注册商标、企业名称与在先权利冲突的民事纠纷案件若干问题的规定》（法释〔2020〕19 号）。

② CJEU，judgment of 17/10/1990，C-10/89，CNL-SUCAL v. HAG；CJEU，judgment of 11/07/1993，joined cases C-427/93，C-429/93 and C-436/93，'Bristol-Myers Squibb and Others v. Paranova'；CJEU，judgment of 11/11/1997，C-349/95；'Loendersloot v. Ballantine & Son and Others'；CJEU，judgment of 04/11/1997，C-337/95，'Parfums Christian Dior v. Evora'，and CJEU，judgment of 23/02/199，C-63/97，'BMW'.

③ "Protection against Unfair Competition-Analysis of the Present World Situation Study"，WIPO publication，No. 725，Geneva，1994，at 54-58 and para. 109.

ness，distinctive character）的标识，商标权的范围限于识别功能所必需和所及的边界，商标侵权行为就是破坏商标的识别功能的行为。因此，不具有识别性的标识不受商标法保护，受商标法保护的客体的保护范围仅限于其显著性的部分（如，就由具有显著性的元素和不具有显著性的元素所组成的商标而言）和其显著性所针对的商品或服务，有可能造成商品或服务来源混淆的行为就是商标侵权行为。识别功能理论决定了显著性是商标权产生的条件、显著成分是商标权的范围确定依据和混淆理论是商标侵权的认定标准。

商标法将保护识别功能作为其基本的价值目标，这意味着，凡是具有将某种商品或服务的不同提供者相区分的功能的标识，均在商标法的适用范围之内，都可以按照商标法获得保护。因此，前述各种标识，只要具有识别商品来源的功能，就可以被认定为法律意义上的商标。由于商标注册证对于商标权的存在和权属的充分、明确的证据效力，采用商标注册的方式来保护所有类型的商业标识（企业名称、商号或者字号、商品外观、工业品外观设计、企业的 logo、商业标语、商品名称、商品型号、地理标志、域名）是法律实践中最常用和最高效的策略与途径。

（二）商誉承载功能

商誉（goodwill，reputation）指的是经营者通过商品或服务的提供及广告宣传所产生的吸引客户的一种能力。它是市场中的一种竞争优势，是商标法和反不正当竞争法所保护的某些权益的一种正当性基础。它不是一种权利客体，尽管在会计上表现为一种可作价值评估的无形资产。商誉与法人的名誉不同，但存在密切关联。理论上，法人的名誉，可以与自然人的名誉相比，涉及一个法律主体的社会评价。法律保护自然人的名誉权，是以保护人的尊严这一基本人权为出发点和目标的；法人不具备人权的主体条件，但其社会声誉对于商业法人的核心功能目标——实现商业利益有着重要影响，因此，法律主要保护商业法人的与商业相关的声誉，诋毁商誉是一种典型的不正当竞争行为。诋毁商誉的行为可以表现为侵害商誉的多个方面，但这些方面与商标法所调整的商誉的维度并不相同，尽管存在交叉。相反，反不正当竞争法上的反仿冒制度（passing off）或禁止混淆制度（比如我国《反不正当竞争法》第 6 条的规定）所保护的商誉与商标法所调整的商誉具有同一内涵和内容，只是程度存在差别。[①]

通过善意的经营行为而积累的商誉总是商标法和反不正当竞争法的重要关切。即便在采商标权注册取得制度的国家，对于未注册标识所承载的商誉，法律也总是尽可能地通过不同方式予以保护。作为一种竞争优势，商誉本身不能直接成为法律所保护的客体，法律只能保护其载体或其据以产生或发挥作用的某些方面的元素。商标法和反仿冒制度或禁止混淆制度保护的就是商誉的载体——商标、商品名称、商品的包装、装潢等商业标识，禁止通过仿冒制造混淆来“揩油”或“搭便车”；反不正当竞争法关于禁止“搭便车”（free riding）或禁止“寄生”（法国法用语，parasitism）的制度，即保护商誉所基于产生或发挥作用的商品设计、市场推广等经营者的付出及其成果。

生活经验表明，消费者除了通过商标来识别商品和服务的提供者之外，还通过商标来认知商标所指示的商品和服务的质量、品质、特色、风格、售后服务等多方面的特征。比

---

① 夏晔．试论商誉的法律保护：从王老吉与加多宝商誉之争说起．北京：清华大学，2016.

如，消费者从电子商品上的“苹果”商标可以认知其所承载的高科技、高质量、大胆创新、潮流时尚等商誉内容。但是，在实行商标权使用取得制度的国家和实行商标权注册取得制度的国家，商誉的内涵以及法律对其予以保护的范围和程度都存在差别。在实行商标权使用取得制度的国家，在商标权使用取得制度中，商誉作为一个量的方面或程度要求不高的概念，是商标权取得的条件；但在反仿冒制度中，商誉（reputation）就是一个量的方面或程度要求较高的概念，是商标得以获得该制度保护的条件。在实行商标权注册取得制度的国家，商标法所关注的商誉主要是较高的市场知名度（reputation），与反假冒制度中的商誉具有同一内涵。这体现在：仅具有较高商誉的在先的被使用商标可以阻止他人恶意“抢注”，而具有一般商誉的被使用商标不受商标法或反不正当竞争法保护。

我国《商标法》对商标的商誉承载功能的保护主要体现在以下几个方面：（1）禁止通过商标“抢注”来掠夺他人商誉，因此，在先使用并有一定影响的商标可以阻止他人的恶意注册①；（2）禁止通过造成混淆的商标侵权行为来利用他人的商誉，因此，商标所承载的商誉越高，其禁止权范围越广②，损害赔偿的金额越高③；（3）禁止对驰名商标所承载的商誉的利用（混淆理论）和损害（淡化、丑化、弱化）④；（4）允许在先善意使用并已建立较高商誉的商标作为注册商标侵权行为的例外⑤；（5）允许已被善意使用并建立了较高商誉的商标在市场上的共存。⑥ 此外，我国《反不正当竞争法》第 6 条规定的禁止混淆制度也是对包含商标在内的承载较高商誉的商业标记的保护。

（三）品质指示功能

商标的品质指示功能，是指经营者应保证其所提供的商品或服务的品质稳定性、一致性，以符合消费者通过商标对其商品或服务之品质的认知经验和期望。在英美法系，商标的品质指示功能处于和识别功能同等重要的地位，这是因为：其一，商标被认为具有便利消费者选择商品的作用，不同品牌在市场上的口碑和相关公众的购买体验使消费者通过商标就能知晓其所指示的商品或服务的品质，从而大大提高消费选择的效率。其二，在商标权使用取得制度中，法律要求商标权的产生、范围和存在均依托企业经营的存在而且不能分离：没有使用就没有商标权，商标权以实际使用的商标标识和经营的商品或服务为限，商标权必须和与其相关的经营一起转让而不能只转让商标标识（naked assignment）。商标的品质指示功能甚至是某些类型的商标侵权行为的认定标准，比如，在平行进口涉嫌侵犯商标权的案件中，美国法院所采用的核心认定标准就是看平行进口的商品的品质是否与商标权人自己投入美国市场的商品具有同一品质或相仿的品质。⑦

我国法院也在与平行进口相关的商标侵权纠纷案件中借鉴了美国的做法，如

---

① 参见《商标法》第 32 条。

② 参见《最高人民法院关于审理商标民事纠纷案件适用法律若干问题的解释》第 10 条。

③ 参见《最高人民法院关于审理商标民事纠纷案件适用法律若干问题的解释》第 16 条第 2 款。

④ 参见《商标法》第 13 条第 3 款。

⑤ 参见《商标法》第 59 条第 3 款。

⑥ 参见《最高人民法院关于审理商标授权确权行政案件若干问题的意见》第 1 条。

⑦ Mary LaFrance，Understanding Trademark Law，2nd edition，New Providence，NJ：LexisNexis，2009，297 - 311.

"J. P. CHENET" 商标侵权案。[①] 在该案中，法国大酒库公司是葡萄酒等商品上的"J. P. CHENET"商标的注册人。2009年3月9日，大酒库公司同天津王朝葡萄酒酿酒有限公司（以下简称"王朝公司"）订立独家销售合同，授权王朝公司为中国境内的独家经销商，独家销售大酒库公司的涉案品牌葡萄酒。2012年8月31日，天津慕醍公司向天津海关申报进口标注"J. P. CHENET"商标的葡萄酒。大酒库公司发现天津慕醍公司进口的"J. P. CHENET"葡萄酒可能侵害其商标权，便向天津海关提出查验申请。天津慕醍公司提出其所进口的涉案葡萄酒系大酒库公司生产，其从英国 CASTILLON 公司处购得，CASTILLON公司系从大酒库公司的英国经销商 AMPLEAWARD LTD.（以下简称"AMPLEAWARD 公司"）处购得，其依法履行了上述葡萄酒的进口报关手续等事实，并提供了销售合同、发票、装箱单、海运提单、欧共体原产地证明、分析报告、质量证书、大酒库公司向 AMPLEAWARD 公司出具的发票、AMPLEAWARD 公司向 CASTILLON 公司出具的发票和销售合同等证据加以证明。一审法院认定，天津慕醍公司提供的初步证据能够证实其进口的涉案葡萄酒来源于大酒库公司。

二审法院认为：关于天津慕醍公司未经大酒库公司授权进口带有"J. P. CHENET"商标的葡萄酒的行为是否侵害后者的商标权，我国《商标法》尚没有明确的禁止性规定。该行为是否构成商标侵权，应根据《商标法》的宗旨和原则并结合案件具体事实等因素予以综合考量，合理平衡商标权人、进口商和消费者之间的利益以及保护商标权与保障商品自由流通之间的关系。我国《商标法》既保护商标专用权，防止对商品或服务的来源产生混淆，维护公平竞争，促进经济发展，同时又维护消费者及社会公众的合法权益，以实现对商标权人和消费者的平衡保护。具体到该案中，对于天津慕醍公司未经大酒库公司授权进口带有"J. P. CHENET"商标的葡萄酒是否构成商标侵权，应综合考虑以下因素：

第一，天津慕醍公司进口的葡萄酒与大酒库公司授权王朝公司在我国销售的葡萄酒是否存在大酒库公司所主张的"重大差异"。首先，根据本案已查明的事实，天津慕醍公司从英国进口的香奈干红葡萄酒、香奈桃红葡萄酒、香奈干白葡萄酒均为大酒库公司生产并销售给其英国经销商的商品，商品上所附着的商标也是来源于大酒库公司的商标，天津慕醍公司在进口中对涉案三种葡萄酒未进行任何形式的重新包装或改动。其次，大酒库公司称，其为了满足不同市场条件下消费者的不同需求等，对国际市场有严格的划分，被销售至中国的葡萄酒与被销售至英国的同品牌葡萄酒在质量等级、成分、品质、保质期、价格及服务等方面均有明显的不同。特别是，大酒库公司从进入中国市场开始就选择中高端路线，其在中国销售的葡萄酒品质上乘，而天津慕醍公司从英国进口的葡萄酒档次较低，在质量等级和品质上存在"重大差异"。

就注重原产地的葡萄酒类商品，特别是该案所涉产于法国的葡萄酒而言，以根据酿造葡萄酒时所用葡萄产地的不同而确定的葡萄酒等级，能够区分不同类别葡萄酒商品的品质并可在一定程度上影响消费者的选择和判断。香奈（J. P. CHENET）葡萄酒从2009年起进入中国市场并由王朝公司独家经销，经过几年来的经营及宣传推广，已为中国消费者接受和认可。虽然大酒库公司主张其从进入中国市场开始就选择中高端路线，且其在中国所销

---

① 参见天津市高级人民法院（2013）津高民三终字第0024号民事判决书。

售的葡萄酒商品的等级明显高于天津慕醍公司从英国进口的涉案葡萄酒的等级，但根据大酒库公司在一、二审期间提供的葡萄酒商品及相关商品介绍，其在中国所售葡萄酒既有法定产区餐酒（AOC）级别的高端商品，亦有地区餐酒（VDP）级别的中端商品（如香奈精选西拉干红葡萄酒），还有日常餐酒（VDT或VDF）级别的低端商品（香奈精选白中白葡萄酒）。同时，结合大酒库公司所提供的其在互联网上的相关宣传"……该公司贸易总监让-保罗·夏奈尔先生表示，其葡萄酒就质量而言，绝对比同类商品好，而且目前的售价仅四十多元人民币，性价比是很高的。他表示：'中国的葡萄酒市场是非常大的，我们就是要走物美价廉的路线，来打开中国的市场……'"，可以看出，大酒库公司本身即生产覆盖各种等级、系列及种类的葡萄酒商品，其商品在中国的市场定位也是面向不同需求和层次的消费群体，现有证据不足以证实其在中国销售的均为品质上乘的中高端路线商品的主张。鉴于大酒库公司在我国市场上有种类众多的葡萄酒商品出售，且涉案三种葡萄酒商品的级别均属于大酒库公司所售商品亦包含的日常餐酒等级，消费者对带有"J. P. CHENET"商标的葡萄酒商品的期待或依赖不会因上述商品的进口而被影响，故两者之间在质量等级和品质上不存在大酒库公司所主张的"重大差别"。至于大酒库公司所提天津慕醍公司进口的涉案葡萄酒与其在中国销售的葡萄酒在成分及保质期方面存在明显区别的主张，因大酒库公司对此并未提供充分证据加以证明，故该主张不能成立。另，涉案三种葡萄酒商品进入海关即被扣留，尚未流入市场，故对于大酒库公司所提两者在价格及服务上的区别在该案中亦无法判断。综上，根据该案现有证据，大酒库公司所提天津慕醍公司进口的涉案葡萄酒与大酒库公司在中国销售的葡萄酒在质量等级、品质、成分、保质期、价格及服务等方面存在"重大差异"的主张不能成立。

第二，消费者混淆的可能性是否存在及大酒库公司的商誉是否受到损害。商标的最基本的功能在于其识别性，即区分商品或服务的来源。从这一角度看，商标保护一方面是对商标权人的保护，即对商标权人的商业和身份识别的保护；另一方面也是对消费者的保护，以降低消费者的搜寻成本，防止交易中的混淆。因此，侵害商标权的行为的本质特征是对商标的识别功能的破坏，以致造成相关公众对商品或服务的来源产生误认或者认为其来源与注册商标的商品有特定的联系。该案中，大酒库公司对于其在中国市场上销售的不同系列、不同品质及不同级别的葡萄酒商品均使用了相同的"J. P. CHENET"商标进行标示，以将其生产的葡萄酒商品与其他品牌的葡萄酒商品相区别，因此，其通过广告宣传、展销会等经营活动获得的商誉及商标附加值也必然覆盖其所有等级系列的商品，而非仅针对其中的中高端商品。如前所述，天津慕醍公司从英国进口的葡萄酒与大酒库公司在我国销售的葡萄酒的质量等级和品质并不存在实质性差异，且该案中进口商品的原来状况未被改变，即对消费者作出是否购买的决定具有影响的因素没有发生变化，故天津慕醍公司的进口行为并不足以造成消费者对商品来源的混淆和信任度的破坏，进而大酒库公司在我国的商誉及利益也不会受到危害。

综合以上分析，因天津慕醍公司进口的葡萄酒与大酒库公司在我国销售的葡萄酒之间不存在实质性差异，该进口行为不足以导致消费者混淆，大酒库公司的商誉亦未因此受到损害，故大酒库公司关于天津慕醍公司未经其授权进口涉案葡萄酒构成商标侵权的主张不能成立。

实行商标权注册取得制度的大陆法系国家原则上也认为商标具有品质指示的功能，但又认为该功能并不具有英美法上那么高的重要性。造成这种差别的原因主要在于，在商标权注册取得制度中，商标权的产生、范围和存在均可以脱离企业的经营，商标权主要依托注册公示制度。因此，在商标权注册取得制度下，商标权可以脱离企业经营被转让。《保护工业产权巴黎公约》（简称《巴黎公约》）第 6 条之四专门对此作出了规定，以协调两大法系之间的差别。此外，从市场经济角度看，经营者有权决定其所提供的商品或服务的品质，这是一种工商业自由，只要其不违反国家的相关商品或服务质量要求。

我国《商标法》主要从商品和服务质量的市场监管角度来阐释商标的品质指示功能。《商标法》第 1 条即明确其立法目的之一是促使生产、经营者保证商品和服务质量，维护商标信誉。第 7 条第 2 款“诚实信用原则条款”中规定：商标使用人应当对其使用商标的商品质量负责。各级市场监督管理部门应当通过商标管理，制止欺骗消费者的行为。第 42 条第 1 款规定，注册商标转让中的受让人应当保证使用该注册商标的商品质量。第 43 条第 1 款规定，注册商标的许可人应当监督被许可人使用其注册商标的商品质量，被许可人应当保证使用该注册商标的商品质量。虽然在根本上而言，商品和服务是否符合国家质量标准属于产品质量法规制的问题，不需要商标法交叉或叠加监管，但我国的传统商标法隐含着一个并无市场经济依据的理念：使用注册商标的商品和服务比没有使用注册商标的商品或服务质量更好或更有保障。正因为如此，《商标法》才在第 52 条中规定了对将未注册商标冒充注册商标使用行为的通报和罚款处罚措施。为配合这一理念，立法者在《商标法》中设置了上述关于商品和服务质量监管的诸多条款。

商标法如果要对使用注册商标的商品和服务的质量设置规则，则不需要设置与产品质量法重复的规则，而应着眼于与经营者所提供的商品或服务的品质特色及与此相关的商誉方面的规则，《商标法》第 1 条将保证商品和服务的质量与维护商标信誉并提可以被解释为朝着这一方向的理念转变。但是，在实行商标权注册取得制度的国家和市场经济的背景下，如果经营者所提供的商品或服务符合国家质量要求，则法定质量之上的品质指示和经营特色就属于工商业自由的范畴，主要应交由“市场之手”来调整。但是，以本来意义上的商标品质指示功能为依据，商标法对商标所有人设置商品品质稳定性和一致性要求是以维护消费者利益为目的的。对于我国《商标法》关于商标受让人的商品质量保证义务的规定和许可人对被许可人的商品质量监督义务的规定，都应从前述本来意义上的商标品质指示功能的角度来理解。司法实践中有时会遇到商标许可人是否应当对被许可人的商品质量瑕疵承担法律责任的问题，比如：在被许可人的质量瑕疵商品给第三人造成损害的情况下，商标许可人是否要承担责任？商标法要求许可人监督被许可人的商品质量，但没有规定违反该义务的法律后果。在商标法作为民事责任特别法没有作出规定的情况下，应适用产品质量法；在后者也没有作出规定的情况下，应适用作为一般法的侵权责任法。一般情况下，商标许可人和被许可人之间不存在共同侵权或教唆、帮助侵权的关系，而《民法典》侵权责任编在补充责任和替代责任的条款中也未将商标许可关系纳入调整范围，因此，实证法上不存在关于商标许可人应就商标被许可人的商品质量瑕疵对第三人承担责任的规定。根据商标的品质指示功能理论，商标许可人对商标被许可人的商品质量监督义务以维护商标所指示商品的质量稳定性和一致性为目的，而不是以监督商标被许可人的商品符合国家质量标准为目的。而且任何一个经营者都对其商品符合国家质量规定承担法定义务，无论其是不是商标被许可人。因此，商标法关于商标许可人对商标被许可人的质量监督义务的规定不能成为前者应对后者的商品质量瑕疵承担法律责任的法律依据。最高人民法院在《关于产品侵权案件的受害人能否以产品的商标所有人为被告提起民事诉讼的批复》（2020年修正）中指出："北京市高级人民法院：你院京高法〔2001〕271号《关于荆其廉、张新荣等诉美国通用汽车公司、美国通用汽车海外公司损害赔偿案诉讼主体确立问题处理结果的请示报告》收悉。经研究，我们认为，任何将自己的姓名、名称、商标或者可资识别的其他标识体现在产品上，表示其为产品制造者的企业或个人，均属于《中华人民共和国民法典》和《中华人民共和国产品质量法》规定的'生产者'。本案中美国通用汽车公司为事故车的商标所有人，根据受害人的起诉和本案的实际情况，本案以通用汽车公司、通用汽车海外公司、通用汽车巴西公司为被告并无不当。"商标的品质指示功能理论不能为这一结论提供支持依据。

三、商标的构成元素

商标，作为商标权的客体，是商标权的核心要素。申请注册的商标标识，应当由符合法律规定的元素组成。理论上，由于任何具备来源识别功能的标识都是商标，因而任何可以被人类感知的元素都可以构成商标。人类的感知方式包括视觉、听觉、嗅觉、味觉和触觉，因此，理论上，能被任何一种方式感知的元素都可以构成商标。但由于实际操作的原因，有些类型的标识作为商标，具有技术难度较高、可操作性弱、稳定性弱等缺点，比如，味道标识依托化学分子的作用被消费者感知，但温度、浓度、空气流动性等因素都容易使味道标识的显著性不稳定。因此，在实证法上，各国普遍可以接受的就是容易被感知和描述的视觉标识。

正因为商标法理论和各国实证法上的这种共识，TRIPs协议第15条第1款中规定，能将商品或服务的提供者相区分的任何标识（sign）或任何标识的组合都应当可以构成商标。该条款并将可以构成商标的标识作了非穷尽性的列举：这些标识，尤其是包括人名在内的文字、字母、数字，图形，颜色组合以及这些标识的组合，都应当具有作为商标注册的适格性（eligibility）。该款最后一句还规定：（WTO）成员方可以要求，作为商标注册的条件，申请的标识应当是视觉可以感知的。这些规定说明了三点：各国对于可以构成商标的元素类型或种类是没有限制的（识别性是对构成元素获得商标法保护的条件要求，不是针对商标本体的条件）；WTO成员方所负有的最低限度的义务就是接受将视觉可感知的标识作为注册商标的构成元素；典型的或常用的商标构成元素包括文字、图形、颜色及其组合。

1993年《欧共体商标条例》[①] 第4条规定，欧盟商标可以由任何可以用图示的方式表示出来的（capable of being represented graphically）标识构成，尤其是文字，包括人名、图形、字母、数字、商品或其包装的形状，只要该标识能够将一个经营者的商品或服务与其

---

① Council Regulation (EC) No. 40/94 of 20 December 1993 on the Community Trade Mark, OJ L 11, 1994, p. 1.

他的经营者的商品或服务相区分。这里对商标构成元素的可图示要求也即视觉表现形式要求。欧盟第 2015/2424 号条例[①]对上述条款作了修改，去掉了对商标构成元素的可图示要求，只要求商标标识在欧盟商标注册簿上的表示形式能够使主管机关和公众清楚而准确地确定注册商标的保护客体（in a manner which enables the competent authorities and the public to determine the clear and precise subject matter of the protection afforded to its proprietor)，现行有效的 2017 年《欧盟商标条例》[②] 第 4 条与此规定相同。因此，欧盟法对商标构成元素的条件要求进一步降低，以使经营者需要保护的标识都能尽可能地被纳入商标法的保护范围。

我国《商标法》第 8 条规定：任何能够将自然人、法人或者非法人组织的商品与他人的商品区别开的标志，包括文字、图形、字母、数字、三维标志、颜色组合和声音等，以及上述要素的组合，均可以作为商标申请注册。该条所提及的元素类型都可以作为我国注册商标的构成元素。该条款中的"等"字引发了关于《商标法》对可注册标识的列举是穷尽性的还是非穷尽性的争论。"红底鞋"案正是体现这一争论的焦点案件。

图 1－1　第 G1031242 国际商标

该案中，法国设计师 Christine Louboutin 申请将其在第 25 类女鞋商品上的第 G1031242 号国际商标（见图 1－1）延伸至中国，国家工商行政管理总局商标局（其职责于 2018 年被整合进国家知识产权局商标局，以下简称"商标局"）以缺乏显著性为由驳回了该注册申请。申请人提出复审申请，国家工商行政管理总局商标评审委员会（其职责于 2018 年被整合进国家知识产权局商标局，以下简称商标评审委员会）维持了驳回决定，并认定申请商标是由常用的高跟鞋图形加鞋底指定的单一颜色构成的。[③] 申请人起诉到法院。一审法院认为申请注册商标是由高跟鞋形状的三维标志和局部部位填涂红色构成；由于商标审查机关对申请注册商标本身的认定有误，因而撤销驳回复审决定，责令重新审查。[④] 申请人和商标评审委员会都认为一审法院对申请注册商标的认定有误，都向北京市高级人民法院提起上诉。申请人认为：申请注册商标是由商品下鞋底位置使用的特定红色（潘通色号：18.1663TP）组成的，图样中虚线勾勒的高跟鞋形状、高跟鞋下鞋底的形状均不是申请注册商标的组成部分；申请注册商标属于《商标法》未明确列举的其他类型标识，对于在中国可注册的商标标识不应当以明确列举的类型为限；申请商标是可识别的标识，但不属于《商标法》第 8 条明确列举的任何一种商标类型。二审法院认为：申请注册商标由指定使用位置的红色构成，属于限定了使用位置的单一颜色商标，商标评审委员会与一审法院对此的认定均存在错误；虽然本案中申请注册商标的标识构成要素不属于《商标法》第 8 条明确列举的内容，

---

① Regulation (EU) 2015/2424 of the European Parliament and of the Council of 16 December 2015 amending Council Regulation (EC) No. 207/2009 on the Community Trade Mark, OJ L 341, 2015, p. 21.

② Regulation (EU) 2017/1001 of the European Parliament and of the Council of 14 June 2017 on the European Union trade mark, OJ L 154, 2017, p. 1.

③ 商标评审委员会商评字（2015）8356 号驳回复审决定。

④ 北京知识产权法院（2015）京知行初字第 3648 号行政判决书。

但其并未被《商标法》明确排除在可以作为商标注册的标识之外，因此，商标审查机关应当对申请注册商标的显著性重新作出审查。[①] 商标评审委员会不服二审判决，向最高人民法院申请再审。最高人民法院肯定了二审法院对申请注册商标的认定和对《商标法》第 8 条的解释，维持了二审判决。[②]

国家知识产权局进而向最高人民检察院提起行政审判监督程序，称：从文义解释来看，《商标法》（2013 年）第 8 条在列举商标构成要素时使用的表述是“颜色组合”而非“颜色”，“颜色”一词的外延包括“颜色组合”和“单一颜色”，根据明示其一即排除其他的解释规则，立法者通过使用“颜色组合”这一用语明确排除了单一颜色的可注册性。从历史解释的角度看，立法资料显示，在 2013 年《商标法》修订时，修订案草案中曾规定单一颜色通过使用取得显著特征的可以注册，但在最终通过的修改决定中删除了这一规定。这足以证明不允许单一颜色注册是立法者的本意。从体系解释的角度看，《商标法》（2013 年）第 8 条中的“等”字的用法显然只能是列举后煞尾，否则立法将出现明显的冲突。对《商标法》（2013 年）第 8 条的列举作开放性解释极可能误导商标注册申请人，使其认为对所有非传统的新型商标，例如气味商标、动态商标等，均可以申请注册。但显而易见的是，无论理论还是实践均不足以支持前述新型商标的注册。最高人民检察院认为，诉争商标是否属于《商标法》（2013 年）第 8 条的保护范围并非该案的争议焦点，终审判决认定被诉商标审查决定对申请注册商标的性质认定有误而要求重新作出审查并无不当，遂未支持国家知识产权局的监督申请。[③]

理论上，任何可以被感知的标识都可以构成商标，因此，对可注册标识的列举不应当是穷尽性的，否则《商标法》第 8 条列举之外的很多类型的标识，包括本案中的标识，就都得不到保护，这显然是不公平、不合理的。但在实践操作层面，要求国家知识产权局商标局（2019 年后，商标审查工作以国家知识产权局的名义开展，以下仍按照惯例称商标局）接受所有类型的标识注册申请也确实存在困难，这也是新的标识类型被逐步加到可注册标识列表中的原因。问题的根本就在于我国目前《商标法》第 8 条的规定存在缺陷，可以按照 TRIPs 协议第 15.1 条的规定，将该条修改为：任何能够将自然人、法人或者非法人组织的商品与他人的商品区别开的可视性标识和声音以及可视性标识与声音的组合均可以作为商标申请注册；可视性标识，包括文字、图形、字母、数字、三维标志和颜色组合等，以及上述要素的组合。这样，可视性标识的列举就是非穷尽性的，既符合 TRIPs 协议的要求，也不会导致气味等非可视性标识被纳入可注册标识的范围。

此外，值得注意的是，《商标法》第 8 条关于标识适格性的规定，既不是商标审查机关驳回商标申请的理由，也不是商标异议或无效宣告的理由。实践中对于非适格性申请注册标识的案件，商标审查机关通常以缺乏显著性为由予以驳回，但这种做法扭曲了标识适格性与显著性之间的关系，也难以解释为何不承认此类标识可以经由使用产生和获得显著性。

---

① 参见北京市高级人民法院（2018）京行终 2631 号行政判决书。

② 参见最高人民法院（2019）最高法行申 5416 号行政裁定书。

③ 参见最高人民检察院高检行监（2002）10000000031 号决定书。

因此，应当明确标识适格性是商标申请注册的绝对条件之一，并可以在商标审查和异议、无效宣告程序中适用。

四、商标的种类

（一）文字商标、图形商标、非传统商标

从构成元素的角度看，商标可以被分为文字商标、图形商标、颜色商标、声音商标、三维（立体）商标、组合商标等。这种分类对于商标审查和检索实践具有重要意义，类型化的数据库信息为实践操作提供了很多便利。此外，对于这些不同元素构成的商标，在其显著性审查方面也积累了一些可以被类型化适用的操作规则和经验。

（二）商品商标和服务商标

从所指示的经营活动的性质角度看，商标包括商品商标（狭义的 trademark）和服务商标（service mark）。这也是对商标的基本分类。前者用于识别商品的提供者，比如计算机商品上的“联想”商标；后者用于识别服务的提供者，比如金融服务上的“中国建设银行”商标。服务商标在法律上被接纳的时间要晚于商品商标。《巴黎公约》第 6 条之六规定成员方要保护服务商标，但没有设置任何具体义务。我国《商标法》第 4 条第 2 款也规定，关于商品商标的规定适用于服务商标。在法律实践中，商标授权确权案件和侵权案件都涉及对商标之间的近似性判断问题，为此，一方面要分析商标标识之间的近似性，另一方面要分析涉案商标各自所指示的商品或服务之间的类似性。商品之间的类似性判断和服务之间的类似性判断（还有商品与服务之间的类似性判断），遵循的是同一原理，但适用的是不同的规则，这种规则的差别就源于商品和服务自身的属性差别。另外，海关保护措施难以适用于服务商标，因为海关可以通过报关程序审查货物进出口中的商标使用情况，而对服务贸易难以以同样的方式监控。

商标是区分不同商品或服务的提供者的标识。这就涉及商品提供者和服务提供者的认定和区分问题。该认定和区分在商标不使用撤销程序中和商标侵权认定中都具有重要意义。

首先，就商品提供者和服务提供者的认定与区分而言，商品商标是商品提供者所用的商标，服务商标是服务提供者所用的商标。服务提供者可以在其服务所涉及的商品上使用其商标，但该使用不是对商品商标的使用而是对服务商标的使用，因为它只是服务提供者而不是商品提供者。

其次，就服务提供（者）的认定而言，服务提供指的是服务于第三方的行为，即第三方是服务的使用人，而不是提供者自己在使用相关服务。比如，超市在不同的媒体上为自己打促销广告并使用自己的商标，不属于超市在广告服务上使用其商标，因为是媒体而不是超市在提供广告服务。同样，每个公司都为自己做着企业管理的工作，但这不属于提供企业管理服务的行为。这一区分不仅在商标不使用撤销程序中意义重大，而且在商标侵权案件中也至关重要。在“滴滴打车”商标侵权案①中，原告睿驰公司是第 11122098 号和第 11122065 号“滴滴”文字商标的注册人：前者核定使用的服务项目为第 38 类，包括信息传送，计算机辅助信息和图像传送，电子邮件，电信信息，电子公告牌服务（通讯服务），提

① 参见北京市海淀区人民法院（2014）海民（知）初字第 21033 号民事判决书。

供与全球计算机网络的电讯联接服务，提供全球计算机网络用户接入服务，提供互联网聊天室，提供数据库接入服务，数字文件传送。后者核定使用的服务项目为第35类，包括商业管理和组织咨询，组织商业或广告展览，商业信息，替他人推销，职业介绍所，在计算机档案中进行数据检索（替他人）等。被告北京小桔公司提供互联网叫车服务，法院将该服务进行了归纳："'滴滴打车'的服务对象是乘客和司机，服务内容为借助移动互联网及软件客户端，采集乘客的乘车需求和司机可以就近提供服务的相关信息，通过后台进行处理、选择、调度和对接，使司乘双方可以通过手机中的网络地图确认对方位置，通过手机电话联络，及时完成服务，起到了方便乘客和司机，降低空驶率，提高出租车运营效率的作用。"原告认为该服务包含了第35类商标中的替他人推销、商业管理和组织咨询、组织商业或广告展览、商业信息、在计算机档案中进行数据检索（替他人），以及第38类商标中的信息传送、计算机辅助信息和图像传送、电信信息、电子公告牌服务（通讯服务）、提供与全球计算机网络的电讯联接服务、提供全球计算机网络用户接入服务、提供互联网聊天室、提供数据库接入服务、数字文件传送等性质的内容，具体为整合司机和乘客的供需商务信息，通过软件管理，利用互联网图像传送和电话等通信方式，进行信息的传送和发布，并通过支付平台完成交易。原告认为，以上过程均符合商业管理模式和电信类服务的特征，系其商标核定使用的服务项目，侵犯了其商标权。被告则认为，其服务性质不属于上述两类服务类别，应属于第39类运输类服务，包括为客户提供运输信息和运输经纪服务。

法院认为：第35类商标分类为商业经营、商业管理、办公事务，服务目的在于对商业企业的经营或管理提供帮助，对工商企业的业务活动或商业职能的管理提供帮助；服务对象通常为商业企业，服务内容通常包括商业管理、营销方面的咨询、信息提供等。原告列举的被告提供服务过程中的相关商业行为，或为被告针对行业特点采用的经营手段，或为被告对自身经营采取的正常管理方式，与该类商标针对的由服务企业对商业企业提供经营管理的帮助并非同类。而任何公司进行经营活动，均可能包含"商业性""管理性"的行为，以是否具有上述性质确定商标覆盖范围的性质，不符合该类商标分类的本意。

第38类服务类别为电信，主要包括至少能使二人之间通过感觉方式进行通信的服务，设定范围和内容主要为直接向用户提供与电信相关的技术支持类服务。"滴滴打车"平台需要对信息进行处理后发送给目标人群，并为对接双方提供对方的电话号码便于相互联络。上述行为与该商标类别中所称"电信服务"明显不同。提供该类别中所称电信服务需要建立大量基础设施并取得行业许可证。在发展迅速的互联网经济下，传统行业开始借助移动互联和通信工具等开发移动应用程序，在此基础上对传统行业进行整合，发展不同于传统行业的新型产业模式。被告经营的项目即为此类。在这种背景下，划分商品和服务类别，不应仅因其形式上使用了基于互联网和移动通信业务的应用程序，就机械地将其归为此类服务，应就服务的整体进行综合性判断，不能将网络和通信服务的使用者与提供者混为一谈。"滴滴打车"服务并不直接提供源于电信的技术支持类服务，在服务方式、对象和内容上均与原告之商标核定使用的项目区别明显，不构成相同或类似服务。原告所称其商标涵盖的电信和商务两类商标特点，均非被告之服务的主要特征，而是运行方式以及商业性质的共性。

从这个角度来看，该案的关键点其实不是服务的性质和类别认定问题，而是服务提供的认定问题。服务提供是提供服务给第三人使用而不是给自己使用的行为。法院正是基于服务提供的这一基本特征认定被告自身的经营活动中所涉及的通信、管理等方面的行为不属于服务提供行为。

(三) 集体商标和证明商标

集体商标，是指以团体、协会或者其他组织的名义注册，供该组织成员在商事活动中使用，以表明使用者在该组织中的成员资格的标识。证明商标，是指由对某种商品或者服务具有监督能力的组织所控制，而由该组织以外的单位或者个人使用于其商品或者服务，用以证明该商品或者服务的原产地、原料、制造方法、质量或者其他特定品质的标识。[①] 集体商标的注册人是商标使用人所组成的集体组织，证明商标的注册人自己不使用商标而是授权该组织以外的人来使用；集体商标的使用可以证明使用人对某集体的归属关系，证明商标的使用可以证明商标使用人的商品或服务符合该商标所公示的条件。这两种商标在功能方面与普通商标并无不同，它们同样具有识别功能、商誉承载功能和品质指示功能，仅在商标功能的表现和/或实现形式上存在差别：集体商标将作为商品或服务提供者的集体成员与该集体之外的其他提供者相区分，证明商标将符合其使用条件的商品或服务提供者与其他提供者相区分；它们均承载着其使用者共同积累的商誉；它们通过在注册时所公示的商标使用条件和用以保障这些条件被使用者遵守的监督机制来实现品质指示功能。集体商标和证明商标仅在注册人的性质、注册人和使用人的关系方面不同于普通商标：其一，普通商标的使用人为注册人和/或特定的被许可人，具有有限性和封闭性；集体商标和证明商标的使用人通常为多数，理论上具有无限性和开放性。其二，普通商标的注册人与使用人一般具有同一性，集体商标和证明商标的注册人与使用人不具有同一性。这些与普通商标之间的差别，均不能据以否定集体商标和证明商标在功能上与普通商标的一致性。此外，由于集体商标和证明商标在注册条件上的相似性（均需公示商标的使用条件，均需注册人具备据以保障使用条件得到遵守的机制），在实践中申请人在两者之间任意选择，都可以实现商标注册和使用的目的，比如，地理标志可以作为集体商标或证明商标获得注册和保护。

《集体商标、证明商标注册和管理办法》规定了这两种商标的注册条件。申请集体商标注册的，应当附送主体资格证明文件，并应当详细说明该集体组织成员的名称和地址；申请证明商标注册的，应当附送主体资格证明文件，并应当详细说明其所具有的或者其委托的机构具有的专业技术人员、专业检测设备等情况，以表明其具有监督该证明商标所证明的特定商品品质的能力。集体商标的使用管理规则应当包括：(1) 使用集体商标的宗旨；(2) 使用该集体商标的商品的品质；(3) 使用该集体商标的手续；(4) 使用该集体商标的权利、义务；(5) 成员违反其使用管理规则应当承担的责任；(6) 注册人对使用该集体商标的商品的检验监督制度。证明商标的使用管理规则应当包括：(1) 使用证明商标的宗旨；(2) 该证明商标证明的商品的特定品质；(3) 使用该证明商标的条件；(4) 使用该证明商标的手续；(5) 使用该证明商标的权利、义务；(6) 使用人违反该使用管理规则应当承担的责任；(7) 注册人对使用该证明商标的商品的检验监督制度。

---

① 参见我国《商标法》第 3 条第 2 款、第 3 款。

（四）联合商标和防御商标

联合商标和防御商标都是将扩展商标注册作为扩大商标保护范围的策略工具。商标权的范围是以核准的商标标识和核定使用的商品或服务为基准，通过混淆理论延及相同或类似商品或服务上的相同或近似商标，通过反淡化理论（仅限于注册驰名商标）再扩展到商标声誉可以波及的不相同和不类似的商品或服务上。从理论角度和规则角度看，这样的商标权保护范围足以覆盖商标注册人的利益范围，因此，经营者只需在其所提供的商品和服务上申请注册商标即可。但从实践的角度看，这种做法对于知名度较高的商标而言不符合效率的要求。在商标注册审查程序中，有些国家的商标局（比如法国）并不依职权审查申请注册商标与在先商标之间的冲突；而在依职权对此予以审查的国家，其商标局仅能审查申请注册商标与在先的相同和类似商品或服务上的相同或近似商标之间的冲突，而不会主动适用反淡化理论驳回不类似商品或服务上的商标注册申请。此外，在依职权的审查中，由于类似商品或服务的范围难以通过商标数据库准确划定，商标局的审查并不全面，审查员有时对于商标之间的冲突也会作出错误的判断；即便审查员的判断是对的，有时在先商标权人所想要的权利范围也大于法律规则或司法实践所划定的禁止权范围。在所有这些情况下，在先注册商标的所有人都需要针对商标局因未审、漏审、误审而决定予以注册的在后冲突商标发起异议或无效宣告程序，而发起这些程序意味着需要支付给商标局费用和律师费，而且胜诉概率往往不确定。

面对这种情况，联合商标和防御商标应运而生。联合商标，就是将与经营者所使用的商标标识相近似或相关联的（关联性和近似性由商标注册申请人自己判断，而不总是按法律规则和实践中的标识近似性判断标准来判断）商标标识予以注册，旨在扩大商标标识对他人在后商标注册申请的阻挡范围。防御商标，就是在经营者所提供的商品或服务之外的商品和服务上申请注册商标，旨在扩大商标所指定的商品或服务范围对他人在后商标注册申请的阻挡范围。采用联合商标注册策略的例子，比如，娃哈哈公司将“娃哈哈”三个字按照不同排列组合方式予以注册，“同享”商标的注册人将“同亨”和“同亭”都进行了注册。防御商标的例子如，家乐福、沃尔玛这样的大型百货超市，不仅在主营业务——零售服务上注册了其商标，而且在第 34 类商品和第 11 类服务上全都注册了其主打商标。联合商标和防御商标的注册使经营者得以通过支付商标注册的费用来节省商标监视和发起商标异议或无效宣告程序的费用，并显著提升了对他人在后冲突商标注册申请的阻挡成功率。

联合商标和防御商标策略存在一个缺陷：在实行商标权注册取得制度的国家，法律要求商标权人在商标注册后实际使用，如果连续 3 年（比如中国）或 5 年（比如欧洲国家和欧盟）停止使用一个注册商标，那么该商标可以被撤销。因此，在联合商标和防御商标注册后，商标权人应将其投入实际使用，否则，将面临被撤销的风险。尽管存在因不使用而被撤销的风险，但联合商标和防御商标仍不失为扩大商标保护范围的有力工具，因为风险是潜在的和规则层面上的，它并不总是变成现实：只有真正的利害关系人才会提出撤销申请，因为申请撤销一个注册商标也是要支付成本的，而且没有多少主体能名正言顺地成为“家乐福”“沃尔玛”这样知名的臆造商标的利害关系人。

(五) 注册商标和未注册商标

以是否获得注册为标准，商标包括注册商标和未注册商标。从注册程序和法律效力的角度看，注册商标是指在注册日之后并处于有效期之内的商标；未注册商标包括未申请注册的商标，处于申请日和注册日之间的商标，到期未续展、被撤销、被宣告无效、被注销的商标。在实行商标权注册取得制度的国家，商标法以效率为目的鼓励注册，因而以注册商标保护为主要任务，对未注册商标仅在符合法定条件的情况下才予以保护。在中国法的语境下，存在受法律保护权益的未注册商标包括未注册驰名商标①，超过普通注册商标保护范围的注册驰名商标②，“在先使用并有一定影响的商标”③，“在先使用但不具有一定影响的商标（在先使用的普通未注册商标）”④，通过使用获得显著性的描述性商标⑤，反不正当竞争法上知名商品特有的名称、包装和装潢⑥。

关于对未注册商标的保护，总体而言，其内容包括三个方面：其一，在对他人在后商标注册申请的对抗性方面，未注册驰名商标可以阻止他人在后申请注册，在先使用并有一定影响的商标可以阻止他人在后的恶意“抢注”，被代理人、被代表人或业务关系人可以阻止代理人、代表人或业务关系人的恶意注册。其二，在对他人使用行为的禁止权方面，未注册驰名商标可以依据混淆理论禁止他人的侵权使用，知名商品特有的名称、包装、装潢可以依据反不正当竞争法上的反仿冒禁止混淆制度禁止他人的侵权使用。其三，在先使用并有一定影响的商标被他人在后申请并获注册后，其在先使用人仍可以在避免混淆的情况下在原有范围内继续使用。⑦

尽管未注册商标是商标法上很次要的保护客体，但未注册商标的使用受商标法的调整。这主要体现在两方面：一是未注册商标不能被作为注册商标使用，即不能以文字或注册商标标记㊟或®将其表述为注册商标；二是不能将违反公序良俗的标识作为商标使用，即不能违反《商标法》第 10 条的规定。违反这两项使用规定者要承担通报或罚款的行政责任。⑧

值得注意的是，尽管在需要取得独占权的情况下经营者需要申请注册商标，但使用未注册商标是一种自由，应当被尊重。在加强知识产权保护的政策环境下，商场、超市、网络平台都纷纷要求入驻商家提供商标注册证或商标许可合同。尽管这种做法的出发点是排斥假冒商品，但该措施带来的负面影响也很大：选择使用未注册商标的商户、商标尚未获得注册的商户、销售正牌商品但不能提供商标许可合同的下游经销商，都被限制或剥夺了经营

---

① 参见《商标法》第 13 条第 1 款。

② 参见《商标法》第 13 条第 2 款。

③ 此即我国《商标法》第 32 条和第 59 条第 3 款所保护的未注册商标。根据《商标法》第 32 条，申请商标注册“不得以不正当手段抢先注册他人已经使用并有一定影响的商标”。

④ 此即我国《商标法》第 15 条中的商标，对应于第 31 条所保护的商标。

⑤ 根据我国《商标法》第 11 条第 2 款的规定，描述性标识经过使用取得显著特征并便于识别的，可作为商标注册。

⑥ 我国《反不正当竞争法》对知名商品特有的名称、包装、装潢的保护与对未注册商标权的保护出于同一法理。此类客体自身的命名和装饰功能并不影响其发挥识别性功能，从而同时成为商标。Arthur R. Miller and Michael H. Davis, Intellectual Property: Patents, Trademarks and Copyright, 3rd edition, Thomson West, 2000, p. 170. 李明德．美国知识产权法．北京：法律出版社，2003：336.

⑦ 关于未注册商标上的权益保护将在本书关于商标“抢注”和驰名商标保护的章节作论述。

⑧ 参见我国《商标法》第 52 条。

自由。对于分销网络层级较多的商品，下游经销商往往不能提供商标许可合同，而且，根据权利穷竭原则，一旦商品被商标权人投入市场，后续的销售行为就不需要获得单独的商标许可。

五、商标的权利取得方式

商标权的产生制度有两种：使用取得和注册取得。从纵向历史发展来看，使用取得制度在先，注册取得制度在后。早期的商标保护依赖民法上的诚实信用原则、侵权法或广义的反不正当竞争法，商标权益的主张者必须证明其商标的使用情况以及由此产生的商誉。在使用取得制度下，相同或类似商标上的多个独立权益可以在不同地域范围内同时存在，其弊端在于：商品流通的发展对地域范围的突破会使共存者之间发生冲突；商标权益的主张者总是必须提供商标使用证据，这也就相应地对司法资源的投入和法官对商标使用情况的认定能力都提出了要求。从 19 世纪中期开始，法国等欧陆国家陆续建立了商标权注册取得制度：欲使用某个商标的经营者向政府提出申请，经过官方注册公告使其他经营者广为知晓，是以确立注册人在全国范围内的独占权。同行业竞争者欲启用某个商标，就应主动避免与在先注册商标冲突，并同样通过注册程序公告全国。注册制度使一国境内的商标使用信息充分公开，注册秩序更为明晰、稳定，同时免去了商标权益主张者提供使用证据的负担并节约了司法成本。但注册制度的弊端在于：在善意第三人的相同或近似商标获注册后，在先的未注册商标的使用者必须停止使用其商标，除非涉及的是未注册驰名商标。这意味着严格的注册取得制度在显著提高宏观效率的同时，也必然会损害局部公平，即牺牲在先商标使用人的利益。目前，世界上的绝大多数国家都采用了商标权注册取得制度，《巴黎公约》和 TRIPs 协议的主要条款都是针对商标权注册取得制度拟定的，而原来采用商标权使用取得制度的英美法系国家也都同时建立了商标权注册取得制度。所有这些似乎在理论上表明，注册取得制度较使用取得制度先进。

但从比较法来看，在英美法系国家，使用仍然是商标权取得的根本方式，尽管英、美等国为了与国际接轨而引入了商标权注册取得制度。这又似乎表明，使用取得制度的缺点不是不能承受的，注册取得制度也不见得先进到要全面取代使用取得制度。注册取得制度和使用取得制度究竟哪个更适合一个特定国家，还需要具体分析，而不应固守一项理论原则或理念。如果某个国家的国情决定了要融合注册取得和使用取得两种制度，那也未尝不可，只要其商标法的理论自洽。一国法律制度的确立、选择、调适是多种因素综合作用的结果，包括法律传统和文化的影响，但从制度本身的效用看，还是要结合各国具体的相关情况来实现效率与公平的合理平衡。[①]

我国的商标法从制定之初就确立了商标权注册取得制度：一方面，确保了与国际接轨；另一方面，商标权的注册公告保证了商标制度的宏观效率。但是，注册取得制度的缺点也给我国商标法律制度带来了诸多问题，突出体现在：商标“抢注”频发而得不到有效制止；在先商标使用人的利益经常得不到有效保护。商标权注册取得制度也因此备受诟病。每当

---

① 冯术杰．我国离商标使用取得制度有多远？．中国知识产权报，2015－04－24．

出现商标"抢注"或在先商标使用被判侵权的案件时,"商标的生命在于使用""商标注册就是符号圈地"等观点就被用来批判注册取得制度。这些植根于英美法系的理念与注册取得制度当然是不兼容的,但欧陆国家为什么没有否定注册取得制度而仍然视注册证为权利有效的当然基础呢?这是因为在法国等欧陆国家,一方面,没有如此多的商标"抢注"事件;另一方面,经营者在启用商标时已经有了明确的注册意识。这表明,中国的社会和市场自发秩序与欧陆国家存在差别,市场主体的商标注册意识不强,还有些人注册了商标不是为了投入商业使用。这就需要考虑如何权衡商标注册取得制度给我们带来的效率与其在中国特定社会和市场环境下带来的不公平,并探讨在中国采用商标权使用取得制度或将注册取得制度向使用取得制度调适的可能性,比如,在"微信"案[①]中,可以看到审查机关和法院在执法中调适商标权注册取得制度和使用取得制度冲突的尝试。

2010年11月12日,创博亚太科技(山东)有限公司(以下简称"创博亚太")向商标局提交了第38类信息传送、电话业务等服务上的"微信"商标注册申请。商标局于2011年8月27日初步审定并公告了该申请。腾讯公司于2011年1月21日对外发布名为"微信"的聊天工具。创博亚太于2011年11月18日提出异议。2011年11月27日,腾讯的微信用户超过5 000万。2013年3月19日,商标局以被异议商标在相关服务上的申请注册易使消费者产生误认并导致不良社会影响为由,裁定对被异议商标不予核准注册。2013年7月,腾讯的微信用户超过4亿。2014年10月22日,商标评审委员会以被异议商标构成"不良影响"为由作出了不予核准注册的复审裁定。北京知识产权法院作出判决,维持了商标评审委员会的裁定。法院认为:"先申请原则是我国商标注册制度的一般原则,但在尊重在先申请这个事实状态的同时,商标注册核准与否还应当考虑公共利益和已经形成的稳定市场秩序。当商标申请人的利益与公共利益发生冲突时,应当结合具体情况进行合理的利益平衡。该案中,一方面是商标申请人基于申请行为产生的对特定符号的先占利益和未来对特定符号的使用可能产生的期待利益,另一方面是庞大的微信用户已经形成的稳定认知和改变这种稳定认知可能产生的较大社会成本,鉴于此,选择保护不特定多数公众的现实利益具有更大的合理性。因此,被告认定被异议商标的申请注册构成《商标法》第10条第1款第8项所禁止的情形并无不当,本院予以维持。"

实际上,该案反映的是商标注册取得和使用取得的矛盾、冲突。在先的商标注册申请和在后的使用商标之间发生冲突的情形下,是否应保护在先申请人的利益?在实行商标注册取得制度的典型国家和地区,如法国及欧盟,注册商标的保护期自申请日起算,但善意第三人在申请日至公告日之间的使用行为不构成侵权。然而,自商标申请被公告之日起,该善意第三人也必须停止使用,否则就构成商标侵权。因此,在商标权注册取得制度下,在先申请人有没有使用申请商标,在后使用人的商标使用达到了何种程度(实际显著性的存在及程度)或者"市场实际"的情形如何,都不影响注册取得制度对在先申请人的适用。在我国《商标法》第4条第1款明确选择了商标权注册取得制度的前提下,行政机关和司法机关在这个问题上的讨论空间颇为有限。但商标权注册取得制度所带来

① 参见北京知识产权法院(2014)京知行初字第67号行政判决书,北京市高级人民法院(2015)高行知终字第1538号行政判决书。

的宏观效率利益在个案中是看不到的，个案中执法者和司法者要直接面对的是个案的实体正义问题，而在不考虑制度的宏观效率利益的情况下，个案中对实体正义的理解也会出现偏差。

正是本着坚持以商标权注册取得制度为基础，尽量兼顾商标使用人利益的指导思想，2013年的《商标法》修正在多个方面加强了对商标使用人利益的保护。2019年《商标法》修正则强化了对不以使用为目的的恶意注册的打击力度。这一做法其实秉承了我国一贯的司法政策和实践。首先，2013年《商标法》新增的第15条第2款禁止与商标在先使用人之间存在合同、业务往来或其他关系的人的“抢注”行为。其次，对于商标注册申请之前他人已经使用并有一定影响的商标，《商标法》第32条（2001年《商标法》第31条）后半段本就规定在先使用人可以阻止不正当的注册申请，《商标法》又在第59条第3款允许此类在先使用商标在原有范围内继续使用。这两个涉及在先使用商标并有一定影响的条款合起来，旨在起到这样的效果：能制止恶意“抢注”的，就制止；不能制止善意注册和不能证明的恶意“抢注”（后种情形不在少数）的，就允许在先使用人继续使用。最后，2019年《商标法》新增的第4条第1款第二句制止以转让商标牟利和不正当竞争为目的的商标囤积等“抢注”行为。

六、商标的使用

从法律的角度看，商标的使用是一种法律事实，引起法律关系的产生、变更或消灭。在商标法及反不正当竞争法上，商标的使用主要有五个方面的体现：一是对未注册商标的使用可以产生商标法及反不正当竞争法所要保护的权益（商标法上阻止他人商标“抢注”的权益和作为侵权例外的权益，反不正当竞争法上禁止他人使用的权益）；二是对某些不具有显著性的标识的使用可以使其具有显著性，从而满足获得注册的条件；三是不使用注册商标会导致商标权的丧失，或者说，对注册商标的使用可以维持商标权；四是未经授权使用他人的注册商标、未注册驰名商标或受反不正当竞争法保护的标识构成商标侵权或不正当竞争行为；五是不规范使用注册商标会导致注册商标被撤销。上述任何商标使用行为都是一种事实行为，即与使用者要产生、变更或消灭法律关系或民事权益的意思表示无关，而仅取决于所使用的标识是否具有识别功能。对于任何一种商标使用行为，都应结合相关制度的立法目的作出解释和适用。

我国《商标法》第48条规定：“本法所称商标的使用，是指将商标用于商品、商品包装或者容器以及商品交易文书上，或者将商标用于广告宣传、展览以及其他商业活动中，用于识别商品来源的行为。”该条被规定在《商标法》第六章“商标使用的管理”中，该章的内容涉及规范使用注册商标、假冒注册商标和因连续不使用而导致的注册商标撤销制度。因此，从上下文的角度来看，该条针对的是这三种情形中的商标使用的认定。但在商标法及反不正当竞争法的框架内，是需要在更广泛的背景下来看待商标使用行为的。①

① 参见本书关于商标撤销和商标认定章节中的相关论述。

七、我国商标法的立法演变

(一) 1982 年的《商标法》立法

1. 立法背景与过程

党的十一届三中全会之后，我国的商标注册与管理工作进入了一个新的发展时期。1979 年 11 月，国家工商行政管理总局经研究决定，恢复全国性的商标统一注册制度。此前，在 20 世纪 60 年代出台的《商标管理条例》基于“加强商标管理，促使企业保证和提高产品的质量”的立法宗旨，带有浓厚的计划经济色彩，已不能适应经济体制改革发展的需要。1982 年 8 月 23 日，第五届全国人民代表大会常务委员会第二十四次会议通过了《商标法》（该法从 1983 年 1 月起正式施行）。这是中国知识产权法律体系中的第一部专门法律。

2. 1982 年《商标法》的主要内容

1982 年《商标法》共 8 章、43 条。与 20 世纪 60 年代的《商标管理条例》相比较，在 1982 年制定的《商标法》的进步性在于其对商标注册采用了灵活的管理模式，改变了一直以来的强制注册原则，将保护商标权作为《商标法》的重要内容，明确了商标侵权行为的责任和处理办法，另外还建立了商标评审制度。1982 年《商标法》不仅规定对商标的保护可以通过司法途径，还规定各级工商行政管理部门有权对商标进行管理。

1982 年《商标法》的立法成果主要体现在以下几个方面：

(1) 突出对商标专用权的保护。

1982 年《商标法》把保护商标权问题提到了重要位置，明确规定“经商标局核准注册的商标为注册商标，商标注册人享有商标专用权，受法律保护”（第 3 条）；规定了什么是商标侵权行为（第 38 条）、对商标侵权行为的处理程序；划分了行政管理机关和司法机关的职责；还规定对于侵犯商标专用权的行为，商标权人可以请求县级以上工商行政管理部门处理，也可以直接向人民法院起诉（第 39 条）。

(2) 改变注册方式。

自 1957 年以来，在我国商标注册方式采用的都是全面注册，即强制注册。此举虽然有利于统一商标管理，但是限制了企业等市场主体的积极性，不利于市场经济的发展。1982 年《商标法》改全面注册为自愿注册，仅对部分国家规定的特殊商品保留强制注册（第 4 条、第 5 条）；此外，改变了国内商标注册无限有效的规定，规定商标注册有效期为 10 年，可以到期续展（第 23 条）。

(3) 商品质量监督。

商品的质量与消费者的利益密切相关，1982 年《商标法》的立法者把防止欺骗消费者的行为作为《商标法》管理的一项重要任务；对于注册商标、未注册商标的使用人有粗制滥造、以次充好等欺骗消费者行为的，规定了相应的处理办法（第 6 条、第 31 条、第 34 条）；还对转让、许可注册商标的商品的质量加以法律监督，规定受让人、被许可人应当保证使用该注册商标的商品的质量（第 25 条、第 26 条）。

(4) 外国商标注册。

随着经济全球化发展，更多的国家要求按照对等原则办理外国人的商标注册申请问题。

1982年《商标法》规定，对于外国商标要在我国申请注册的，按申请人所属国与我国签订的协议或共同参加的国际条约办理，或按照对等原则办理（第9条）。

（二）1993年的《商标法》修改

1. 修法背景及过程

1993年，正值《商标法》正式施行10年之际，我国进行了《商标法》的第一次修改。此次修改一方面是顺应商标注册和申请国际化保护的趋势，另一方面是为推动我国社会经济发展，满足产业的发展需要。20世纪80年代末、90年代初商标保护的国际化趋势强劲，我国分别于1985年和1989年加入了《巴黎公约》和《商标国际注册马德里协定》（以下简称《马德里协定》）。在1992年年初我国与美国就保护知识产权达成了协议，即《中国政府与美国政府关于保护知识产权的谅解备忘录》。同时，在我国国内随着改革开放的深入，经营主体日趋多元，服务产业不断发展壮大，市场经济发展对商标权保护的需求增强。1993年2月，第七届全国人民代表大会常务委员会第三十次会议审议通过了《关于修改〈中华人民共和国商标法〉的决定》。

2. 修改内容

1993年《商标法》仍为8章、43条，对1982年《商标法》作了9条修改，主要包括以下内容：

（1）将服务商标纳入《商标法》保护对象。

在20世纪80年代后期，我国第三产业迅速发展，服务领域寻求法律保护的需求加强。1993年《商标法》增加了对服务商标的注册和保护规定（第4条第2款、第3款），为服务行业运用商标展开市场竞争创造了条件，也有利于我国服务行业的发展与国际接轨。

（2）增加了注册不当商标的撤销程序。

在商标使用过程中，不当商标问题越来越多，如有些商标因为在行业内被广泛使用或者被权利人使用不当，逐渐退化为商品的通用名称，丧失显著性；有些商标因在先使用人商标意识薄弱而被他人抢先注册。针对这些问题，1993年《商标法》设置了不当商标的撤销程序：以正当手段取得注册的，由商标局撤销，其他单位和个人也可以向商标评审委员会申请撤销（第27条第1款）。此外，规定地名不得作为商标，包括县级以上行政区划的地名和公众知晓的外国地名，但地名具有其他含义或者已经注册的除外（第8条第2款）。

（3）加强了商标的使用管理。

商标实践中，假冒他人注册商标，侵犯他人商标权的行为逐渐变得规模化和专业化，严重损害了商标权人和消费者的利益。1993年《商标法》增加了流通领域商标侵权责任的追究条款，将销售明知是假冒注册商标的商品的确定为商标侵权行为（第38条第2项）。同时，随着品牌效应的产生，越来越多的企业选择通过商标许可的方式扩大商标的使用范围。1993年《商标法》针对被许可人的商标使用行为进一步规定，必须在使用该注册商标的商品上标明被许可人的名称和商品产地（第26条第2款）。

（三）2001年的《商标法》修改

1. 修法背景及过程

2001年10月27日第九届全国人民代表大会常务委员会第二十四次会议通过了《关于修改〈中华人民共和国商标法〉的决定》。《商标法》的第二次修正是在国际背景和国内环境的双重驱动下进行的。2001 年我国加入世界贸易组织，在工作组报告中承诺对我国《商标法》的部分内容进行修改；并且我国已经加入《巴黎公约》、《商标国际注册马德里协定》、《商标注册用商品和服务国际分类尼斯协定》（以下简称《尼斯协定》）等一系列国际条约，我国法律法规的一些规定与前述条约的部分内容不相符合。国内环境下，社会主义市场经济蓬勃发展，而相应的市场规则尚付阙如。第一次修法未尽完善的问题，如商标权的主体资格限制、缺少对驰名商标的保护等问题，日渐突出。

2. 修改内容

2001 年修正的《商标法》共 8 章、64 条，与 1993 年《商标法》相比，修改 23 条，新增加 23 条，在商标法律制度上主要进行了以下内容的重大调整：

（1）扩大了商标权利主体的范围。

个体、私营等非公有制经济是社会主义市场经济的重要组成部分，自然人通过自己的劳动生产商品、创造财富，也需要通过商标权来维护自己的合法权益。2001 年《商标法》规定自然人可以成为商标权利的主体，自然人也可以申请注册并取得商标（第 4 条）；同时对同一个商标权益可以由多个权益人共同享有的问题予以明确（第 5 条），体现了商标权的私权属性。自然人可以注册商标与已经存在的外国人（含自然人）可以申请注册商标的法律规定相衔接，外国人不再享有超国民待遇。

（2）扩大了商标权保护的客体。

为了与 TRIPs 协议的相关规定保持一致，顺应我国产品、服务发展标志化、个性化的需求，2001 年《商标法》扩大了商标的可注册范围：不仅将数字、颜色组合、三维标识（立体商标）纳入可注册范围，还规定通过使用获得显著性的标识可以获得商标注册（第 8 条、第 11 条）。将 1993 年《商标法实施细则》关于集体商标、证明商标和地理标志的规定纳入《商标法》当中，提高了对这些权益提供保护的法律层次。

（3）增加保护驰名商标的有关规定。

《巴黎公约》和 TRIPs 协议均规定了成员方保护驰名商标的国际义务，我国在 1985 年加入《巴黎公约》后仅在商标行政执法实践中根据国际公约的原则对个案中的驰名商标进行认定和保护。2001 年《商标法》借鉴世界知识产权组织《关于驰名商标保护规定的联合建议》，并结合部门规章和地方立法的经验，明确规定了保护驰名商标的条款，包括对未在中国注册的驰名商标可以提供类似商标权保护（第 13 条第 1 款），对已在中国注册的驰名商标提供跨类别保护（第 13 条第 2 款）；明确了认定驰名商标的 5 条标准（第 14 条），规定恶意“抢注”他人驰名商标不受 5 年争议期限限制（第 41 条第 2 款）。此次修改为商标局、商标评审委员会和人民法院认定、保护驰名商标提供了法律依据。

（4）保护在先权利以及禁止他人恶意“抢注”。

TRIPs 协议确立了知识产权上保护在先权利的原则，该协议第 16 条第 1 款规定，“商标权不应影响任何已经有的在先权，也不得影响成员依使用而确认效力的可能”。为此，2001 年《商标法》规定，申请注册的商标，不得与他人在先取得的合法权利相冲突（第 9 条第 1 款），申请商标注册不得损害他人现有的在先权利（第 31 条）。

在我国商标实践中，抢先注册他人商标的现象愈演愈烈，造成了不良的社会影响。2001 年《商标法》在坚持商标注册原则和申请在先原则的同时作了适当调整，禁止在相同或类似商品上复制、模仿、翻译他人未在中国注册的驰名商标（第 13 条第 1 款），禁止代理人或代表人以自己名义将被代理人或被代表人的商标进行注册（第 15 条），规定申请商标注册不得以不正当手段抢先注册他人已经使用并有一定影响的商标（第 31 条）。可见，2001 年《商标法》为制止恶意“抢注”现象提供了法律基础。

（5）确立了对行政决定的司法审查制度。

TRIPs 协议在第 62 条（知识产权执法总义务）第 4、5 款明确规定，有关获得和维持知识产权的程序以及国内法规定的程序，行政撤销及诸如当事人之间的异议，无效和撤销程序作出的行政决定，均应接受司法或准司法当局的审查。而我国 1993 年《商标法》规定，当事人对行政当局关于商标侵权的处理决定不服的，可以向人民法院起诉，但是商标评审委员会作出的关于商标驳回申请不予公告的复审决定、维持或撤销注册商标的决定则为终局裁定。这与 TRIPs 协议的规定不相符合。2001 年《商标法》取消了商标评审委员会的终局裁定权，规定当事人可以自收到裁定通知之日起 30 日内向人民法院起诉（第 33 条第 2 款、第 43 条第 2 款），从而为当事人提供了更为严谨的司法救济。

（6）增加规定了商标注册申请人的优先权。

《巴黎公约》第 4 条规定了注册商标申请的优先权，第 11 条要求成员国对在所有成员国内主办或者承认的国际展览会上展出的产品或服务的商标予以临时保护。此前我国关于优先权的立法层次较低（1985 年《关于申请商标注册要求优先权的暂行规定》和 1988 年《商标法实施细则》有关于优先权的规定），2001 年《商标法》明确了关于优先权制度的规定（第 24 条、第 25 条），使商标注册申请程序更为完善。

（7）增加禁止“反向假冒”的规定和更充分的禁令与救济。

2001 年《商标法》引入了“反向假冒”构成商标侵权的规定（第 52 条第 4 项），规定了商标权侵权的无过错责任——销售商即使不知道所销售的产品是侵权商品，也应当承担停止侵权的责任（第 52 条第 2 项）；在以被侵权人因被侵权所受损失计算赔偿额时，包括被侵权人为制止侵权行为所支付的合理开支（第 56 条第 1 款），以给予权利人更充分的保障；强化了查处商标侵权案件的行政执法职权和司法职权，如规定行政机关有权对侵权物品采取查封、扣押的行政强制措施（第 55 条），有权采取没收、销毁侵权商品的行政处罚措施（第 53 条），人民法院对涉嫌商标侵权案件有权采取诉前财产保全和诉前证据保全措施（第 57 条、第 58 条）。可见，司法与行政“双轨制”为商标权人提供了更有力的保护。

（四）2013 年的《商标法》修改

1. 修改背景和过程

1982 年《商标法》是我国改革开放后颁布的第一部知识产权专门法律，此后分别于 1993 年和 2001 年进行了两次修正。《商标法》实施三十余年后，在保护商标权、维护消费者利益、促进公平竞争与商品经济秩序正常运转，进而促进我国经济和社会发展方面，发挥了巨大作用。自 2001 年修法后，我国商标事业取得长足发展，同时一些新问题逐渐显现，主要表现为：一是商标注册程序比较烦琐，商标确权时间过长；二是恶意注册、恶意异议商标现象比较常见，商标领域的不正当竞争现象比较严重；三是商标侵权现象严重，维权成本过高，对商标权的保护有待加强。在 2013 年 8 月 30 日，第十二届全国人民代表大会常务委员会第四次会议审议通过了《关于修改〈中华人民共和国商标法〉的决定》，第三次修改后的《商标法》自2014年5月1日起施行。

2. 主要修改内容

2013年《商标法》对2001年《商标法》共作了53处修改，修改后的《商标法》由原来的64条变成73条。本次修法并非简单地在整体上增加条文数量，而是完善了许多具体制度，主要体现在以下几个方面。

(1) 完善商标注册申请制度。

商标注册申请程序是申请人获得商标权的必经程序，2013年《商标法》修改旨在简化申请手续，优化申请程序，节约申请人申请注册商标的时间和成本。这具体表现在以下几点：一是扩大可以作为商标注册的标识范围，给予声音商标可注册性，由此，申请注册的商标不限于“可视性”商标（第8条）；二是明确“一标多类”申请方式，申请人可以通过一份申请就多个类别的商品申请注册同一商标（第22条第2款）；三是引进审查意见书制度，即审查员在审批的过程中可以针对申请文件的缺陷发出审查意见书，要求申请人作出说明或修正而不是直接驳回申请（第29条）；四是完善商标注册申请的异议制度，明确提出异议的主体和理由，规定只有在先权利人和利害关系人可以《商标法》规定的影响其在先权利的理由提出异议；五是增加了商标审查时限的规定，如商标局对商标注册申请的初步审定时限为9个月，对异议申请调查核实的时限为12个月，等等（第34条、第35条、第44条、第45条、第49条、第54条）。

(2) 完善驰名商标保护制度。

首先，明确驰名商标个案认定、被动保护的原则，规定对驰名商标应当根据当事人的请求，作为处理涉及商标的案件需要认定的事实进行认定。

其次，明确了驰名商标的认定主体和事由，规定商标局在商标审查和查处商标违法案件，商标评审委员会在处理商标争议，最高人民法院指定的人民法院在审理商标民事、行政案件过程中，可以依法认定驰名商标。

最后，明确不得以“驰名商标”字样进行商业宣传，规定生产、经营者不得将“驰名商标”字样用于商品、商品包装或者容器上，或者用于广告宣传、展览以及其他商业活动中（第13条、第14条）。上述举措主要针对我国实践中存在的一些企业对个案认定的驰名商标大肆宣扬、恶意制造驰名商标案例、地方政府行政认定泛滥等驰名商标异化现象进行规制。

(3) 加强对未注册商标的保护。

在实行商标权注册取得制度的背景下，未注册商标不能取得商标权，但《商标法》的本质在于保护通过使用而凝结在商标中的商誉。2013年修法时进一步完善了对在先使用商标的保护规则，维护了商标注册与使用的平衡。一是明确诚实信用原则，规定申请注册和使用商标应当遵循诚实信用原则（第7条第1款）。二是增加禁止“抢注”他人在先使用商标的情形，规定就同一种商品或者类似商品申请注册的商标与他人在先使用的未注册商标相同或者近似，申请人与该他人具有合同、业务往来关系或者其他关系而明知该他人商标存在，该他人提出异议的，不予注册（第15条第2款）。三是规定在先使用权：在商标注册人申请商标注册前，他人已经在同一种商品或者类似商品上先于商标注册人使用与注册商标相同或者近似并有一定影响的商标的，商标注册人无权禁止该使用人在原使用范围内继续使用该商标，但可以要求其附加适当区别标识（第 59 条第 3 款）。

（4）强化对商标专用权的保护。

《商标法》修改的总体趋势是不断提高对商标权的保护水平，在 2013 年修法中体现为两方面：一方面，于第 57 条进一步明晰了各类侵犯商标权的行为，包括将 2002 年《商标法实施条例》关于故意为他人侵犯商标权提供便利条件、帮助他人实施侵犯商标权行为的规定纳入《商标法》，以及将 2001 年《商标法》第 52 条第 1 项描述的行为拆分为两项来分别规定，并针对“在同一种商品上使用与其注册商标近似的商标，或者在类似商品上使用与其注册商标相同或者近似的商标”这一情形增加“容易导致混淆”要件。另一方面，引入惩罚性赔偿制度，提高侵权法定赔偿额。对于恶意侵犯商标权，情节严重的，规定可以在按照实际损失、侵权所得、许可使用费倍数等方法确定的数额的 1 倍以上 3 倍以下确定赔偿数额，同时，提高法定赔偿额——将侵犯商标权的法定赔偿额上限从 50 万元提高到 300 万元（第 63 条第 1 款、第 3 款）。

（5）规范商标代理活动。

此前，《商标法》未对商标代理作出规定，然而实践中每年通过商标代理机构提交的商标注册申请超过总申请量的 90%，可见，对商标代理机构从事商标代理工作进行监管不容忽视。2013 年修法时增加了以下规定：一是明确商标代理机构在代理活动中的执业规则，规定商标代理机构应当遵循诚实信用原则，遵守法律、行政法规，保守商业秘密，同时，除对其代理服务申请商标注册外，不得申请注册其他商标（第 19 条第 1 款、第 4 款）。二是明确相关法律责任，规定：商标代理机构有伪造、变造法律文件、印章、签名，以不正当手段扰乱商标代理市场秩序，违法接受委托或者申请注册商标等行为的，应当承担相应的行政责任甚至刑事责任，并由工商行政管理部门记入信用档案；情节严重的，商标局、商标评审委员会可以决定停止受理其办理的商标代理业务并予以公告（第 68 条）。

（6）其他相关规定的完善。

除上述五个方面外，2013 年修法还有许多进步之处，如：(i) 增加了注册商标不使用不予赔偿的规定，商标权人不能证明此前 3 年内实际使用过该注册商标，也不能证明因侵权行为受到其他损失的，被控侵权人不承担赔偿责任，从而体现出对被控侵权人的公平保护（第 64 条第 1 款）。(ii) 适当减轻权利人的举证负担，规定，人民法院为确定赔偿数额，在权利人已经尽力举证，而与侵权行为相关的账簿、资料主要由侵权人掌握的情况下，可以责令侵权人提供与侵权行为相关的账簿、资料；侵权人不提供或者提供虚假的账簿、资料的，人民法院可以参考权利人的主张和提供的证据判定赔偿数额（第 63 条第 2 款）。

（五）2019 年的《商标法》修改

1. 修法背景及过程

2019 年 4 月 23 日，第十三届全国人民代表大会常务委员会第十次会议通过《关于修改〈中华人民共和国建筑法〉等八部法律的决定》，该决定对《商标法》进行了第四次修改。本次修法的主要目的是遏制商标恶意注册和加大对商标权的保护力度，从而进一步优化营商环境。修改后的《商标法》于 2019 年 11 月 1 日开始施行。

2. 修改内容

2019 年《商标法》共 8 章、73 条，其对 2013 年《商标法》主要作了以下修改：

（1）强化商标使用义务以打击商标“抢注”。

2019 年《商标法》第 4 条新增规定：“不以使用为目的的恶意商标注册申请，应当予以驳回。”这是 2019 年修法最重要的规则创新。立法机关通过强化注册商标的使用要求以进一步遏制愈演愈烈的商标“抢注”和囤积行为。国家知识产权局在《商标法修改相关问题解读》中提道：“随着商标注册程序优化、注册周期缩短、注册成本降低，当事人获得商标注册更为便捷。与此同时，也出现了以傍名牌为目的的恶意申请和为转让牟利而大量囤积商标等问题……对于前一类的恶意申请行为，现行法律规定较为明确，近年来打击力度很大，使这类行为得到了有效遏制。但是在囤积注册行为的规制方面，法律中仅有原则性规定，缺乏直接的、明确的、可操作性强的条款，导致实际操作中打击力度不够”①。这表明，该条款主要是用于规制以转让为目的的商标囤积注册行为。

2019 年修订之前的《商标法》第 4 条第 1 款规定，自然人、法人或者非法人组织在生产经营活动中，对其商品或者服务需要取得商标权的，应当向商标局申请商标注册。该规定本身体现的是商标自愿登记原则，即经营者根据是否需要取得商标权来决定是否申请商标注册。但在相关的实践中，该条款在商标不使用撤销等制度中被作了扩张性解释，被解释为商标的申请人或注册人应当具有在经营活动中使用注册商标的真实需要。这样，如果可以依有关情形认定商标申请人或注册人没有在经营活动中使用该商标的真实需要，则可以否定其注册商标的效力。这就使原来的第 4 条的规定与禁止“不以使用为目的的恶意商标注册申请”的规定具有了理论基础和规则性质方面的一致性，后者基本上可以被视为前者的反面规定。这就是为什么上述新规则被纳入了 2019《商标法》第 4 条。而且，《商标法》第 4 条原有规则和新增规则之间的这层关系也有助于对新引入条款的解释。

为落实该条款的规定，国家市场监督管理总局制定了《规范商标申请注册行为若干规定》，北京市高级人民法院发布了《商标授权确权行政案件审理指南》，这两个文件以典型列举的方式对“不以使用为目的的恶意商标注册申请”作了解释。在适用程序方面，“不以使用为目的的商标恶意注册申请”，不仅可以被商标异议申请人或者无效宣告请求人援引为异议理由或无效宣告的理由，而且可以被商标局作为驳回商标注册申请的理由。②

（2）进一步规范商标代理活动。

2013 年《商标法》不仅规定了商标代理机构在代理活动中的执业规则，还设置了相关法律责任。2019 年修法时进一步对商标代理活动加以规范，主要体现在 2019 年《商标法》第 19 条以及第 68 条的规定上。根据第 19 条，商标代理机构知道或者应当知道委托人申请注册的商标属于不以使用为目的恶意申请商标注册的，不得接受其委托；根据第 68 条，如果商标代理机构不以使用为目的恶意申请商标注册，或者商标代理机构知道或者应当知道委托人不以使用为目的恶意申请商标注册而依然接受其委托，那么依据具体情形，商标代理机构及其直接负责的主管人或其他直接责任人员要承担警告、罚款的行政责任甚至刑事责任。事实上，这两处新增内容是对第 4 条的补充。除此以外，第 68 条还新增规定：对恶意申请商标注册的，根据情节给予警告、罚款等行政处罚；对恶意提起商标诉讼的，由人民法院依法给予处罚。

---

① 国家知识产权局《商标法修改相关问题解读》（2019 年 5 月 9 日发布）。

② 参见 2019 年《商标法》第 33 条和第 44 条。

（3）加大对商标侵权的惩罚力度。

2013年修法时正式引入了惩罚性赔偿制度。根据该法第63条，对于恶意侵犯商标权情节严重的，可以按照依据实际损失、侵权所得、许可使用费倍数确定的数额的1倍以上3倍以下确定赔偿数额。除此以外，该法还规定法定赔偿额的上限为300万元。2019年《商标法》将惩罚性赔偿的倍数由“1倍以上3倍以下”修改为“1倍以上5倍以下”，将法定赔偿额的上限由300万元提高至500万元。

2019年《商标法》规定了对于假冒注册商标的商品以及用于制造假冒注册商标的商品的材料以及工具等的处置方式：对于属于假冒注册商标的商品，除特殊情况外，法院可以应权利人请求责令销毁；此外，即便没有被销毁，此类商品也不得在仅去除假冒注册商标后进入商业渠道。对于主要用于制造假冒注册商标的商品的材料、工具，法院应责令销毁，且不予补偿；或者在特殊情况下，责令禁止前述材料、工具进入商业渠道，且不予补偿。将销毁与禁止进入销售渠道作为主要的处置手段，可以提高侵权者的违法成本，从而对侵权者形成有效威慑。①

① 国家知识产权局《商标法修改相关问题解读》（2019年5月9日发布）。

第二章
商标申请和注册程序

知识产权的权利产生机制，尤其是商标注册和专利授予行为的法律性质问题，涉及知识产权的属性，是知识产权法上的基础理论问题。关于这样的问题在西方国家已经少有论及[①]，但对这个问题的研究在当下的中国仍具有重要意义。这不仅是因为我们的知识产权制度仍在建设和改造之中，而且是因为知识产权法在不同国家融入传统法制的经验也是各异的。在商标法自身的理论和制度框架内，商标权的产生机制问题关系到商标权的性质和效力[②]，从而在很大程度上决定着商标审查程序的改革[③]和商标确权制度的走向。[④] 有学者从法哲学角度认为洛克的劳动财产权理论适用于商标权的产生。[⑤] 这一理论在一定的程度上和范围内可以适用于未注册商标权的产生，但难以用于解释注册商标权的产生。面对这一理论难题，坚信劳动财产权理论普适性的人们开始质疑甚至否定对没有事实上的显著性的注册商标予以保护的正当性。但实际上，注册商标权的产生不仅不适用劳动财产权理论，而且不以既有法益作为其正当性基础。注册商标权纯粹是实证法创制的权利，而且该创制另有其法律上的正当性或合理性。

作为一种与行政行为相联系的私权，注册商标权的产生机制问题既涉及行政法上行政行为理论的适用，又在一般民法理论的涵盖范围之内。从行政法的角度来看，需要弄清楚

---

① 究其原因：一是，实践中，这些国家的基本知识产权制度已基本上稳定、成熟；二是，理论上，各国自知识产权制度产生以来对这些问题的探讨已基本得出共识性的结论（尽管共识的内容可能仍是多元的）。但是，社会实践对既有理论的检验和挑战是社会科学发展中的常态，在这一点上，西方国家也和我国一样，在这个过程中不断检视和发展着既有理论，比如，法国法院在商标的识别功能和商誉承载功能之外提出商标具有投资功能（这受到学界的一致批评），香水的香味能否被纳入作品的外延引起了欧洲多国的广泛讨论。

② 比如，法院是否可以直接认定在后注册商标对在先注册商标构成侵权。北京两级法院在恒生案〔参见北京恒升集团诉北京市恒生科技等侵害商标权案［北京市第一中级人民法院（2001）一中知初字第343号民事判决书和北京市高级人民法院（2003）高民终字第399号调解书］〕中的处理方法，以及《最高人民法院关于审理注册商标、企业名称与在先权利冲突的民事纠纷案件若干问题的规定》（法释〔2008〕3号，2020年有修改）的相关规则（第1条第2款），就反映了理论上对商标权之性质的认识仍存在模糊区域。

③ 商标审查程序改革的思路之一就是，取消商标局的主动审查行为，并将在先注册商标权之外的其他在先权利不再作为商标异议的理由而只作为无效宣告的理由交给法院审理。但如果认为注册商标权是行政机关赋予的使用权和对世权，则相关在先权利人的正当权益将难以得到合理保障。

④ 李明德．专利权与商标权确权机制的改革思路．华中科技大学学报（社会科学版），2007（5）：12－16.

⑤ 彭学文．试论商标权的产生机理．电子知识产权，2006（6）：21－24.

的是：是不是商标局的注册行为产生了商标权？商标注册行为的性质是行政许可、行政赋权、行政给付还是行政确认？① 在民法的视野内，已有学者指出，“知识产权的发生、行使和保护，适用全部民法的基本原则和基本的民事规范”②。但关于商标权的产生如何适用民法的基本原则和规范的问题，学界少有详论。③ 那么，如何依据民法理论解释商标权的产生？对商标局的注册行为在商标权的产生机制中如何定性和定位？行政法和民法各自的理论如何在商标注册这一私法与公法交叉的领域进行衔接？下文分两步分析这些问题：先从行政法的角度看商标权是不是商标局的行政行为授予的民事权利，再看民事法律事实理论如何适用于商标权的产生。

一、商标申请和注册行为的法律性质

（一）作为行政行为的商标注册

如果解读中国当下有关注册商标的制度设计和司法实践，人们更倾向于认为，商标权产生于商标注册这一国家授权的行政行为，典型的例子就包括：（1）商标注册申请的驳回复审制度是参照行政复议和行政诉讼的模式设置的④；（2）注册商标之间发生冲突时，在先的商标权人不能直接向法院起诉在后的商标权人，而必须先向商标局申请撤销在后的注册商标才能提起侵权之诉。⑤ 其背后的原因就是认为商标权是商标局的行政行为授予的使用权，法院不宜直接否定该行政行为的效力。⑥ 理论上，也有人认为商标权产生于国家授权。⑦ 但实际上，商标注册行为的性质与前述这些制度设计之间应当是原因和结果的关系或者指导理论和实践操作的关系，而不应反推。那么，从行政法的理论来看，商标局的注册行为是何种性质：行政许可、行政赋权、行政给付还是行政确认？

行政许可，“是指行政机关根据公民、法人或者其他组织的申请，经依法审查，准予其从事特定活动的行为”⑧。行政许可可以被理解为“一种对一般人设禁而对特定人解禁的行为”⑨，因此，如果没有法律的一般禁止，就不存在行政许可。法律之所以要对有关特定活

---

① 有行政法领域的学者对商标注册和专利授予行为的性质发表意见，但观点各异，而且似乎没有充分考虑民法的理论和规则。姜明安．行政法与行政诉讼法：5版．北京：北京大学出版社，2011：232；郭道晖．行政许可的设定原则与分类．政治与法律，2011（6）：22.

② 刘春田．知识财产权解析．中国社会科学，2003（4）：109－121. 与此相关的著述多关注商标权的性质和内容，将其与物权这一参照物对比后得出商标权准用物权有关规则的结论。汪泽．知识产权与物权之比较．中国工商管理研究，2003（4）：53－56. 蒋万来．知识产权与民法关系之研究．北京：中国社会科学出版社，2010.

③ 有学者探讨了知识产权的变动模式，采用类比方式分析指出知识产权准用物权的变动模式［苏平．知识产权变动之理论基础及模式选择．重庆理工大学学报（社会科学），2012（9）：21－26］。也有文章对专利授予行为的性质作了行政法意义上的探讨［梁志文．专利授权行为的法律性质．行政法学研究，2009（2）：33－36］。

④ 商标注册申请人对商标局的驳回决定不服的，可以向商标局申请复审；对复审决定不服的，可以起诉到法院，北京知识产权法院按行政诉讼案件审理。

⑤ 参见《最高人民法院关于审理注册商标、企业名称与在先权利冲突的民事纠纷案件若干问题的规定》（法释〔2020〕19号）第1条第2款。

⑥ 文学．使用自己的注册商标也构成商标侵权吗?：“恒升”诉“恒生”案一审判决引发的思考．中华商标，2003（3）：19－22.

⑦ 袁博．商标俗称的法律保护途径：“索爱”商标争议案评析．中华商标，2012（5）：46－49.

⑧ 参见我国《行政许可法》第2条。

⑨ 姜明安．行政许可法条文精释与案例解析．北京：人民法院出版社，2003：12.

动设禁，是因为从事该活动需要符合特殊的条件或具有特殊资质。[①] 再看商标权，其涉及的活动是在提供的商品和服务上使用商标。我国《商标法》明确规定了商标自愿注册原则，因此，经营者使用商标没有为法律所禁止，是一种自由。如果说商标权人获得了一种禁止他人对其商标作混淆性使用的权利，那么与这种权利所对应的特定活动仍是商标权人自身的商标使用行为，即便禁止他人商标侵权的行为也不需要什么特殊资质。有行政许可法专著特别指出，专利申请和商标注册行为不适用《行政许可法》，因为专利申请和商标注册的目的与申请行政许可有本质区别：此类申请的目的是获得国家对有关权利的保护，具有明显的备案特征；此类申请的事项特征显著，与行政许可的事项区别明显。[②]

行政赋权或行政给付是指行政机关依法使相对人获得某种权利或权能的行为，涉及的权利或权能大致包括三种：为某种行为的权利，比如营业执照赋予相对人从事有关经营的权利；为某种行为的资格，比如律师执业证赋予相对人从事法律服务的资格；某种特殊权利，比如奖励或救济。[③] 可见，前两种赋权行为均属于行政许可，而第三种为行政给付。行政给付，即便在广义上理解，也是将政府掌握的公共物质资源向特定对象发放的行为。[④] 而且，就商标注册而言，将对某个标识的独占使用权赋予注册申请人不涉及政府掌握的公共资源的分配问题，因为这些可以注册的标识本身处于不为任何人所有的公共领域。此外，即便在广泛的意义上理解行政赋权行为，行政机关能赋予相对人的权利必定是行政机关所拥有或管控的权利，而商标权完全没有公法上的预先存在。

行政确认，是指行政主体依法对行政相对人的法律地位、法律关系或者法律事实进行甄别，予以确定、认可、证明（或者否定）并予以宣告的具体行政行为。[⑤] 多数行政法学者均认为，知识产权的确认属于对法律关系的确认，即确认某种权利义务关系是否存在或者是否合法有效。[⑥] 本书认同将该行为认定为行政确认，但确认的对象是法律事实还是法律关系？法律关系的设立、变更和终止均是由法律事实引起的，因此，要确认一种法律关系是否合法存在就要对作为其起因的事件、事实行为或法律行为进行确认。就事件和事实行为而言，由于其适用法定主义，行政机关只需认定其存在与否就可以了；但对法律行为而言，由于其适用意思自治原则，不仅要认定其存在（成立）与否，而且要确认其是否满足生效要件。

---

① 比如，《行政许可法》第 12 条第 3 项规定，提供公众服务并且直接关系公共利益的职业、行业，需要确定具备特殊信誉、特殊条件或者特殊技能等资格、资质的事项，可以设定行政许可。典型的例子就是律师、医师的行业准入资质许可。

② 《行政许可法》第 12 条规定，对下列事项可以设定行政许可：(1) 直接涉及国家安全、公共安全、经济宏观调控、生态环境保护以及直接关系人身健康、生命财产安全等特定活动，需要按照法定条件予以批准的事项；(2) 有限自然资源开发利用、公共资源配置以及直接关系公共利益的特定行业的市场准入等，需要赋予特定权利的事项；(3) 提供公众服务并且直接关系公共利益的职业、行业，需要确定具备特殊信誉、特殊条件或者特殊技能等资格、资质的事项；(4) 直接关系公共安全、人身健康、生命财产安全的重要设备、设施、产品、物品，需要按照技术标准、技术规范，通过检验、检测、检疫等方式进行审定的事项；(5) 企业或者非法人组织的设立等，需要确定主体资格的事项；(6) 法律、行政法规规定可以设定行政许可的其他事项。

③ 姜明安．行政许可法条文精释与案例解析．北京：人民法院出版社，2003：32. 罗豪才．行政法学．北京：中国政法大学出版社，1996：135－136.

④ 姜明安．行政法与行政诉讼法．北京：北京大学出版社，2011：239.

⑤ 姜明安．行政法与行政诉讼法．北京：北京大学出版社，2011：249.

⑥ 应松年．行政法与行政诉讼法学．北京：中国人民大学出版社，2009：177. 罗豪才．行政法学．北京：中国政法大学出版社，1996：234. 姜明安．行政法与行政诉讼法．北京：北京大学出版社，2011：252.

在商标注册程序中，商标局要确认的就是商标注册申请是否符合商标注册的条件。从法律事实的角度看，这是审查商标注册申请这一法律事实是否符合其生效要件，而该法律事实就是申请人意欲引起商标权法律关系发生的商标注册申请民事法律行为。换句话说，从行政法的角度看，商标权产生于商标注册申请这一民事法律行为，商标局的注册行为就是对该民事法律行为的行政确认。所以，产生商标权的根本原因在于商标注册申请行为。这就回到了民法的范畴内。

（二）作为民事法律行为的商标申请

从民法的角度看，商标权是一种民事权利，而民事权利总是存在于民事法律关系之中，因此，民事权利的产生同时是其赖以存在的民事法律关系的产生，而民事法律关系产生于民事法律事实。民事法律事实包括与人类意识无关的事件和与人类意识有关的行为，行为包括法律行为和事实行为：法律行为依行为人的意思表示即可设立、变更或终止民事法律关系，而事实行为依法律规定产生效果而不论当事人的意志为何。将民事法律事实的这些原理应用于商标权的产生，可以发现，可能引起商标权法律关系的法律事实只有两个：商标权人的申请行为和商标局的注册行为。[①] 那么，这两者之间的关系如何？它们对于商标权法律关系的产生分别或共同起着什么作用？

1. 商标审查之于商标申请

对于这两个问题，民法理论上大致可以作三种解释：民事法律关系的事实构成说，即商标注册申请的法律行为和注册的事实行为合在一起，共同引起商标权法律关系的产生[②]；要式法律行为说，即申请是民事法律行为，注册是其成立的必要形式[③]；特定生效要件说，即商标注册申请是民事法律行为，注册行为是其特定生效要件。[④] 第一种解释没有对民事法律事实构成中各要素的关系作出揭示；第二种解释表明意思表示行为是本质而注册是形式；第三种解释表明意思表示行为和注册行为对于法律关系的产生均具有效果层面的影响，只是后者仅适用于法定或约定的特殊情形。但不论根据哪一种解释，申请行为都是引起商标权法律关系产生的要素，注册行为都影响着该法律行为的效力。法律行为的生效要件包括一般要件和特殊要件：一般要件包括主体合格、意思表示真实、内容合法、不违反公序良俗，特殊要件为法定或约定的要件。[⑤] 这一理论也可以被应用于商标权的产生。商标权取得的一般条件包括：商标注册申请人必须具有完全民事行为能力，根据其中国国籍或住所或者条约中的国民待遇原则而有权在中国取得商标权[⑥]；不能以欺骗手段或者其他不正当手段申请商标注册[⑦]；申请注册的商标应当具有显著性并不得与他人的在先权利发生冲突[⑧]；不

---

① 也有学者认为商标权基于三个法律事实而产生：主体选定商标的行为、主体向国家行政主管机关的申请行为、国家行政主管机关的审批行为［王春燕．商标保护法律框架的比较研究．法商研究，2001（4）：11－24］。但实际上，商标选定行为并不具有法律上的意义。

② 王利明，杨立新，等．民法学．北京：法律出版社，2011：96－98.

③ 王利明，杨立新，等．民法学．北京：法律出版社，2011：98－99.

④ 王泽鉴．民法概要．北京：北京大学出版社，2009：68.

⑤ 董安生．民事法律行为：合同、遗嘱和婚姻行为的一般规则．北京：中国人民大学出版社，1994：198.

⑥ 参见《商标法》第 17 条。

⑦ 参见《商标法》第 44 条第 1 款。

⑧ 参见《商标法》第 9 条和第 32 条。

得违反公序良俗。[1] 商标权取得的特殊要件（法定要件）为：该商标必须经过商标局的注册。因此，似乎可以认为，商标权产生于商标注册申请的民事法律行为，注册行为是该法律行为的特定生效要件。

回到注册商标制度自身的范畴，注册行为对于商标权的产生有何影响或作用？商标注册行为包括两个方面：审查和注册公告。审查的目的在于部分地确认商标注册申请符合一般生效要件，而注册公告的作用在于公示该权利。[2] 商标审查的内容在各国间存在很大差别，既有中国商标局这样严格审查显著性、与在先商标权之间的冲突和公序良俗条件的，也有像法国那样仅仅对明显不具有显著性和违反公序良俗这两个方面进行有限审查的。[3] 但无论哪一种审查，商标局均无法保证通过审查的商标符合商标权的取得条件，因为：一方面，商标局对其所审查的注册条件（比如显著性和与在先商标权的冲突）的判断会存在差错；另一方面，更重要的是，在对申请注册商标与在先权利的冲突审查中，任何国家的商标局都至多仅能对与在先的注册商标和在先的注册商标申请之间的冲突进行审查，而无法对与其他在先权利（比如，在先的著作权、商号权、外观设计权、姓名权、肖像权以及获得扩展保护的驰名商标权）的冲突进行审查，仅能留待利害关系人在异议或无效宣告程序中主张权利。可见，就审查行为对商标权之效力的影响而言，不同的审查实践之间仅存在量的差别，而在质上并无差异。再退一步，在存在实质审查和不存在实质审查的商标注册程序中，获得的商标权也都是一种权利的推定，而在权利的效力上也不存在质的差别。此外，民法理论对法律行为的成立要件与生效要件进行严格区分，成立要件“以当事人所意欲者为法律行为核心的意义”，注册“生效要件则为达成其所意图法律效果尚需具备的其他要件（多基于公益的考虑）”[4]。与主管机关对有关合同（比如合资合同和技术进出口合同）的审批相比，对商标的审查并不具有维护公益的使命而只是涉及竞争者和有关在先权利主体的利益，它不像合同审批行为那样执行着国家的政治、经济政策。这就表明，商标局的审查行为对商标权的产生并不具有重要的法律意义，本质上，是商标注册申请这一民事法律行为产生了商标权，注册行为只是成立要件而已。[5] 而就成立要件而言，其主要体现在注册商标公告上，因为法定的必要形式条件以实现有关利益的保护为目的，就商标权而言，这种保护目的体现为确保该法律关系的公开性。[6]

2. 商标公告之于商标权

公告行为之所以是商标权取得程序中的重要环节，是因为商标权是一种法律拟制的对世权，其权利的产生需要公示。类比物权法中的情形下公告对世权之效力的影响，在民法

---

① 参见《商标法》第10条。

② 刘春田．知识财产权解析．中国社会科学，2003（4）：109－121.

③ 对于各国商标局所选择的审查内容和审查的宽严程度之间的差异，应从各国的市场经济管理、公共资源使用和公、私权行使边界以及行政治理的传统中寻找解释。

④ 王泽鉴．民法概要．北京：北京大学出版社，2009：68.

⑤ 由此，具有知识产权案件管辖权的法院可以直接认定商标权无效，即认定商标注册申请这一民事法律行为无效。

⑥ 王泽鉴．民法概要．北京：北京大学出版社，2009：78.

理论上存在两种情况：登记生效主义和登记对抗主义。如果采用登记生效主义，则商标权应在注册公告日生效。这是我国目前的做法。如果采用登记对抗主义，则商标权应在申请日生效，但在公告前不对善意第三人生效。这是法国、德国、欧盟等国家和地区的做法。我国在物权法领域分情况采用了不动产登记生效主义、动产登记对抗主义，但对商标权宜采用登记对抗主义，从而使商标权在申请日生效。原因有二：其一，可以使商标在申请日到注册日的期限内针对他人的恶意侵权行为得到保护。① 在这一点上，商标权与物权不同，因为无论是原始取得的还是继受取得的物权，在物权变动生效之前，占有人都可以依据占有对物享有一定权利，而对商标不能适用占有制度。② 其二，登记对抗主义会将目前所谓的"商标注册申请权"转变为商标权，为"申请中的商标"的许可或转让提供法律上明确的权利定性，而目前的"商标注册申请权"是个法律上很模糊的概念：它仅是一个排斥他人就在后的相同或近似商标申请注册的优先权，却可以成为许可使用合同的标的。③ 如果在目前的商标审查制度中采用登记对抗主义，则产生公示效力的公告日应是初审公告日而非注册公告日，因为公告的目的在于向公众宣示申请人的民事法律行为而非宣示其权利合法、有效。④

（三）作为禁止权的商标权

结合商标审查的有限性分析和商标权公示的目的可知，被注册公告的商标权是一种法律上的禁止权而非使用权。在摒弃商标权使用取得制度而采用商标权注册取得制度的过程中，这种新的权利取得制度旨在建立起一种实现良好竞争的新的市场秩序伦理：凡是某个经营者已经宣布将使用的商标，其他知情的经营者都应避让，不应采用可能导致混淆的标识。⑤ 基于此，商标权人有权禁止任何其他人使用该标识，即便该商标注册申请并不符合所有的注册条件。这是维护注册商标制度的规则要求。但是，如果注册的商标侵犯了他人在先的合法权益，则商标注册人不仅无权使用该商标，而且要根据有关保护在先权利的法律承担责任。要言之，禁止权是因商标注册制度的宏观要求和市场整体利益需要而设，而使用权完全受制于保护在先权利的法律的约束，商标注册制度无权也无须为注册商标设置针对相关在先权利的侵权责任豁免。

认定商标权产生于商标注册申请这一民事法律行为，表示民事主体通过单方的法律行为可以创设一个以自己为权利人的对世权，这意味着在对世权上也适用意思自治原则。而在传统财产权领域适用完全相反的物权法定原则：物权的产生、种类和内容都必须遵循法

---

① 尽管侵权之诉仅在商标注册日之后才能被提起。这一点与专利权的相关保护制度相似。

② 刘家瑞．论知识产权与占有制度．法学，2003（10）：56－63.

③ 目前商标法仅对商标注册申请权可以转让作出了规定，但对申请注册中的商标的许可使用没有任何规定。司法实践中，除非当事人的意思表示存在瑕疵，法院通常依据合同自由原则认可就申请注册中的商标所签订的许可使用合同。但是，从商标法的角度难以解释合同标的的合理性，因为许可人在法律上并不享有禁止他人使用该商标的排他性权利。

④ 专利法采用的实际上是登记对抗主义：专利权保护期自申请日起算，但权利人仅能对公告日之后他人的使用行为主张权利。与商标权不同的是，在公告日之前，专利申请人的发明可以获得商业秘密法的保护。

⑤ 这表明申请注册中的商标应得到针对恶意侵权的保护。

定条件而禁止私法自治，以防止对他人产生侵害。物权的原始取得或者说所有权法律关系的绝对产生是根据事实行为而非法律行为，因为世界上已经存在的有价值的物要么属于他人，要么属于国家。以非继受的方式取得某物的，要么是自己造就该物，要么是依据占有和拾得遗失物等法定事实行为。不能允许当事人凭其意思表示而任意为自己创设物权。事实上，在商标权领域也主要适用法定主义，商标权的内容和范围均由法律严格规定，不依当事人意思表示设立。这与物权法定原则的精神一致。商标权的原始取得，即允许商标注册申请人根据其意愿选定或拟定一个标识以用于特定商品或服务的提供活动中，也要遵守法律行为的生效要件，这包括：不能侵害他人的在先权利，不能违反公序良俗。这就保证了商标注册申请人的意思自治会被规范到与物权的原始取得一样的不侵犯他人权益和不违反公序良俗的效果。同时，与劳动财产权理论中的劳动获权正当性条件之一相同，商标注册申请人在获得自己的商标时，给他人留下了足够的资源，因为可以作为商标的标识是无限的。

综上，商标权并不产生于商标注册的行政行为，而产生于商标注册申请这一民事法律行为，商标局的注册公告仅对商标权起着登记对抗的法律效果。由此，可以进一步得出以下结论：商标权的产生也适用民事法律行为的一般理论；商标权的保护期应当自申请日起算，但在公告日之前商标权仅对恶意第三人有效；商标权是一种禁止权而非使用权，因此，商标注册不应成为在后注册商标侵犯在先注册商标或其他在先权利的实体性或程序性抗辩理由，法院可以直接审理此类侵权案件而无须认定在后注册商标无效，也无须等待商标行政确权程序的结果。

二、商标注册程序

与著作自动产生不同，商标权和专利权等工业产权需要经过申请、审查和注册程序才能产生。各国或地区的商标注册程序一般包括当事人的商标注册申请、商标局的形式审查和实质审查、商标局的初步审定公告、第三人发起的异议程序、注册公告等环节。其中，各国或地区的审查制度及其运行有所不同：有的国家或地区不审查申请注册商标与在先商标的冲突，比如，法国和欧盟，而有的国家或地区则审查，比如英国和我国；有的国家或地区将异议程序和审查程序合并，比如，法国。根据 TRIPs 协议第 62 条，WTO 成员方可以要求知识产权的取得和维持履行合理的（reasonable）程序和手续。如果知识产权的取得需要授权或履行注册程序，则成员方应确保授权或注册能在一个合理的期限内完成以避免保护期的不合理（unwarranted）缩减。各国或地区规定的对商标注册申请的审查期限也存在很大不同，我国商标局自 2009 年开始加快商标审查进度，商标的审查期限从原来的 3 年～5 年缩短到 2013 年修改《商标法》后固定的 9 个月，2019 年修改后的《商标法》维持了 9 个月的法定期限，但实践中的审理期限已经缩短到 4 个月。

此外，除了直接向各国（地区）商标局提交申请的国内注册程序外，还可以通过商标国际注册程序申请注册，即根据《马德里协定》或《商标国际注册马德里议定书》（以下简称《马德里议定书》）向世界知识产权组织的国际商标局提交申请以获得在指定国家的注册。以下先介绍国内商标注册程序（如下页图 2－1 所示），再介绍国际商标注册程序。

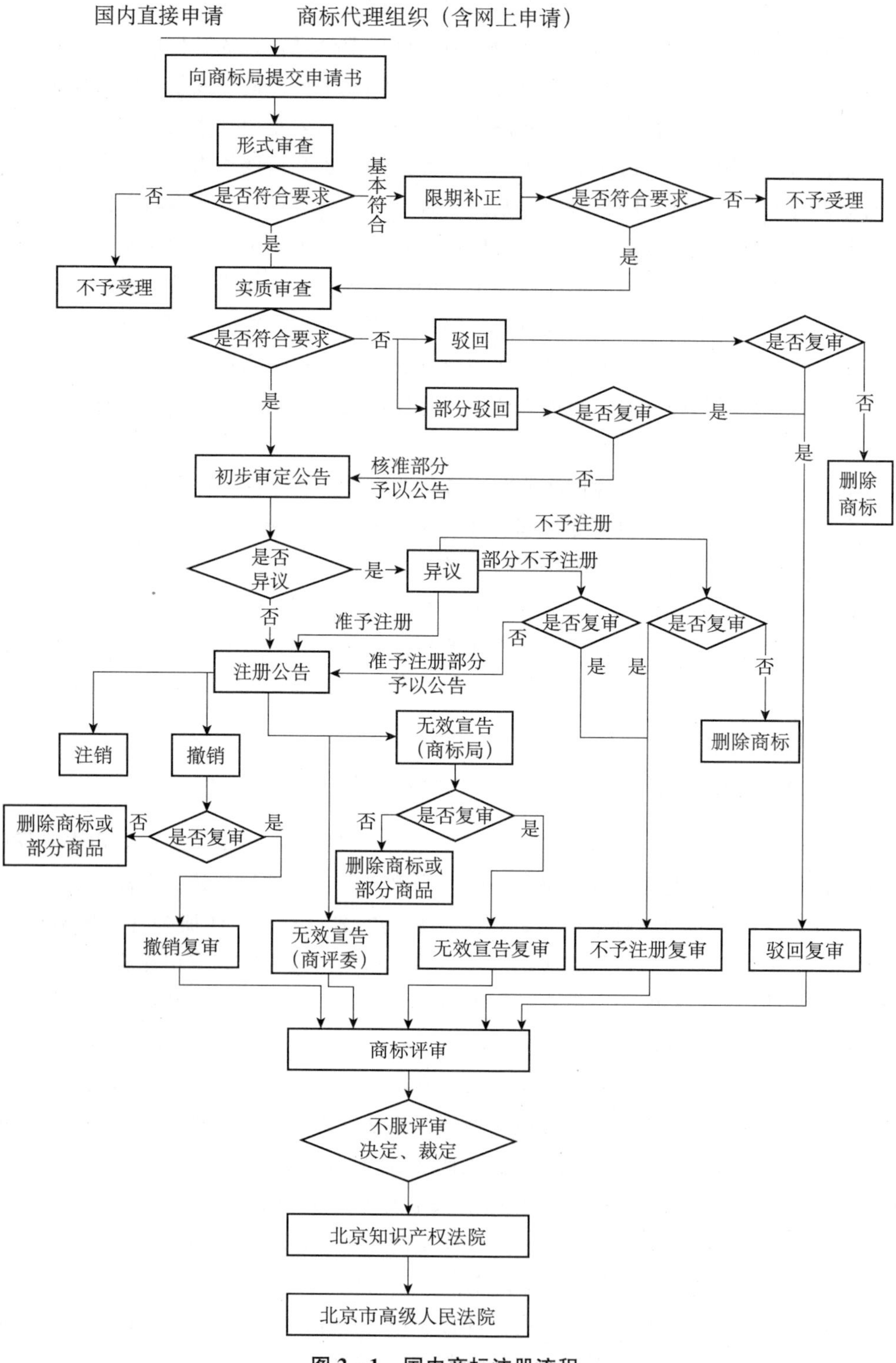

图 2-1 国内商标注册流程

资料来源：国家知识产权局商标局网站。

（一）商标的申请

如前所述，商标权产生于商标注册申请和注册公告行为，因此，商标注册申请行为是商标权产生的基础行为。一方面，商标注册申请应当符合形式条件和实体条件才能产生商标权；另一方面，审查机关应本着尊重和保护民事权利的精神合理设置这些注册条件。商标注册申请文件要载明申请人、商标标识、指定使用的商品或服务等方面的信息。以三维标志申请商标注册的，应当在申请书中予以声明，说明商标的使用方式，并提交能够确定三维形状的图样。以颜色组合申请商标注册的，应当在申请书中予以声明，说明商标的使用方式。以声音标志申请商标注册的，应当在申请书中予以声明，提交符合要求的声音样本，对申请注册的声音商标进行描述，说明商标的使用方式。对声音商标进行描述，应当以五线谱或者简谱对申请用作商标的声音加以描述并附加文字说明；无法以五线谱或者简谱描述的，应当以文字加以描述；商标描述与声音样本应当一致。申请注册集体商标、证明商标的，应当在申请书中予以声明，并提交主体资格证明文件和使用管理规则。如果是委托商标代理机构办理，则还要提供委托书等文件。

如果商标注册申请人根据《巴黎公约》或 TRIPs 协议等主张优先权，则还要提供优先权文件。根据《巴黎公约》第 4 条，在巴黎联盟任一缔约国提交了正常（regular）商标注册申请的人，自该申请日起 6 个月内在联盟所有其他国家享有优先权，即在其他缔约国内的在后注册申请不应因第三人在优先权期间的商标注册申请或使用行为而被宣告无效，而且第三人在优先权期间的商标使用行为不产生任何权益。能够产生优先权的申请就是根据申请所在国的法律可以产生申请日的申请，而不论该申请后续是否被驳回，也不论注册商标是否被宣告无效。主张优先权的在后申请和产生优先权的在先申请必须是对在相同的商品或服务上的相同商标的申请。TRIPs 协议已经将该优先权的适用范围扩展到了 WTO 的 160 多个成员方，由于 WTO 的成员方包括主权国家和非主权地区，因此，TRIPs 协议适用于同是 WTO 成员方的中国大陆/内地、港澳台地区。《商标法》第 25 条第 2 款规定，商标申请要求优先权的，应当在提出商标注册申请的时候提出书面声明，并且在 3 个月内提交第一次提出的商标注册申请文件的副本；未提出书面声明或者逾期未提交商标注册申请文件副本的，视为未要求优先权。此外，申请人还可以主张展会优先权。根据《商标法》第 26 条，商标在中国政府主办的或者承认的国际展览会展出的商品上首次使用的，自该商品展出之日起 6 个月内，该商标的注册申请人可以享有优先权。

商标标识方面也存在商标注册申请策略。比如，多数国家都规定，黑白图案商标获注册后，注册人使用任何颜色的图案标识都算是真实有效地使用，可以作为不使用撤销程序中的使用证据，相反，彩色图案商标获注册后，仅使用注册时指定的颜色的图案才算真实有效的使用。文字商标和图形商标一般被分开注册为两个商标，外文商标和其中文翻译商标一般也是被分开注册为两个商标。一方面，商标的构成元素越多，与他人在先商标发生冲突，从而被驳回的概率越大。一旦一个元素与在先商标发生冲突，另一个元素也不能获得注册。另一方面，对不同的元素在商业实践中往往会根据不同场合单独使用，如果几个元素合并注册在一起，那么在单独使用其中一个元素时，就不能将其作为注册商标使用，因为商标法禁止以未注册商标冒充注册商标。当然，如果不同元素的组合产生特殊效果，或者组合商标的注册仅以阻止他人申请注册相关元素为目标，或者有注册成本的考虑等，则也可以采取组合注册的策略。另外，很多公司的 logo 设计都会随着社会和市场的发展而演变，公司往往每隔几年就要申请注册一个新版本的 logo。在这种情况下，仍不应放弃以前版本的注册商标。由于不同版本的 logo 互相近似，如果在不同版本 logo 商标的注册日之间第三人申请注册了一个近似的标识，则较早的注册商标可以用于对第三人的商标发起异议或无效宣告程序，或者用于谈判共处协议。如果放弃了较早的老版本注册 logo 商标，则可能导致新版本的 logo 商标被驳回注册申请或宣告无效。著作权法当然可以用于保护独立设计的 logo，但著作权并不能赋予作品获得商标注册的权利，因为商标注册制度关注的就是申请日的先后和商标的近似性。

图 2－2　典型 logo 商标的演变

商标注册申请中的另一项重要内容是对指定商品与服务的描述，因为商标权的范围仅限于指定使用的商品与服务。这意味着，如果不能准确描述指定使用的商品或服务，则将不能有效地保护注册商标。一方面，这就要求申请人或商标律师深入地了解申请人目前和远期的经营范围、所涉及的商品或服务，理想的策略是在直接经营的商品或服务及相关的商品或服务上都申请注册商标，将以自己使用为目的的注册和以防御为目的的适当扩展的注册结合起来。但是，指定使用的商品或服务的范围也不是越宽越好，因为指定范围越宽，越容易因为与他人的在先商标发生冲突而被驳回或遭遇异议。另一方面，必须对《商标注册用类似商品和服务区分表》有很好的了解。这一区分表源于 1957 年 6 月 15 日在法国签订的《尼斯协定》，该协定的缔约方通过了一个商品和服务分类表，按照功能、用途等方面的相关性将所有的商品分为 34 类，将所有的服务分为 11 类，并在每个类别中列举了常用的商品或服务名称。该协定及分类表的作用在于协调各国对商标申请和注册商标的归档管理与检索，有利于提高商标管理的效率。目前，很多国家包括一些未加入《尼斯协定》的国家，采用了该分类表。我国自 1988 年起开始采用该分类表，以国际分类表为基础制定了我国的类似商品和服务区分表。商标注册申请人应将自己需要指定使用的商品或服务列出来，并按照区分表找出类别号。在商品或服务的指定使用方面，有的国家和地区允许申请人自行决定如何描述，比如法国和欧盟，有的国家则要求申请人详细而具体地描述，比如美国和韩国。我国商标局则要求申请人用《商标注册用类似商品和服务区分表》中的规范名称来描述，否则将要求补正或不予受理。这一做法有失僵化，因为区分表不可能穷尽世界上所有的商品或服务的名称，而且，很多时候需要在商品或服务的名称前后加上修饰词以限定商品或服务的具体范围或用途。比如，软件是区分表中的一个名称，而实际上软件的类别非常多，有财务软件、制图软件、动画片制作软件、打印控制软件、卫星遥控软件、医疗器械控制软件、编程软件等，如果不允许申请人根据需要描述其软件，则在商标相同或近似的情况下只能有一家公司在软件商品上获得商标注册，而实际上，由于功能、用途、销售渠道等方面的不同，不同的经营者完全可以在不同的软件商品上注册相同或近似的商标。

在 2013 年《商标法》修改之前，我国实行“一标一类”的申请注册制度，即如果要将一个商标注册在不同类别的商品或服务上，则在每一个类别上都必须提出一个注册申请并取得一个注册。这种做法使商标的注册申请程序烦琐，注册人日后在续展、转让、许可等方面的工作量也都很大。2013 年《商标法》修改后，我国和很多国家一样采用了“一标多类”的注册制度，即可以在一个申请中就一个商标标识指定使用多个商品或服务类别。但是，我国的“一标多类”注册制度仍存在一些缺点：一是，如果一个“一标多类”的商标注册申请被他人在一个类别上提起异议，则所有其他类别上的商标也都必须等到异议程序结束后才能获得注册；二是，“一标多类”的商标注册人不能分割转让某一个类别上的注册商标，而只能将所有类别上的注册商标一起转让。

（二）商标注册申请的审查

商标注册申请被提交给商标局之后，商标局会进行形式审查和实质审查。形式审查就是看申请文件是否记载了商标注册申请所必须具有的信息和文件是否完备、商品或服务描述和商标标识是否清楚、申请费是否已经缴纳等。如果形式上符合要求，商标局就会颁发商标注册申请受理通知书；如果不符合要求，则会要求补正或不予受理。在我国的商标注册申请实践中，尽管《商标法》对商标注册申请程序的规定相对简单，但《商标法实施条例》及《商标审查审理指南》要求商标注册申请满足多种形式条件，否则，商标局将不予受理或要求补正。《商标法实施条例》第 18 条第 2 款规定，商标注册申请手续齐备、按照规定填写申请文件并缴纳费用的，商标局予以受理并书面通知申请人；申请手续不齐备、未按照规定填写申请文件或者未缴纳费用的，商标局不予受理，书面通知申请人并说明理由。申请手续基本齐备或者申请文件基本符合规定，但是需要补正的，商标局通知申请人予以补正，限其自收到通知之日起 30 日内，按照指定内容补正并交回商标局。“补正”事小，“不予受理”事大，因为前者保留申请日，后者不保留申请日，而申请日在商标权注册取得制度中起着至关重要的作用：一方面，申请在先原则意味着申请日越晚，在先商标越多，成功注册的概率越低；另一方面，对于要基于国内申请提交国际商标注册申请的，申请日的丧失也意味着国际注册申请优先权日的丧失，将影响到在其他国家的商标权取得。因此，不予受理的决定影响着中国甚至外国商标权的取得，应当慎做。那么，应当本着什么原则来设置对商标注册申请的形式要求呢？如前所述，商标注册申请是一种民事法律行为，在形式上只要能确定哪个主体就什么内容作出了什么意思表示就行了，即只需通过申请文件能确定谁、在什么商品或服务上、对什么商标标识申请注册这几个因素。[①] 但可以增加另外两个形式要求：其一，对于外国人和外国企业，可以要求其申请文件中包含所指定的中国商标代理机构的信息，因为对外国主体适用强制代理。这也是《巴黎公约》和TRIPs协议中的国民待遇原则所明确允许的例外。其二，可以要求申请文件中有申请人或其代理人的联系方式，以便商标局可以送达文件（也可以考虑公告送达）。至于其他的申请信息或事项——商品或服务名称是否规范、商品或服务的类别号、委托书、有关文件的签字或盖章甚至缴费，都可以通过补正来完成。即便对于补正通知，也应当采取慎发的态度，比如对于有些信息在指定表格中没有填，但在申请文件中可以找到，审查员完全可以处理。专利局早就采用了这个做法。中国注册商标的保护期从注册日起算，如果能少发补正，则申请人可以尽早获得保护，而且可以节省商标局和申请人的时间与资源。国际上旨在简化专利、商标、外观设计申请程序的公约多年前就已经在磋商中，欧美国家的商标注册申请程序也已经非常简便，商标代理机构的一封载明前述信息的电子邮件就足以产生申请日。因此，合理设置商标注册申请的形式审查标准，不仅将有力促进商标权的取得和保护，而且也将使我们在国际合作中不落队。值得注意的是，商标局在商标申请电子化改革中取得了很大的成绩，2022年的商标注册申请中电子申请已经占比超过99%。2022年1月1日起，商标局不再发放纸质商标注册证。电子化改革的成效极大节约了商标注册申请人、商标代理机构、商标局的人力物力，对于节能环保也是一个重要贡献。

在实质审查方面，商标局审查申请注册商标是否具有显著性、是否违反公序良俗、是否与在先的申请注册商标或注册商标存在冲突。审查员通过商标数据库检索在先商标并判断申请注册商标是否与相同或类似商品或服务上的商标标识相同或近似，再基于此判断是否存在混淆的可能性。值得注意的是，申请注册商标也不能与其他的在先权利，比如，著作权、企业名称权及字号或商号、姓名权、地理标志、未注册商标、不相同也不类似商品或服务上的驰名商标等发生冲突，但商标局无法检索到这些在先权利，因此无法审查。对这些权利主要由权利人或利害关系人通过商标异议程序或无效宣告程序予以保护。

商标局如果认为申请注册商标满足其审查的三项条件，就会予以初步审定公告；如果认为不满足三项条件之一，就会予以驳回。驳回包括全部驳回和部分驳回，部分驳回即就部分指定使用的商品或服务予以驳回。申请人就商标局的驳回决定，可以向商标局申请复审，一方面论证申请注册商标符合相关条件，另一方面反驳商标局的裁定理由和依据。如果复审裁定核准申请商标注册，则该商标会被予以初步审定公告；如果复审裁定维持了驳回裁定，则申请人可以起诉至北京知识产权法院，对后者的判决可以上诉至北京市高级人民法院。

如果“一标多类”的商标注册申请在部分类别上被驳回，则申请人可以将申请分割为两个，将没有被驳回的类别上的商标作为一个申请，将被驳回的类别上的商标作为另一个申请，于前者继续经过异议期和注册公告程序，于后者继续经过驳回复审程序。

---

① 参见欧盟第2017/1001号《欧盟商标条例》第31条。

(三) 商标异议程序

自申请注册商标被商标局初步审定公告之日起 3 个月内，第三人可以对该商标的注册提出异议。那么，第三人是如何发现竞争者申请的损害自己利益的商标被商标局核准公告的呢？实践中，对商标公告进行监视的工作一般都不是异议人做的，而是由专门的商标监视公司完成的。在该领域，存在一些较大的商标监视公司，对各个国家和地区的商标申请或注册公告进行监控，企业客户支付年费，它们就把与客户的商标相关的第三人的商标核准公告都报告给客户的商标律师，后者再从法律层面分析是否有必要提出异议及成功概率几何，供客户作出是否提出异议的决定。

《商标法》第 33 条就异议的期限、主体和理由作出了规定。任何人可以依据商标注册的绝对条件（显著性、公序良俗）提出异议，在先权利人或利害关系人可以依据相对条件（在先权利）提出异议。现行《商标法》没有规定异议人有对将予注册决定提出复审的权利，这意味着，如果异议被驳回，就申请注册商标将被核准注册。但异议人可以在被异议商标注册后向商标局申请宣告该商标无效。此举可以加快商标注册进程，有利于保护商标注册申请人的利益，但异议人没有充分的程序救济权利，因此，注册商标的行政或司法保护程序应当对此予以考虑。比如，在目前的实践中，在商标侵权的行政查处或诉讼程序中，如果被告对原告的注册商标提出无效宣告请求，行政机关和法院并不当然中止侵权处理程序。考虑到异议人没有提出复审的权利，对法院和行政机关的这一做法应当作适当调整。尽管如此，不规定异议人的复审权利并不违反国际知识产权条约的规定。TRIPs 协议第 62 条第 5 款规定：知识产权取得或维持程序中的最终行政决定应由司法机关或准司法机关审查。对于异议申请或撤销申请的驳回决定，WTO 成员方没有义务提供前述审查机会，但异议或撤销的理由应当可以在无效宣告程序中得到处理。

(四) 国际商标注册程序

国际商标注册程序是由《马德里协定》和《马德里议定书》两个国际条约建立的，这两个条约的主要区别在于：(1) 根据《马德里议定书》，申请人可以依据在本国的基础注册或基础申请提交国际商标注册申请，而根据《马德里协定》只能依据基础注册提交国际商标注册申请，这意味着在依据《马德里协定》的国际注册申请中不能主张优先权。(2) 根据《马德里议定书》，缔约方主管局的驳回期限可以是 12 个月，也可以通过声明延长到 18 个月，而根据《马德里协定》，驳回期限只能是 12 个月。(3) 根据《马德里议定书》，在国际商标注册遭受“中心打击”[①] 之后，申请人可以在一定条件下将国际注册转为国家注册，而这在《马德里协定》中是不被允许的。“中心打击”指的是，如果来源国的基础商标注册在 5 年内被撤销或被宣告无效，则基于该注册的在其他国家的注册也都将归于无效。(4) 根据《马德里议定书》，申请人可以选择法语、英语和西班牙语作为收文语言；根据《马德里协定》，只能选择法语作为收文语言。

国际商标注册的流程包括：申请人在本国提交了商标注册申请或获得了商标注册后，向世界知识产权组织国际局提交国际注册申请；国际局仅对注册文件和信息作形式审查后

---

① 参见《马德里协定》第 6 条第 3 款。

就对申请注册的商标作国际注册公告，然后将申请材料转发给申请人指定的各个国家；各国商标局在条约规定的期限内完成审查。如果商标注册申请被某国商标局驳回，则驳回通知应由国际商标局转给申请人，申请人可以发起异议复审程序。国际商标注册的异议期限为自国际注册公告次月 1 日起 3 个月，中国商标局不再公告。指定中国的国际商标获得注册后，中国商标局不颁发注册证，但注册人可以申请注册证明，该注册证明是在中国境内行使商标权的文件凭证，其效力与国内商标的注册证相同。

值得注意的是，中国商标局对国际商标指定使用的商品或服务描述是否规范并不审查，但仍坚持将国际商标指定使用的商品或服务划分到中国的类似群组中。既然对于国际商标允许申请人自行选择对指定使用的商品或服务的描述，那么对于国内商标注册申请应当允许。

三、注册商标的申请人

注册商标权的取得需要满足条件和程序两方面的要求。商标权的取得条件，是商标局在商标审查中决定是否对申请注册商标予以注册的法律依据，同时也是商标局和法院在商标无效宣告（确权）程序中决定维持或宣告注册商标无效的法律依据。从另一个角度看，商标权的取得条件也就是商标注册申请人或商标代理机构在提交商标注册申请前或针对某注册商标发起无效宣告程序前评估成功概率的依据。

欧盟第 2017/1001 号《欧盟商标条例》第 7 条规定了驳回商标注册申请的绝对理由，第 8 条规定了相对理由。这也就是商标权取得的绝对条件和相对条件。绝对条件包括商标构成元素的要求、显著性要求、不违反公序良俗的要求、禁止误导公众的要求、禁止注册官方标志的要求、不侵犯在先地理标志的要求。相对条件，即不得与他人的任何在先权利相冲突的要求。欧盟法关于商标权取得条件的归纳具有普遍性，适用于任何采行商标权注册取得制度的国家，包括我国。区分商标权取得的绝对条件和相对条件的意义在于：其一，绝对条件都影响到公共利益，相对条件仅影响到特定当事人的权益；其二，因为涉及公共利益，所以各国商标局对绝对条件一般都主动予以审查，而对于相对条件，由于各国的政策和制度背景不同，有的国家主动予以审查（尤其是申请注册商标与在先使用商标或在先注册商标的冲突），有的国家不主动审查而允许利害关系人通过发起异议和无效宣告程序来保护自身利益；其三，因为涉及公共利益，所以绝对条件的瑕疵作为注册商标无效的理由，没有适用上的时间限制，而相对条件的瑕疵作为注册商标无效的理由仅在一定时间内可以被适用；其四，绝对条件和相对条件所涉及的利益不同，对特定案件事实所关涉的利益应当准确定性才能准确适用法律。

除申请注册商标应满足前述各项条件之外，商标注册申请人还要满足某些条件，或者说法律对商标注册申请人的资质还有一定要求。理论上，商标权作为一种民事权利，是任何具有完全民事权利能力和民事行为能力的主体都可以申请取得的。比如，欧盟第 2017/1001 号《欧盟商标条例》第 5 条规定，任何自然人和法人，包括公法机关，都可以成为欧盟商标的所有人。但在我国的商标法实践中曾经并非完全如此。

首先，在 2001 年《商标法》修改之前，中国国籍的自然人不能申请注册商标。2001 年

《商标法》修改之后，中国国籍的自然人可以申请注册商标，但为了遏制商标“抢注”，商标局在实践中要求中国的自然人提供证据证明其有申请注册商标的经营需要，这种经营需要的证据可以是个体工商户的营业执照等。这就造成了中国国籍的自然人和外国国籍的自然人在注册商标申请条件上的差别待遇，因为对后者是没有关于经营需要的审查的。商标局对申请注册商标指定使用的商品或服务还曾一度要求与个体工商户营业执照登记的经营范围有关联。这还造成了对自然人申请注册商标指定使用的商品或服务的范围的限制，而对法人申请注册商标所指定使用的商品或服务范围并不要求其与法人登记的经营范围存在关联，而且现实情况是，超越营业执照登记范围的经营活动在民法上并不被认为是违法或无效的，除非需要特殊经营资质或法律另有特殊规定。在 2016 年年初，商标局为贯彻落实“大众创业，万众创新”的国家经济发展政策，取消了对自然人申请商标指定商品或服务范围与营业执照登记经营范围一致的要求。

《商标法》第 4 条的规定常被作为上述做法的法律依据。该条规定，自然人、法人或者非法人组织在生产经营活动中，对其商品或者服务需要取得商标专用权的，应当向商标局申请商标注册。有观点认为，该条款对商标注册申请人设置了“存在生产经营需要”的条件，也即，如果没有生产经营需要，则是不符合申请注册商标的条件的。该观点是值得商榷的。其一，该条款的核心内容是：如果需要取得商标权，就应当申请商标注册。它强调的是商标注册申请与商标权之间的关系。其背景是，我国实行商标自愿注册制度，使用商标是一种自由，民事主体可以选择只使用而不注册其商标。也即，经营者如果需要商标权，就需要申请注册；如果不需要，就不用注册。其二，该条中的“在生产经营活动中”这一状语，仅描述了商标注册申请行为的经济活动背景，并非提出商标注册申请的一个单独法律条件。生产经营活动存在周期和规划的问题，这是必须予以尊重的商业实践：一家公司从成立到投产，从目前的经营范围扩展到新的经营范围，都可能需要数年时间；一个自然人正在筹划，准备在未来 3 年内根据市场情况登记成立个体工商户。如何认定这些情形是否属于“在生产经营活动中”？而且，良好的商标注册申请策略是在开展经营活动之前就申请商标注册。其三，如果对商标注册申请人有“生产经营活动”的条件要求，那么为何不同样适用于外国国籍的自然人和中国的法人？其四，申请注册商标的“经营需求”，不仅如前所述难以认定，而且与商标权注册取得制度不符合，因为，在一定程度上，“经营需求”这个条件可以与主要实行商标权使用取得制度的美国法上的“意图使用”（intended use）条件相比，但我们的“经营需求”条件比美国的“意图使用”条件要求还严格，因为美国法上的“意图使用”只需申请人作出声明即可，而我国《商标法》上就“经营需求”还需要提供证据接受审查，并且有可能被否定商标注册申请主体资质。尽管为了与国际接轨，美国也采行了商标权注册取得制度，但商标使用仍是商标注册的条件。尽管“意图使用”可以和“实际使用”（actual use）一样满足商标注册申请环节的使用要求，但在实行商标权注册取得制度的国家，实行的都是“先到先得”的原则，不对申请人的商标使用或经营活动存在要求。为了协调美国的注册制度和其他国家的注册制度，TRIPs 协议第 15.3 条规定：WTO 成员方可以（may）将使用作为商标注册的条件，但商标的实际使用不应是提交注册申请的条件。而且，如果商标注册申请被仅以没有实际使用为由驳回，则该驳回决定在自申请日起3年期满后才能作出。也即是说TRIPs协议要求给意图使用的申请人至少3年的时间将意图使用变为实际使用。其五，尽管中国国籍的自然人会被以不存在生产经营活动或没有生产经营需求为由驳回商标注册申请，但作为商标注册申请应满足的这个条件不是正式的提请宣告注册商标无效的理由[①]，而商标权产生的条件与其无效的条件应当是一致的。

尽管我国商标法实践中曾经存在的上述做法在法律理论上存在问题，但不可否认的是，这一措施确实在一定程度上给商标“抢注”增加了难度，起到了一定的遏制作用。

其次，2013年《商标法》第19条第4款规定，商标代理机构除对其代理服务申请商标注册外，不得申请注册其他商标。根据该款，商标代理机构在商标代理之外的服务或商品上不具有申请注册商标的主体资格。2014年《商标法实施条例》第87条进而规定，商标代理机构申请注册或者受让其代理服务以外的其他商标，商标局不予受理。有关这一针对商标代理机构的商标注册申请主体资格限制规定的争议因上海专利商标事务所（以下简称“上专所”）的“上专”商标案[②]而广受关注。

上专所成立于1984年，其企业法人营业执照载明的经营范围是：为中外客户提供专利代理、商标代理、著作权代理及其他知识产权保护代理服务，知识产权方面的法律咨询、法律事务服务及知识产权法律、法规的培训。2014年8月25日，上专所向商标局提出注册“上专”商标的申请，指定使用服务为第45类：知识产权咨询、知识产权代理、知识产权许可、法律研究、诉讼服务、计算机软件许可（法律服务）、为法律咨询目的监控知识产权、个人背景调查、知识产权评估、知识产权研究、知识产权调查。2015年2月4日，商标局发出“商标注册申请不予受理”的通知，认为上专所申请的“上专”商标的使用范围不在其代理服务的范围之内，不符合《商标法》第19条第4款等的有关规定。上专所向北京知识产权法院提起诉讼，法院的一审判决认为，《商标法》第19条第4款明确禁止商标代理机构在商标代理之外的服务上申请注册商标，遂维持了商标局的不予受理决定。

就立法本身来看，该款旨在遏制商标“抢注”行为，其背景为：国内有些商标代理机构同时自己申请注册商标以囤积销售，它们为达到获取更多盈利的目的自然“抢注”已经在国内外有一定知名度或已经在使用中的商标。而之所以出现商标代理机构同时“抢注”商标的现象，在一定程度上是因为我国自2003年起取消了商标代理行业的市场准入资质要求，任何中国人都可以成为商标代理人，任何公司都有可能通过在商标局的登记而成为商标代理机构，其中包括“主营业务”为囤积注册商标进行交易的主体。而国际上大多数国家的主流做法是对商标代理人和商标代理机构设置市场准入的资质要求，因为这是一个法律服务行业，设置资质要求可以保证其为社会提供的专业服务的质量。在我国这一特殊制度背景下，通过禁止商标代理机构在其代理服务之外注册商标来遏制商标“抢注”具有目的正当性，但在措施的适当性方面存在问题：所采取的措施产生的成本大于该措施对正当

---

① 商标确权案件中也存在将《商标法》第4条规定的“经营需求”在宣告商标无效的理由中提及的做法，但它仍不是一个明确的理由，更不是一个独立的理由。

② 参见北京知识产权法院（2015）京知行初字第34316号行政判决书。

目的的效用，即不符合比例原则（principle of proportionality）。其一，这一措施的实际效果非常有限，很容易被规避。目前在中国成立公司/企业非常方便，"抢注"人完全可以成立一个商标代理机构和一个"抢注"主体机构，让前者主要服务于后者。其二，《商标法》上已经存在针对商标"抢注"的救济制度①，这些制度没有对相关民事主体的权益造成不必要的限制。我国法律并没有对商标代理机构的经营范围进行特别限制②，而前述条款使商标代理机构被剥夺了在其有权经营的其他业务领域申请注册商标的权利。尤其是，知识产权代理机构或律师事务所同时经营商标代理、专利代理、律师服务等业务在各国都是业内常态，《商标法实施条例》第 84 条将商标代理机构规定为包含从事商标代理业务的律师事务所，这意味着法条的字面含义是禁止从事商标代理业务的律师事务所在其他法律服务上申请注册商标。

可见，我国《商标法》为遏制商标"抢注"而创设的对中国国籍自然人和商标代理机构作为申请人的资质限制措施，对于正当性目的的实现效果甚微，却剥夺了相关主体的正当权益。应当注意的是，我国的商标"抢注"现象主要是与发展阶段相关的社会问题而非法律问题，法律并不能为所有社会问题提供解决方案，处理不当反而会对法律制度自身造成损害。

此外，对于外国主体在中国申请注册商标或主张商标权要根据国民待遇原则或对等原则办理。《商标法》第 17 条规定，外国人或者外国企业在中国申请商标注册的，应当按其所属国和中国签订的协议或者共同参加的国际条约办理，或者按对等原则办理。这方面，最重要的条约就是 1883 年的《巴黎公约》和 1994 年的 TRIPs 协议。《巴黎公约》第 2 条第 1 款规定，巴黎联盟国家的国民就工业产权的保护在联盟所有其他国家应享有各该国法对其本国国民规定的优惠（advantages）。TRIPs 协议第 3 条第 1 款规定，WTO 成员方就知识产权保护给予其他成员方国民的待遇应不低于其给予本国国民的待遇（no less favorable treatment）。这一广泛的多边条约足以将国民待遇原则适用于世界上绝大多数的国家和地区，其中包括于 2001 年加入 WTO 的中国。

值得注意的是，《商标法》第 18 条规定，外国人或者外国企业在中国申请商标注册和办理其他商标事宜的，应当委托依法设立的商标代理机构办理，而中国人和中国企业可以自行办理或委托代理机构办理。因此，对于外国主体在中国办理商标事宜，适用的是强制代理。这是各国的普遍做法，也是《巴黎公约》及 TRIPs 协议所明确允许的国民待遇原则的例外，因为这有利于保障各国商标局和外国申请人之间的文件往来等程序事项的处理。

---

① 参见《商标法》第 15 条、第 32 条等。

② 商标代理被视为专业法律服务，因此，大多数国家不仅对其设置了行业准入门槛，而且对商标代理机构的经营范围也予以限制：从事商标代理服务的机构可以同时提供专利代理、知识产权咨询、律师服务等与商标代理类似的专业性服务，而不能从事商业性活动，因为专业性法律服务与商业性活动是不兼容的，同时经营会损害专业性服务的社会功能。因此，我国目前的制度改革方向应当是设立商标代理的行业准入资质要求，同时限制商标代理机构等法律专业服务机构的经营范围。

第三章 商标注册的绝对条件

申请注册的商标标识，应当由符合法律规定的元素组成，具有显著性或识别性，不具有功能性，不违反公序良俗，不侵犯他人在先权益。其中，不侵犯他人在先权益的条件在理论上和某些国家或地区（比如，欧盟）的立法中被称为相对条件，其他条件被称为绝对条件。

一、商标的显著性

商标作为注册权的客体，是商标权的核心要素，因而也是商标权取得条件中的核心，而显著性又是商标权客体审查中的核心条件。

（一）显著性的概念

显著性或识别性（distinctiveness or distinctive character）即商标就一种商品或服务将某个提供者与其他提供者相区分的功能，也被表述为指示来源（origin）的功能。显著性是商标的基本功能，在商标权注册取得制度下，它是一个标识可以被核准注册，从而被作为商标受到保护的根本条件。换句话说，只有具有识别能力的标识，才有资格成为注册商标。《商标法》第9条规定，申请注册的商标，应当有显著特征，便于识别。这里的“有显著特征”和“便于识别”就是对申请注册的商标的显著性要求，是一个条件，而不应被解释为两个条件，“显著性”和“识别”也具有同一含义。显著性，包括固有（inherent）显著性和获得显著性。申请注册的商标只要具有固有显著性或者获得显著性中的一种，就应当被核准注册。

固有显著性，是从商标标识与所指定使用的商品或服务之间的关联关系角度来评价的，关联程度越低则显著性越强。借鉴美国的判例，根据固有显著性的程度按从高到低的顺序可以将商标分为臆造性商标、任意性商标、暗示性商标、描述性商标（标识）和通用标识。[①] 臆造性商标是人为创造出来的标识，本不存在，比如Haier，Lenovo。这样的标识与任何商品或服务都没有关联，因而固有显著性最强。任意性商标取材于既存的元素，但与所指定使用的商品或服务没有任何关系，比如长城牌葡萄酒、白象牌电池，因而固有显著

① Abercrombie & Fitch Co. v. Hunting World，Inc.，537 F. 2d 4（2d Cir.，1976）.

性较强。暗示性标识所采用的元素与所指定使用的商品或服务不存在直接的关联，需要相关公众的联想或思考才能认识到其与所指定使用的商品或服务之间的隐含的关联，比如566牌洗发水，暗示该商品的使用效果是使头发乌溜溜。描述性标识直接指称所指定使用的商品或服务的某个方面，比如美白牌化妆品，与商品或服务具有密切关联，不具有固有显著性，不能被注册为商标。

获得显著性，是指不具有固有显著性的标识经过使用而为相关公众所知晓，从而相关公众就相关商品或服务将该标识与某个提供者建立了特定的联系，比如，“两面针”牌牙膏，该商标中的两面针是牙膏商品的一种原料；AMERICAN STANDARD牌洁具，该标识的本意是美国标准。

在一个商标注册申请被以不具有固有显著性为由驳回之后，申请人通常都会在复审申请中提出两个理由：申请注册商标具有固有显著性；即便不具有固有显著性，申请注册商标也已经通过使用产生了获得显著性。申请人采取建立两道防线的策略是值得肯定的，但商标审查机关和法院只能选择适用一个理由而不能同时适用，因为获得显著性和固有显著性是彼此独立并互相排斥的，关于获得显著性的判断仅适用于不具有固有显著性的标识。

在“BEST BUY及图”案中，佳选企业服务公司于2004年2月12日在第35类推销（替他人）、进出口代理等服务上向商标局申请注册“BEST BUY及图”商标，如图3-1所示。2006年2月28日，商标局认为申请注册商标将该文字作为商标用在指定使用的服务上，仅仅直接表示了服务的品质和特点，遂决定驳回注册申请。申请人申请复审，后又提起了诉讼，商标评审委员会、北京市第一中级人民法院和北京市高级人民法院均维持了商标局的决定。最高人民法院经提审认为：该案中的申请注册商标由英文单词“BEST”“BUY”以及黄色的标签方框构成，虽然其中的“BEST”和“BUY”对于指定使用的服务具有一定描述性，但是加上标签图形和鲜艳的颜色，整体上具有显著特征，便于识别。同时，根据新查明的事实，申请注册商标在国际上有较高知名度，且申请注册商标在我国已经实际使用，经过使用也具有了一定的知名度。综合上述因素，申请注册商标能够起到识别服务来源的功能，相关公众能够以其识别服务来源。[1]

该案中，法院一方面认为申请注册商标整体上具有固有显著性，另一方面又认为申请注册商标经过使用产生了获得显著性。实际上，商标审查机关或法院应当要么认定具有固有显著性——那就不应再讨论获得显著性的问题了，要么认定不具有固有显著性——那就必须依当事人的申请评价获得显著性的问题，而不能将获得显著性规则和固有显著性规则同时适用。[2]

图3-1 “BEST BUY及图”商标

(二) 固有显著性的认定

1. 关于固有显著性的规则

固有显著性的认定，是商标审查和无效宣告程序中最基本、最经常的工作。各国法律关于固有显著性的立法方式和规则基本一致：从正面规定固有显著性的条件要求，从反面

---

① 参见最高人民法院（2011）行提字第9号行政判决书。

② 类似的案件还有“沩山牌及图”案，参见最高人民法院（2011）行提字第7号行政判决书。

排除不具有显著性的情形。

比如，我国《商标法》一方面在第 9 条规定申请注册的商标应当有显著特征，便于识别；另一方面，在第 11 条规定了不得作为商标注册的标识：（1）仅有本商品的通用名称、图形、型号的；（2）仅直接表示商品的质量、主要原料、功能、用途、重量、数量及其他特点的；（3）其他缺乏显著特征的。又在第 12 条规定，以三维标识申请注册商标的，仅由商品自身的性质产生的形状、为获得技术效果而需有的商品形状或者使商品具有实质性价值的形状，不得注册。法国《知识产权法典》第 L. 711—1 条规定商标是用于识别自然人或法人的商品或服务的可图示标识，第 L. 711—2 条接着规定商标标识的识别性应就指定的商品或服务来评价，并规定下列标识不具有显著性：（1）在日常语言或职业语言中仅是商品或服务的必需、通用或常用称谓的标识或名称；（2）可用于指称商品或服务某一特征（尤其是质量、数量、用途、价值、地理来源、商品生产或服务提供的时间）的标识或名称；（3）仅由商品的性质或功能所决定的形状或赋予商品实质性（substantial）价值的形状所构成的标识。欧盟第 2017/1001 号《欧盟商标条例》第 7 条规定了驳回商标注册申请的绝对理由，其中涉及显著性条件的有四项：（1）没有任何显著特征的商标；（2）仅由可以在商业活动中用于指称商品或服务的种类、质量、数量、用途、价值、地理来源、商品生产时间或服务提供时间或者其他特征的标识或指示构成的商标；（3）仅由在现在的语言中或善意形成的商业实践中的惯常标识或指示构成的商标；（4）仅由商品自身的性质产生的形状或其他特征、为获得技术效果而需有的商品形状或其他特征、使商品具有实质性价值的形状或其他特征构成的商标。

可以看到，对显著性的概念规则没有争议，但显著性的排除规则所涵盖的情形在各国法上存在一定差异：我国《商标法》规定了通用标识、描述性标识和功能性三维标识，外加一个“其他缺乏显著特征的情形”作为兜底条款；法国法比我们多规定了“必需”标识和“常用”标识；欧盟法比我们多规定了一个“惯常”标识，并且将功能性标识的范围扩展到了三维标识以外；法国法和欧盟法没有在排除规则中设置兜底条款，但其关于显著性条件自身的规定其实可以起到兜底条款的作用。如果从我国《商标法》第 11 条中删除兜底条款，同样可以适用第 9 条规定的显著性正面定义来否定第 11 条所不能涵盖的显著性缺失的情形。另外，法国法和欧盟法上的惯用或常用标识，在我国的商标法实践中有时被放在兜底条款中，有时被放在描述性标识条款中，并且没有形成清晰的类型化认识。为此，有必要借鉴将其列为兜底条款中的一个典型的缺乏显著性特征的情形。非通用标识，也非描述性标识的常用标识的例子是理发店门口的彩色转筒。

2. 固有显著性的认定标准

在商标法实践中，显著性的认定也有法律规则的适用方法问题。申请注册的商标应当具有显著性，这是总的要求。在判断申请注册的商标是否满足这一要求时，显著性排除条款提供了特定情形下的明确规则依据，因此，属于排除条款所明确涵盖的情形的（通用标识、描述性标识和功能性标识）就直接适用该条款。不属于显著性排除条款明确涵盖的情形，并不表示就具有显著性，仍要根据显著性的概念、原理来判断其是否具有法律所要求的显著性，如果不具有，则适用《商标法》第 11 条中的兜底条款。因此，对于《商标法》没有明确排除的显著性缺失的情形，形式上适用的是兜底条款，实质上依据的是显著性的概念、原理，体现为《商标法》第9条的规定。

根据商标法的显著性概念、原理来评价申请注册的商标或争议商标（无效宣告程序）是否满足商标注册的要求，是商标法中最具有挑战性的法律解释和适用工作之一。各国商标法关于显著性特征的概念和规则已经大同小异，但针对显著性特征的判断实践仍存在很大的差别。理论和实践的探索目标是以显著性特征的原理和既有规则及成熟实践为这一判断提供更多的指引，削弱任意性，增强客观性。对显著性特征的判断而言最重要的是量化门槛问题，即申请注册的商标的显著性要达到什么样的高度才能够或应该被核准注册。如前所述，固有显著性是从商标与所指定使用的商品或服务的关系的角度来评价，关系越远则显著性越强，关系越近则显著性越弱。臆造性商标、任意性商标、暗示性商标和描述性商标的分类方式，有利于澄清显著性的强弱程度问题，但这些概念本身也存在适用中的定性问题，尤其是暗示性商标与描述性商标的区分问题。商标法上的显著性与著作权法上的独创性、专利法上的创造性之间的不同点在于，商标法不要求申请人创造出前所未有的标识，而著作权和专利权正是为激励创作和创造而创设的；但这三者在适用上又存在一个相同点，即都有一个认定中的量化门槛问题：如同著作权法只要求作品具有最低限度的能表现作者人格的创造性，专利法只要求发明对于本领域技术人员不是显而易见的，商标法也只要求商标具有最低限度的显著性就可以获得注册和保护。

那么，对这一最低限度的显著性要求应当如何把握呢？一方面要从商标与所指定使用的商品或服务的关系来评价，另一方面要从相关公众对商标的认知来考察。[①] 在商标法的基本原理层面，显著性特征之所以是商标注册的条件，原因有二：一是同行业经营者所必需的标识不能为某一个商标注册申请人所独占，二是只有具有显著性的标识才能承担商标的功能。这两点从反面和正面同时构成关于商标显著性认定的基本评价标准。一方面，同行业经营者必需的标识或者同行业竞争者对其存在有正当利益需要的标识，不应被核准注册，否则，将损害公共利益；其他标识原则上都应被核准注册，因为凡不是同行业经营者所需要的标识都与商品或服务不具有密切关联，因而都具有一定的任意性（arbitrary）。另一方面，相关公众需要能通过申请注册的商标来识别商品或服务的提供者，否则申请注册的商标就不能获得注册。这两个标准的适用都取决于对相关公众就商标与商品或服务之间的关系的认知的判断。第一个标准适用的情形通常也是第二个标准适用的情形，因为同行业经营者所必需的标识或同行业竞争者存在正当利益需要的标识必定不具备识别不同商品或服务的提供者的功能；第一个标准是个客观性较强的标准，而相关公众是否能通过申请注册商标来识别商品或服务的提供者在目前各国的实践中都是个主观性很强的标准。如果将商标法放到更大的制度背景下来看，则经营者选择商标标识是一种工商业自由，行政执法机关需要尊重这一自由。与该工商业自由相对应，如果行政执法机关要以显著性缺失为由驳回商标注册申请或宣告某个注册商标无效，则它要对显著性缺失承担举证责任。这既符合私法领域的“除了法律所禁止的都是允许的”这一原则，也符合行政行为举证责任在行政机关的原则。此外，既然商标的选择是一种工商业自由，那么若某个经营者自愿选择注册一个没有识别性的商标并甘愿遭受公众不能通过它识别自己的后果，则商标法为什么要予

① CJEU, Freixenet v. OHMI (C-344/10 P and C-345/10 P) of 20 October 2011.

以禁止呢？这是因为：对于没有识别性的标识，其他经营者对它的使用不会存在混淆的可能性，因此不会构成商标侵权。但是，一旦此类标识被注册为商标，注册人就会取得禁止其他经营者使用该标识的法律上的可能。一方面，商标一旦获得注册，就享受一种权利效力的推定，对方当事人承担证明该商标无效的举证责任和程序负担，而且，在我国的商标侵权案件中，法院原则上并不审查注册商标的显著性（即便审查，也不能在侵权诉讼中宣告注册商标无效，可能的做法是宣告注册商标的部分构成元素无显著性）；另一方面，商标侵权行为的认定并不全都为混淆理论（及淡化理论）所囊括，在不存在混淆可能的情况下，仍然可能构成商标侵权，因为注册取得制度下的商标权还是一种带有绝对性的禁止权。因此，应当将不会产生混淆的标识留在公共领域。

商标法实践中存在一些关于显著性判断的具体类型化规则，这些规则的确立和适用都要依据前述这两项基本标准。对于显著性排除条款所明确规定的情形，比如通用标识和描述性标识，排除它们的原因就同时符合前述两项标准：此类标识是同行业经营者所必需的标识，相关公众也不能通过此类标识来区分不同商品或服务的提供者。在我国的《商标审查审理指南》中存在“两个以下常规书写的数字或字母不具有显著性”的审查规则，该规则就不符合前述两项显著性认定标准。一方面，没有理由认定此类标识是同行业经营者所必需的；另一方面，也没有理由认定相关公众不能通过此类标识识别商品或服务的来源：如何能一刀切地认定它们都不具有显著性呢？和我们的做法相反，欧盟商标局认为，即便对于仅由一个常规书写的字母构成的商标，也需要结合个案认定其是否具有识别商品来源的功能，如将C用在果汁饮料上不具有显著性，因为此类商品与维生素C紧密关联，但将字母W用在交通运输服务上就具有显著性。[①]

此外，在“相关公众能否通过申请注册商标识别商品或服务的提供者”这一标准的适用中，国内外的审查实践中产生了“相关公众会不会将申请标识作为指示商品或服务来源的标识”和“相关公众会不会将申请标识作为商标认知”的标准，该标准及其适用给商标审查实践带来了很大的不确定性和主观性，必须谨慎把握。比如，认为企业名称、商品名称、商品型号、商品的包装形状和商品形状、广告语、颜色等不会被相关公众作为商标认知这种观点值得商榷。“相关公众会不会将申请标识作为商标认知”这个标准中的“商标”不应被当成公众在感性层面对商标的形象认识，即不应将商标设想成所谓的“品牌”——在商品或商品包装的显眼位置用醒目的方式展示的文字或图形，而应当从申请标识是否具有识别商品或服务来源的功能的角度来解释商标，这一意义上的商标在现实的表现形式就是多种多样的了。在“The Global Fund及图”（见下页图3-2）案[②]中，法院认为，申请商标中的文字部分“The Global Fund”易使相关公众认为其系基金会的名称，虽然将该名称使用在指定服务上亦会起到指示服务来源的作用，但该指示作用与商标所起到的指示作用不同，不具有商标所通常具有的表现形式，因此不符合商标注册的显著性要求。

如前所述，商标的显著性认定旨在确认申请标识是否具有识别商品或服务来源的功能，

---

① Decision of 30/09/2010，R 1008/2010-2，paras. 12-21.

② 参见北京市第一中级人民法院（2010）一中知行初字第1849号行政判决书，北京市高级人民法院（2010）高行终字第1469号行政判决书。

图 3-2 The Global Fund 商标图案

以便确定其是否可以成为商标法保护的客体，因为商标法的核心目的就是保护商业标识的来源识别功能。

首先，这种来源识别功能是显著性存在与否的充分必要条件，至于该标识以何种形式表现，法律并不关心，商标审查机关和法院更不能要求申请注册的商标都具有“商标的通常表现形式”，因为这一概念在法律层面没有意义。如果要求申请注册的商标都具有“商标的通常表现形式”，那么颜色商标、声音商标、立体商标和气味商标等非传统商标就都被排除在商标法的保护范围之外了。而商标法之所以将这些类型的标识纳入保护范围，就是因为这些标识可以具有来源识别功能。

其次，在正确地将“商标”在“识别商品或服务来源的标识”的意义上加以适用的情况下，商标审查机关对申请注册的商标之显著性的审查就是要判断申请注册的标识有无可能具有这种识别能力。如果认为与指定使用的商品或服务无关的文字、字母、数字或其组合可以具有显著性，那么有什么理由认为这些标识一旦成为企业名称、商品名称或型号、广告语、商品或其包装的形状等就不具有识别商品或服务来源的功能呢？上述观点隐含地认为，一个标识一旦承担了企业名称、商品名称、商品包装等功能，就失去了识别商品或服务来源的功能。那么，为什么同一标识不能同时承担多个功能呢？商号（字号）和商标这两项功能不就经常由同一个文字标识承担吗？同一个标识完全可以承担识别商品或服务来源的功能和其他功能，除非该其他功能与识别商品或服务来源的功能相冲突，否则，申请标识具有其他功能就不能成为否定其识别功能的理由。因此，仅就显著性的审查而言，商标审查机关只需认定申请标识是否具有这种识别能力，只要申请注册的标识可以具有识别功能，就满足了显著性要求，而不必考虑该标识是否同时承担其他功能。

再次，“相关公众会不会将申请标识作为指示商品或服务来源的标识”这一规则，其实是显著性排除条款（《商标法》第 11 条第 1 款）的上位规则，因为，无论是通用标识还是描述性标识或常用标识，它们都是“相关公众不会将其作为商标认知”的标识。立法本身仅规定了该上位规则的两项可以直接适用的具体的下位规则，司法实践中对于该上位规则必须且仅在可以明确类型化和存在可靠依据的情况下才能适用。

最后，从商标的品质指示功能的实现来看，它意味着：如果消费者就购买的某个商品或某项服务具有良好的消费体验，他就会通过该商品或服务上引起其注意的标识再次寻找该商品或服务。任何给他留下了印象记忆的标识，比如美人鱼形状的香水瓶、独特蘑菇形状的洗发水，都可以成为再次寻找该商品或服务的线索。在这种情况下，这些标识就起到了识别商品或服务来源的作用。此外，就颜色商标而言，欧盟法院认为，消费者没有习惯将商品或其包装的颜色设想为识别来源的标识，因为在目前的商业实践中颜色本身并没有被用作来源识别的方式。[1] 但欧盟法院又认为：第一，在非常特殊的情形下，如果商标注册

① CJEU，judgment of 06/05/2003，C-104/01，‘Libertel’.

申请人可以证明申请注册的颜色对于指定使用的商品而言绝对地不寻常或者很惹人注目，那么该颜色就具有显著性，比如黑色在牛奶商品上是具有显著性的；第二，将单一颜色作为商标注册将使注册人对该颜色获得垄断，这损害了公共利益，即便指定使用的商品或服务仅涉及一个范围很小的特定市场。[①] 这些理由的逻辑并不一致：如果消费者没有习惯将颜色作为来源识别标识看待，那么为什么一个很特别的颜色就能被消费者作为来源识别标识呢？真正的理由就是：常用的颜色，包括单一颜色，是不同经营者都采用的，因而应当留在公共领域。

法国法院曾认定切·格瓦拉的头像在服装商品上没有显著性，因为他对于法国公众而言是一个精神偶像，而其头像是一种精神象征，因而不会被相关公众作为识别商品或服务来源的标识来认知。[②] 该案的判断所依据的社会事实背景是：将精神偶像的头像印制在服装上是一种惯常做法，不同的商品提供者都有可能在其商品上使用该标识。于是，产生了两个后果：申请注册的标识的精神象征功能使其不能具有识别功能；同行业经营者都有权在其商品或服务上使用该精神象征标识，因此其不应被某一经营者独占。可见，消费者是否将某类标识作为来源识别标识来认知的事实，并不能单独构成一项显著性认定的标准。

3. 固有显著性的认定方法

对固有显著性的审查要采用整体认定的方法，即要从申请注册的商标整体来判断其是否具有识别商品或服务来源的功能。一个商标可以由多个元素组成，但并不要求各个构成元素都具有显著性，只要申请注册的商标整体具有显著性就满足要求。比如，“联想电脑”对于电脑商品就具有显著性，商标中含有“电脑”这一商品通用名称，并不否定商标整体的显著性。《最高人民法院关于审理商标授权确权行政案件若干问题的意见》第 5 条和《最高人民法院关于审理商标授权确权行政案件若干问题的规定》第 7 条均规定：人民法院在审理商标授权确权行政案件时，应当根据诉争商标指定使用的商品的相关公众的通常认识，从整体上对商标是否具有显著特征进行审查判断。标志中含有的描述性要素不影响商标整体上具有显著特征的，或者描述性标识是以独特方式进行表现，相关公众能够据以识别商品或服务来源的，应当认定其具有显著特征。

在“沩山牌及图”（见图 3－3）案中，2004 年 6 月 14 日，湘沩名茶厂等 6 家公司以“沩山毛尖”为茶叶商品的通用名称，“沩山牌及图”商标以茶叶商品的通用名称注册违反了《商标法》（2001 年修正）第 11 条第 1 款、第 41 条第 1 款的规定为由，向商标评审委员会申请撤销长沙沩山茶业有限公司所有的争议商标。争议商标的注册号为 552102，申请日为 1990 年 5 月 11 日，注册公告日为 1991 年 5 月 20 日，指定商品为茶。此外，在案证据能够证明湖南省宁乡县沩山乡自古产茶，并且沩山乡独特的地理和自然环境决定了沩山茶的品质特点。商标评审委员会认为：茶叶产地的名称同时也表明了此种茶叶突出的、区别于其他产地的茶叶商品的品质特点。虽然争议商标还有图形部分，但依据一般消费习

图 3－3 “沩山牌及图”商标

① CJEU，judgment of 13/09/2010，T-97/08，‘Shade of orange’.

② Cour de cassation，civile，Chambre civile 1，12 juillet 2011.

惯，消费者会将文字部分作为商标的主要识别和呼叫对象，争议商标的图形部分无法使其整体产生显著性。争议商标的拼音与其文字部分的“沩山”是对应的，文字部分缺乏显著特征，拼音部分亦无法使其产生显著特征。虽然争议商标与长沙沩山茶业有限公司的字号一致，但这种一致与判断争议商标是否具备显著特征并无直接关系，争议商标并不能因此而具备显著性。[①] 北京市第一中级人民法院认为：该案现有证据能够证明湖南省宁乡县沩山乡自古产茶，并且沩山乡独特的地理和自然环境决定了沩山茶的品质特点。争议商标由沩山牌文字及图组成，一般消费者会将文字部分作为商品的主要识别部分和呼叫对象，故其整体亦不具有显著性。商标评审委员会第 265 号裁定认定争议商标已构成直接表示指定使用的商品的品质特点、缺乏显著特征的行为，并无不妥。[②] 北京市高级人民法院认为：根据湘沩名茶厂等 6 家公司提交的证据，能够确认“沩山毛尖”为一茶叶品种，该品种的命名是由沩山地区特定的山、水等自然环境以及特定的工艺所形成的品质、特色等所决定的，且该品种的命名也使“沩山毛尖”成为该地区具有特色的自然资源，因此，“沩山”文字已经具有表示商品的质量的含义，缺乏显著性。争议商标虽不仅仅包含“沩山”文字，但因拼音部分与文字中的“沩山”相对应，故该商标的文字和拼音应为主要部分，对该商标的呼叫应为消费者认知该商标的主要方式。据此，该商标属缺乏显著性的商标，属于《商标法》（2001 年修正）第 11 条第 1 款第 3 项不予注册的情形。[③] 最高人民法院认为：在判断对争议商标是否应当依据上述法律规定予以撤销时，应当根据争议商标指定使用的商品的相关公众的通常认识，从整体上对商标是否具有显著特征进行判断，不能因为争议商标含有描述性文字就认为其整体缺乏显著性。本案争议商标由沩山牌文字、拼音及相关图形组成，并非仅由沩山牌文字及其拼音组成，其商标组成部分中的图形亦属该商标的重要组成部分。[④]

北京市第一中级人民法院认为文字一般是文字和图形组合商标的主要识别部分，这没有问题，但对显著性的审查并不要求组合商标的主要识别部分具有显著性，只要某个构成元素可以使商标的整体具有显著性就足够了。显著性整体认定的方法在实践中并没有被很好地遵守。再比如，在“LINGERIE FRANÇAISE 及图”（参见图 3-4）案中，申请注册的商标被指定使用在内衣商品上，商标局和法院都认为该商标不具有显著性。

图 3-4 “LINGERIE FRANÇAISE 及图”商标

注：商标中的法文文字的含义是“法国内衣”。

① 参见商标评审委员会关于“沩山牌及图”商标争议裁定书［商评字（2007）第 265 号关于第 552102 号］。

② 参见北京市第一中级人民法院（2007）一中行初字第 647 号行政判决书。

③ 参见北京市高级人民法院（2007）高行终字第 583 号行政判决书。

④ 参见最高人民法院（2011）行提字第 7 号行政判决书。

在“沩山牌及图”商标和“LINGERIE FRANÇASIE 及图”商标这两个例子中，除去申请注册的商标的文字部分只看图形部分，没有人能否认这两个图形具有显著性，而一旦加上文字，图形的显著性怎么就消失了呢？问题就出在，实践中仍存在不从商标的整体来审查其显著性的不正确做法，没有依据地要求商标的文字部分具有显著性。

对商标显著性的认定应当以相关公众为拟制的判断主体。对固有显著性的认定就是审查商标标识与指定使用的商品或服务之间的关系远近，而这个判断要依据的不是一个纯粹的抽象的标识符号，而是相关公众对标识的理解和认知或者说标识符号向相关公众所传递的信息。《最高人民法院关于审理商标民事纠纷案件适用法律若干问题的解释》（2020 年修正）第 8 条规定，商标法所称相关公众，是指与商标所标识的某类商品或者服务有关的消费者和与前述商品或者服务的营销有密切关系的其他经营者。比如，对于中文文字在很多西方国家是作为图形商标来审查的，因为这些社会中的相关公众不懂中文。在我国的审查实践中，商标审查机关对于我国相关公众的标识认知没有充分予以考虑，比如，对于申请注册的外文商标都要在常用字典里查询中文含义，据此对含义进行审查，甚至对甲骨文文字也按含义审查。《最高人民法院关于审理商标授权确权行政案件若干问题的意见》第 6 条和《最高人民法院关于审理商标授权确权行政案件若干问题的规定》第 8 条均规定：人民法院在审理商标授权确权行政案件时，应当根据中国境内相关公众的通常认识，审查判断诉争外文商标是否具有显著特征。诉争标志中的外文虽有固有含义，但相关公众能够以该标志识别商品或服务来源的，不影响对其显著特征的认定。

此外，在上述有关颜色、商品或其包装的形状、广告语等类型标识的显著性认定中，商标审查机关和法院经常会从申请注册的标识是否独特或是否具有独创性的角度来作出判断。那么，著作权法上的独创性如何能成为商标法上的显著性的认定依据呢？在著作权法上，独创性是作品认定的核心条件，而作品是著作权的保护客体，因此，独创性是界定著作权客体保护范围的核心条件。该条件包括两个要素：一是作品必须是作者独立创作的，二是作品必须具有一定的创造性（creativity）。正是独创性这一创造性要素对于商标法上标识的显著性认定具有重要意义。这是因为，从另一个角度来看，商标的显著性条件就是要求用于指定商品或服务的标识必须不同于目前用于该商品或服务上的现有标识，而这些现有标识就包括通用标识、注册商标和申请注册中的商标、他人已经在先使用的驰名商标、商号等。这就表示申请注册的标识必须与现有的标识不同，而独创性中的创造性认定就是要将有关作品或设计与现有的作品或设计进行对比，只有不同于现有作品或设计的创作才能被认为具有独创性。正是在这一点上，著作权法上的独创性认定可以用于证明商标法上的显著性。因此，商标审查机关和法院通过认定某些类型的申请注册商标的独创性来认定其显著性，是可行的。而且凡是能够被认定为具有独创性的商品或包装形状、颜色、广告语就都可以区别于有关商品或服务上的既有标识，只要对创造性的要求程度不太低。[①]

但是，独创性之于显著性只有在上述层面上才有意义，商标审查机关对独创性的运用不能偏离这一方向。实际上，著作权法上的独创性认定包括外的方面和内的方面这两个角度。外的方面就是如前所述的作品与现有作品或表达的比较，该比较以发现作品与现有作

① 至于可以区别于现有标识的申请注册的标识是否过于复杂或违反公序良俗，则是另一回事。

品或表达的不同为目标；内的方面则是分析作品的表达与其所表达的思想之间的关系，从而认定作品的表达相对于其所表达的思想所具有的独创性。外的方面于商标显著性的认定是有用的，但内的方面于商标显著性的认定没有用处。比如，现代艺术之父塞尚的著名作品之一《泉》，其表达形式就是一个普通的男用小便池。该作品的独创性就仅体现在内的方面，即其表达相对于其所表达的思想具有创造性，但在外的方面，该作品的表达与现有的小便池没有差别。独创性的内的方面的创造性于商标显著性的证明没有任何用处。正是由于这个原因，欧盟知识产权局（其前身为欧共体内部市场协调局）在其商标审查指南中特别指出，通过对基本形状和颜色的简化而实现的美学独创性，不能用于证明商标的显著性。①

独创性认定的本质是常用标识或惯用标识排除规则的适用。可见，如果遵从正确的方向，通过认定标识的独创性来认定其显著性是可取的。如前所述，商标审查机关和法院在认定有关标识的独创性时，其实总是将申请注册的商标与指定使用的商品或其包装上的常用或惯常形状进行对比。因此，依据独创性来认定显著性，其实就是依据指定使用的商品的常用或惯用商品形状或包装形状来认定显著性。这表明商标审查机关和法院完全可以抛开独创性的概念来认定显著性，其本质上是在依据常用或惯用形状来判断申请注册的商标的显著性。但是对于商标审查机关和法院而言，引入独创性的概念来认定显著性有两方面的优点：其一，我国的商标立法没有条款明确否定指定使用在商品上的常用或惯用标识的显著性，尽管该条款存在于欧美国家的立法之中，因此，引入独创性条款可以避免法律规定含义模糊带来的不便。其二，如果直接依据常用或惯用标识来否定申请注册的商标的显著性，则存在举证责任的问题，无论商标审查机关还是法院都无法完全忽视该举证责任的存在。但在著作权法领域，关于对作品独创性的认定，依司法惯例是不需要举证的，原因之一是我国的司法实践对独创性的创造性程度要求较低。

因此，商标标识的独创性可以作为其显著性认定的依据。但商标审查机关和法院应当明确而直接地适用“常用或惯用标识不具有显著性”的认定规则。在立法层面缺失该规则规范的情况下，可以依据《商标法》第 11 条第 1 款第 3 项，将其解释为其他不具有显著性的情形之一。实际上，有关法院已在近些年的有关立体商标显著性认定的案件中适用了该规则，只是从表面来看还若隐若现。

4. *描述性标识的认定*

描述性标识与商品或服务具有密切的关系，它不仅是同行业经营者所必需的标识，而且是相关公众无法据以识别商品或服务的提供者的标识，因此不具有显著性，不能被注册为商标。根据《商标法》第 11 条第 1 款第 2 项，仅直接表示商品的质量、主要原料、功能、用途、重量、数量及其他特点的标识，不具有显著性。该条款从三个方面规定了描述性标识的认定条件。首先，“描述性”的外延，即怎么才算是对商品或服务的描述。法条非穷尽性地列举了“质量、主要原料、功能、用途、重量、数量”，《商标审查审理指南》中有很多典型例子：如，质量的如 纯净 Chunjing，指定使用商品为食用油；涉及主要原料的如

① OHIM, The Manuel Concerning Proceedings before the Office for Harmonisation in the Internal Market (Trademarks and Designs), part B, section 4, p. 32.

彩棉，指定使用商品为服装；涉及功能、用途的如SAFETY，指定使用商品为漏电保护器；涉及重量的如50kg，指定使用商品为米；涉及数量的如50支，指定使用商品为香烟；涉及消费对象的如醫生，指定使用商品为医疗手术用手套；涉及风格、风味的如果味夹心，指定使用商品为饼干；涉及使用方式的如冲泡，指定使用商品为方便面；涉及生产工艺的如腊染，指定使用商品为布；涉及服务时间的如24小时，指定使用服务项目涉及银行；涉及销售场所或地域的如酒轩，指定使用商品为白酒；涉及技术特点的如蓝牙，指定使用商品为电话机。

可以说，凡是对商品或服务的某个方面的特点的表述都属于“描述”。由此可以有两点推论：其一，与商品或服务的特点无关的标识，不能被认定为描述性标识，但可能是惯用或常用标识。这一区分的意义在于：描述性标识的认定取决于对标识与商品或服务的特点之间的关系的分析，而惯用标识的认定需要证据的支持。其二，描述性标识是表述商品或服务某方面特点的标识，而不是表述商品或服务本体的标识，后者是通用标识，两者在性质上不同。另外，与商品或服务相关的元素展现的不都是商品或服务的特点，还应考虑该特点对商品或服务一般销售信息传递的影响，即对同行业竞争者的利益的影响，故对非必需性特点的描述，不易认定为不具有显著性的描述。比如，欧盟知识产权局上诉机构核准了茶壶形状在茶叶商品上的注册，如图 3－5 所示。该机构认为，每个商标都不是对商品自身的描述，也不是茶叶商品包装上的常见图形，更不是对惯常泡茶场景的照片式展示。[①]

R 1290/2005-4

R 1291/2005-4

R 1292/2005-4

图 3－5　茶壶形状商标

其次，只有直接描述的标识才不具有显著性。这意味着间接描述的标识不在该条款排除显著性的标识之列。这是描述性标识和暗示性标识之间的区别，于后者相关公众需要经过思考或联想才能发现其对商品或服务之特点的描述。也正因为如此，暗示性标识的产生往往带有一定的创意，也因此不是同行业经营者所必需的，因而具有显著性。直接描述的标识，比如，第 35 类和第 36 类中的投资顾问、经营和市场研究服务上的“SO WHAT DO I DO WITH MY MONEY”（“那么我怎么处理我的钱”）商标案中，申请注册的商标被指定使用于投资咨询等服务，欧盟知识产权局上诉机构认为，相关公众由讲英文的普通消费者和企业组成，申请注册的商标向他们传递了清楚、明确的信息，不需要任何解释的努力就可以理解其含义，即消费者应考虑其财务状况并考虑申请注册的商标指定的服务。[②] 暗示性的标识，比如，欧莱雅公司在化妆品等商品上的“因为你值得拥有（Because you're worth it!）”商标，该商标对指定使用的商品的品质的描

① Decision of the Fourth Board of Appeal of 11 May 2006 in Cases R 1290/2005, R 1291/2005 and R 1292/2005 (German).

② T-609/13, Judgment of 29 January, Blackrock, Inc. v. OHIM 2015.

述就是间接的：我们的商品品质很高，你作为消费者的品质和品位也很高，因此你值得拥有我们高品质的化妆品。"Lighteris greenner"对"汽车零配件"等商品间接描述了其环保轻便的特点：绿色寓意环保，汽车零配件重量越轻则车辆耗油越少，也就越节约能源，越减少污染气体排放。"Protect today for tomorrow"对于母婴护肤用品而言也是间接描述其功能：保护今天的小孩就是保护明天的成人。

在"美丽不打烊"案①中，黄某于2009年1月6日向商标局申请注册"美丽不打烊"文字商标，申请号为7150928，指定使用在国际分类第25类商品上。商标评审委员会认为：申请商标由短语"美丽不打烊"构成，该短语可被理解为"美丽无限、保持美丽"的含义。若作为商标使用在服装等商品上，则缺乏注册商标应当具有的显著特征，也不易使消费者将其作为商标进行识别。北京市第一中级人民法院认为："打烊"一词一般被理解为店铺、商店关张或歇业，"美丽不打烊"并非汉语中常用的词汇或搭配形式；"保持美丽、美丽无限"的含义是申请注册的商标的相关公众需作一定程度的联想之后才能得到的含义，故申请注册的商标相对于其指定使用的商品而言，并非直接描述性标识，而系暗示性标识。

图3-6　"la brioche及图"商标

图3-7　La brioche一词所描述的商品示意图

最后，不具有显著性的是仅由直接描述性标识构成的标识。

这表明，如果直接描述性标识和其他元素相结合，是可以具有显著性的。这就回到了从商标的整体判断其显著性的方法。在"la brioche及图"商标异议案②中，申请商标由法语单词la brioche（意为奶油面包或奶油圆球蛋糕）和一个简约图形（如图3-6所示）组成，指定使用的商品为饼干、蛋糕、面包等。二审法院认为，申请注册的商标中的文字即指奶油面包或奶油圆球蛋糕，其直接表示申请注册的商标指定使用的蛋糕、面包等商品或其主要原料，不会使相关公众将其认知为表示商品特定提供者的商标，不具有识别性。法院没有充分重视该案中申请注册的商标与la brioche这一单词之间的显著差别，尤其是申请注册的商标中的图形与文字的巧妙组合所产生的独特性。La brioche一词所描述的商品的通常形状如图3-7所示，申请注册的商标所用的图形元素与商品本身的写实形状差别明显，它是一幅对立体面包顶部形状的侧面写意简笔图；la brioche单词中的字母b和字母h的竖写笔画分别在左侧和右侧，以对称的方式与表示面包顶部形状的图形相结合，使申请注册的商标整体构图成为一个写意的圆面包。这两方面的创意结合在一起，不仅使申请注册的商标不是仅由描述性元素构成的标识，而且使其明显区别于对商品的一般描述或简单描述。在专利的创造性审查中，要求审查员不能以"事后诸葛亮"的方式看待发明。在对作品及商标标

① 参见商标评审委员会关于第7150928号"美丽不打烊"商标驳回复审决定书（商评字2012第00799号），北京市第一中级人民法院（2012）一中知行初字第1583号行政判决书，北京市高级人民法院（2012）高行终字第1509号行政判决书。

② 参见北京市高级人民法院（2012）高行终字第1725号行政判决书。

识的独特性考察中也应当适用同一要求。该申请注册的商标的上述创意及其表达形式使申请注册的商标足以区别于描述性或常见的标识，从而具有显著性。此外，该商标的注册也不会损害同行业竞争者的利益，因为其商标权的保护范围不及于 la brioche 这一单词本身而仅限于由上述整体构图特征所限定的独特表现形式。当然，直接描述性标识加上其他元素并不都能具有显著性，仍需增加的元素使商标整体具有显著性。《最高人民法院关于审理商标授权确权行政案件若干问题的意见》第 9 条规定，如果某标识只是或者主要是描述、说明所使用商品的质量、主要原料、功能、用途、重量、数量、产地等特点，应当认定其不具有显著特征。该案的情形中，申请注册的商标的图文组合创意造型设计已经使其不再是单纯由或主要由直接描述性标识构成的商标，因此，其具有显著性。

（三）获得显著性的认定

不具有固有显著性的标识通过长期、广泛的市场使用会使相关公众就该标识在某种商品或服务与特定的提供者之间建立唯一的联系，从而使该标识获得区分该商品或服务来源的功能，具有了获得显著性（acquired distinctiveness，secondary meaning）。《商标法》第 11 条第 2 款规定，前款所列标识（通用标识、描述性标识和其他不具有固有显著性的标识）经过使用取得显著特征，并便于识别的，可以作为商标注册。TRIPs 协议第 15 条第 1 款也规定，对于不具有固有显著性的标识，WTO 成员方可以将获得显著性作为注册的条件。

首先，获得显著性规则存在于商标权注册取得制度中：某个标识的使用并不能直接引起商标权的产生，而是评判其是否满足商标注册条件的依据；只有取得了注册才能获得商标法的保护。

获得显著性规则仅适用于不具有固有显著性的标识，对于具有固有显著性的标识，无须也不应再评判其经使用获得显著性的情况。不具有固有显著性的标识，比如描述性标识，通常都具有自身的与商品或服务相关的含义，然而，如果经过长期而广泛的使用，相关公众看到该标识就知晓使用该标识的商品或服务来自某个特定提供者，那么该标识也就具有了表征来源的含义。这就是英美法上所称的“第二含义”（secondary meaning），即相对于该标识不具有固有显著性的本来含义而言。此外，从我国《商标法》的规定看，任何不具有固有显著性的标识包括通用标识，都可以经使用产生获得显著性。但实际上，同行业竞争者是无论如何都要通过通用标识来表示相关商品或服务的，因此，如果一个通用标识通过使用获得了显著性，那么它就已经不再是通用标识了。另外，功能性标识不可能经过使用产生获得显著性。一方面，这是因为此类标识是同行业竞争者所必需的标识，不能通过商标权予以保护。另一方面，非功能性的描述性标识等可以通过使用方式的不同来实现商标权人和其他经营者之间的利益平衡——商标权人有权禁止他人以商标的形式使用描述性标识，其他经营者有权以描述性方式使用该标识，因此，两方的利益是可以通过这种方式来协调的。但对于功能性标识，比如商品的形状，是不存在可以协调双方利益的不同使用方式的。实践中，获得显著性产生于相关标识的商业使用行为，在使用中为相关公众所知，但使用行为本身还不符合获得显著性的认定条件，还需要标识使用行为使相关公众在该标识与特定商品或服务的提供者之间建立特定联系，这后一个条件是使用行为引起的结果性条件。获得显著性规则就是在法律上承认“相关公众—商品或服务—不具有固有显著性的标识—特定提供者”这一特定联系的事实状态是可以受商标法保护的正当利益所在，核心就在于认定这一事实状态，再根据当事人的申请对其提供保护。获得显著性的权益产生于相关标识与特定商品或服务的提供者之间的对应关系这一事实状态，从民事权益产生的理论来看，这属于事件而非法律行为引起民事权益产生的情形，因此，标识使用者是否在标识的使用中存在意欲产生商标权的意思表示不是获得显著性规则下的权益产生条件。这与商标注册申请是当事人的意思表示行为不同。

其次，获得显著性的认定中，证据是一个重要方面。

此类认定的核心就在于证明存在上述特定联系的事实状态。在商标驳回复审或无效宣告程序中，商标注册申请人或注册人负有对获得显著性存在的举证责任。而显著性是商标注册的绝对条件，以此为理由的无效宣告申请是没有期限限制的，因此，商标注册人应妥善保存好关于获得显著性的证据。关于获得显著性的最直接的证据就是消费者调查问卷，具有多样性和代表性的相关公众调查问卷结果直接表明相关公众是否将某个标识认知为商品或服务的提供者的指示标识。值得注意的是，在对这一事实状态的证明中，并不需要证明相关公众明确知晓相关标识所对应的商品或服务的提供者是谁，只需要知晓该标识对应于某个商品或服务的提供者或者能区分商品来源即可。间接证据包括相关标识的各种形式、各种载体，各种商业活动中对该标识的使用证据。值得注意的是，此类使用证据不仅要能证明存在标识使用行为，而且要能证明相关标识的使用是商标意义上的使用，即以能表征商品或服务来源的方式使用。这种使用方式并不好定义，但应是以某种不同于描述或说明商品的方式使用，并能引起相关公众的注意。另外，除支持获得显著性认定的证据和事实外，还存在否定获得显著性的证据和事实，比如，竞争者对该标识的使用行为。在“雀巢方形瓶”案[①]中，不仅商标注册人雀巢公司提交了大量能证明对方形瓶的使用证据，而且无效宣告申请人也提交了大量同行业经营者使用方形瓶的证据。法院认为：同行业经营者对涉案商标的使用使争议商标的固有含义被强化，在此情况下，第三人如欲证明争议商标已经过使用获得显著性，则应满足更高的知名度举证要求。值得注意的是，不同经营者对同一不具有固有显著性的标识的使用，并不必然导致获得显著性被否定，甚至可能存在多个主体同时对同一标识建立不同的获得显著性，比如，不同经营者以表现形式区别明显的不同方式使用同一描述性标识。

图 3-8　雀巢公司方形瓶商标图案

再次，获得显著性的证明中还存在量化的问题。

理论上，相关标识的使用行为应当使全国范围内的相关公众都对该标识与特定商品或服务的提供者之间的联系存在认知。实践中，商标审查机关和法院在 2010 年之前对获得显著性的证明要求比较低，自 2010 年开始在一系列与立体商标相关的案件中，法院提高了对获得显著性的证明要求。这里也存在利益衡量的问题。一方面，不具有固有显著性的标识基本都是同行业经营者所必需的标识，比如直接描述性标识，不应由某个经营者享有独占权。另一方面，如果某个经营者对某标识的使用确实使该标识在一定范围的相关公众的认知中成为来源识别标识，则应当对其利益予以保护，因为商誉保护是商标法和反不正当竞争法的价值目标所在。在 2014 年的 Oberbank AG，Banco Santander / Deutscher Sparkassen-

① 参见北京市第一中级人民法院（2012）一中知行初字第 269 号行政判决书。

und Giroverband eV（redcolour）欧盟商标案[①]中，一家德国银行在第36类金融服务上注册了红色颜色商标，另两家德国银行以缺乏显著性为由对该商标提出了无效宣告申请。德国的司法实践要求，消费者调查报告必须证明70%以上的相关公众知晓涉案商标才能认定获得显著性的存在。欧盟法院认为，获得显著性的认定不能仅依据百分比这样笼统的抽象的数据，而应对案件中的各方面因素进行综合考量，消费者调查报告只是这些因素之一，而且不应成为唯一的决定性因素。回到对上述利益衡量的分析，对于其所使用的不具有固有显著性的标识仅在较小范围内存在知名度的经营者而言，如果就同行业经营者都必需的该标识赋予该使用者全国范围内的独占权，则对同行业经营者之利益的损害比对该经营者较小范围内的正当利益的保护为大，违反了比例原则。而且，我国《反不正当竞争法》为此种情形中的经营者提供了保护。《最高人民法院关于审理不正当竞争民事案件应用法律若干问题的解释》的第2条借鉴了2001年《商标法》第11条的规定，允许通用标识、描述性标识和其他不具有固有显著性的标识通过使用成为知名商品特有的名称、包装装潢。这样，这些局部范围内的利益就可以得到与其知名度范围相适应的保护。

最后，获得显著性的认定还有个时间点问题。

我国的商标驳回复审或无效宣告实践中，商标审查机关要求商标的获得显著性于申请日已经存在。根据欧盟第2015/2436号《欧盟商标指令》第4条，申请注册的商标应当在注册申请日之前具有获得显著性，但欧盟成员国也可以规定获得显著性产生于申请日之后或者注册日之后。[②] 在理论上说，获得显著性应在商标权的产生之日（注册商标的保护期起始日）就已经存在，因为它是不具有固有显著性的标识受商标法保护的必要条件和正当性基础。在欧盟、法国和德国商标保护期都始于申请日，因此，要求获得显著性于商标申请日存在是合理的。我国的商标保护期始于核准注册日，因此，如果申请注册的商标在该日期具有了获得显著性，则也符合对其予以保护的条件。如果认为在注册日之后产生的获得显著性也满足商标注册条件，则会存在不合理的情况，比如，某经营者将描述性标识申请注册为商标并获得注册，再通过商标权禁止竞争者使用该标识，从而造成市场上只有它单独将该标识用作商标的情形。这是在不存在正当利益和不满足法律规定的条件的情况下变相享受了法律保护，再借助法律的保护创造出所要保护的权益。

（四）立体商标的显著性认定

在比较法上，对立体商标的审查主要存在三个方面的问题：一是适格性问题，即需要确定立体商标是否属于可以构成商标标识的元素；二是显著性认定问题，即如何认定立体商标具有识别不同经营主体的能力；三是功能限定问题，即如何认定立体商标属于为获得特定技术效果或实现特定功能所必需的形状，或者属于赋予商品实质性价值的形状。关于第一个问题，在判例法国家如英国和美国，其法院最初出于保护自由竞争的公共政策目的

---

① Cour de justice UE，19 juin 2014，C-217/13 et C-218/13.

② 欧盟的条例都具有在欧盟和成员国境内直接适用的效力，因此不需要也禁止成员国另行通过国内立法予以转化；但指令都是以协调各国国内法为目标，不具有直接适用的效力，故都需要各国通过国内立法予以转化适用，因此，在不能达成一致的领域都给各国留下了选择的余地。

而拒绝对任何商品自身的形状和商品包装的形状给予商标权保护。[①] 但《欧盟商标指令》和美国《兰哈姆法案》都将立体商标纳入了保护范围[②]，于是法院改变了做法，进而使这些国家的立法解决了立体商标的适格性问题。在大陆法系国家，概念法学所要求的法律解释和适用中的体系化和周延性使立体标识一直没有被从法律规则层面排除在商标法保护范围之外。[③] 在国际法层面，TRIPs 协议第 15 条也明确规定，任何可以通过视觉感知的并具有显著性的标识都应可以被注册为商标。这表明 WTO 成员方有义务接受具有显著性的三维标识作为商标注册。[④] 由于 WTO 成员方的广泛性，TRIPs 协议的上述规定使立体标识作为商标注册的适格性不再成为问题。关于功能限定的问题，尽管知识产权国际条约没有作出规定，但该规则的必要性和有效性也在比较法上得到了广泛承认[⑤]，只是关于其解释方法和适用范围还存在争论。[⑥] 然而，综观各国（地区）的相关理论和实践，立体商标审查中存在的最大问题就是对其固有显著性的认定。

1. 我国立体商标显著性认定的实践及其问题

我国近些年来关于立体商标显著性认定的重要案件包括"金莎巧克力"案[⑦]、"之宝打火机"案[⑧]、"三叶草"密封端钮案[⑨]、"芬达瓶"案[⑩]和"雀巢方形瓶"案[⑪]。这些案件体现出我国立体商标显著性认定规则的变迁及存在的问题。

在"金莎巧克力"案中，商标局以缺乏显著性为由驳回了费列罗公司指定使用在巧克力上的第 G783985 号商标注册申请（见图 3-9）。申请人申请复审，认为申请注册的商标是由四种颜色组成的独特彩色包装形状，也非相关商品上的通用包装形

图 3-9　费列罗公司申请注册的商标图案

① Jenny Bergquist and Duncan Curley, Shape Trade Marks and Fast-moving Consumer Goods, E. I. P. R. 2008, 30 (1), pp. 17-24. 李明德．美国对颜色商标和立体商标的保护．中华商标，2002（4）。

② 《欧盟商标指令》第 3 条；15 U. S. C. 1052，15 U. S. C. 1125。

③ 李顺德．立体商标的来源和发展．中华商标，2002（4）．关于商品外形是否可以作为商标，法国立法最初没有作出特别规定，但历史上很早就有承认这一保护的判决，理论也很快承认了这一保护。卡特琳娜·吉约曼冈．立体商标、颜色商标及法国的实践．中华商标，2002（4）．

④ 这也是中国于 2001 年即将加入 WTO 之际第二次修正《商标法》时明确将立体标识纳入商标注册体系的原因所在。

⑤ 李顺德．立体商标的来源和发展．中华商标，2002（4）．

⑥ Apostolos Chronopoulos, Trade Dress Rights as Instruments of Monopolistics Competition: Towards a Rejuvenation of the Misappropriation Doctrine in Unfair Competition Law and a Property Theory of Trademarks, Marq. Intell. Prop. L. Rev.，2012（16），pp. 119-178.

⑦ 参见最高人民法院（2006）民三提字第 3 号民事判决书。

⑧ 参见法院判定 Zippo 立体商标具商标显著性商委会败诉．［2014-04-20］. https://www.chinacourt.org/article/detail/2008/04/id/296307.shtml.

⑨ 参见 2005 年 12 月 15 日商标局商标驳回通知书（ZC3975565BH1 号），2008 年 6 月 11 日商标评审委员会关于第 3975565 号图形商标驳回复审决定书［商评字（2008）第 5706 号］，北京市第一中级人民法院（2009）一中行初字第 71 号行政判决书，北京市高级人民法院（2010）高行终字第 131 号行政判决书。

⑩ 参见 2003 年 11 月 20 日商标局商标驳回通知书（ZC3330291BH1 号），2010 年 3 月 8 日商标评审委员会关于第 3330291 号"三维标志"商标驳回复审决定书［商评字（2010）第 5155 号］，北京市第一中级人民法院（2010）一中知行初字第 2664 号行政判决书，北京市高级人民法院（2011）高行终字第 348 号行政判决书。

⑪ 参见北京市第一中级人民法院（2012）一中知行初字第 269 号行政判决书，北京市高级人民法院（2012）高行终字第 1750 号行政判决书。

状。商标评审委员会认为，申请注册的商标仅有指定使用的商品较常用的包装形式，不具有显著性。申请人起诉后，北京市第一中级人民法院认为：商标评审委员会未就其所认定的常用形状举证；申请注册的商标对色彩和包装形式的选择不在常规选择范围之内，其独特创意已经使之成为申请人的标志性设计，具有显著性。

在“之宝打火机”案中，商标局和商标评审委员会分别驳回了美国之宝公司第3031816号指定使用在打火机商品上的立体商标申请（见图3－10），理由是申请注册的商标为指定使用的商品的通用形状，不具有显著性。在详细描述了申请注册的立体商标的整体和局部形状特点后，北京市第一中级人民法院认为，申请注册的商标的整体设计具有独创性，不在本行业的常见选择范围之内，其整体独创性已经使其具有识别性。

在“‘三叶草’密封端钮”案中，商标局驳回了艾默生电气公司指定使用在密封端钮（机器部件）商品上的“三叶草”立体商标注册申请（见图3－11），理由是申请注册的商标是为获得技术效果而需有的商品形状。商标评审委员会在复审裁定中认为，申请注册的商标由具有立体感的图形构成，指定使用在密封端钮（机器部件）商品上，消费者不易将其作为商标加以识别，无法起到区分商品来源的作用，因而不具有显著性。在诉讼中，北京市第一中级人民法院认为，申请注册的商标给相关公众的整体视觉印象是其所指定使用的作为机器部件的密封端钮的常用形状，申请注册的商标中包含的“三叶草”图案并未给相关公众带来超出商品形状之外的新的视觉印象，相关公众不会将申请注册的商标认知为区分商品来源的标记，缺乏显著特征。北京市高级人民法院认为，商标由于与商品完全重合，因此原则上不具有可以作为商标注册的显著特征，除非能够证明该三维标识已经通过使用使消费者能够通过它来识别商品的提供者；同时认为，申请人关于其申请注册的商标的三维标识上的“三叶草”图案具有独特创意、能够与同行业经营者的同种商品区分开的上诉理由，仅能说明该三维标识本身可能会受到著作权法或专利法的保护，但不能作为其申请注册的商标具有显著特征的理由，因为显著特征要求的并非对商品的区分而是对商品的不同提供者的区分。

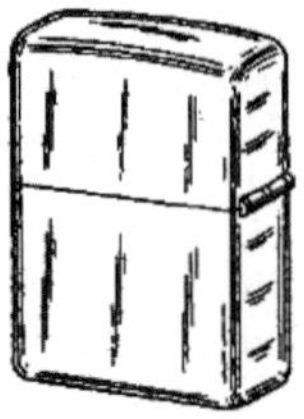

图3－10　美国之宝公司申请注册立体商标图案

图3－11　“三叶草”立体商标图案

在“芬达瓶”案中，商标局以“申请注册商标为盛装饮料常用容器，用作商标缺乏显著特征”为由，驳回了可口可乐公司申请的指定使用在饮料等商品上的第3330291号“三维标识”商标（见下页图3－12）。商标评审委员会在复审裁定中认定：申请注册的商标用于无酒精饮料等商品上，易被相关公众识别为指定使用的商品的包装装潢，不具有区分商品来源的识别作用，缺乏商标应有的显著特征；且可口可乐公司提交的证据不足以证明该三维标识通过使用已起到商标的区别作用。申请人起诉后，一审法院北京市第一中级人民法院认为，虽然申请注册的商标有若干设计，但是通过整体观察和综合判断，相关公众易将申请注册的商标作为一种饮料的包装容器加以识别，而不易将其作为区分商品来源的立体标识加以识别。二审法院北京市高级人民法院认为，申请注册的商标是其所指定使用的饮料类商品的容器外形，其设计的独特性不能证明该标识的显著性，独特的商品容器设计可以得到著作权法或专利法的保护，但不能作为申请注册的商标具有显著性的理由。

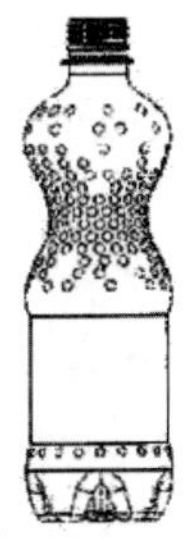

图 3-12 芬达瓶三维商标图案

在“雀巢方形瓶”案中，雀巢公司指定使用在食用调味品商品上的第 G640537 号“方形瓶”立体商标（指定颜色为棕色和黄色，见图 3-8）注册申请被商标局驳回，理由是该三维标识通常会被消费者认为是商品的容器，本身难以起到区分商品来源的作用。商标评审委员会在复审裁定中认定雀巢公司的使用证据证明了申请注册的商标具有获得显著性，从而使该商标获得注册。[①] 2009 年，味事达公司对该商标提出了撤销申请，其主要理由是，争议商标指定使用在习惯以棕色方形瓶作为常用包装、容器的“食品香料”上，缺乏显著特征。商标评审委员会认为，争议商标经过长期大量使用已经具有获得显著性。申请人起诉后，一审法院北京市第一中级人民法院认为：从整体上看，与平面商标相比，三维标识具有相对较低的固有显著性；当申请注册的商标是指定使用的商品自身的形状或其包装的形状时，相关公众通常会将其认知为商品的包装或商品本身的形状，而并不会将其认知为商标；与平面标识不同，三维标识的固有显著性判断不受其是否独创或是否系臆造的影响。二审法院维持了一审法院的判决并肯定了其理由。

根据以往的商标审查和司法实践，在构成立体商标的三维标识中，以下类型标识的显著性认定通常不存在问题：一是与指定使用的商品没有任何关系的立体形状，二是含有文字、图形等其他显著成分的立体标识，三是经过明显独特设计或具有独创性的三维标识，四是具有获得显著性的三维标识。理论上和实践中最难认定的是商品自身形状和商品包装形状的固有显著性。根据早前“金莎巧克力”案和“之宝打火机”案所适用的显著性认定规则，商品自身的形状或其包装的形状如果具有独创性，则会被认定为具有固有显著性。但之后“‘三叶草’密封端钮”案、“芬达瓶”案和“雀巢方形瓶”案的实践表明，法院当时正在尝试确立新的三维标识显著性认定规则：一是商品自身形状和包装形状的设计独特性与其作为三维标识的固有显著性之证明无关；二是商品自身形状和包装形状都不具有固有显著性，因为相关公众只会将其作为商品自身形状或包装形状认知，而不会将其作为商标认知。

2017 年《最高人民法院关于审理商标授权确权行政案件若干问题的规定》（2020 年有修改）基本确立了这一做法。该司法解释第 9 条规定：“仅以商品自身形状或者自身形状的一部分作为三维标识申请注册商标，相关公众一般情况下不易将其识别为指示商品来源标识的，该三维标识不具有作为商标的显著特征。该形状系申请人所独创或者最早使用并不能当然导致其具有作为商标的显著特征。”“第一款所称标识经过长期或者广泛使用，相关公众能够通过该标识识别商品来源的，可以认定该标识具有显著特征。”但这一做法中仍存在未被解决的问题，即商品自身形状或包装形状在设计上的独创性与三维标识显著性的证明是何种关系。“仅以商品自身形状或者自身形状的一部分作为三维标识申请注册商标”与“相关公众一般情况下不易将其识别为指示商品来源标识”，这两个条件之间是因果关系还

---

① 汪泽．立体商标的审查：《商标审查标准》解读之二．中国专利与商标，2008（2）．

是并列或递进关系？如何能证明相关公众对商品自身形状和包装形状固有属性的认知会阻止其通过这些形状来区分商品来源？

2. 商品形状或包装形状的独创性之于立体商标的显著性

从“金莎巧克力”案和“之宝打火机”案以及商标审查机关以往的审查实践可以看出，无论是申请人对商标显著性的论证，还是法院及商标审查机关的审查决定，均将商品自身形状或包装形状的设计独创性或独特性作为显著性认定的重要依据。这体现在：凡是具有明显独特设计的三维标识都被当然认定为具有固有显著性；在有关设计的独创性不明显时，显著性认定的核心就在于对独创性的查找和论证。如前所述，著作权法上的独创性标准中的创造性要素对于商标法上标识的显著性认定具有重要意义。在前述“金莎巧克力”案中，法院通过分析申请注册的商标的颜色构成和形状设计与现有标识的不同来认定独创性的存在，进而依据该独创性认定了显著性。这是没有问题的。但是，独创性之于显著性的作用只有在上述层面才有意义。在“之宝打火机”案中，法官对独创性的认定偏离了这一方向。在该案中，申请注册的商标是一个造型非常简洁的打火机商品，法官在分析其形状、线条和比例之后，认为其具有独创性，不在该行业常见选择范围之内，因而具有显著性。实际上，如前所述，这一独创性认定依据的是独创性的内的方面，即表达之于思想的创造性，这种内的方面的独创性对于商标显著性的认定没有意义。在“之宝打火机”案中，法院的不当之处就在于其认定显著性的依据不是独创性的外的方面的认定结果，而是内的方面的认定结果，即法院其实是通过分析申请注册的商标的立体形状如何表达了一种简洁、抽象的美来认定其具有独创性。

实际上，商品或包装的形状作为立体商标的注册申请被驳回的主要原因仍在于申请注册的形状是否与商品或包装的常用或惯用形状相同或不易区分。欧盟普通法院在 2016 年 2 月 24 日的判决[①]中驳回了可口可乐公司不带槽纹的瓶子立体商标（见图 3 - 13）注册申请，其主要理由是：指定使用在容器、饮料商品上的该瓶子的形状与指定使用的商品或商品包装的惯常形状差别不大，难以与后者区分，从而使相关公众不易通过该形状识别提供者来源。

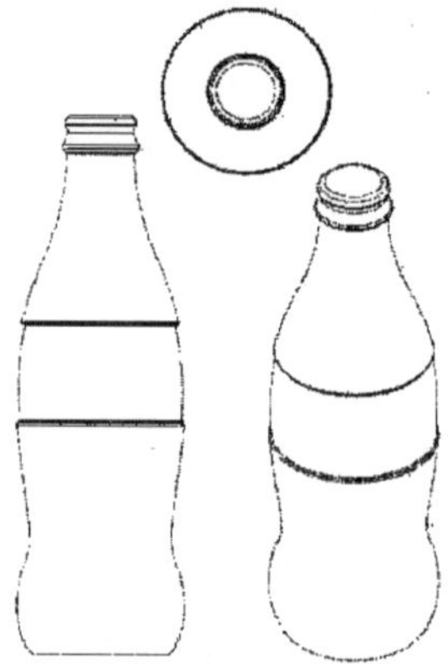

图 3 - 13 可口可乐公司的不带槽纹的瓶子立体商标图案

3. 常用标识或惯用标识的显著性否定规则的适用

商标局在“金莎巧克力”案和“雀巢方形瓶”案中，北京市第一中级人民法院在“‘三

① CJEU，judgement of T-411/14 of 24 February 2016，paras. 45 - 55.

叶草'密封端钮”案和“雀巢方形瓶”案中，都曾将“申请注册商标是指定使用的商品或其包装的常用或惯用形状”作为否定显著性的理由之一。但北京市高级人民法院在相关案件的终审判决中没有着重分析和适用商标审查机关和一审法院曾依据的这一理由。这并不是其忽略了该理由，而主要是出于回避举证责任的考虑。

这里的举证责任问题就表现在：审查员或法官在没有证据的情况下如何得出申请注册的商标是指定使用的商品的常用或惯用形状的结论？或者说他们是否有义务就指定使用的商品的常用或惯用形状进行举证？在这一问题上，有学者认为审查员和法官不举证是借鉴了美国“沃尔玛”案[①]中的做法，在该案中法官认定应由商标注册申请人对申请注册的商标的显著性承担举证责任。但实际上，该案的举证责任与常用或惯用形状的举证责任所针对的不是同一事项：在“沃尔玛”案中，法官是在一概否定商品自身形状的固有显著性之后，让申请人承担对获得显著性的举证责任。而中国的上述相关案件所涉及的是在关于固有显著性的判断中对常用或惯用形状认定的举证责任。按照正常的逻辑，商标局和法院应当对其所认定的常用或惯用形状承担举证责任。在“金莎巧克力”案中，北京市第一中级人民法院根据《行政诉讼法》认定，商标局应当对此承担举证责任，否则，其对事实的认定就没有依据。[②] 根据1989年《行政诉讼法》第32条（现为第34条）第1款之规定，被告对作出的具体行政行为负有举证责任，应当提供作出该具体行政行为的证据和所依据的规范性文件。因此，商标局和商标评审委员会有义务对常用或惯用形状承担举证责任。但该案所确认的这一举证责任并没有在后来的商标局或商标评审委员会审查程序中被采用，也没有被法院严格贯彻。应当说，这一举证责任的规定对于保证商标审查的质量和防止行政权滥用具有重要意义，但实践中对常用或惯用形状进行举证很难。对该举证行为严格实施，就意味着有关商品的审查员需要检索信息，这在实践中是很难实现的。一方面，与专利局在专利审查过程中检索在先技术不同，在商标领域并不存在类似专利数据库的商品常用标识信息库；另一方面，中国商标注册申请量连续多年位居全球第一，审查工作量很大，难以顾及证据检索。其他国家的商标局也很少就商品或包装的常用或惯用形状对商标审查员设定严格的举证责任。比如，在“Standbeutel”案[③]中，就瓶子或商品容器的基本形状和常用形状的认定，欧盟法院仅建议审查员对市场上相关商品的瓶子或容器使用情况进行检索。但对于通用标识，欧共体内部市场协调局的审查指南要求审查员对此提供证据，尽管实践中该证据通常仅为网上搜索的结果。为保证商标审查的质量，同时也考虑到在先标识检索的技术可行性，可以要求审查员对常用或惯用的商品或包装形状进行网络证据检索。但是，在北京法院通过以下案件所确立的立体商标显著性审查方法中，上述举证责任被认为不再重要。

在“芬达瓶”案中，申请人仍然依据“金莎巧克力”案所确认的规则，认为商标局没有对申请注册的商标是常用包装形状的事实认定提供证据，未履行其作为具体行政行为作出机关的举证责任，但北京市高级人民法院认为，对标识的显著特征应当根据该标识与其

---

① Wal-Mart Stores，Inc. v. Samara Brothers，Inc.， No. 99-150，529 U. S. 205（2000）.

② 佟姝．“金莎”巧克力立体商标跨洋诉讼．中国审判，2008（4）.

③ Case C-174/04 Commission v. Italy［2005］ECR 1-4933［12］.

所标示的商品或服务的关系来判断，即：该标识与商品或服务本身越不相关，其显著特征越强；该标识与商品或服务本身的联系越密切，则其显著特征越弱。显著特征的有无系商标审查机关和法院根据《商标法》的规定对申请注册的商标与其指定使用的商品或服务之间是否具有关联性、具有何种程度的关联性等问题所作的法律判断，实际使用该标识的证据虽对显著特征的判断起到一定作用，但并非没有此证据就不能作出判断。北京市高级人民法院由此驳回了可口可乐公司的该上诉理由。这其实是在主张直接适用一个上位规则（由商标显著性的内涵推导出：显著性判断就是对商标与所指定使用的商品或服务的关系远近的判断），而不必适用下位规则（常用或惯用标识排除规则就是用于判断该关系远近的规则之一）。这意味着该上位规则不再需要该下位规则的辅助了，即废弃了该下位规则在某些情形中的适用。但就下位规则与上位规则的关系而言，这是不可能的。这意味着必须有替代性的规则来填补，否则，上位规则就难以得到适用。这就是法官随后所引入的新的认定方法，即相关公众对商品形状或包装形状的认知习惯。这在表面上意味着商标审查机关和法院将不必再依赖常用或惯用形状的排除规则来驳回有关立体商标的注册申请，从而举证责任的问题被规避了。但这一新的规则本身以及其适用仍存在多个有待解决的问题，而且举证的问题仍然隐藏在背后。

4. 相关公众对商品形状或包装形状的认知习惯认定

自 2010 年以来，北京市高级人民法院和北京市第一中级人民法院先后在“‘三叶草’密封端钮”案、“芬达瓶”案和“雀巢方形瓶”案中使用了有关商品形状或包装形状立体商标显著性审查的前述方法。以“芬达瓶”案为例：北京市第一中级人民法院认为，通过整体观察和综合判断，相关公众易将申请注册的商标作为一种饮料的包装容器加以识别，而不易将其作为区分商品来源的立体标识加以识别。北京市高级人民法院则指出，以商品容器的外形作为三维标识申请注册立体商标的，其显著特征的有无并不是因为容器本身设计的独特，而是因为这种设计能够起到区分商品的不同来源的作用；如果商品的容器本身虽能够与其他同种商品的容器相区别，但是不能从其本身识别该商品的提供者，则只有在该容器经使用能够让相关公众识别其来源后才具有显著特征。在“雀巢方形瓶”案的一审判决中，法官尝试对该标准作出更详细的论证：如果某一标识无法使相关公众将其作为商标认知，则该标识原则上不具有固有显著性。通常而言，对商品或服务的特点（如质量、功能、包装、颜色等）进行直接描述的标识，因会使相关公众将其认知为商品或服务的相关特点而无法起到区分商品或服务来源的作用，故不具有固有显著性；相关公众看到商品形状或包装形状的三维标识时，通常会将其认知为商品的包装或商品本身的形状，而并不会将其认知为商标，因而没有显著性；对于三维标识，影响相关公众认知的因素为使用方式而非标识本身，这一判断原则使三维标识的固有显著性并不会受其是否独创或臆造的影响。法院在上述判决中所推导出的商品形状或包装形状不具有固有显著性的结论性规则，存在着法律依据缺失和政策考量不当的缺点；其就相关公众对商品形状或包装形状的认知习惯的认定，存在论证逻辑不成立和证据不足的问题。

我国《商标法》中有关商标显著性的条款有四个，其中：第 8 条规定了可以构成商标标识的元素，其中明确包括三维标识；第 9 条对申请注册的商标的显著性作出了一般性的规定要求；第 11 条列出了不具有固有显著性的标识种类；第 12 条排除了功能限定性三维标识的固有显著性。可见，没有法律条文明确排除商品形状或包装形状这两类三维标识的固有显著性。而从法律解释的角度也不应得出此类标识的固有显著性应被否定的结论。上述四个条款中有两个明确提到三维标识，这说明立法者对立体商标给予了特别关注，而三维标识功能限定条款紧挨着固有显著性排除条款，因此，立法者如果认为三维标识没有固有显著性，则必然会在第11条中将其列为与通用标识和描述性标识并列的标识类型。这种立法条文的缺失本身就表明，排除此类标识的固有显著性既不符合立法者的意图，也不符合法律文本的解释方法。

在立体商标的显著性认定中，与竞争相关的政策考量体现在功能限定性条款上，而且仅应在该条款的范围内予以考量。[①] 被功能限定的三维标识之所以被从法律上否定可以获得商标保护的可能，就是因为这些标识是同行业经营者所必需的，如果赋予某个经营者以独占权，就会剥夺其他经营者生产和销售相同或类似商品[②]的权利，从而损害竞争。[③] 反过来讲，不属于功能限定的商品形状或包装形状就不是同行业经营者所必需的，因而也就没有理由剥夺某个经营者将其注册为商标的权利。如果说自由竞争是一项市场经济的基本政策和法律原则，那么工商业自由也是市场经济的一项基本政策和法律原则，经营者选择商标标识的自由也应当受到保护。

美国联邦最高法院审判的“沃尔玛”案经常被引用，因为该法院在该案中对商品形状或包装形状的固有显著性认定所确立的限制性规则主要是以自由竞争为政策依据的。该案的做法对中国上述司法规则的确立并无借鉴意义，实际上法官在该案中的竞争政策考量是失当的。在该案中，系争的立体商标标识为儿童泡泡纱服装的款式形状，款式形状对于此类商品而言属于赋予商品实质性价值的形状，因为款式形状足以决定消费者的购买选择。因此，该案中应当适用的是美国《兰哈姆法案》关于功能限定的条款。[④] 另外，法官在该案判决书中所举的类比例子是企鹅造型的鸡尾酒调酒棒，这种商品形状对于该类商品而言也是赋予其实质性价值的形状，也是因为该造型足以决定消费者的购买选择。[⑤] 此外，美国联邦最高法院还认为，对商品自身形状的固有显著性认定将对市场竞争造成障碍，不利于新商品形状的开发和商品的多样化的发展，因为新进入市场的中小企业会面临商品形状商标权人的追诉。但问题在于，法院并没有对保护商品形状商标与新商品形状的开发、商品多样化的发展之间的关系给出有说服力的经济分析。从另一个角度看，如果市场上具有固有显著性的商品形状被商标权保护，则同行业经营者将不得不开发新的商品形状，而这是有利于商品多样化发展的。此外，非功能限定的商品形状并不是同行业经营者所必需的，因而同行业经营者对它也就不享有正当利益。相反，如果对具有固有显著性的商品形状要求

---

① 钟鸣．用商品及其包装容器形状申请注册立体商标的审查．人民司法，2012（24）.

② 在这种情况下，“商品”概念就不是一个属概念，而是某种特定类型的商品。

③ 而且与描述性标识不同，功能限定的三维标识不能通过获得显著性而得到商标注册。这是因为，对具有获得显著性的描述性标识享有商标权的经营者仅有权禁止他人将该标识用作商标，这并不影响其他经营者以描述方式使用该标识，因而对个人利益和公共利益可以协调。但就三维标识而言，不存在这种使用方式的不同，因而也没有对两种利益可以协调的余地。

④ 15 U. S. C. §1052（e）.

⑤ Michael S. Mireles，Jr.，Aesthetic Functionality，21 Tex. Intell. Prop. L. J. 155；Post Kirkbi and Teresa Scassa，The Doctrine of Functionality in Trade-Mark Law，21 I. P. J. 87.

证明第二含义才给予商标保护，则真的会损害工商自由并妨碍竞争，因为中小企业在成立之初无力建立第二含义，让它们自己设计的非竞争所必需的形状被其他经营者任意使用，反而使它们的正当利益被没有正当理由地限制和剥夺。因此，从保护自由竞争的政策考虑，也不应一概否定商品形状或包装形状的固有显著性。

5. 对相关公众认知习惯的认定中的论证逻辑问题

如前所述，法院认为商品形状或包装形状标识会被相关公众认知为其商品形状或包装形状，而不会被认定为识别商品来源的标识；它们可以区分不同的商品，但不能区分不同的经营者。这一判断的大前提就是，一个标志如果具有甲功能，就不会具有乙功能。这一逻辑成立的条件是甲、乙两种功能之间是互相排斥的。那么怎么能证明表征商品形状或包装形状的功能或区分不同商品的功能与表征商品来源的功能是互相排斥的呢？法国反不正当竞争法上有关禁止“寄生行为”（parasitisme，即“搭便车”行为）的规则和德国反不正当竞争法上的禁止模仿规则，其主要目标和效果就是禁止对他人的独创性商品形状或包装形状进行复制性或模仿性使用，而该制度的主要理论依据就是混淆理论，而且混淆的认定并不以被模仿商品的知名度为条件。这表明，足够独特的商品形状或包装形状被认为具有标识来源的功能。美国联邦最高法院则对上述逻辑在商品包装的形状上的适用有着完全相反的认识，其在“沃尔玛”案中明确指出，尽管商品自身的形状不会被相关公众认知为识别商品来源的标识，因而没有固有显著性，但商品包装的形状与文字商标一样可以具有固有显著性。这表明美国联邦最高法院认为，商品包装尽管被相关公众认知为商品的包装，但不影响它们同时被认识为识别商品来源的标识，而且在构成商标的标识中，同时具有双重功能的标识种类本来就很多。比如，“307”商标同时是特殊的汽车型号，“伟哥”商标同时是特殊的商品名称，这些商标都不是我国《商标法》第 11 条第 1 款第 1 项所规定的通用名称或型号，因而具有固有显著性。再如，与商品没有关系的装饰性三维标识（如奔驰汽车的立体商标）同时起着装饰和识别作用。按照前述逻辑，这些标识都不具有固有显著性。

在法国，商品形状很早就被认为可以具有固有显著性，从而得到商标保护，而包装的形状被认为是商品本身一个十分显著的部分，可以吸引消费者注意并指明商品的来源。在美国，法官在“沃尔玛”案中明确指出，商品自身的形状不会被认知为商标，商品包装的形状却和文字商标一样会被消费者认知为识别商品来源的标识。这背后的依据也是相关公众的认知习惯，而这一认知习惯来源于经营者的商标标识使用实践，即如果市场上的经营者多将包装作为区分其商品的标识，则相关公众就会有将其认知为商标的习惯。因此，从根本上而言，这是对于市场上将商品形状和包装形状用作区别性标识的经营者习惯的判断。在这方面，中国、法国、美国的市场不应有大的差别，然而这三个国家的法院有着截然相反的判断，这里就必定存在主观认识与市场实际不符的问题。在法律论证层面，问题还在于，美国和中国这种“一刀切”的做法是难以成立的。

美国法院的这种“一刀切”的做法有其商标法发展演变这一大的背景原因和法院依据竞争政策拟定法律规则的需要。“Two Pesos”案①和“沃尔玛”案是美国法上关于立体商标显著性认定的前后相接的两个著名案例。美国联邦最高法院在“Two Pesos”案中确立了商

① Two Pesos，Inc. v. Taco Cabana，Inc.，No. 91-971，505 U. S. 763 (1992).

业外观（包括商品形状和包装形状）可以具有固有显著性的规则，在之后的“沃尔玛”案中该规则的适用被限于商品包装的形状这一种外观，而不适用于商品自身形状构成的外观，即否定了后者具有固有显著性的可能性。但通过分析“沃尔玛”案中法官的论证和对该案的有关评论可以看出，法官对“Two Pesos”案中的规则进行缩限，不是出于法律上的原因，而是出于以下考虑：一是整个美国商标法被认为对商标的保护过于广泛和优厚，因而需要予以限制；二是在“Two Pesos”案之后，很多法院对商业外观的显著性认定敞开大门；三是法院认为对商品自身形状的固有显著性认定将对市场竞争造成障碍，不利于新商品形状的开发和商品多样化的发展。在这种背景下，美国联邦最高法院一方面不想完全推翻“Two Pesos”案所确立的规则，另一方面又需要限缩对商业外观的保护范围，因而接受了沃尔玛公司所建议的区别对待商品包装的形状和商品自身形状的做法。但在将这一政策需要纳入法律规则拟定的过程中，法官没有作出有说服力或合理的法律论证，而是武断地让法律服从政策。因此，美国联邦最高法院在“沃尔玛”案中的做法对中国鲜有法律层面的借鉴意义：其一，该案政策性太强，而法律论证很弱。如果中国法院采纳其否定商品包装的形状有显著性的规则，则需要完成美国法院所没有完成的法律论证；其二，判例法国家的法官在法律规则的拟定和解释方面拥有很大的权力，但在沿袭大陆法系传统的中国，法官在案件审判中不应也没有规则拟定和解释的权力，因而不能够脱离法律条文的规定自行解释甚至拟定法律规则。

对于中国法院而言，就相关公众对不同种类商品的自身形状和包装形状的认知习惯的认定，也不能采取没有依据的“一刀切”的做法，而应当根据在不同商品市场的三维标识使用情况分别作出判断。在这一方面，欧共体法院和欧共体内部市场协调局对立体商标显著性认定规则的解释和适用颇具借鉴意义。欧盟对立体商标固有显著性的认定遵循以下几个原则：立体商标不应与传统商标受不同的方式对待；没有特定类型的标识应被一律否定固有显著性；消费者对商品形状和包装形状的认知习惯会与对传统商标的认知有所不同。基于这些原则，欧共体法院的判决和欧共体内部市场协调局确立了针对商品形状和包装形状商标的以下审查规则：如果该形状是商品的基本几何形状或其组合，则不具有显著性；简单和普通的形状不具有显著性；越与商品很可能被意料的形状相近的形状，越可能没有显著性；申请的形状必须与该领域标准形状或通用形状显著不同；如果商品或包装的形状存在很强的多样性，则普通形状的变种形状或一组形状的变种形状不具有显著性；商品的功能性形状或特征（比如，肥皂被使用后的形状）不具有显著性。这些规则的指导原则就是要认定申请注册的三维标识是否与商品或包装的基本、常用或被意料的形状存在实质不同。在两种极端的情况下，对此类商标的显著性认定没有困难：与基本或常用形状显著不同的，肯定具有显著性；与基本或常用形状没有明显差别的，肯定不具有显著性。而判例所确立的其他所有规则都是用于对介于这两者之间的情形下相关公众的商标认知习惯的认定。

这对中国的商标审查实践具有以下借鉴意义：（1）不能以相关公众对商品或包装的形状的认知为由一概否定此类形状的固有显著性，因为一概否定的做法在法律理论上不成立；（2）有关商品或包装的基本或常用形状仍然是三维标识显著性判断的对比依据；（3）相关公众对有关商品或包装的商标认知习惯，要根据所涉商品上的立体标识在市场上的使用实践来认定。这就涉及不能回避的举证问题。在举证责任问题的处理上，欧盟法院确立了根据不同商品的市场情况而适用不同规则的做法：一是在不常将三维标识作为商标的商品领域，应由申请人证明相关公众有将此类标识认知为商标的可能。[①] 比如，在“戴姆斯勒汽车前脸网格形状商标”案中，申请注册的商标为汽车前脸网格的立体形状，欧共体内部市场协调局以相关公众不会将其认知为商品来源识别标识为由否定了申请注册的商标的固有显著性；欧盟初审法院则在上诉程序中接受了申请人关于此类商品形状已经在市场上成为商品来源识别标识的证据，从而认可了其固有显著性。[②] 二是在常将三维标识作为商标的商品领域，申请人无须加以证明。[③] 那么，审查员应如何确定相关商品的立体商标市场使用情况，从而据以决定这两条规则的选择适用呢？方法就是，如前所述，欧盟法院建议审查员对市场上相关商品的形状或容器使用情况进行检索，即给审查员设定有限的和可行的举证义务。

综上，我国法院建立了立体商标显著性认定的新规则：一是不再依据商品形状或包装形状设计的独创性来认定三维标识的显著性，而且否认两者之间存在联系；二是认为此类标识不能被相关公众认知作为识别商品来源的标识。但独创性有助于显著性认定的隐含规则是，只有与指定使用的商品或商品包装上的常用或惯用标识不同的标识才具有显著性。因此，法院可以抛开独创性概念但不能抛弃这一规则，并且商标审查机关应对常用标识承担有限的和可行范围内的举证责任。而否定商品形状和包装形状的固有显著性的“一刀切”做法，既没有法律依据，也缺乏充分的法律论证，对工商业自由和自由竞争政策不利，还缺乏对相关市场的实践证明。相对于政策性强而法律论证弱的美国判例规则，欧盟的立体商标审查规则的法律论证更为严密，规则也更为可行，值得借鉴。

6.《商标审查及审理标准》（2016 年）对立体商标显著性的规定

值得注意的是，2016 年修订的《商标审查及审理标准》新增了对立体商标的注册审查规定，新的审理标准确立了以下规则：首先，商品自身的立体形状或者商品包装物的立体形状如果为行业通用或常用的立体形状，则不具有显著性，但该立体形状非指定使用的商品的通用或常用包装物的立体形状的除外。该条规则以“指定商品上的通用或常用标识不具有显著性”的原理为坚实依据，对三维标识与平面标识适用同一审查标准。适用该规则的核心认定依据不是行业内的通用或常用形状，而是指定使用的商品的通用或常用形状，因为“行业”一词与“指定使用的商品”一词并不总是严格对应，而商标显著性的判断要以指定使用的商品为参照。该规则否定了通用或常用立体形状的显著性，也就同时表明非指定使用的商品的通用或常用形状原则上可以具有显著性。其次，如果不具有显著特征的立体标识与具有显著特征的平面要素组合后的标识整体上具有显著特征，则该标识具有显著特征，但该商标注册后的专用权保护范围应仅限于具有显著特征的平面标识部分，并在初步审定公告和商标注册证上予以加注。该规则贯彻了从标识的整体来审查其显著性的正

① Case T-194/01，Unilever v. OHIM (Ovoid tablet)，[2003] E. C. R. Ⅱ-383.

② Case T-128/01，Daimler Chrysler Corporation v. Office for Harmonisation in the Internal Market，2003 Ⅱ-00701.

③ Jenny Bergquist and Duncan Curley，Shape Trade Marks and Fast-moving Consumer Goods，E. I. P. R. 2008，30 (1)，pp. 17 - 24.

确方法。该规定同时要求审查员对申请注册的标识中的立体形状是否具有显著性作出审查并注明，这就在商标注册的环节就明确了商标中的立体形状是否为商标权的保护客体。一方面，这使商标权的边界为指定使用的商品的其他经营者所知晓，从而对他们的经营活动有所指引；另一方面，商标审查机关较之处理商标侵权案件的法院在商标构成元素的显著性认定上具有更强的专业能力，因此在商标权的产生这一上游环节就明确商标权的保护范围是更有效率的做法。最后，基本的几何立体形状、简单和普通的立体形状、装饰性的立体形状，不具有显著特征。该规则参照了《商标审查及审理标准》中对平面商标的审查标准之一，具有同样的局限性，即不能仅以申请注册的商标是简单的或基本的形状来否定其具有显著性的可能。商标权保护的是具有显著性的标识，而不具有独创性的标识，简单的形状或装饰性的形状能否对指定使用的商品而言具有识别性仍要根据具体情况来认定。

总体而言，2016 年的《商标审查及审理标准》关于立体商标显著性的审查规则，没有一刀切地否定商品形状或包装形状的固有显著性，没有跟从前述案例中所形成的做法。但实践中对立体商标显著性的审查仍是沿着前述案例所定调的方向走下去，《商标审查及审理标准》的字面规定没有起到矫正的作用。

7.2021 年《商标审查审理指南》对立体商标显著性的规定

较之 2016 年《商标审查及审理标准》，2021 年《商标审查审理指南》则一般性地否定了由商品自身形状或包装形状构成的三维标识的固有显著性。[①]《最高人民法院关于审理商标授权确权行政案件若干问题的规定》(2020 年修正) 对仅由商品自身形状或者自身形状的一部分构成的三维标识一般性地否定了其显著性（第 9 条），而《商标审查审理指南》也否定了商品包装或容器构成的三维标识的显著性。根据该指南，仅以商品自身的三维形状或仅以商品包装或容器的三维形状申请注册三维标识商标的，因“通常情况下相关公众不易将其识别为指示商品来源的标志，难以起到区分商品来源的作用，一般不具有作为商标的显著特征”。相对于前述司法解释的措辞，《商标审查审理指南》一般性地推定这两类标识不具有固有显著性，尽管其用了“通常情况下”和“一般”等词，但并没有明确在什么情形下这两类标识可以具有固有显著性。因此在商标局和法院的程序中，商标注册申请人实际上没有机会证明其申请注册的商标不属于“一般”或“通常情况”，这就导致了对这两类标识一刀切地以缺乏固有显著性为由驳回。因此，在商标审查审理和商标授权确权案件中，需要通过典型案例来明确在何种情况下这两类标识具有固有显著性，而不是一概驳回。

（五）通用标识的认定

通用（generic）标识就是在某一类商品或服务上普遍使用的用于指称其名称、图形或型号的标。一般认为，通用标识包括三种：（1）通用名称（generic terms），比如“汽车”之于汽车；（2）通用图形，比如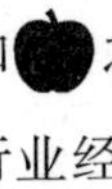之于水果；（3）通用型号，比如 4×4 之于四轮驱动汽车。通用标识是相关公众和同行业经营者都使用的用于指称一类商品或服务的标识，因此起不到识别商品或服务来源的作用，也是同行业经营者必需的标识，从而不能为一家经营

① 参见《商标审查审理指南》下编第六章。

者所独占。我国《商标法》第11条第1款1项排除了通用标识的显著性。通用标识不能被注册为商标，已经注册的商标如果变成了通用名称，则可以被撤销。[①] 通用名称的认定涉及“通用”的事实认定、商品或服务的种类、地域范围和认定的时间点等问题。

1.“通用”的事实认定

通用名称的认定首先是事实的认定问题，即相关公众普遍以某个名称、图形或型号来指称某类商品或服务。与法律上任何事实的认定一样，这取决于证据及证据的证明力，任何形式和种类的合法证据都可以用于对事实的认定。法律实践中，根据所据以认定的常用证据的不同，将通用名称分为法定的通用名称和约定俗成的通用名称。《最高人民法院关于审理商标授权确权行政案件若干问题的意见》第7条和《2020年最高人民法院关于审理商标授权确权行政案件若干问题的规定》第10条都规定：人民法院在判断诉争商标是否为通用名称时，应当审查其是否属于法定的或者约定俗成的商品名称。依据法律规定或者国家标准、行业标准属于商品通用名称的，应当认定为通用名称。相关公众普遍认为某一名称能够指代一类商品的，应当认定该名称为约定俗成的通用名称。被专业工具书、辞典列为商品名称的，可以作为认定约定俗成的通用名称的参考。值得注意的是，虽然国家标准和行业标准的证明力较强，但它们也只是通用名称认定的证据之一，当事人仍然可以提供证据，比如质疑这些标准的制定依据和程序的证据，来反驳其证明力，也可以提供相反的证据来证明涉案标识不是通用名称。也正因为这个原因，依据国家标准或行业标准认定的通用名称不能被称为法定的通用名称。另外，法定的通用名称和约定俗成的通用名称的分类并不严谨，国家标准或行业标准中的通用名称也可能是约定俗成的通用名称，因此，商标审查机关和法院应当结合各方面的证据来认定相关公众对涉案标识的认知。对于约定俗成的通用名称，“相关公众普遍认为某一名称能够指代一类商品”的事实实际上是难以被直接证明的，因为相关公众不是具体的主体，需要结合专业工具书、辞典、消费者调查报告等证据来认定。

2.通用名称所指称的商品或服务的种类

通用名称的认定要结合商品或服务的种类进行。棉花之于服装是原材料而非通用名称。二锅头是采用白酒加工中的二锅头工艺[②]生产的白酒的通用名称，但它仅是此类白酒的通用名称，而不是白酒的通用名称。

在“鲁锦”案[③]中，原告是位于嘉祥县的山东鲁锦公司，于1999年申请注册了“鲁锦”文字商标。2007年，原告发现鄄城鲁锦公司生产、销售的产品在显著位置标明了“鲁锦”字样，遂将其和销售商告上法庭。2008年8月，山东省济宁市中级人民法院作出一审判决，原告胜诉。鄄城鲁锦公司不服一审判决，上诉至山东省高级人民法院。在二审期间，根据双方当事人的举证质证，法院经过讨论认定：自20世纪80年代中期后，经过媒体的大量

---

① 《商标法》第49条第2款。

② 在清代中期，京师烧酒作坊为了提高烧酒质量，进行了工艺改革。因为蒸酒时第一锅和第三锅冷却的酒含有多种低沸点和高沸点的物质成分，所以烧酒作坊只摘取经第二次换入锡锅里的凉水冷却而流出的酒，故称为“二锅头”。

③ 参见山东省高级人民法院（2009）鲁民三终字第34号民事判决书。该案被最高人民法院列为第46号指导性案例。

宣传，“鲁锦”已成为以棉花为主要原料，手工织线、染色、织造的山东地区民间手工纺织品的通称，且已在山东地区纺织行业领域内通用，并被相关社会公众接受，且“鲁锦”织造技艺为非物质文化遗产，因此，“鲁锦”是山东地区，特别是鲁西南地区民间纯棉手工纺织品的通用名称。该案原告主张“鲁锦”这一名称不具有广泛性，因为在我国其他地方也出产老粗布，但不叫“鲁锦”。对此法院认为：对于具有地域性特点的商品通用名称，判断其广泛性应以特定产区及相关公众为标准，而不应以全国为标准。我国其他省份的手工棉纺织品不叫“鲁锦”，并不影响“鲁锦”专指山东地区特有的民间手工棉纺织品这一事实。本质上，该案中的通用名称认定涉及的不是名称使用的地域性问题，而是该通用名称所指称的产品种类的地域性问题。关于产品的种类，一方面可以根据产品的性质、用途、技术特征等作人为的纵向分类，比如车辆、汽车、家用汽车、四轮驱动家用汽车等；另一方面也会在生活和商业实践中因为传统、文化等各种非技术原因形成由多个因素限定的独特类别，比如，鲁锦，是由以棉花为主要原料，手工织线、染色、织造，鲁西南地区，手工纺织品等多个因素限定的产品类别，其中包括地域性因素。

3. 通用名称认定中的地域范围

通用名称的认定也涉及名称的使用地域范围问题。这里主要有两种情形：一是，有些种类的产品由于传统、文化等原因仅在或主要在某个区域内流通，其他地域的公众没有消费该产品的习惯；二是，有些种类的产品在全国范围内流通和消费，但只有某个地域范围内的公众以某个名称指称该种类产品，其他地域内的公众并不使用该名称。

“兰贵人”案①是第一种情形的典型例子。针对该案，法院查明，“兰贵人”属于对添香加味乌龙茶这一拼配茶品的称谓。虽然“兰贵人”茶叶的市场流通范围并非全国，而是以福建、广东、广西、云南、海南五省份为主，但法院认为：对通用名称的认定不能离开具体的消费群体而抽象地进行认定，因此其广泛性并不能局限在全国范围这一标准之下。“兰贵人”茶品起源于福建，发扬于台湾，流行于南方沿海各省份，并获得了上述五省份的经营者与消费者的广泛认可，无论是行业内部还是社会各界都将此类添香加味乌龙茶称为“兰贵人”，这一情况已经有近十年。这说明这一名称被市场及消费者广泛地使用，已经进入了公有领域。据此，应当认定南方该五省份茶叶行业使用“兰贵人”这一名称的客观情况满足了其广泛性的事实构成，虽未及全国，但属于至少南方该五省份茶叶行业普遍共同使用的茶品名称，因此可以被认定为通用名称。《最高人民法院关于审理商标授权确权行政案件若干问题的意见》第 7 条中规定：约定俗成的通用名称一般以全国范围内相关公众的通常认识为判断标准。对于由于历史传统、风土人情、地理环境等原因形成的相关市场较为固定的商品，在该相关市场内通用的称谓可以被认定为通用名称。

在此种情形的案件中，通用名称的认定表面上表现为商品名称使用的地域范围问题，但本质上是相关公众的界定问题。如前所述，商标显著性的判断就是对商标与其所指定使用的商品或服务间之关系远近的判断，这种判断要依据相关公众这一拟制的主体对这一关系的认识来进行，这意味着非相关公众的认识不必也不应被纳入考量范围。相关公众对商标显著性判断的作用同样适用于对通用标识和描述性标识的判断，因为后者本质上也是对

---

① 参见北京市第一中级人民法院（2008）一中行初字第 1411 号行政判决书。

显著性的判断，只不过是对显著性缺失这一认定所依据的事实的判断。就只在相关地域或相关族群内流通的商品或服务而言，这些相关地域内的相关公众或相关群族的公众就构成我国《商标法》法域内的相关公众的全体。因此，就通用名称认定而言，“兰贵人”案中南方该五省份人口内的相关公众之于涉案茶品，与中国境内总人口内的相关公众之于饼干，具有相同的法律意义。

第二种情形的典型案例包括“水鸟被”案①、“子弹头”案②和“状元红”案③。在这些案例中，涉案产品在全国都有流通，相关公众也涉及中国境内各地区的消费者，但涉案商标仅在局部地区被相关公众用作通用名称：“水鸟被”是广东地区相关公众对轻柔纤维被的通用称呼，“子弹头”是河南和贵州的相关公众对果实形状像子弹头的辣椒的通用称呼，“状元红”是浙江地区的相关公众对琥珀色黄酒的通用称呼。广东省高级人民法院认为，“水鸟被”是否属于产品的通用名称，其认定不能局限于广东的市场情况，因为注册商标的效力是全国性的而非地区性的，应当考虑全国范围的认同程度来判断。北京市高级人民法院认为，商品的通用名称应当具有广泛性和规范性的特征，即应当具有在国家区域范围内或者某一行业范围内的公用性，仅为国家部分区域或部分企业所使用的名称不具有通用名称的广泛性。法院所称的通用名称使用的广泛性问题本质上是相关公众这一主体认定中的量化问题，即：当只有某一区域范围内的相关公众将某一名称用作通用名称时，能否或应

---

① 该案中，1995 年 9 月 21 日，原告依法取得“水鸟”商标的注册，核定使用商品为第 24 类中的床罩及台罩、纺织品台布、枕套、垫子套、窗帘、被套、被子、座套、毛毯、床单、亚麻、围布（床、窗、门），注册有效期限为 1995 年 9 月 21 日至 2005 年 9 月 20 日。被告成立于 1994 年 8 月 11 日，经营范围为床上用品、装饰布和衍缝制品（不含出口配额许可证管理产品）。1996 年 7 月 14 日，被告取得第 855400 号商标注册证，注册商标为椭圆形花纹图案和文字组合，核定使用商品为第 24 类中的床单、床罩、被子、枕套、鸭绒被、帐帘、褥子。被告在其生产和销售的被子、被套及其外包装上标明了其注册商标。同时，被告还在其中部分被子、被芯的外包装袋上印上“水鸟被”字样，在招贴画上亦印上“水鸟被”字样，在产品的购物发票上标明了“水鸟被”，在其产品的广告资料中亦使用了“水鸟被”字样。原告以被告侵犯商标权为由起诉至广东省深圳市中级人民法院，请求法院判令被告立即停止侵权，销毁库存商品上的所有侵权标记，赔礼道歉，并赔偿原告因此所受到的经济损失。被告辩称：“水鸟被”已成为许多厂家生产的轻柔纤维被的通用名称，原告不应当拥有“水鸟”注册商标的专有使用权；被告在自己生产销售的部分被子、被芯的外包装等上使用“水鸟被”字样，并非作为商标加以使用，仅仅说明此类商品的成分，并不构成侵犯原告的商标权；原告的诉讼请求缺乏法律依据，请求法院予以驳回。广东省深圳市中级人民法院经审理认为：“水鸟”商标为原告的注册商标，该商标从核准注册之日起依法受保护，其保护的范围以核准注册的商标和核定使用的商品为限。被告生产、销售的被子、被套与原告的“水鸟”商标核定使用的商品属同一类商品。被告在其生产、销售的部分产品上虽然使用了自己的注册商标，却又在产品的唛头及外包装上使用了原告注册的“水鸟”商标字样，将其作为商品的名称使用。该行为未经原告许可，且足以造成消费者误认，已构成对原告之“水鸟”商标权的侵犯。该院遂作出责令被告停止侵权、赔礼道歉、赔偿损失的一审判决。被告不服，上诉至广东省高级人民法院。二审法院除对赔偿数额依法作出相应变更以外，维持了一审判决的其他内容。广东省高级人民法院对商品通用名称的地域性问题重点作了阐述，认为：在广东省范围内，近年来生产轻柔纤维棉被的商家较多，有些厂家将此类被子称为水鸟被，因而在广东地区一些消费者已产生认同，将此类被子称为水鸟被。但是还无证据显示消费者已普遍认为水鸟被是一类被子的名称。水鸟被究竟是何种被子，对大多数消费者而言，其所指并不明确。况且，水鸟被是否属于产品的通用名称，在认定时还不能局限于广东的市场情况。因为注册商标的效力是全国性的而非地区性的，应当考虑全国范围的认同程度来判断。目前，还无证据可显示其他省份的消费者也将某类被子统称为水鸟被。因此，上诉人（原审被告）主张“水鸟”是被子的通用名称依据不足。

② 参见商标评审委员会关于 3118114 号“子弹头 ZiDanTou 及图”商标争议裁定书［商评字（2005）第 1374 号］，北京市第一中级人民法院（2005）京一中行初字第 675 号行政判决书，北京市高级人民法院（2006）京高行终字第 00188 号行政判决书。

③ 参见北京市第一中级人民法院（2006）一中行初字第 195 号行政判决书。

否将该名称认定为在全国范围内的通用名称？通用名称的认定与固有显著性的认定，标准是一样的：一方面，要看涉案名称能否使相关公众据以识别商品或服务的来源；另一方面，要看涉案名称是不是同行业经营者所必需的。在上述案件的情形中，大部分相关公众能够通过涉案标识识别来源，大部分同行业经营者对涉案标识并不必需，如果纯粹从量化的角度评价，则涉案名称不应被认定为通用名称。

但对此类案件涉及的利益平衡并不能单从量化的角度来评判，而更应从所涉不同利益的正当性角度和社会成本与效率的角度来评价。一方面，特定地域的同行业经营者有继续使用通用名称的正当利益；另一方面，商标注册申请人有选择商业标识的自由。如果允许前述地域性通用名称被注册为商标，则该地域内的同行业经营者的利益都要受到损害；而如果将该名称留在公共领域，则商标注册申请人虽然不能获得该商标的专用权，但有着选择其他标识的广泛自由。因此，相对特定地域内同行业经营者所要付出的代价，商标注册申请人所付出的代价小得多；而且，特定地域内的同行业经营者对本地域内的通用名称所享有的经过长期使用而产生的利益，比商标注册申请人因对该标识的任意选择而产生的利益更具有正当性。因此，特定地域内的通用名称应当被认定为通用名称，前述判决中对通用名称的广泛性特征要求仍需经过利益衡量的考量。

此外，即便核准特定区域内的通用名称被注册为商标，经营者在该区域内对该名称的使用也不构成商标侵权，因为该区域内的相关公众并不把该名称作为产品或服务的来源识别标识来认知，因此该使用不属于商标意义上的使用，不存在就来源引起相关公众混淆的可能性。

在此类案件的法律适用中，前述司法解释也将相关方的利益正当性纳入了考量。《最高人民法院关于审理商标授权确权行政案件若干问题的意见》第 7 条和 2020 年《最高人民法院关于审理商标授权确权行政案件若干问题的规定》（2020 年修正）第 10 条都规定，如果申请人明知或者应知其申请注册的商标为部分区域内约定俗成的商品名称，则应视其申请注册的商标为通用名称。此时的通用名称认定已经不是单纯的事实认定问题，而是对申请人的利益正当性与特定区域同行业经营者的利益正当性的衡量问题。但是，如前所述，即便在申请人善意的情况下，利益衡量的天平也仍应向特定区域的同行业经营者倾斜。

4. 通用名称认定的时间点

在商标权注册取得制度下，原则上应根据申请日这一时间点上申请注册的商标的事实状态来认定其是否符合注册的条件。但是，由于商标的审查期限可能较长（我国的法定审查期限为 9 个月），申请注册的商标在审查日的状态可能与在申请日的状态不同。如果申请注册的商标经历驳回复审及驳回复审的司法审查程序或者异议及异议复审、异议复审的司法审查程序，则申请注册的商标在法院审理案件的时间点和申请日及商标局的审查日的状态都可能不同。那么，应当按照哪个时间点来判断申请注册的商标是否符合注册条件呢？2020 年《最高人民法院关于审理商标授权确权行政案件若干问题的规定》（2020 年修正）第 10 条规定：人民法院审查判断诉争商标是否属于通用名称，一般以商标申请的事实状态为准。核准注册时事实状态发生变化的，以核准注册时的事实状态判断其是否属于通用名称。在“金骏眉”案中，2007 年正山茶叶公司向商标局提出“金骏眉”商标的注册申请，指定使用的商品为第 30 类茶等商品，经商标局审查后获得初步审定并公告。在法定期限内，桐木茶叶公司提出异议，认为“金骏眉”是福建武夷山生产的一种红茶，属于“武夷红茶”中“奇红”品种之一，属于商品的通用名称。该异议申请被商标评审委员会驳回，也没有得到一审法院的支持。二审中，北京市高级人民法院经审查认定，“金骏眉”商标在申请注册的时候不是法定的通用名称，也不是约定俗成的通用名称，但在二审时“金骏眉”已作为一种特定红茶的通用名称而存在。基于这种事实，二审法院对商标评审委员会作出的认定给予纠正，认定“金骏眉”是特定种类的红茶的通用名称。

值得注意的是，在我国商标保护期自注册日而非申请日起算，而注册日是自初审公告之日起 3 个月期满之日，从该日期到终审裁判之日的期间内申请注册的商标变成通用名称的方式也应得到考虑。如果申请注册的商标在申请提交日不是通用名称，其后第三方经营者对申请注册的商标的恶意或非诚信的使用行为使其变成了通用名称，而申请人在商标被核准注册前又无法阻止此类使用，则不应仅依据终审判决时该名称被同行业经营者使用的事实来认定通用名称。此种情况下，申请人对申请注册的商标具有正当利益，而不诚信的第三方经营者没有正当利益。正是基于对这种利益正当性的考量，欧盟第 2017/1001 号《欧盟商标条例》第 7 条第 1 款 d 项要求惯用标识（含通用标识）应存在于当下的语言或以诚信的方式确立的商业实践中（*bona fide* and established practice of trade）。

二、功能性标识的认定

《商标法》第 12 条规定，以三维标识申请注册商标的，仅由商品自身的性质产生的形状、为获得技术效果而需有的商品形状或者使商品具有实质性价值的形状，不得注册。欧盟第 2017/1001 号《欧盟商标条例》第 7 条第 1 款 e 项规定：仅由商品自身的性质产生的形状或其他特征、为获得技术效果而必需（necessary）的商品形状或其他特征或者使商品具有实质性价值的形状或其他特征构成的商标，不具有显著性。值得注意的是，欧盟并未将前述规定中的形状限定在三维形状的范围内，二维形状、三维形状的二维表现形式都在该规定的适用范围之内。[①] 欧盟《商标审查指南》已经指出，颜色可能是由商品的性质决定的（比如颜色对于染发剂），颜色也可能具有技术功能性（比如，红色对于灭火器，不同颜色对于电线接线）。

（一）商标注册的“非功能性要求”

相比之下，美国法上的非功能性要求（non-functionality）所适用的客体范围在理论上更广。美国联邦法和州法都拒绝保护任何具有功能性的商品特征，这一理论来自判例法，在美国联邦商标法制定之前就已经存在。在 1924 年的“William R. Warner & Co. v. Elililly & Co.”案[②]中，被告通过模仿原告的药品的外观和口味来销售自己的廉价药。法院认定被告的不正当竞争行为成立，但认为原告无权禁止被告在药品中使用巧克力作为成分，因为巧克力有着改善药品口味和药品附着载体的技术作用，即具有功能性。在 1982 年的“Inwood Laboratories v. Ives Laboratories”案[③]中，法院认定原告无权禁止被告使用与其药物

---

① CJEU，judgement of 08/05/2012，T-331/10，Surface Covered with Black Dots，para. 24.

② 265 U. S. 526（1924）.

③ 456 U. S. 844（1982）.

胶囊相同的蓝色和蓝红色，因为患者和医生已经将不同的胶囊颜色与不同的疗效和给药方式建立了联系，因此胶囊的颜色具有了功能性。美国联邦最高法院在该案中第一次定义了商品的功能性："商品的一项特征是功能性的，不能起到商标的作用，如果该特征对于该商品的使用或目的（purpose）是必需的（essential），或者影响到该商品的成本或质量。"在1995年的"Qualitex Co. v. Jacobson Prods. Co."案[①]中，美国法院扩充了功能性的定义，即在"Inwood Laboratories"案中所作定义的基础上，增加了一项标准："如果对商品的一项特征的独占权保护会将竞争者置于与商誉无关的（non-reputation-related）显著（significant）不利地位，则该特征具有功能性。"

关于对商标保护的非功能性要求的制度目的，欧盟法院认为，对技术功能性标识赋予独占权将限制竞争者提供具有该功能的商品的可能性，或者至少限制他们就具有该功能的商品选择技术方案的自由。[②] 美国判例法认为，商标权保护的非功能性要求有两个目的：一是保护自由竞争，以保证所有竞争者自由使用有用的商品特征；二是避免商标法与专利法的价值目标发生冲突，即防止商标法对专利法所不保护（要留在公共领域）的客体提供无期限限制的保护。实际上，商标法与专利法的立法目标协调考量是其次的或者说是外因，最根本的原因还是商标法自身的原理禁止保护功能性标识；只有在依据这一商标法原理对申请注册的标识是否具有功能性作出认定后，才能将商标法与专利法的立法目的协调因素纳入补充性考量。商标法的目的是保护与商品存在任意性关系的识别性标识及其所承载的商誉，禁止他人对识别性标识的使用及对商誉的利用或侵害，但不禁止在商品上的竞争；而功能性标识与商品的关系过于密切，保护它们就等于保护商品，从而阻止其他经营者提供同样的商品参与竞争。因此，对申请注册的标识的保护应是对就商品而言具有任意性的标识的保护，同时不阻止其他经营者参与该商品的提供活动中的竞争。这是功能性标识认定中的重要指导原则。为了从反面阐释这一原理，美国法院在"Qualitex"案中增加了功能性标识的认定标准，即：在对某个标识赋予了商标权的情况下，如果其他竞争者将处于明显不利的地位，而这种不利的竞争地位的产生与（未能利用申请注册的商标或被请求保护的商标的）商誉无关，则可以推定该明显不利的竞争地位的产生是源于商标权将某项功能性的商品特征赋予了商标权人，从而导致竞争对手不能就商品参与竞争。反之，如果这种明显不利的竞争地位的产生是因为没有能够利用商标注册申请人或请求保护人的商誉，则该商标权保护的是识别性标识及其所承载的商誉，其不属于功能性标识，不应留给公共领域。

（二）性质功能性与技术功能性

仅由商品自身的性质产生的形状包括天然商品的形状和人工加工商品的形状，比如香蕉的形状。

为获得技术效果而需有的商品形状（也被称为技术功能性），比如，欧盟法院审理的"Philips"案[③]中的三头剃须刀头的形状（3 个刀片的位置配合以使剃须效果更好）、"红色

---

① Qualitex Co. v. Jacobson Products. Co., 514 U. S. 159, 165 (1995).

② Preliminary ruling of 18/06/2002, C-299/99, 'Philips', para. 79.

③ CJEU, judgement of 18/06/2002, C-299/99, 'Philips (Koninklijke Philips Electronics NV v. Remington Consumer Products Ltd. [2002] ECR 1-5490).

乐高拼块”案①中的乐高拼块的形状（为保证互相拼插而设计的形状）。

在“Philips”案中，Philips公司于1966年推出了一种由三个呈等边三角形排列的旋转刀头组成的剃须刀，并获得了专利保护。在专利保护期届满前，Philips公司于1985年在英国提出商标注册申请，其申请注册的商标就是三头剃须刀外形。该申请在英国1938年商标法下基于使用而获得注册。1995年Remington公司开始在英国大量生产和销售DT55型三头剃须刀，其外形与Philips公司的商品相似。Philips公司起诉Remington公司侵犯其商标权，同时Remington公司提起反诉，申请撤销Philips公司的注册商标。英格兰和威尔士高等法院大法官法庭（专利分庭）支持了Remington公司的反诉请求，裁定撤销Philips公司的注册商标。该高等法院认为，Philips公司的标识缺乏显著特征（devoid of any distinctive features），无法与其他商品提供者的相关商品相区别；同时认为，该商标仅仅由服务于指定使用的商品特定目的（intended purpose of the goods）的标识以及为得到技术效果（technical result）、赋予商品实质性价值（substantial value）的形状组成。Philips公司对该高等法院的判决提起上诉。该上诉案引起了对欧共体理事会第89/01号指令的法律解释的问题，上诉法院遂裁定中止诉讼并将相关法律解释问题提交给欧洲法院先决裁决。欧洲法院作出了以下裁决：若商品形状的功能性特征是为获得技术效果而产生的，那么仅由该形状构成的标识不能获得注册，尽管能证明其他的商品形状也能够获得相同的技术效果。最终，Philips公司的注册商标被撤销，Remington公司胜诉。

图3-14 乐高积木

在“红色乐高拼块”案中，乐高玩具公司有一款受到专利保护的玩具积木（如图3-14所示）。专利到期后，Kirkbi（乐高玩具公司的母公司）于1996年以这款积木的形状和颜色向欧共同内部市场协调局提出商标注册申请。欧共同内部市场协调局本要拒绝该申请，但在Kirkbi提交其他观察报告和证据之后，认为其申请注册的标识在欧盟市场上获得了显著性（distinctive character），并且不是仅由为获得技术效果而需有的形状构成的。1999年10月19日，该标识获得了注册。1999年10月21日，Ritvik Holdings（Mega Bloks前身）根据《欧洲共同体商标条例》（1993年12月20日EC第40/94号令，以下简称《欧共体商标指令》）第7条第1款e项ii目、iii目及f项申请宣告Kirkbi的注册商标无效。2004年7月30日，欧共体内部市场协调局宣告该商标在积木玩具类上的注册无效，理由是该标识仅由为获得技术效果而需有的商品形状构成。2004年9月20日，乐高玩具公司对该裁决提起上诉，欧共体内部市场协调局上诉委员会驳回了该上诉请求，理由如下：首先，民意测验或调查不影响基于《欧共体商标指令》第7条第1款e项ii目拒绝予以商标注册的决定，因为通过使用而获得显著性（distinctiveness）不意味着其能通过非功能性审查。其次，如果一个形状的本质特征（essential characteristics）在于实现技术功能，那么该形状不能获得注册，即使该形状包含一个次要的任意性元素，比如说颜色。最后，一个标识曾经是或者仍然是专利的保护客体本身不会阻碍其被注册为商标，尤其是当发明物的形状并不全是功能性的时，如包含一些装饰或任意性元素。但不可否认的是，在先专利确实能证明专利所披露或要求保护的特征是

① CJEU，judgement of 14/09/2010，C-48/09 P，‘Red Lego Brick’，Lego Juris A/S v. OHIM［2010］ECR 1-8432.

功能性的。

《欧共体商标指令》第 7 条第 1 款 e 项 ii 目的正确适用要求有权机关合理划定一个三维标识的本质特征，本质特征应被理解为一个标识最重要的元素。认定标识的本质特征后，有权机关应确认这些本质特征是否都是实现技术功能的，如果商品的形状包含非功能性元素并且该元素发挥了重要作用，那么《欧共体商标指令》第 7 条第 1 款 e 项 ii 目不再适用。

欧共体内部市场协调局上诉委员会认为，乐高拼块的每一个元素以及其整体的形状都是为获得技术效果而需有的，该结论是基于对乐高拼块在先专利的分析，比如，受专利保护的拼块上表面有四个圆柱形的立柱呈两排对称排列，圆柱形的立柱是实现与其他拼块联结这一功能所必需的，并且这样的结构是该发明的最佳实施例（preferred form）。欧盟法院指出，如果某种商品存在也能实现同样技术效果的替代性形状，那么这一事实不影响技术功能性的认定[①]；但是，如果功能性形状上附有重要的非功能性元素，比如对商品的形状起着重要作用的装饰或创意性元素，则该形状不属于功能性形状。[②]

（三）美学功能性

使商品具有实质性价值的形状也被称为美学功能性（aesthetic functionality），比如首饰的形状，景泰蓝、花瓶等装饰性商品的形状等。但是，美观性是很多商品都具有的属性，也是很多商品的卖点之一。这使美学功能性的判断并不容易。总的来说，可以从美学元素对商品的竞争力的影响角度来判断，即是否构成了商品的实质性竞争力。在欧盟和美国的审查实践中，法院和商标审查机关对于具有美学功能性标识的认定都持谨慎态度，不能因为某个商品形状可以成为或曾经是外观设计专利的客体就认定其具有美学功能性，依据美学功能性否定其显著性的商品形状仅存在于某些特别的个案中。到目前为止，欧盟法院确立的唯一具有指导性的案例（leading case）就是一个关于立体音箱形状（见图 3－15）的案例。[③]

图 3－15　立体音箱形状

该案中，指定使用的商品为第 9 类的音箱，声音信号的接收、处理、复制、整理和发送装置，以及第 20 类的音乐家具。第一上诉庭认为申请注册的商标会被相关公众认知为一种纯粹的、细长的雕塑；该形状使消费者的评价具有决定性因素，会认为该商品的实质性价值在于形状。欧盟法院维持了上诉机构的决定。[④] 欧盟法院指出，禁止具有美学功能性的标识注册的直接目的和禁止具有技术功能性的标识注册的直接目的相同，即防止通过商标权延长那些立法者给予有限期限保护的权利。欧盟法院认为：对于指定商品而言，申请注册的商标对于消费者的购买选择而言是一个非常重要的因素，尽管他们也会考虑到商品的其他特征。申请注册的形状是一个非常独特的设计，它是申请注册的商标的实质性元素，能起到吸引消费者购买的作用。同时案件证据表明，销售商的网站、在线拍卖和二手网站都首先强调了申请注册的形状的美学特征，这是该商品的一个重要卖点。因此，申请注册的商标中的商品形状赋予了商品实质性价值。欧盟知识产权局认为：在美

---

① CJEU，judgement of 14/19/2010，C-48/09 P，'Red Lego Brick'，paras. 53－58.

② CJEU，judgement of 14/19/2010，C-48/09 P，'Red Lego Brick'，para. 52.

③ CJEU，judgement of 14/19/2010，C-48/09 P，Decision of 10/09/2008，R 497/2005-1.

④ CJEU，judgement of 06/10/2011，T-508/08，'Representation of a Loudspeaker'.

学功能性认定中，应考察商品形状的美学价值本身是否在很大程度上（to a large extent）决定了商品的商业价值和消费者的购买选择；如果商品形状赋予商品的价值是实质性的（substantial），则商品的整体价值是否受其他因素影响就是个无关的要素。实践中，美学功能性多适用于那些形状是决定消费者购买选择的主要（main）（尽管不必然是唯一）因素的商品。但是，并不能因为商品的形状好看或吸引人就认定其赋予了商品实质性价值，否则，审美方面的形状就都不能被注册为商标了。[①] 欧盟法院审理的“立体音箱”案所确立的做法还表明，对具有美学功能性的标识的认定，一方面应考虑个案的情况而不能一刀切，另一方面应当有证据作为依据来分析而不应主观揣测。

上述案例适用了一项被较广泛认可的美学功能性认定标准，即：如果商品所呈现的美学方面的因素足以影响消费者的购买选择，则可以认定该形状赋予了商品实质性价值。对景泰蓝形状和项链挂坠形状的美学功能性判断都可以适用这一标准。对这一标准应当从两个角度来理解和适用：一是抽象的一类商品的功能及美学元素在各种功能中的重要程度角度，二是具体的一种（“种”为比“类”小的范畴）或一款商品的美学元素对该种商品的竞争力的重要性角度。就第一个角度而言，可以看看该标准是否和如何适用于家具的形状和汽车的形状。美观性是这两种商品的重要方面，但相对于实用功能，美学方面的因素明显处于次要位置，因此，美学方面的因素不能成为家具和汽车消费者购买选择的决定性因素。通过对比景泰蓝形状和项链挂坠形状与家具和汽车的情况，前述“商品所呈现的美学方面的因素足以影响消费者的购买选择”标准，应当被理解为商品的美学因素是消费者选择该种商品的决定性因素。那么，如何知道美学因素是决定性因素呢？前述对比分析表明，可以从商品自身的功能种类以及美学因素在其中的重要性顺序来考察。比如，一般而言，服装具有保暖和美观的功能，这两项功能都对消费者具有实质性的价值，因此，美观方面的因素足以影响消费者的购买选择；但仍可以针对不同商品细分：在羽绒服商品上保暖功能居上，在裙子商品上美观功能居上。这种分析是就一类商品的一般性的考察。但就这个角度而言，可以抛开美学元素对消费者购买选择的决定作用标准来分析美学功能性，因为这一标准的适用借助的是对美观是否构成相关商品的一项主要功能的考察。但该考察仍需以消费者为参照主体来进行。从第二个角度来看，就特定的某种或某款商品而言，也需要考察该特定种或款的商品的美学元素是否构成其较同类商品非常突出的卖点或竞争力。由于涉及美学功能性分析的商品形状或其他特征往往是较独特的，因此这些独有的特征可能使所要分析的具体商品脱离其所属的大类商品范畴的一般情况。这里有两种情形：第一种，美学元素使美观变成了某款商品的主要或首要功能，商品的性质或用途发生了改变。比如，有人培育出心形的迷你西瓜，此类西瓜的主要功能就从食用变成了欣赏，该形状就成为该种商品的核心卖点，如果对其赋予独占权，则就阻碍了其他经营者提供该商品参与竞争，因此，不应允许注册。第二种，美学元素使本来就具有美观功能的某款商品在美观方面具有突出的竞争力。比如，在市场上夹克类服装的款式都大同小异，某款夹克的外形设计异常独特和美观，该外形设计就可能成为其核心竞争力，足以影响消费者的购买选择，因而其属于赋予商品实质性价值的形状。值得注意的是，商品的外形设计在商标注册方面面临

---

① Decision of 03/05/2000，R 395/1999-3-‘Gancino quadrato singolo’，paras. 1 - 2 and 22 - 36.

一个两难困境：如果外形设计与市场上的惯常设计区别不大，则很可能不具有显著性；而如果外形设计非常独特，则有可能赋予商品实质性价值。[①] 因此，理论上，容易获得注册的商品形状是那些既明显区别于惯常设计又不构成商品重要卖点的独特设计。但这一法律上的分寸把握在工商业实践中是难以被遵从的——哪一个设计师不希望自己的设计成为商品的重要卖点呢？

三、违反公序良俗的商标

（一）关于违反公序良俗的商标的规则

我国《商标法》第 10 条第 1 款规定了不得作为商标使用的标识，包括四类标识：官方标识、带有民族歧视性的标识、欺骗性标识、有害于社会主义道德风尚或者有其他不良影响的标识。该条款被视为我国《商标法》中的公序良俗条款。在民法领域，公序良俗条款在《民法典》第 8 条、第 153 条第 2 款中有体现。从其表述可以看出，公序良俗条款保护的对象包括社会公德、社会公共利益、社会经济秩序。其与《商标法》上的公序良俗条款体现的应是同一原则，但其内涵和外延在不同法律领域会因各法律的价值目标、调整对象等不同而存在差异。总的来说，“公序”涉及的是国家安全、政治秩序、经济秩序、国家政策等方面的公共利益，“良俗”涉及的是道德伦理和善良风俗方面的公共利益。

禁止将官方标识注册和使用为商标的规则源于《巴黎公约》第 6 条之三，该条禁止将政府和政府间国际组织的官方标识用作商标或用作商标的构成元素。我国《商标法》第 10 条第 1 款禁止注册的官方标识包括：（1）同我国的国家名称、国旗、国徽、国歌、军旗、军徽、军歌、勋章等相同或者近似的，以及同中央国家机关的名称、标志、所在地特定地点的名称或者标志性建筑物的名称、图形相同的标识。（2）同外国的国家名称、国旗、国徽、军旗等相同或者近似的标识，但经该国政府同意的除外；（3）同政府间国际组织的名称、旗帜、徽记等相同或者近似的标识，但经该组织同意或者不易误导公众的除外；（4）与表明实施控制、予以保证的官方标志、检验印记相同或者近似的，但经授权的除外；（5）同“红十字”“红新月”的名称、标志相同或者近似的标识。

外国政府同意的证明，可以是该国有关机关出具的同意函，也可以是申请标识在该国获得商标注册的证明。值得注意的是，我国《商标法》和《巴黎公约》一样，对国家的官方标识的保护程度比对政府间国际组织标识的保护程度高，因为对前者的商标注册或使用禁止是绝对的，而对后者的注册或使用禁止是有条件的，即以不易误导公众为条件。

《最高人民法院关于审理商标授权确权行政案件若干问题的规定》（2020 年修正）第 3 条第 2 款就对含有我国国家名称的商标的审查规定了更为宽松的标准。该司法解释第 3 条第 1 款将《商标法》第 10 条第 1 款第 1 项规定的同中华人民共和国的国家名称等“相同或者近似”解释为商标标识整体上与国家名称等相同或者近似，这就将含有国家名称但整体上与国家名称不近似的标识排除在了禁止注册的标识之外。

对带有民族歧视性的标识也禁止注册和使用，这体现了民族平等的价值观。

对于带有欺骗性，容易使公众对商品的质量等特点或者产地产生误认的标识，2013 年

---

① 孟宪鋆．美学功能性标志的认定：欧盟的做法及其启示．中华商标，2016（5）．

《商标法》修改后，于第10条第1款第7项规定不得作为商标使用。这一限定应被理解为：欺骗性的情形不涵盖与他人在先标识之间可能产生混淆的情形，更何况欺骗性标识属于商标注册的绝对禁止条件而非相对禁止条件。对欺骗性标识的认定，要以相关公众对申请注册的标识的认知而不是涉案标识的符号含义作为依据。2001年修改的《商标法》第10条第1款第7项规定“夸大宣传并带有欺骗性的”标识不得作为商标使用。为此，2010年《最高人民法院关于审理商标授权确权行政案件若干问题的意见》第2条规定：实践中，有些标识或者其构成要素虽有夸大成分，但根据日常生活经验或者相关公众的通常认识等并不足以引人误解。对于这种情形，人民法院不宜将其认定为夸大宣传并带有欺骗性的标识。在“东北第一虎及图”商标驳回案中，李某提出第10028666号“天下第一虎及图”（指定颜色）商标的注册申请，指定使用在第39类“运输、游艇运输、停车场服务、货物贮存、潜水服出租、快递（信件或商品）、旅行陪伴、观光旅游、安排游览、旅行社（不包括预订旅馆）”服务上。商标局以申请注册的商标中含有“天下第一”，用在指定使用的服务上“夸大宣传了指定服务项目”为由，驳回了对该商标的注册申请。李某提出复审申请后，商标评审委员会作出决定[①]，认为：申请注册的商标用在指定使用的服务上，易使消费者对其指定使用的服务的质量等级、内容、级别等产生误认，从而误导消费，造成不良的社会影响，已构成（2001年修正的）《商标法》第10条第1款第8项所规定的情形。李某提起了行政诉讼，其提交的上海大世界基尼斯总部颁发的编号为00989的“大世界基尼斯之最”证书载明：“最大的锻铜雕塑——‘天下第一虎’，身长：25米，身高：16米，重：30.4吨。该雕塑座（坐）落于黑龙江省虎林市虎头山顶峰，由虎林市人民政府创意并建造，1998年8月至1999年9月落成。”李某还提交了坐落于黑龙江省虎林市的“天下第一虎”铜雕照片及相关网页打印件，用以证明申请注册的商标中的虎形雕塑客观存在，且“天下第一虎”铜雕已为相关公众所知晓。一审法院认为：李某并未提交该雕塑经过大量宣传和使用在全国范围内已获得较高知名度的证据，因此仅能认定该雕塑为一地方性人文景观，并不为相关公众广泛知晓。申请注册的商标存在夸大宣传的情形，并具有一定的欺骗性，申请注册的商标应属于（2001年修正的）《商标法》第10条第1款第7项所指不得作为商标使用的标识。[②] 李某上诉后，二审法院认为，申请注册的商标属于具有“其他不良影响”而非“夸大宣传并带有欺骗性”的情形。[③] 我国的司法实践中形成了一种类型化的认定：含有最高级别形容词的商标不能被注册，因为夸大宣传而带有欺骗性。

值得注意的是，需要看所涉形容词是否与所指定使用的商品或服务的某个特征相关，本案中的最高级别形容词形容的是老虎而不是所指定使用的旅游服务，因此，不能机械地采用依最高级别形容词排除的类型化做法。

（二）“有不良影响”商标的认定

有害于社会主义道德风尚或者有其他不良影响的标识被禁止注册和使用。“社会主义道德风尚”和“有不良影响”都不是严格的法律术语，因此，对该条款应以民法上的公序良

---

① 参见商标评审委员会关于第10028666号“天下第一虎及图”商标驳回复审决定书［商评字（2013）第101016号］。

② 参见北京市第一中级人民法院（2014）一中知行初字第2842号行政判决书。

③ 参见北京市高级人民法院（2014）高行（知）终字第2851号行政判决书。

俗概念来解释和适用。美国商标法规定了对违反道德（immoral and scandalous）的商标注册申请的驳回，但没有概括性地规定对公共秩序或公共利益的保护，而是具体列举了在此意义上予以保护的客体（官方标识等）。《欧盟商标条例》中的公共秩序被解释为欧盟法所体现的关于某些基本原则和价值的共识（比如人权），这些欧盟法包括反恐怖主义法、禁用纳粹名称和标志法、禁止将欧盟授权的植物新品种名称注册为商标等。法国商标法上的公序良俗则被适用于涉及种族歧视、煽动仇恨、暗示毒品、官方标识等的商标驳回案件。在我国，《最高人民法院关于审理商标授权确权行政案件若干问题的意见》第 3 条规定，人民法院在审查判断有关标识是否构成具有其他不良影响的情形时，应当考虑该标识或者其构成要素是否可能对我国政治、经济、文化、宗教、民族等社会公共利益和公共秩序产生消极、负面影响。[①] 如果有关标识的注册仅损害特定民事权益，则由于商标法已经另行规定了救济方式和相应程序，因此不宜认定其属于具有其他不良影响的情形。该意见即主张从公序良俗的角度来解释和适用《商标法》第 10 条第 1 款第 8 项，并将其作为商标注册的绝对禁止条件来排除其适用于在先权益保护的可能性。

对涉及违反公序良俗的商标案件的处理有两个步骤：一是需要认定申请注册的商标对相关公众来说具有何种含义，二是需要认定该含义违反了何种公序良俗。申请注册的商标的含义和相关的公序良俗的内容，都是事实认定问题，但这个事实具有时间性和地域性，因而要根据特定时间和特定法域的社会环境来认定。而且，此类事实的认定在举证证明上颇为复杂。就申请注册的商标的含义而言，通常都是商标审查机关在驳回决定中认定申请注册的商标具有何种含义，但该认定并没有证据的支持，而主要取决于审查员自己对申请注册的商标的含义的认识。商标注册申请人对驳回决定申请复审或提起诉讼后，申请人可以就其主张的含义举证证成，同时可以就商标审查机关主张的含义举证证伪。在这一程序中应当适当提高对商标审查机关就其认为的申请注册的商标的含义的举证要求，这也符合行政诉讼法的规则。就证据而言，字典、网上信息等证据都不能达到证明标准，对相关公众的调查问卷是最直接的证据，但操作层面的问题又使其在达到证明标准方面同样存在不足。尽管如此，仍应强化申请人和商标审查机关的举证责任，否则，商标审查机关和法院在申请注册的商标的含义认定上就会具有很大的主观随意性。就相关的公序良俗的内容而言，通常也是商标审查机关和法院自己认定的，由于一般难以有证据的支持，裁判者自身的认识以及价值观都会作用于对公序良俗内容的认知，商标注册申请人更是难以推翻。

在“白富美”商标驳回复审案[②]中，蚌埠同鼎公司申请注册第 11874601 号“白富美 BAIFUMEI”商标，指定使用的商品为第 16 类中的铜版纸、卫生纸、纸质餐桌用布、纸手帕、卸妆用纸巾、纸餐巾、纸巾、纸质洗脸巾、彩色皱纹纸、复印纸（文具）。2013 年 12 月 18 日，商标局作出“商标驳回通知书”，决定：驳回商标注册申请。理由是将“白富美”用作商标易产生不良社会影响，不得作为商标注册。蚌埠同鼎公司不服上述驳回决定，向商标评审委员会提出复审申请。2014 年 12 月 1 日，商标评审委员会作出商评字（2014）第

① 依《最高人民法院关于审理商标授权确权行政案件若干问题的规定》（2020 年修正）第 5 条第 1 款，商标标识或者其构成要素可能对我国社会公共利益和公共秩序产生消极、负面影响的，人民法院可以认定其属于《商标法》第 10 条第 1 款第 8 项规定的“其他不良影响”。

② 参见北京市高级人民法院（2015）高行（知）终字第 2549 号行政判决书。

92951号《关于第11874601号“白富美BAIFUMEI”商标驳回复审决定书》，维持了商标局的裁定。蚌埠同鼎公司不服第92951号决定，向北京知识产权法院提起诉讼。一审中，北京知识产权法院认为：根据《商标法》（2013年修正）第10条第1款第8项的规定，有害于社会主义道德风尚或者有其他不良影响的标识不得作为商标使用，其中的“社会主义道德风尚”系指国人共同生活、行为的准则、规范及在一定时期内社会上流行的良好风气和习惯；“其他不良影响”系指该标识或者其构成要素对我国政治、经济、文化、宗教、民族等社会公共利益和公共秩序产生的消极的负面的影响。该条款是对标识本身能否作为商标使用的否定性评价，需要对所涉标识及其构成要素进行解释。对此蚌埠同鼎公司有两种主张：一是将“白富美”拆解为“白”“富”“美”三个字分别理解，认为这三个字各自都没有表示出负面的含义，进而认为“白富美”也没有负面含义，故应当予以注册。二是认为“白富美”虽然指向特定女性群体，但并未明显贬损、丑化该类群体，进而认为对“白富美”应当予以注册。第一种观点将“白富美”标识割裂为“白”“富”“美”三个相互独立的标识分别进行判断，从而否认了“白富美”标识所具有的一个整体含义。如果按照这一思路，则许多负面语汇都可以被拆解为一个个没有关联关系的单字，被“解释”为无害。可见，这种观点既违反了语言学的基本规则，也违反了整体认知商标标识的基本规则，故是错误的。至于第二种观点，在分析任何一个社会问题时，都要把问题提到一定的历史高度。毋庸讳言，在当今中国存在着多元化的利益以及多元化的价值观，但这并不意味着任何价值观都是正确的。作为语汇创新的集中表现，网络语言日益受到关注。和非网络语言一样，网络语言同样包含具有正面价值的语汇，如“正能量”“蛮拼的”等，也包含具有负面价值的语汇。正如在判断商标近似性时必须以市场实际为基本原则，在判断商标标识是否具有不良影响时必须以社会观念实际为基本原则。“白富美”在现实社会中指向的是年轻、貌美、拥有大量财富的女子，在一定程度上宣扬了不必通过艰苦奋斗、服务社会而获取大量财产的价值追求，该价值追求违背了国人共同生活、行为的准则、规范及在一定时期内社会上流行的良好风气和习惯，因此，“白富美”属于有害于社会主义道德风尚的标识，不得作为商标使用。二审中，北京市高级人民法院认为：“有害于社会主义道德风尚或者其他不良影响”是指申请注册为商标的标识对商标法域内整个社会所要保持的善良风俗的违反。善良风俗在一定的时间内固化于人们的行为和意识之中，并不容易发生突变，但是中国社会自采行市场经济以来，尤其是加入世界贸易组织以来，社会生活和社会风气发生了较大的转变，展现中国人美好的一面、通过正当的行为获取财富已经为整个社会所普遍认可和追求，“白富美”作为描述相貌姣好且拥有大量财富的女性的词汇，其本身是中性的，并无任何贬损含义，不存在有害于社会主义道德风尚或者有其他不良影响的情形。原审判决认为“白富美……在一定程度上宣扬了不必通过艰苦奋斗、服务社会而获取大量财产的价值追求，该价值追求违背了国人共同生活、行为的准则、规范及在一定时期内社会上流行的良好风气和习惯”，这一判断是对中国当代社会伦理道德的一个错误认识……可见，一审法院和二审法院对“白富美”的含义这一事实作出了不同的认定，在“必须通过艰苦奋斗获得财产”的价值追求是不是我国当下社会的公序良俗的内容这一问题上也有不同认定。因而，很有必要强化此类案件中的举证责任以降低商标审查机关和法院在认定中的主观性。

在“微信”商标案中，《商标法》中的公序良俗条款也被适用。一审法院认为：“微信”作为腾讯公司的即时通信服务应用程序，在2013年7月就已拥有4亿用户，且有多地政府机关、银行、学校推出微信公共服务，广大用户已经将“微信”与腾讯公司的上述服务密切联系起来。如果核准诉争商标注册，将会给广大微信用户的工作和生活带来不便甚至损失，即对公共利益产生消极、负面的影响。因此，诉争商标属于《商标法》（2013年修正）第10条第1款第8项所指的有其他不良影响的标识，不应予以核准注册。

就对公共利益的解释而言，它包括国家的安全、政治、经济方面的政策等一般性利益，也包括商标领域的公共利益。就后者而言，公共利益意味着商标领域的不特定的多数（公众）的利益。商标法调整的是竞争者之间就商标的注册和使用而产生的关系以及商标使用者与相关公众之间的关系，因此，商标法领域的公共利益之“公共”就是相关商品或服务的其他经营者和相关公众（主要是消费者），而也只有影响到非特定的多数其他经营者和/或相关消费者的利益才构成商标法上的公共利益。非特定性，要求所致力于保护的公共利益不能是某个特定竞争者的利益；多数，可以是某个区域或范围内的多数。从《商标法》第10条所列举的其他违反公序良俗的情形来看，相对于使用禁止性标识的经营者和商品消费者而言，官方标识禁止条款保护的是所有其他经营者和相关商品所有相关消费者，地名标识禁止条款保护的是同地域所有经营者和/或相关商品所有消费者；欺骗性标识条款保护的是相关商品的所有相关消费者。而“微信”商标案所涉及的同行业竞争者仅仅腾讯公司一个特定的经营者，这不符合关于“公共”一词的“不特定多数”解释。“利益”总是客观事物对主体的有价值性，而对“公共利益”的这种价值需要还应和与公共利益发生冲突的个体利益的价值进行对比权衡，才能确定是否必须让个体利益作出让步。就该案而言，相关消费者的利益体现在，如果核准被异议商标的注册，则相关消费者有可能将“微信”的新的使用者（创博亚太）与目前的服务提供者（腾讯公司）发生混淆、误认，也不能继续通过“微信”这一名称来识别目前的服务提供者，而不得不使用腾讯公司另行启用的标识来识别其服务提供者。首先，从利益的性质来说，《商标法》第10条中的“其他条款”所列举的相关消费者的公共“利益”包括不就官方授权、质量或产地、地名等被欺骗或误导，这些利益的性质显然与商标混淆意义上的对不同经营者的误认是不同的。因此，从性质来说，腾讯微信用户的前述利益不构成商标法上的公序良俗条款所保护的公共利益。其次，从利益衡量的角度来看，相关消费者的前述利益损失，不能与创博亚太的商标权利益损失相提并论。要知道，后者涉及的是对一项私权的否定，商标权作为一种私权，其产生与其行使一样重要，都应得到保护。同样的原理可以在商标侵权的情形中得到印证：在“唯冠诉苹果公司的iPad商标”案中，苹果公司作为在后的商标使用者的利益以及相关消费者对苹果公司iPad的识别利益，都没有被认定为公序良俗意义上的公共利益，否则，唯冠公司将不能对苹果公司行使其商标权，因为商标权的行使也不能违反公序良俗。北京市高级人民法院在二审判决中认定，涉案商标不违反《商标法》（2013年修正）第10条第1款第8项的规定，不属于具有不良影响的情形。[①]《最高人民法院关于审理商标授权确权行政案件

① 参见北京市高级人民法院（2015）高行（知）终字第1538号行政判决书。

若干问题的规定》（2020年修正）第5条第2款规定：将政治、经济、文化、宗教、民族等领域公众人物姓名等申请注册为商标，属于前款所指的“其他不良影响”。这一规定，很有可能导致公序良俗规则与民事权益保护规则之间的界限再度模糊起来。

但不可否认的是，由于我国法律上某些民事权益［比如形象权（right of publicity）］的保护制度缺失或不足，《商标法》中的公序良俗条款，尤其是第10条第1款第8项，在实践中经常承担着保护某些私权的功能。比如，在“郭晶晶”商标案[①]中，郭某于2006年8月18日在第25类婚纱、服装、游泳衣、鞋（脚上的穿着物）、帽子（头戴）、游泳帽、手套（服装）、领带、游泳裤、皮带（服饰用）商品上向商标局申请注册第5550308号“郭晶晶”商标（也即申请注册商标）。2009年5月21日，商标局针对申请注册的商标发出ZC5550308BH1商标驳回通知书：郭晶晶是我国著名跳水运动员，在2004年雅典奥运会和2008年北京奥运会上都夺取过跳水项目的冠军，未经授权将其名字用作商标，易造成不良社会影响，遂根据《商标法》（2001年）第10条第1款第8项的规定，驳回了商标注册申请。商标评审委员会、北京市第一中级人民法院均维持了商标局的决定。

在涉及虚拟角色名称的“哈利·波特”系列商标异议案件中，商标评审委员会、北京市第一中级人民法院和北京市高级人民法院都认为，鉴于《哈利·波特》小说和电影的知名度，他人未经权利人允许注册被异议商标违反了诚实信用的公序良俗，从而属于“有其他不良影响”的情形。[②] 商标评审委员会在相关裁定中认为：《哈利·波特》图书及人物形象具有较强的独创性和显著性，在被异议商标申请日前，《哈利·波特》已在公众中具有广泛的影响力和较高的知名度。被异议人在应知《哈利·波特》、Harry Potter为他人所创作的知名图书及人物名称的情况下，将其作为商标申请注册，明显具有不正当地借用他人知名作品声誉的故意，其行为违背了诚实信用的社会主义公共道德准则，不仅损害了华纳公司的合法权益，而且破坏了社会公序良俗，并易使消费者对被异议商标所标示的商品来源产生误认，从而产生不良社会影响，故被异议商标的申请注册已经违反《商标法》（2001年）第10条第1款第8项的规定。一审法院维持了该裁定。被异议人上诉后，二审法院认为：《商标法》（2001年）第10条第1款第8项规定，具有其他不良影响的标识不得作为商标使用。对这里的“不良影响”应当理解为，商标的构成要素或将商标的构成要素与所指定使用的商品或服务相结合，对我国的政治、经济、文化、宗教、民族等社会公共利益和公共秩序产生消极、负面的影响。被异议商标由汉字“哈里·波特”和对应拼音“HaLi-BoTe”构成，而“哈里·波特”并非汉语固有词汇，上诉人也未对其申请注册被异议商标作出合理解释。现有证据表明在被异议商标申请注册之前，人民网已经对《哈利·波特》系列小说在全球的畅销情况进行了介绍，时代华纳娱乐公司亦在多个商品类别上在中国申请注册了“Harry Potter”商标，“哈利·波特”作为畅销小说中的角色名称已为相关公众所了解。鉴于此，可以认定上诉人明知“哈利·波特”人物角色名称的知名度而申请注册被异议商标，违反了诚实信用的公序良俗，商标评审委员会认定被异议商标的申请注册属于《商标法》（2001年）第10条第1款第8项所规定的“有其他不良影响的”标识，并无

---

① 参见北京市第一中级人民法院（2010）一中知行初字第382号行政判决书。

② 参见北京市高级人民法院（2011）高行终字第529、539、541号行政判决书。

不当，原审判决应予维持。

尽管这些案件的判决中所体现的规则与商标法理论存在不协调之处，但其在实践中所起到的保护正当权益、维护实质公平的效果是值得肯定的。近些年的商标法立法和实践的发展已经推动了相关规则的解释、适用更符合理论上的定性和商标法的体系化，“不良影响”条款主要被适用于对我国的政治、经济、文化、宗教、民族等社会公共利益和公共秩序产生消极、负面影响的情形。

《最高人民法院关于审理商标授权确权行政案件若干问题的规定》（2020 年修正）第 5 条规定：商标标识或者其构成要素可能对我国社会公共利益和公共秩序产生消极、负面影响的，人民法院可以认定其属于《商标法》第 10 条第 1 款第 8 项规定的“其他不良影响”。将政治、经济、文化、宗教、民族等领域公众人物姓名等申请注册为商标，属于前款所指的“其他不良影响”。其第 22 条第 2 款规定，对于著作权保护期限内的作品，如果作品名称、作品中的角色名称等具有较高知名度，将其作为商标使用在相关商品上容易导致相关公众误认为其经过权利人的许可或者与权利人存在特定联系，当事人以此主张构成在先权益的，人民法院予以支持。这些规定结合司法实践将公序良俗条款和“形象权”条款、“商品化权”条款的适用范围进一步明确。

第四章 商标注册的相对条件

一、商标之间的冲突认定：混淆理论

申请注册的商标不能侵犯他人的在先权益，这是商标注册的相对条件。一项权益是否被侵犯要依据该权益的本位法来判断，比如，申请注册的商标是否构成对在先著作权或姓名权的侵犯，应依据著作权法或民法的规则来认定，商标标识对这些权益的侵犯仅是这些权益本位法中的侵权认定规则的一种适用情形。明确了这一点，在判断申请注册的商标是否侵犯在先权益的案件中就不会将商标法作为本位法。原则上，法律所承认的任何与标识相关的合法权益都应受到保护，因此，在先权益的范围是开放的和发展的。目前的商标法理论上和实践中所常见的在先权益包括在先商标（包括在先申请注册的商标、在先注册的商标），他人在先使用并有一定影响的商标，被代理人或被代表人的商标，与商标注册申请人之间存在合同或其他业务关系的主体的商标、字号（商号），自然人的姓名，地理标志，未注册驰名商标，不相同也不类似商品或服务上的注册驰名商标等。在商标授权和确权程序中，对在先商标与在后商标之间的冲突的认定是商标审查机关和法院的主要工作内容。

《商标法》第 30 条规定："申请注册的商标，凡不符合本法有关规定或者同他人在同一种商品或者类似商品上已经注册的或者初步审定的商标相同或者近似的，由商标局驳回申请，不予公告。"申请注册的商标不能与他人的在先申请注册的商标或在先注册的商标发生冲突，该冲突的认定与商标侵权的认定适用同一原理和规则——混淆理论，即不能与在先商标构成相同或类似商品或服务上的相同或近似商标，如果这种相同或近似容易导致相关公众的混淆。混淆理论虽然没有在该法条的字面表述中被体现，但是融入了对相同或类似商品及相同或近似商标的认定中。这里涉及在先商标的认定和冲突的判断。

对在先商标的认定以申请日为准，即便因为意外因素某个申请日在后的商标早于申请日在先的商标被商标审查机关初步审定公告，后者仍然构成前者的在先商标。因此，尽管前述条款仅规定了初步审定的商标可以作为驳回申请的依据，但还是要以申请日为准。《商标法》第 31 条规定，两个或者两个以上的商标注册申请人，在同一种商品或者类似商品上，以相同或者近似的商标申请注册的，初步审定并公告申请在先的商标。该条还规定，同一天申请的，初步审定并公告使用在先的商标，驳回其他人的申请，不予公告。也即，在商标权注册取得制度下，也对商标的使用所产生的权益予以考虑，在先使用者较同日申请者更具有获得商标权的正当利益。针对存在冲突的多个同日申请人均未使用或均有使用申请注册的商标的情形，《商标法实施条例》第 19 条规定了解决方案：各申请人可以自收到商标局通知之日起 30 日内自行协商，并将书面协议报送商标局；不愿协商或者协商不成的，商标局通知各申请人以抽签的方式确定一个申请人，驳回其他人的注册申请。商标局已经通知但申请人未参加抽签的，视为放弃申请，商标局应当书面通知未参加抽签的申请人。在这种情况下，协商解决的方案包括：获得注册的一方给予放弃的一方以经济补偿；获得注册的一方将来许可放弃的一方有条件或无条件使用该商标；获得注册的一方同意将申请注册的商标或注册商标部分转让给放弃的一方以使该商标成为共有商标；获得注册的一方承诺不对放弃注册一方的使用行为追究商标侵权责任；等等。

(一) 混淆理论与规则

对申请注册的商标与在先商标之间冲突的判断，与对商标侵权行为的认定一样，适用混淆理论。其基本规则是一致的，只是与侵权判断相比，在注册环节的商标冲突认定中，对相关商标的实际使用因素考虑较少，而实际上这些因素对于商标之间冲突的认定起着不可忽视的作用。在混淆理论的适用中，商标侵权的认定有三个条件：(1) 商标之间相同或近似；(2) 商品或服务之间相同或类似；(3) 相关公众对两个商标所标示的商品或服务的来源容易混淆、误认。前两个条件是彼此独立的，但关于第三个条件是不是一个单独的条件还存在争论。我国《商标法》关于商标审查中申请注册的商标与在先商标之间冲突的第 30 条中没有关于"混淆可能性"的表述，但 2001 年《商标法》关于商标侵权认定的第 52 条第 1 项规定：未经商标注册人的许可，在同一种商品或者类似商品上使用与其注册商标相同或者近似的商标的，构成商标侵权。这两处的立法条文似乎表明"混淆可能性"不是商标侵权的认定条件。但实际上，在商标审查和商标保护实践中，对类似商品或服务和对相同或近似商标的判断都是以是否存在混淆可能为标准，只有在认定相关公众存在混淆可能性的情况下才能认定"相同或类似商品或服务"和"相同或近似商标"这两个条件。2002 年《最高人民法院关于审理商标民事纠纷案件适用法律若干问题的解释》第 9 条第 2 款规定，(2001 年)《商标法》第 52 条第 1 项规定的商标近似，是指被控侵权的商标与原告的注册商标相比较，其文字的字形、读音、含义或者图形的构图及颜色，或者其各要素组合后的整体结构相似，或者其立体形状、颜色组合近似，易使相关公众对商品的来源产生误认或者认为其来源与原告注册商标的商品有特定的联系。其第 11 条规定：(2001 年)《商标法》第 52 条第 1 项规定的类似商品，是指在功能、用途、生产部门、销售渠道、消费对象等方面相同，或者相关公众一般认为其存在特定联系、容易造成混淆的商品。类似服务，是指在服务的目的、内容、方式、对象等方面相同，或者相关公众一般认为存在特定联系、容易造成混淆的服务。商品与服务类似，是指商品和服务之间存在特定联系，容易使相关公众混淆。上述规定表明，"混淆可能性"这个条件是融入了商品或服务类似和商标近似的认定之中的。混淆理论与商标的基本功能——识别功能的保护相对应，是商标侵权判定的基本规则，是比较法和国际公约上的公认规则。《欧盟商标条例》第 9 条规定：欧盟商标应赋予其所有人以独占权。(商标) 所有人应有权禁止任何未经其同意的第三方在商业活动中使用……任何标识，如果由于该标识与欧盟商标所注册于的商品或服务之间的相同或近似性以及该标识所指示的商品或服务与欧盟商标所注册于的商品或服务之间的类似性，公众存在混淆的可能……TRIPs协议第 16 条第 1 款规定，注册商标所有人应有独占权以禁止任何未经其同意的第三方在商业活动中在相同或类似的商品或服务上使用相同或近似的标志，如果该使用容易导致混淆。TRIPs 协议关于“混淆可能性”（likelihood of confusion）的规定是国际层面广泛达成一致的表述方式，与商标法理论相一致。我国于 2013 年修正《商标法》时，按照 TRIPs 协议的要求，参照《欧盟商标条例》第 9 条的规定，将“混淆的可能性”引入了《商标法》第 57 条关于商标侵权行为认定的规定：未经商标注册人的许可，在同一种商品上使用与其注册商标近似的商标，或者在类似商品上使用与其注册商标相同或者近似的商标，容易导致混淆的，构成注册商标权侵权行为。

在混淆理论适用的这三个条件中，核心的条件是认定混淆可能性。第三人所申请注册的或使用的商标只要与注册商标之间存在在相关公众中引起混淆的可能，就侵害了注册商标的识别功能，应当受到禁止：驳回申请，或宣告商标无效，或停止侵权。在这三个条件中，混淆可能性不仅是核心条件，而且是可以作定性认定的绝对性条件，而商品或服务之间的类似性与商标之间的近似性都是只能作定量认定的相对性条件。这表现在：除完全相同的商品或服务之外，任何类似的商品或服务都是在一个或一些方面（功能、用途、生产部门、销售渠道、消费对象等）有相同点而在另外一些方面有不同点，因此，难以绝对地定性说某些情形下的类似就构成商品或服务类似，而另外一些情形下的类似不构成商品或服务类似；除完全相同的商标之外，任何近似的商标之间也都是在一个或一些方面（发音、外形、含义、整体结构等）有相同点而在另外一些方面有不同点，难以绝对地定性说某些情形下的近似就构成商标近似，而另外一些情形下的近似不构成商标近似。商标审查机关、法院等都是以混淆可能性为依据来认定类似商品或服务与近似商标的。当综合各方面的情况认为相关公众存在混淆的可能时，就认定商品或服务类似并且商标也近似；反之，就认定商品或服务不类似和/或商标不近似。这也解释了为什么前述司法解释将混淆可能性条件分解后融入类似商品或服务的认定与近似商标的认定。尽管如此，商品或服务的相同或类似性与商标之间的相同或近似性，都是混淆可能性认定的依据。对混淆可能性条件，难以在规则和适用层面作进一步具体化，但对于作为其认定依据的商品或服务类似性与商标近似性可以落实到更具体的规则和更客观的事实认定，同时，司法实践也不断积累、不断形成越来越多的类型化适用经验，这有助于在混淆可能性的认定中尽可能地提供法律所追求的稳定性和可预见性。

混淆理论作为商标之间的冲突或商标侵权行为的认定依据，其强调的是混淆的可能性，而不以实际发生的混淆作为认定的条件。因此，在相关认定中，应根据商品或服务之间的相同或类似性、商标之间的相同或近似性以及商标的知名度等因素来认定是否存在混淆可能性，而不需要当事人证明已经实际发生了混淆。但是，实际混淆的发生可以作为存在混淆可能性的有力证据。没有发生实际混淆的事实，不能用于证明没有混淆可能性。比如，甲公司在餐饮服务上注册了“金山酒家”商标，乙公司在一个偏远小镇开了一家“金山酒家”餐馆，而当地居民中没有人知晓甲公司的商标，因此，没有实际混淆的发生。但是，在这种情况下仍存在混淆可能性，构成商标侵权。TRIPs 协议第 16 条第 1 款规定，如果未经许可在相同商品或服务上使用相同的标识（sign），则推定存在混淆可能性。《欧盟商标条例》（第 2017/1001 号）第 9 条第 2 款 a 项和我国《商标法》第 57 条第 1 项也作了类似的规定：未经许可在相同商品或服务上使用相同的标识（欧盟）或商标（我国）构成商标侵权。该条款之所以没有把混淆可能性作为条件，就是因为推定这种情形下存在混淆可能性。还应当注意的是，作为商标之间的冲突的认定标准的混淆可能性在程度上不是指一般的存在“可能性”（possibility），而是指“很有可能”[①]（probability）。这就是为什么在有关商标的法律文本中经常使用“容易导致混淆”这一表述。

混淆包括两种情形：将甲商标误认为乙商标或者误认为甲商标与乙商标存在关联（association）。[②] 有学者将前者称为直接混淆，将后者称为间接混淆。但对这一用语的准确性和必要性存在不同看法。关联指的是，甲商标和乙商标之间存在赞助、保证、控制等关系。

（二）相同或近似商标的认定

就商标相同或近似的认定，《最高人民法院关于审理商标民事纠纷案件适用法律若干问题的解释》（2020年修正）第9条[③]规定：商标相同，是指被控侵权的商标与原告的注册商标相比较，二者在视觉上基本无差别。商标近似，是指被控侵权的商标与原告的注册商标相比较，其文字的字形、读音、含义或者图形的构图及颜色，或者其各要素组合后的整体结构相似，或者其立体形状、颜色组合近似，易使相关公众对商品或服务的来源产生误认或者认为其来源与原告的注册商标所指定使用的商品或服务有特定的联系。需要注意的是，商标近似的认定并不需要被对比的商标在上述各个方面都近似或相同。在不同的情形下，两个商标在某一个方面的相同或近似就可以成为两者近似的充分依据，两个商标在某一个方面的差异也有可能成为两者不近似的充分依据。2021年《商标审查审理指南》给出了以下例子。

（1）文字商标近似的例子。

迪安	安迪
帕尔斯	帕洛尔斯
CATANA	KATANA
BOSS 13055	8088
CROWN （译为：皇冠）	皇冠
华仁 （指定使用的商品：食用蜂胶）	華仁堂 HUA REN TANG （指定使用的商品：蜂蜜）
Pal爆果汽 （指定使用的商品：服装）	PAL 伙伴 （指定使用的商品：服装）

---

① Mary LaFrance, Understanding Trademark Law, 2nd edition, LexisNexis, 2009, p. 139.

② 参见《欧盟商标条例》（第2017/1001号）第9条第2款b项。

③ 另见《最高人民法院关于审理商标授权确权行政案件若干问题的意见》（2010年）第15条、第16条。

欧莱雅海皙　　　　欧莱雅

（指定使用的商品：化妆品）　　　　（指定使用的商品：化妆品）

（“欧莱雅”为在先的具有一定知名度或显著性较强的商标）

（2）文字商标不近似的例子。

东方雪　　　　東方雪狼

好哥　　　　好哥

福达　　　　FUDA

M　　　　M

BLF　　　　BLF

ACB　　　　CAB

（无含义）　　　　（译为：出租马车）

HORSE　　　　HOUSE

（译为：马）　　　　（译为：房子）

球　　　　球王

太阳　　　　蓝太阳

22世纪　　　　世纪

K宝　　　　M宝

（3）图形商标近似的例子。

（指定使用的商品：服装）　　　　（指定使用的商品：服装）

（该商标为在先的具有一定知名度或显著性较强的商标）

（4）组合商标近似的例子。

（指定使用的商品：龙头防溅喷嘴）　　（指定使用的商品：水管龙头）

（5）组合商标不近似的例子。

（WELL & WELL 被译为"好和好"）

《最高人民法院关于审理商标民事纠纷案件适用法律若干问题的解释》（2020 年修正）第 10 条还就相同或近似商标认定的方法作出了规定：一是对商标的比对要以相关公众的一般注意力为标准，因为就大众日常消费的商品或服务而言，消费者一般都不会在购买商品之前特别仔细地对商标的细节进行观察，而是凭视觉印象认知商标。但对于某些种类的贵重商品（比如飞机、汽车）或相关公众仅限于高度专业人员的"B to B"商品（比如汽车发动机），相关公众会以高度的注意力对商标进行识别。对于存在些许差别的两个商标，以相关公众的一般注意力为评判依据可能认定为近似，而以较高注意义务为评判标准可能认定为不近似，显然后者更能接受差异不大的商标之间的共存。二是既要进行对商标整体的比对，又要进行对商标主要部分的比对，比对应当在对象隔离的状态下分别进行。相关公众购买商品时通常不会将两个品牌放在一起比对，而是在看到甲商标的时候将其与头脑中对乙商标的印象进行比对，因此，要隔离比对。在隔离比对的情况下，相关公众头脑中对商标的印象就成为比对的依据，对这种印象起主要作用的就是对商标整体的印象和对其主要部分的印象。因此，有的商标构成元素不同，但组合起来的整体印象是近似的；有的商标整体存在差异，但各自的主要部分近似，消费者会对其产生误认。就图形和文字组合商标而言，国内外的审查实践中一般都认为，文字总是主要部分，不管其在商标整体中所占比例或所处位置如何；商标左起的部分、上面的部分、与周边元素相隔离的中心部分都是主要部分；一个商标也可以有两个主要部分，如果它们都很显著。

（三）相同或类似商品或服务的认定

《最高人民法院关于审理商标民事纠纷案件适用法律若干问题的解释》（2020 年修正）第 11 条规定：类似商品，是指在功能、用途、生产部门、销售渠道、消费对象等方面相同，或者相关公众一般认为其存在特定联系、容易造成混淆的商品；类似服务，是指在服务的目的、内容、方式、对象等方面相同，或者相关公众一般认为存在特定联系、容易造成混淆的服务；商品与服务类似，是指商品和服务之间存在特定联系，容易使相关公众混淆。这些规定表现的是商标法原理和比较法上对商品类似、服务类似或商品与服务类似之认定的公认规则，这些规则使类似商品或类似服务的认定客观化，商标审查人员、法官和商标代理律师都要从这些方面举证和论证商品或服务是否类似。

对上述规则的解释和适用应注意以下方面：一是认定两种商品或服务构成类似并不需要两者在上述所有方面都相同或类似。在具体情形下，某一方面的相同或近似可以成为两者构成近似的充分依据，而某一方面的差异也可以成为两者构成不近似的充分依据。在“好多鱼”商标侵权纠纷案[①]中，两审法院都认为：火腿肠与膨化土豆片同属于休闲食品，在销售渠道、销售群体和消费对象等方面基本相同，好丽友公司在膨化土豆片上使用的“好多鱼”注册商标知名度较高，雨润公司在其鱼肉火腿肠上突出使用“好多鱼”文字，容易导致相关公众认为两商品来自同一提供主体或者存在特定联系，从而对商品来源产生混淆或误认。被告则认为：鱼肉风味火腿肠属于商标国际分类中的第 29 类产品，而好丽友公司的“好多鱼”商标核定使用的商品为第 30 类，两类商品的属性、成分之间不存在相似或类似关系，所以不存在侵权的可能。二是上述考量因素的列举不是穷尽性的，在具体的案件中还需要考虑个案可能涉及的有关商品或服务的其他因素。三是上述商品或服务的功能、用途、销售渠道、消费对象等概念在具体案件中仍是较抽象的概念，往往需要进行细分界定，而不能停留在抽象的概念上进行比对。四是商品或服务的生产部门、销售渠道、消费群体等都可能随着社会经济、技术、文化的发展而演变。另外，在我国的商标审查实践中，商标局要求申请人以《类似商品和服务区分表》中的规范名称来描述指定的商品和服务，申请人往往只能以抽象、笼统的名称来表述其商品或服务，这增加了细分市场上不同的商

① 参见北京市高级人民法院（2015）高民（知）终字第 4005 号民事判决书。

品或服务在抽象概念层面上被认定为相同或近似的可能。比如，甲公司只提供3D动画制作软件，乙公司只提供机床操控软件，但它们都只能以“软件”来指定其商品，从而可能被认定为类似。这就要求，在相同或类似商品或服务的认定中，应当考虑相关商标所实际用于的商品或服务，而不能仅在抽象概念层面得出相同或近似的结论。

《最高人民法院关于审理商标民事纠纷案件适用法律若干问题的解释》（2020年修正）第12条规定：人民法院认定商品或者服务是否类似，应当以相关公众对商品或者服务的一般认识来综合判断；《商标注册用商品和服务国际分类表》《类似商品和服务区分表》可以作为判断类似商品或者服务的参考。与《商标注册用商品和服务国际分类表》相比，我国的分类表有两点不同：一是增加了我国特有的一些商品或服务；二是将每个类别里的商品或服务进一步根据功能、用途等方面的关联度分成若干类似群组，同一个类似群组里的商品或服务一般被认为彼此类似，不同类似群组的商品或服务一般被认为彼此不类似（不同类似群组之间交叉检索的情况除外）。因此，该分类表在我国具有一项在其他国家所不具有的功能：它是商标审查机关判断商品或服务类似的基本依据，并且是法院认定商品或服务类似的参考。对于商标审查机关而言，制定明确的审查标准，有利于提高审查工作的效率，并减少审查中的个人裁量因素。但这样的做法也具有明显的僵化性：对商品或服务之间的类似性判断应当根据上述规则从功能、用途、销售渠道、消费对象角度针对个案情况作出认定，而商品或服务的上述方面会随着市场和社会的变化而变化。在此前的商标审查程序中，商标审查机关直接以《类似商品和服务区分表》这一“下位”标准为商品与服务类似的判断依据，当事人通常很难通过举证和论证来使《最高人民法院关于审理商标民事纠纷案件适用法律若干问题的解释》（2020年修正）中的“上位”规则被商标审查机关直接适用。但近些年的情况有所发展。比如，就第25类的服装、鞋、帽等商品而言，该类别存在13个类似群组，成人服装、婴儿服装、鞋、帽子、袜子、手套、领带、腰带分别属于不同的类似群组，但实际上，不同类似群组中的很多商品构成类似，商标审查机关也在不少案件中对该类别的类似群组予以突破。对于法院而言，毫无疑问要适用《最高人民法院关于审理商标民事纠纷案件适用法律若干问题的解释》中的类似商品和服务认定规则，根据证据对事实作出认定和定性。但是，尽管《类似商品和服务区分表》被表述为类似商品与服务认定的参考，但其现实作用要大得多，法院原则上推定以类似群组为认定依据，仅在当事人提供了充分证据的情况下才对区分表中的类似群组进行突破。与行政机关不同，法院应当把公正作为比效率更重要的价值追求，因此，应在更大程度上摆脱区分表带来的僵化。

在“友宝”商标侵权案①中，就智能快件箱与自动售货机是否构成类似商品的问题，法院认为：被告友宝公司生产的智能快件箱一般被安放在学校、社区等人员较密集且较为固定的居住、生活等场所，其操作方法是快递员将快递放置在智能快件箱中后，将取件密码发送给客户，客户在快件箱上输入快递员发送的密码，即可将快递自行取出。智能快件箱主要是用于临时性的物品储存，客户与快件之间存在特定的对应关系，提供智能快件箱的

---

① 此即北京友宝科斯科贸有限公司、在线宝科技有限公司与福州友宝电子科技有限公司、上海鑫源物业经营管理有限公司侵害商标权及不正当竞争纠纷案，参见上海市浦东新区人民法院（2014）浦民三（知）初字第554号民事判决书。

一方并不是快递商品的销售方，其与快递公司合作，只是起到了为他人暂时保管并传递快递商品的作用。自动售货机一般被安放在办公场所、学校、商场、地铁站等公共场所，内有饮用水、饮料、袋装食品等，消费者投币后，即可以进行自助购买。自动售货机的功能是方便消费者自行购买自动售货机内的商品（多为饮料等食品），商品与消费者之间一般没有特定的对应关系。虽然原、被告的商品均向公众提供自助取件的服务，但两者的安放场所并不完全重合，针对的是有不同需求的服务对象，功能、用途也不相同，因此，被告友宝公司的智能快件箱与原告的注册商标核定使用的“自动售货机”不属于类似商品。

就智能快件箱与投币启动装置是否构成近似，法院认为：被告友宝公司的智能快件箱采用输入密码后自主取件的使用方式，为客户提供自助提取快件的服务。虽然并不一定需要投币，但智能快件箱的原理与投币启动装置的原理相似，从被告的商品图片上看智能快件箱也有投币口，因此，智能快件箱与投币启动的机械装置、投币启动设备用机械装置属于类似商品，且被告友宝公司同样在第 9 类投币启动设备用机械装置等商品上申请了商标注册。被告友宝公司认为智能快件箱应属于第 6 类金属箱，根据《类似商品和服务区分表》的注释，第 6 类主要包括未加工的和半加工的普通金属以及这些金属的简单制品。被告友宝公司的智能快件箱并不是一种简单的储物柜，其将传统的储物柜与互联网相结合，有主机、显示屏、读卡器、键盘、扫描器等，故区别于普通的金属箱。且类似商品的判断应在被控侵权商品与注册商标核定使用的商品之间进行。故对被告友宝公司的上述意见法院不予采纳。

在前项认定中，法院根据商品之间的功能、用途等进行了分析，但在后一项认定中，原、被告以及法院对分类表的作用过于重视，而未能在一般规则层面展开论证和证明。这里还涉及一个重要的问题：对分类表中的商品如何解释？投币启动装置是终端商品还是商品部件？如果它是类似于芯片、发动机这样的部件，则它就是任何投币启动终端设备的部件，从而不能认为它与所有使用了该部件的商品都类似。

（四）商标的知名度和显著性因素

一方面，如前所述，在混淆可能性的认定中，不仅要分析商标之间的近似性和商品或服务之间的类似性，还要考虑在先商标的知名度和显著性，正如《最高人民法院关于审理商标民事纠纷案件适用法律若干问题的解释》（2020 年修正）第 10 条第 3 项所作的规定。实际上，不论在商标侵权案件还是商标授权确权案件的审理中，对于需要对比的两个商标的知名度和显著性都需要考虑。在先商标的显著性越强、知名度越高，其在相关公众的头脑中的印象就越深，他们在看到近似商标的时候就越容易想到他们所熟悉的商标，就越容易发生混淆、误认。

但另一方面，商标注册程序中的在后申请注册的商标或侵权程序中被告的商标如果经过使用也在相关公众中具有知名度，则可能形成在后申请注册的商标与在先注册的商标在市场上的实际区分现实，或者被告的商标与原告的商标已经在市场上形成了互不混淆的共存状态，即相关公众已经对两者都熟悉并能区分。这种情形下，可以综合考虑案件的各种因素认定两个商标在相关公众中不存在混淆的可能。在这一认定中，有两种重要情节需要引起注意：一是可以被考虑的商誉或知名度必须是基于商标的善意使用而形成的，这就要求在后申请注册的商标的开始使用日期不能晚于在先商标的申请日或初审公告日，并且其使用人没有攀附在先商标的商誉的意图。二是在商标授权和确权程序中，在后申请注册的商标必须在全国市场范围内由于知名度而与在先商标形成区分。原因在于，在后商标的注册意味着其将在全国范围的市场上取得商标权以及与在先商标共存的权利，只有其因为善意使用而产生的商誉或知名度在全国范围的市场内存在，才能为其奠定正当权益的基础。相反，在商标侵权案件中，如果要依据被诉商标的商誉或市场知名度来认定其与原告的注册商标的市场区分现实，则只需就被告之商标使用的地域范围内两者的区分事实进行认定，而不需要就全国市场内的共存状况作出认定。

在靳某、袁记公司与张某侵犯商标权纠纷案①中，2004 年 1 月 28 日，原告靳某经商标局核准，获得第 3258099 号“袁记腊汁肉夹馍”注册商标，核定服务项目为第 43 类的“备办宴席、餐馆、住所（旅馆、供膳寄宿处）”等服务。2014 年 1 月 29 日原告靳某与原告袁记公司签订商标使用许可合同，许可袁记公司使用“袁记腊汁肉夹馍”商标，许可使用的期限为自 2014 年 1 月 28 日至 2024 年 1 月 27 日，许可使用的形式为普通使用许可。2013 年“袁记腊汁肉夹馍”被评定为陕西省著名商标。2014 年 9 月 13 日，原告靳某授权袁记公司作为原告与其共同参加该案诉讼。成都市袁缘实业有限公司于 1999 年 9 月 7 日登记成立，该公司企业法人营业执照登记的经营范围为餐饮、批发零售汽车配件等。其法定代表人袁某于 1996 年以个体饮食户的形式开设了第一家串串香火锅店，店名为“袁记串串香”。成都市袁缘实业有限公司后在全国有“袁记串串香”自营店及加盟店数百家。2007 年 9 月 20 日，成都市袁缘实业有限公司申请注册“袁记串串香”商标，商标局于 2009 年 12 月 10 日以该商标与靳某在类似服务项目上已注册的第 3258099 号“袁记腊汁肉夹馍”商标近似为由，驳回成都市袁缘实业有限公司在“备办宴席、饭店、餐厅”等服务上使用该商标的注册申请。后该公司申请复审，商标评审委员会作出决定：对申请注册的商标予以初步审定。在公告过程中，原告向商标评审委员会提出异议。

在原告发起的商标侵权诉讼中，一审法院认为：原告是“袁记腊汁肉夹馍”注册商标的权利人，其对注册商标“袁记腊汁肉夹馍”的专用权受法律保护。商标最基本的功能在于使相关公众通过商标识别商品或服务的来源，避免对不同来源的商品或服务产生混淆、误认。“袁记腊汁肉夹馍”商标与被控侵权的“袁记串串香”商标相比较，视觉上有差别，两者不相同。《最高人民法院关于审理商标民事纠纷案件适用法律若干问题的解释》（2002 年）第 9 条第 2 款规定，商标近似是指被控侵权的商标与原告的注册商标相比较，其文字的字形、读音、含义或者图形的构图及颜色或者其各要素组合后的整体结构相似，或者其立体形状、颜色组合近似，易使相关公众对商品的来源产生误认或者认为其来源与原告的注册商标所用于的商品有特定的联系。第 10 条规定，认定商标相同或者近似按照以下原则进行：（1）以相关公众的一般注意力为标准。（2）既要进行对商标的整体比对，又要进行对商标主要部分的比对，比对应当在比对对象隔离的状态下分别进行。（3）判断商标是否近似，应当考虑请求保护的注册商标的显著性和知名度。“袁记腊汁肉夹馍”商标与被控侵权的“袁记串串香”商标相比较，其文字的字形、读音、含义及各要素组合后的整体结构

① 参见陕西省西安市中级人民法院（2014）西民四初字第 00458 号民事判决书，陕西省高级人民法院（2015）陕民三终字第 00028 号民事判决书。

均不近似。腊汁肉夹馍是陕西特色小吃之一，串串香是四川地区小吃之一，是火锅的另一种形式。两者虽然都是商品的名称，但两者所指向的商品的来源有各自的地域性。“袁记腊汁肉夹馍”商标中的“腊汁肉夹馍”与“袁记串串香”商标中的“串串香”具有一定的标示作用，具有显著性，故不能将“腊汁肉夹馍”与“串串香”从两商标中剥离之后比对两商标，判断两者是否近似。且“袁记腊汁肉夹馍”商标在全国范围内的知名度有限，不易使一般消费者对“袁记串串香”商品的来源产生误认或者认为其来源与原告的注册商标所用于的商品有特定的联系。鉴于此，综合考虑“袁记串串香”商标与“袁记腊汁肉夹馍”注册商标的字形、读音、含义及各要素组合后的整体结构，以及二者的显著性程度和知名度、商标实际使用情况等相关因素，应认定二者不构成近似，被告使用“袁记串串香”商标的行为不构成对原告对第 3258099 号“袁记腊汁肉夹馍”注册商标的专用权的侵犯。

（五）商标查询与商标共处协议

在商标法律实务中，为评估注册成功率，可以对申请注册的商标做在先查询或检索，即通过商标数据库查询是否在相同或类似商品或服务上存在与申请注册的商标相同或类似，从而有导致混淆可能的在先商标。对检索结果的分析评价要由商标代理律师来做，因为这需要对法律规则的适用的理解和对实践经验的运用。但一些专门的国际性公司在做提供检索服务，它们可以提供对很多国家的商标的检索。

如果检索到可能构成注册障碍的在先商标，则申请人可以有针对性地修改或放弃其商标标识；也可以对在先商标提出撤销申请，如果该商标已经注册满 3 年并且没有被使用的迹象；还可以与在先商标的所有人谈判，达成商标共处协议以获得其对申请商标注册的同意，如果共处的商标不构成相同或高度类似商品或服务上的相同或高度近似商标，那么商标审查机关目前一般会接受这种共处安排。在这方面，欧美国家的要求比我们国家的要低，只要当事人双方达成商标共处安排即可。这是因为它们在理念上认为商标权是一种私权，经营者是最直接的利害关系人，他们自己会做好利益安排，因为混淆的发生会直接侵害他们的切身利益。我国商标审查机关对商品与服务名称的规范化要求也使相同商品或服务的情形更容易出现。在这种情况下，如果两个商标的申请人或注册人实际上经营的商品不相同，也不高度类似，则应按实际经营的商品或服务来审查商标共处协议。我国的商标审查机关和法院对于商标共处协议在商标冲突的认定中的作用还没有形成一致的意见，审查标准几经波动。

在“TEGRA”商标驳回复审案①中，3M 公司于 2008 年 9 月 11 日申请注册第 6948790 号“TECRA”商标并于 2010 年 7 月 21 日获得注册，核定使用在国际分类第 1 类的非医用和非兽医用诊断制剂、非医用或非兽医用化学试剂、工业用化学品等商品上。伊维亚公司于 2012 年 11 月 5 日向商标局申请注册第 11693689 号“TEGRA”号商标，指定使用的商品为国际分类第 1 类制路面涂层材料用的化学品、制路面涂层材料用的化学聚合物添加剂。商标局于 2013 年 10 月 22 日驳回了申请注册商标在指定使用商品上的注册申请，理由是申请注册商标与引证商标构成使用在类似商品上的近似商标。

---

① 参见北京市高级人民法院（2015）高行（知）终字第 3563 号行政判决书。

伊维亚公司申请复审后，商标评审委员会认为①：申请注册商标与引证商标首尾字母相同，且“G”与“C”字母字形相近，整体呼叫无明显区别，申请注册商标指定使用的制路面涂层材料用的化学品等商品与引证商标核定使用的工业用化学品等商品在功能、用途等方面相同，已构成类似商品；两商标同时使用在上述商品上易引起消费者混淆、误认，已构成近似商标；对申请注册商标应予驳回。伊维亚公司不服，向北京市第一中级人民法院提起诉讼，并提交了引证商标权利人签署的同意申请注册商标与引证商标共存的同意书。北京市第一中级人民法院认为：申请注册商标指定使用的商品与引证商标核定使用的商品构成相同或类似，申请注册商标与引证商标构成使用在类似商品上的近似商标，伊维亚公司的相关诉讼主张缺乏事实及法律依据，不予支持。商标评审委员会作出第 57750 号决定之前并未收到涉案同意书，商标评审委员会依据评审时的事实状态作出第 57750 号决定并未违反法律法规的强制性规定，因此，第 57750 号决定的作出程序合法，并未损害伊维亚公司的程序性利益。另外，虽然伊维亚公司已经与引证商标权利人签订同意书，且约定申请注册商标与引证商标在市场上共存，但是，共存协议的存在并非申请注册商标应予获准注册的当然理由，仅是商标注册过程中是否会产生混淆可能性的考量因素之一。在进行混淆可能性判断时，不能假定相关公众必然知晓共存协议的存在及内容，客观上作为普通消费者的相关公众也很难获知商标权利人之间签订的共存协议，更为重要的是，如果需附加共存协议等内容才能通过商标准确判断商品的来源，则无疑增加了消费者的负担，亦使商标偏离了其基本功能。申请注册商标的获准注册不仅可能会损害引证商标权利人的利益，还会对相关公众产生影响。商标评审委员会作为商标授权程序的管理者，不仅要维护引证商标权利人的利益，而且更为重要的是，应该站在相关公众的角度进行考量，避免因商标授权程序审核不当而对市场产生负面影响，进而破坏相关公众已经建立起来的稳定、清晰的判断。具体到本案，申请注册商标与引证商标高度近似，二者使用在类似商品上，相关公众很难判断商品的来源。尽管伊维亚公司与引证商标权利人已签订同意书，且约定申请注册商标与引证商标共存于市场，但上述共存协议仅是引证商标权利人对自身民事权利的让与或放弃，相关公众对上述共存协议的内容缺乏了解，相关公众施以一般注意力仍然无法有效区分申请注册商标与引证商标；同时，申请注册商标指定使用的商品与引证商标核定使用的商品均涉及医药、化学领域，有一定的危险性，商标评审委员会作为商标授权程序的管理者、审核者，更应维护商标授权程序中的公共利益。因此，虽然伊维亚公司与引证商标权利人签订了同意书，但申请注册商标与引证商标仍然构成使用在相同或类似商品上的近似商标，申请注册商标的申请注册违反了《商标法》（2001 年）第 28 条的规定，伊维亚公司的相关诉讼主张缺乏事实及法律依据，对此不予支持。

伊维亚公司上诉后，北京市高级人民法院认为：商标权是权利人依法享有的一种民事权利。虽然商标法不仅保护商标权人的合法权利，而且也顾及消费者的合法权益，但是，商标法主要以商标法律关系为调整对象，在我国现有的法律框架下，消费者权益保护已有专门的法律予以规范调整，在商标法的适用过程中，亦应以商标法律关系为主要的考察对象。在判定商标是否近似、商品是否类似时，应当充分考虑和尊重在先商标权人的意见。

---

① 参见商标评审委员会关于第 11693689 号“TEGRA”商标驳回复审决定书［商评字（2014）第 57750 号］。

除在相同商品或者服务上申请注册完全相同的商标，为避免当事人通过共存协议的形式规避商标法规定的商标权共有制度，因而不考虑商标共存协议外，对于在相同或者类似商品或者服务上申请注册近似的商标，应当将共存协议作为判断商标近似与否的重要依据。在先商标权人认为在后申请注册的商标标志不会造成混淆误认，或者允许在后近似的商标在相同或者类似商品或服务上申请注册的，通常不宜再认定两商标构成近似商标。本案中，申请商标由字母“TEGRA”构成，引证商标由字母“TECRA”构成，虽然二者的字母组成较为接近，但仍存在一定的区别，而且两商标指定或者核定使用的工业用化学品与制路面涂层材料用的化学品、制路面涂层材料用的化学聚合物添加剂在功能、用途、生产部门、销售渠道、消费群体方面仅具有一定的类似性，而非完全相同，因此，在引证商标权利人已出具同意书的情况下，应当认定申请商标与引证商标未构成《商标法》（2001 年）第 28 条所指的近似商标。

共处协议的谈判难度本质上取决于双方之间利益冲突的程度和比较优势。如果实际上两个经营者各有自己的细分市场，没有此消彼长的利益关系，则比较容易达成共处协议。双方如果都是跨国公司并在不同的国家或地区各有商标注册的优势和劣势，则会考虑在全球范围内达成共处协议。共处协议的内容一般包括：双方同意相关商品或服务上的商品在某地域范围内共存；同意对方商标的注册和使用；同意在对方商标被商标审查机关驳回时出具同意注册函；彼此不对相关商标提出异议或无效申请；彼此不进入对方的细分市场；彼此通过一定方式实现商标标识的区分；等等。

二、在先著作权、在先企业名称/商号权、在先外观设计权与在后商标的冲突

（一）在先著作权与在后商标的冲突

著作权保护作者在科学技术和文学艺术领域的独创性表达。著作权人对其作品拥有发表、署名、修改和保护作品完整权等人身权（精神权利），以及复制、发行、展览、改编等财产权。因此，未经许可将他人的作品申请注册和使用为商标构成著作权侵权行为。我国《著作权法》规定：作者的署名权、修改权、保护作品完整权的保护期不受限制。自然人的作品，其发表权和财产权的保护期为作者终生及其死亡后 50 年，截止于作者死亡后第 50 年的 12 月 31 日；如果是合作作品，则截止于最后死亡的作者死亡后第 50 年的 12 月 31 日。法人作品和职务作品，其发表权截止于作品完成后 50 年的 12 月 31 日，财产权的保护期为 50 年，截止于作品首次发表后第 50 年的 12 月 31 日，但作品自创作完成后 50 年内未发表的，不再保护。

与商标权的保护范围受限于核准使用的商品或服务不同，著作权的保护范围不因作品的使用方式或商品与服务的范围而受影响，因此，依据著作权可以阻止一个商标在任何商品或服务上的注册。对于图形商标和艺术化了的文字商标，著作权经常被援引以阻止他人的注册/使用，尤其是在商品或服务不类似而导致在先商标权难以奏效的情况下。著作权的主张者必须证明：客体符合作品的认定条件（具有独创性）；其是著作权人（所有人或被许可人）；作品的创作时间或首次发表时间（以确保著作权仍在保护期之内）；被告或被申请人使用了与作品相同或实质近似的表达；被告或被申请人有接触作品的可能。由于作品的

认定和著作权侵权判断涉及著作权法规则的解释和适用，因此有些国家将此类争议直接交由法院解决，认为商标审查机关不具有这方面的职能。我国的商标审查机关对于著作权作为异议或无效宣告程序中的依据也是予以审查的。在上述著作权侵权认定所要证明和认定的事实与条件中，独创性的认定经常对各国司法机关构成挑战，著作权权属和作品创作时间的证明往往是很多案件中当事人的软肋。

就独创性而言，我国的法律实践仅要求最低限度的创造性，但作品的保护范围仅限于独创性的元素或成分。而关于最低限度的创造性在很多案件中不容易把握。在独创性的认定中，一方面要将认定客体与常见的表达相对比以确定其是否存在独特性的元素，另一方面要考察著作权主张者对独创性元素的说明和论证。前者通常依赖被告或被申请人对常见表达的举证和法官对常见表达的认知，后者则完全取决于著作权主张者的论证。前者是“CAMEL SAHARASAM”商标异议案①中独创性认定的要点（见图 4-1）。后者是“建丰JIANFENG 及图”商标无效宣告案②中独创性认定的要点（见图 4-2）。

图 4-1　CAMEL 商标

图 4-2　“建丰 JIANFENG 及图”商标

就著作权的权属证明而言，我国《著作权法》第 11 条第 1～3 款规定：著作权属于作者，本法另有规定的除外。创作作品的自然人是作者。由法人或者非法人组织主持，代表法人或者非法人组织意志创作，并由法人或者非法人组织承担责任的作品，法人或者非法人组织视为作者。因此，在著作权原始取得的情况下，自然人著作权人需要提供证据证明其创作了作品，法人或非法人组织著作权人需要证明是法人作品；在继受取得的情况下，自然人或法人的著作权人都需要提供著作权转让协议或继承（法人承继）的证据，并要提供原始权利归属的证据。《著作权法》第 12 条第 1 款还规定，如无相反证明，当作品上存在相应权利时，在作品上署名的自然人、法人或者非法人组织为作者。在“老人城LAORENCHENG 及图”商标无效宣告案③中，原告提供了 logo 商标在国外较早获得注册的授权公告，上面有商标图形和注册人的名称。法院认为：对商标注册公告不可以适用前述“署名推定权属”的规则，2001 年《著作权法》第 11 条第 4 款中的“署名”是表明作者身份的署名，向公众传达的意思是署名者系作品创作者；而商标注册公告中载明的商标注册人的信息仅表明商标权的归属，公告不属于著作权法意义上在作品中表明作者身份的署名行为。因此，这一有关推定著作权权属的条款将特定的事实情景作为适用背景，它适用于典型的文学作品和美术作品发表的情形，但对其他的作品和作品公开的情形不一定适用。虽然不能适用上述“署名推定权属”的规则，但商标注册公告仍对商标注册人是著作权所

① 参见北京市高级人民法院（2012）高行终字第 1782 号行政判决书。

② 参见北京市第一中级人民法院（2012）一中知行初字第 598 号行政判决书。

③ 参见北京市高级人民法院（2009）高行终字第 1350 号行政判决书。

有人或被许可人的事实具有很强的证明力。

在商标法实践中，经常会有国外 logo 商标的注册人援引对 logo 作品的著作权对他人的商标注册申请发起异议或无效宣告程序的案件。此类案件中，logo 商标的注册人往往提供该 logo 商标在国外最早的商标注册证作为著作权的证据。商标注册证本身可以证明 logo 商标的注册人和使用人很可能是该作品的著作权人或被许可人，尤其是对于历史较长的 logo 商标而言，毕竟以侵犯他人著作权的方式取得 logo 商标的注册或使用 logo 商标是特殊情况，因此，根据高度盖然性的证明标准，可以结合案件情况依据较早的商标注册证认定商标注册人是 logo 作品的著作权的利害关系人，除非对方提供相反的证据。但商标注册证本身无法证明著作权的产生时间，因此，还需要有关作品创作、发表、权属约定等某些方面的证据来证明著作权保护期的起算点。此外，著作权登记证书也是实践中经常被使用的有关著作权存在和权属的证据，但我国著作权登记机关并不对著作权登记的事项进行审查，因此，著作权登记证书的证明力较低。《最高人民法院关于审理商标授权确权行政案件若干问题的规定》（2020 年修正）第 19 条第 2 款、第 3 款规定："商标标志构成受著作权法保护的作品的，当事人提供的涉及商标标志的设计底稿、原件、取得权利的合同、诉争商标申请日之前的著作权登记证书等，均可以作为证明著作权归属的初步证据。""商标公告、商标注册证等可以作为确定商标申请人为有权主张商标标志著作权的利害关系人的初步证据"。这两个条款标志着法院在著作权证据的认定上将更好地适用符合民事诉讼和行政诉讼证明标准的证据认定规则。

（二）在先企业名称/商号权与在后商标的冲突

企业名称权及商号权的法律渊源包括《民法典》、《企业名称登记管理规定》（2020 年修订）和《反不正当竞争法》。《民法典》第 110 条第 1 款规定了自然人的姓名权；第 2 款规定，法人、非法人组织享有名称权。该条款构成法人名称权的原则性规定，但没有对权利的内容作出规定。《企业名称登记管理规定》（2020 年修订）第 19 条规定，企业名称转让或者授权他人使用的，相关企业应当依法通过国家企业信息公示系统向社会公示。这是对企业名称的转让和许可设置了公示条件。

《企业名称登记管理规定》对于企业名称的登记注册程序与条件以及在该程序中的保护作了规定。其第 6 条规定：企业名称由行政区划名称、字号、行业或者经营特点、组织形式组成。跨省、自治区、直辖市经营的企业，其名称可以不含行政区划名称；跨行业经营的企业，其名称可以不含行业或者经营特点。因此，常见的标准企业名称，比如，北京联想信息技术有限公司，其中的"联想"为字号。《企业名称登记管理规定》（2020 年修订）第 8 条分两款规定：企业名称中的字号应当由两个以上汉字组成。县级以上地方行政区划名称、行业或者经营特点不得作为字号，另有含义的除外。《企业名称登记管理规定实施办法》第 10 条第 3 款规定，自然人投资人的姓名可以作为字号。2020 年《企业名称登记管理规定》修订后，对企业名称不再实行预先核准制度，而是由企业通过企业名称网上申报系统进行自主拟定、自主申报。企业名称中的字号与同一企业登记机关所登记的同行业或者不使用行业、经营特点表述的在先企业名称中的字号相同的，企业登记机关对该企业不予办理企业登记。该规定主要规范企业名称及字号的构成和登记条件。但对于他人未经许可而使用登记的企业名称或字号的行为，主要通过《反不正当竞争法》予以保护。

《反不正当竞争法》（2019 年修正）第 6 条第 2 项规定，经营者不得擅自使用他人有一定影响的企业名称（包括简称、字号等），引人误认为是他人商品或者与他人存在特定联系。《最高人民法院关于适用〈中华人民共和国反不正当竞争法〉若干问题的解释》（法释〔2022〕9 号）第 9 条规定，市场主体登记管理部门依法登记的企业名称，以及在中国境内进行商业使用的境外企业名称，可以认定为《反不正当竞争法》第 6 条第 2 项规定的“企业名称”。从这一规定可以看出，《反不正当竞争法》所保护的企业名称权有三类客体，每类客体的受保护条件不同：第一类是登记的企业名称，受保护的条件是经过市场主体登记管理部门依法登记。这通常就是指市场主体登记管理部门根据《企业名称登记管理规定》予以登记的“标准”中国企业名称。[根据中国法律成立的企业（含外商投资企业）的名称]。第二类是在中国境内进行商业使用的境外企业名称，此类企业名称以在中国境内使用为受保护条件，而不要求登记。这一规定考虑了《巴黎公约》第 8 条的要求。根据该条，商号（trade name）应在所有《巴黎公约》缔约方受保护，无须申请或注册，也不论其是否是商标的组成部分。但是，《巴黎公约》没有对商号受保护的条件和保护内容作出规定，因此，缔约方仍有权自行规定。第三类是字号，受保护的条件是在中国境内“具有一定的市场知名度、为相关公众所知悉”。前述司法解释本身没有对前述第二类企业名称的保护提出知名度要求，但实践中境外企业名称往往很简单，一般仅由字号构成。在这种情况下，法院往往将其定性为字号，从而要求具有一定知名度。此外，司法实践中还对具有一定知名度并与有关企业存在唯一对应关系的企业名称中的简称也予以保护。比如在“潍柴 WEICHAI”商标异议复审案①中，在被异议商标申请日之前，“潍柴”就已经是潍坊柴油机厂的简称，并具有较高的市场知名，因而受到保护。

《最高人民法院关于审理商标授权确权行政案件若干问题的规定》（2020 年修正）第 21 条规定：当事人主张的字号具有一定的市场知名度，他人未经许可申请注册与该字号相同或者近似的商标，容易导致相关公众对商品来源产生混淆，当事人以此主张构成在先权益的，人民法院予以支持。当事人以具有一定市场知名度并已与企业建立稳定对应关系的企业名称的简称为依据提出主张的，适用前款规定。

《反不正当竞争法》保护企业名称的目的在于制止混淆、误认及对其他经营者商誉的“搭便车”行为，因此，混淆理论是认定此类不正当竞争行为的依据。在具体案件中，请求保护的企业名称应在被异议商标申请日前就已经登记注册或投入使用，商号并应具有一定知名度，被异议商标所指定使用的商品或服务应与企业名称或商号所实际用于的商品或服务类似。这些适用条件在“派克汉尼汾 PARKERHANNIFIN”商标案②中有充分的体现。

戴某于 2004 年 9 月 8 日申请注册第 4259661 号“派克汉尼汾 PARKERHANNIFIN”商标（以下简称“被异议商标”），指定使用的商品为第 17 类：密封环、PVC 软管、农用塑料膜、排水软管等。派克汉尼汾公司以该商标侵犯了“派克汉尼汾”和“PARKERHANNIFIN”两个商号权为由提出异议。商标局、商标评审委员会和两审法院都以派克汉尼汾公司

---

① 参见北京市高级人民法院（2011）高行终字第 137 号行政判决书。

② 参见最高人民法院（2014）行提字第 9 号行政判决书。

的证据不足为由，裁定将被异议商标予以核准注册。在提审程序中，最高人民法院认为：

根据当事人再审申请理由及答辩意见，该案的争议焦点是，“派克汉尼汾”之中、英文名称是不是派克汉尼汾公司及其子公司在先使用并且具有一定知名度的字号，被异议商标的注册是否违反了《商标法》（2001 年）第 31 条的规定。“ParkerHannifin”是两个名称的组合，其中 Parker 是派克公司的创始人的名字，Hannifin 是其合并公司的名称。这种因为公司并购以两家公司名称组合的字号有其特别的历史背景，作为商业标记具有较强的显著性。“派克汉尼汾”是其惯用音译，通过派克汉尼汾公司及其关联公司的使用及相关宣传报道，已成为“ParkerHannifin”对应音译。“PARKERHANNIFIN”“派克汉尼汾”作为派克汉尼汾公司及其子公司或关联公司的字号，在被异议商标申请日之前在中国已经使用多年，且相关新闻报道及报纸杂志的文章亦清晰地显示了派克汉尼汾公司及关联公司的企业名称及相关排名、销售额及相关市场情况。鉴于此，最高人民法院认为，在被异议商标申请日即 2004 年 9 月 8 日前，通过派克汉尼汾公司及其关联公司的使用，“派克汉尼汾”已经成为在中国具有一定市场知名度的字号，可以作为《商标法》（2001 年）第 31 条所称的“在先权利”予以保护。

此外，被异议商标“派克汉尼汾 PARKERHANNIFIN”，与派克汉尼汾公司及其关联公司的英文字号完全相同，指定使用在与派克汉尼汾公司及其关联公司生产的商品相类似的商品上。由于戴某所从事的行业与“派克汉尼汾”公司及其关联公司生产经营的商品有密切关系，他应当知道“派克汉尼汾”字号的知名度情况，仍将与该中、英文字号完全相同的文字申请注册为商标，难以认定为巧合，具有明显的攀附派克汉尼汾公司及其关联公司的字号商誉的恶意，侵犯了该公司的在先字号权，不应予以核准注册。

综上，最高人民法院认为，被异议商标侵犯了派克汉尼汾公司及其关联公司对“派克汉尼汾”“PARKERHANNIFIN”享有的在先字号权，违反了《商标法》（2001 年）第 31 条的规定，不应予以核准注册。

知名度不仅是字号/商号受反不正当竞争法保护的条件，也是其保护范围的限定条件，即字号/商号仅在其知名度所涵盖的地域或行业范围内受保护。而字号/商号的保护范围往往是通过在后商标注册申请人对在先字号/商号知晓与否来落实的：如果在后商标注册申请人处于在先字号/商号的知名度地域或行业范围之内，则可以推定其知晓。因此，对字号/商号知名度的证明程度要求是，只需能够据此认定在后商标注册申请人知晓字号/商号。

（三）在先外观设计权与在后商标的冲突

根据《专利法》第 2 条第 4 款，外观设计是指对产品的整体或者局部的形状、图案或者其结合以及色彩与形状、图案的结合所作出的富有美感并适于工业应用的新设计。法律要求外观设计属于美学方面的创作，目的在于明确此类客体的范围限于对于商品而言具有创意性的设计，而不是技术方面的设计，但法律并不能对客体的美学价值予以评价和调整。外观设计对商品不仅起着美化的作用以吸引消费者购买，还起着识别的作用。根据《专利法》第 23 条，授予专利权的外观设计，不应属于申请日以前在国内外为公众所知的设计；其与现有设计或者现有设计特征的组合相比，应当具有明显区别。外观设计在我国是被作为专利的一种受到保护，但在法国和欧盟等国家和地区是被作为与专利无关的一种权利受到保护。由于其不涉及技术内容，却更多地与商标具有相同的功能，因此，处理外观设计案件的不是专利代理人而是商标代理人。

商标的注册和使用如何构成对外观设计专利权的侵犯，取决于外观设计侵权认定的规则。外观设计专利权被授予后，任何单位或者个人未经专利权人许可，都不得实施其专利，即不得为生产经营目的制造、许诺销售、销售、进口其外观设计专利商品。《专利法》第11条第2款规定了侵犯外观设计专利权的行为方式，但侵权判断的另一个方面就是比对被告的设计或标识与受专利权保护的外观设计，以确定被告所使用的设计或标识是否落入了外观设计专利权的保护范围。《专利法》第64条第2款（2008年《专利法》第59条第2款）规定，外观设计专利权的保护范围以表示在图片或者照片中的该商品的外观设计为准，简要说明可以用于解释图片或者照片所表示的该商品的外观设计。《最高人民法院关于审理侵犯专利权纠纷案件应用法律若干问题的解释》第8条规定，在与外观设计专利商品相同或者相近种类商品上，采用与授权外观设计相同或者近似的外观设计的，人民法院应当认定被诉侵权设计落入《专利法》第64条第2款规定的外观设计专利权的保护范围。因此，外观设计专利侵权判断与商标的侵权认定具有相似之处：都需要比对标识与商品两个方面。该司法解释进而对商品的相同或近似认定与外观设计的相同或近似认定作出了规定。在商品的认定方面，人民法院应当根据外观设计商品的用途，认定商品种类是否相同或者相近。确定商品的用途，可以参考外观设计的简要说明、国际外观设计分类表、商品的功能以及商品销售、实际使用的情况等因素。在外观设计的相同或近似认定中，人民法院应当以外观设计专利商品的一般消费者的知识水平和认知能力来判断外观设计是否相同或者近似。人民法院认定外观设计是否相同或者近似时，应当根据授权外观设计、被诉侵权设计的设计特征，以外观设计的整体视觉效果进行综合判断；对于主要由技术功能决定的设计特征以及对整体视觉效果不产生影响的商品的材料、内部结构等特征，应当不予考虑。下列情形，通常对外观设计的整体视觉效果更具有影响：商品正常使用时容易被直接观察到的部位相对于其他部位；授权外观设计区别于现有设计的设计特征相对于授权外观设计的其他设计特征。被诉侵权设计与授权外观设计在整体视觉效果上无差异的，人民法院应当认定两者相同；在整体视觉效果上无实质性差异的，应当认定两者近似。因此，在外观设计的图样比对中，整体视觉效果上的相同和近似是认定的标准，而设计特征是主要认定依据。

实践中，依据外观设计专利权对商标注册申请提出异议或对注册商标发起无效宣告程序的案件较少。[①] 实际上，从上述外观设计侵权认定规则中难以推出文字不在外观设计专利权保护范围的结论，文字的艺术字体、排列位置、颜色等美学设计方面是可以构成外观设计的设计特征并对整体视觉效果产生重要影响的。在外观设计专利侵权案件中，被告也可以援引现有设计抗辩。《专利法》第67条规定，在专利侵权纠纷中，被控侵权人有证据证明其实施的技术或者设计属于现有技术或者现有设计的，不构成侵犯专利权。《最高人民法院关于审理侵犯专利权纠纷案件应用法律若干问题的解释》第14条第2款规定，被诉侵权设计与一个现有设计相同或者无实质性差异的，人民法院应当认定被诉侵权人实施的设计属于现有设计。这又涉及被告商标与现有设计的比对问题。由于外观设计专利侵权判定涉

① 参见“万花筒”商标无效宣告案［北京市高级人民法院（2006）高行终字第445号行政判决书］。

及商标法之外的法律规则的解释和适用，有的国家认为商标审查机关不具有这种职能，因此将此类纠纷直接交由法院解决。

三、在先姓名权、“商品化权”与在后商标的冲突

（一）在先姓名权与在后商标的冲突

姓名权的保护也有两个法律渊源：《民法典》和《反不正当竞争法》。《民法典》第1112条规定，自然人享有姓名权，有权依法决定、使用、变更或者许可他人使用自己的姓名。第1114条规定，任何组织或者个人不得以干涉、盗用、假冒等方式侵害他人的姓名权。《反不正当竞争法》第6条第2项规定，经营者不得擅自使用他人有一定影响的姓名（包括笔名、艺名、译名等），引人误以为是他人商品或者与他人存在特定联系。在民法的框架内，姓名权侵权的认定就以对姓名的“干涉、盗用、假冒”行为的解释为基础；而在反不正当竞争法的框架内，假冒他人姓名的行为针对的是对他人在商业经营中使用的姓名的误导性使用，姓名假冒行为往往通过混淆、误认来利用他人姓名所承载的商誉。

民法理论和反不正当竞争法都认可将姓名的客体范围扩展到官方登记的姓名之外的笔名、艺名、外文姓名的中文译名等名称。从民法的角度看，姓名是自然人的身份识别符号，将一个主体与其他主体区分开。这种身份识别符号包括官方登记的姓名和实际使用的名字，它们都起着识别自然人主体的作用。对这些名称的侵犯，都将侵害到其所对应主体的权益。从反不正当竞争法的角度看，任何在经营活动中使用的名称都可以成为经营者的识别标志和商业承载标志，对这些名称的假冒行为都将误导公众并侵害经营者的商誉。与民法的保护条件不同，反不正当竞争法保护的是在经营活动中使用的姓名。这与英国法上的反假冒制度的客体保护条件相同。

因此，民法上的盗用或冒用行为或者反不正当竞争法上的姓名假冒行为的认定都应满足两个条件：有关姓名类名称与特定主体之间存在特定联系（反不正当竞争法并未要求姓名在经营活动中被使用）；未经许可对该名称的使用行为会侵害到该名称所对应主体的权益。在商标法和反不正当竞争法的框架内，相关公众对这种特定联系的认知情况是对这两个条件进行认定的事实基础，因为，只有而且只要相关公众知晓某名称对应于某主体，他人对该名称的使用才能而且就会被认为与该主体存在关联，也才能而且就会侵害到该主体的利益。① 相关公众对某个姓名类名称的知晓往往与该名称所指向的主体在某领域的知名度相关，因此，该名称权受保护的领域范围也与该知名度的领域范围存在对应关系，而最基本的是要求中国的相关公众能对该译名与特定主体之间的联系存在一定程度和范围的认知。

在“布兰妮 Britney”商标异议案②中，益盛公司于2000年11月20日在第25类服装、衬衫、套服、裙子等商品上申请注册“布兰妮 Britney”商标。美国歌手布兰妮·斯比尔斯

① 对外文姓名的中文译名的保护也遵从这一法理，参见“乔治阿玛尼”商标无效宣告案［北京市高级人民法院（2010）高行终字第1387号行政判决书］、“乔丹”商标无效宣告案［北京市高级人民法院（2015）高行（知）终字第2167号行政判决书］。

② 参见北京市第一中级人民法院（2010）一中知行初字第1861号行政判决书，北京市高级人民法院（2011）高行终字第1640号行政判决书。

(Britney Spears) 以该商标侵犯其姓名权为由提出异议。商标局认定异议成立，但商标评审委员会及两审法院均认为被异议商标没有侵犯异议人的姓名权。法院认为：姓名权作为一项法定权利，应属于“在先权利”的一种。未经许可，将他人的姓名申请注册商标，给他人姓名权造成或者可能造成损害的，对该商标不予核准注册或者予以撤销。通常情况下，当相关公众在看到某一商标时会自然联想到某人的姓名并认为该商标或使用该商标的商品的提供者与该人有关联时，才有可能给该人的姓名权造成损害，故在判断某一商标是否会损害他人的在先姓名权时，应当考虑该姓名权人的知名度，且应以被异议商标申请日为准。本案中，根据各方当事人的诉辩主张，焦点问题在于被异议商标申请日之前原告布兰妮·斯比尔斯在中国的相关公众中是否具有一定的知名度。原告在商标评审阶段以及诉讼阶段提交的证据中大部分或为其自行制作的或来源于中国以外或形成于被异议商标申请日以后。现有证据不足以证明原告姓名“Britney Spears”或其中文翻译“布兰妮·斯比尔斯”于被异议商标申请日前在中国已为中国相关公众所广为知晓，在中国相关公众的认知中已将“Britney”或“布兰妮”与原告的姓名建立起了唯一对应关系，被异议商标使用在指定商品上容易使相关公众认为上述商品来源于原告或者与原告具有一定的联系，从而损害原告基于其姓名权可能产生的相关利益。因此，被异议商标不属于《商标法》(2001 年) 第 31 条所指的“损害他人现有的在先权利”之情形，原告的诉讼主张不能成立，法院不予支持。

尽管知名度是姓名权在商标法和反不正当竞争法上受保护的一般条件，但对知名度的要求不宜过高，尤其是对中国公众而言独特性很强的外文姓名及其翻译。另外，对知名度存在的时间点的判断一般以被异议商标或争议商标的申请日为准，但对申请日之后的知名度也应当予以充分考虑，尤其是对于独特性较强的姓名而言。对时间点条件的僵化适用将导致姓名权益被侵害、公众被误导，而商标注册人并没有任何正当利益却存在着不正当使用他人姓名的恶意。

在保护自然人姓名不被“抢注”的商标法实践中，有观点认为应引入美国法上的“形象权”(right of publicity)。但该权利的引入需要慎重考虑其与我国民法及反不正当竞争法的体系兼容问题。美国法上的形象权是指自然人对自己的身份特征进行商业使用的权利，这些身份特征包括姓名、肖像等。未经许可对他人的姓名等身份特征进行使用就构成形象权侵权行为，属于不正当竞争行为。美国法上形象权的产生是多种因素共同作用的结果：(1) 美国法之所以创制“形象权”，是因为其既有的权利法和侵权法都不能实现对商业使用自然人的身份特征的保护。这是法律体制的原因。(2) 形象权在隐私权的基础上发展而来，是因为一系列有关隐私权保护的案件为此提供了事实上的联系基础。这是历史的原因。(3) 美国法院注重实质推理，对于应保护的利益力争予以保护，在规则、解释和构件上具有更强的灵活性。这是司法体制的原因。(4) 有关形象权的理论研究成果显著，而美国法院因与学术界互动活跃，习惯于采纳新的理论成果，从而形成新的规则制度。此外，对于“权利”一词的性质与内涵，美国法与其他国家法的理解存在差异。反观其他国家，少有引入形象权的。对于自然人之身份特征的商业使用，英国是从反假冒 (passing off) 制度出发尝试解决人格财产利益保护的，但英国法院在法律适用中重视形式推理，不肯突破反假冒制度的传统适用范围，主要是不愿意将其适用于没有经营商誉的主体，即自然人如果没有经营活动，即便出名也不符合受保护的条件。同样属英美法系的澳大利亚法院在这一方面采用了较为灵活的做法：即便没有经营商誉，自然人也可以就其身份特征获得反假冒制度的保护。法国法拒绝引入形象权，因为只有成熟的、被清晰界定的利益保护制度才能成为一项权利。但《法国民法典》第1382条对侵权行为的规定使该条款有着广泛而灵活的适用范围：任何人因过错给他人造成损害的，都应予以补救。这使法国法上的侵权行为认定不需要总是以被侵害的权利为依据，而可以仅通过对引起损害的行为的正当性进行分析来确定行为主体是否存在过错。这与反不正当竞争法的适用思路一致。德国法则承认人格权，保护人的尊严利益和财产利益。这使自然人之身份特征的商业价值得以被纳入人格权的保护范围。我国的侵权法以被侵害的权益的存在为认定侵权行为的依据，这不仅体现在《民法典》第120条、第1164条将被侵权客体规定为民事权益，即法律规定的人身权益和财产权益，也体现在司法解释和实践将《商标法》第32条所保护的在先权利解释为在先权益。因此，从侵权法的角度看，我国宜借鉴德国法，将财产性权益纳入姓名权的内涵和外延中予以保护。而《反不正当竞争法》对于经营活动中所使用姓名的保护，可以借鉴法国法从行为正当性角度认定违法行为的做法和英国的反假冒制度保护经营者商誉的做法。这种做法将使民法和反不正当竞争法之间具有较为清晰的分工：在姓名权的主体从事的经营活动与被告的经营活动（包括注册商标所指定使用的商品或服务的领域）相同或类似，从而可能引起相关公众混淆、误认并导致商誉被侵害的情形下，适用反不正当竞争法。在姓名权的主体未从事经营活动或所从事的经营活动与被告的经营活动不相同也不类似的情况下，如果被告对姓名的使用可能引起相关公众的误认，从而会利用姓名的知名度的，则应适用侵权法。这意味着，当民法上的姓名权和反不正当竞争法上的经营者姓名保护制度发生竞合时，反不正当竞争法作为民法的特别法优先适用；另一个做法是，在竞合的情况下由当事人在二者间作出选择。

在“乔丹”商标无效宣告案中，最高人民法院就对姓名权的保护条件、保护内容和范围作了详细论述。[①]

典型案例

“乔丹”商标无效宣告案

2014年4月14日，商标评审委员会作出商评字（2014）第052058号关于第6020569号“乔丹”商标争议裁定（以下简称被诉裁定），裁定维持争议商标。其主要理由为：（1）关于《商标法》第31条。1）迈克尔·杰弗里·乔丹提供了我国媒体对其宣传报道的众多证据，能够证明其在我国以及篮球运动领域具有较高的知名度。但是，争议商标文字“乔丹”与“Michael Jordan”及其中文译名“迈克尔·乔丹”存在一定区别，并且“乔丹”为英美普通姓氏，难以认定这一姓氏与迈克尔·杰弗里·乔丹之间存在当然的对应关系。2）在宣传使用迈克尔·杰弗里·乔丹的姓名及形象时，迈克尔·杰弗里·乔丹及其商业合作伙伴耐克公司使用的是“Michael Jordan”或“迈克尔·乔丹”的全名，以及与迈克尔·杰弗里·乔丹飞身扣篮动作形象相关的标志。3）乔丹公司分别于2001年、2003年获准注册

① 参见最高人民法院（2016）最高法行再27号判决书。该案为最高人民法院发布的第113号指导性案例。

第 1541331 号“乔丹”商标（以下简称第 331 号商标）、第 3028870 号图形商标（以下简称 870 号商标），并曾受到驰名商标保护。乔丹公司对上述商标相关标识已进行长期、广泛的宣传使用，获得了较高的市场声誉。这一事实与迈克尔·杰弗里·乔丹及耐克公司的商业活动并存于市场已长达近二十年，双方已分别形成了各自的消费群体和市场认知。4）尽管有部分媒体在有关篮球运动的报道中以“乔丹”指代迈克尔·杰弗里·乔丹，但使用数量有限。不论是媒体报道，还是耐克公司，均未就这一指代称谓形成统一、固定的使用形式。相较于乔丹公司对争议商标相关标识的使用，从双方使用的广泛性、持续性、唯一对应性等方面综合考虑，本案中尚不能认定“乔丹”与迈克尔·杰弗里·乔丹之间的对应关系已强于其与乔丹公司之间的对应关系。综上，争议商标的注册未损害迈克尔·杰弗里·乔丹的姓名权。（2）争议商标的注册不属于《商标法》（2013 年）第 10 条第 1 款第 8 项、第 41 条第 1 款规定的情形。

迈克尔·杰弗里·乔丹不服被诉裁定，向北京市第一中级人民法院（以下简称一审法院）提起行政诉讼，请求撤销被诉裁定。迈克尔·杰弗里·乔丹向一审法院提交了 20 份证据，用以证明迈克尔·杰弗里·乔丹在我国的知名度，以及乔丹公司申请注册争议商标时存在恶意。乔丹公司向一审法院提交了 25 份证据，用以证明经过使用，争议商标已具有极高的知名度，相关公众不会产生混淆误认。一审法院认为，上述证据与《商标法》（2013 年）第 10 条第 1 款第 8 项及第 41 条第 1 款无关，且上述证据并非商标评审委员会作出被诉裁定的依据，故对上述证据不予采信。

一审法院经审理查明以下事实：迈克尔·杰弗里·乔丹作为篮球运动明星，自 1984 年起被《当代体育》《体育博览》《新体育》《篮球》《体育世界》《中国新闻周刊》《中学生百科》《中国广告》《经营与管理》等众多我国媒体所报道，其多被称为“迈克尔·乔丹”，在部分媒体的篮球运动相关报道中，也以“乔丹”指代。

从 2000 年 1 月 1 日至 2004 年 5 月 18 日，乔丹公司支出的广告、赞助体育和公益事业的费用总计为 5 317 万元。2010 年，乔丹公司在中央电视台的广告宣传费用支出近 7 000 万元。除在中央电视台外，乔丹公司还在山东卫视、贵州卫视等电视台进行广告宣传。乔丹公司 2008 年度、2009 年度、2010 年度及 2011 年截至 6 月 30 日止的 6 个月期间，营业收入分别为 51 848 万元、78 093 万元、286 099 万元、171 066 万元，净利润分别为 5 281 万元、9 294万元、51 047 万元、9 669 万元。乔丹公司提交了其在全国 5 700 余家经销商的具体地址、联系人姓名及联系电话。

除争议商标外，乔丹公司还申请注册了“侨丹”“桥丹”“乔丹王”“飞翔动力”等近两百件其他商标。

另，乔丹公司于 2001 年 3 月 21 日获准注册第 331 号商标，该商标曾在第 3208768 号商标异议案件中，被国家工商行政管理总局商标局（以下简称商标局）认定为“足球鞋、爬山鞋”等商品上的驰名商标。乔丹公司还于 2003 年 3 月 21 日获准注册第 870 号图形商标，该商标曾于 2005 年 6 月被商标局认定为“运动鞋、运动服装”商品上的驰名商标。

一审法院认为：（1）关于《商标法》（2013 年）第 31 条。争议商标为“乔丹”，“乔丹”为美国人的姓氏，本案证据尚不足以证明单独的“乔丹”明确指向迈克尔·杰弗里·乔丹。而且，争议商标指定使用的“体育活动器械”等商品与迈克尔·杰弗里·乔丹具有影响力的篮球运动领域差别较大，相关公众不易将使用在“体育活动器械”等商品上的争议商标与迈克尔·杰弗里·乔丹相联系。现有证据亦不足以证明争议商标的注册与使用不当利用了迈克尔·杰弗里·乔丹的知名度，或可能对迈克尔·杰弗里·乔丹的姓名权造成其他影响。因此，本案证据尚不足以证明争议商标的注册损害了迈克尔·杰弗里·乔丹的姓名权。(2) 关于《商标法》(2013 年) 第 10 条第 1 款第 8 项、第 41 条第 1 款。乔丹公司对争议商标已进行了长期、广泛的宣传、使用，获得了较高的市场声誉，这一事实与迈克尔·杰弗里·乔丹及耐克公司从事的商业活动并存于市场已长达近二十年。通过各自较大规模的宣传、使用，双方已分别形成了各自的消费群体和市场认知，以及较为稳定的竞争秩序，故争议商标不应被撤销。因此，争议商标的注册未违反《商标法》(2013 年) 第 10 条第 1 款第 8 项、第 41 条第 1 款的规定。综上，一审法院判决：维持被诉裁定。案件受理费 100 元由迈克尔·杰弗里·乔丹负担。

迈克尔·杰弗里·乔丹不服一审判决，向北京市高级人民法院（以下简称二审法院）提起上诉，请求撤销一审判决，依法改判撤销被诉裁定。其主要上诉理由为：(1) 争议商标的注册违反《商标法》(2013 年) 第 31 条的规定。(2) 争议商标的注册违反《商标法》2013 年第 10 条第 1 款第 8 项、第 41 条第 1 款的规定。

商标评审委员会、乔丹公司服从一审判决。

二审法院经审理查明一审法院认定的事实清楚，并予以确认。

二审法院认为：(1) 关于《商标法》(2013 年) 第 10 条第 1 款第 8 项。如果有关标识的注册仅损害特定民事权益，由于《商标法》已经另行规定了救济方式和相应程序，不宜认定其属于《商标法》(2013 年) 第 10 条第 1 款第 8 项规定的“有其他不良影响”的情形。本案中，争议商标标识本身并不具有“有害于社会主义道德风尚或者有其他不良影响”的因素，商标评审委员会认定争议商标不属于“有害于社会主义道德风尚或者有其他不良影响的标识”并无不当。争议商标的使用是否会造成相关公众的混淆误认，不属于《商标法》2013 年第 10 条第 1 款第 8 项调整的范围。(2) 关于《商标法》(2013 年) 第 41 条第 1 款。本案证据不足以证明争议商标系以欺骗手段或者其他不正当手段取得注册。争议商标的使用是否会造成相关公众的混淆误认，亦不属于《商标法》(2013 年) 第 41 条第 1 款调整的范围。二审法院判决：驳回上诉，维持原判。一、二审案件受理费各 100 元，均由迈克尔·杰弗里·乔丹负担。

迈克尔·杰弗里·乔丹不服二审判决，以二审判决认定事实和适用法律均有错误，且遗漏其有关《商标法》(2013 年) 第 31 条的上诉理由为由，向最高人民法院申请再审，请求：撤销被诉裁定以及一、二审判决，判令商标评审委员会对争议商标重新作出裁定。

…………

最高人民法院再审认为：本案争议焦点为争议商标的注册是否损害了迈克尔·杰弗里·乔丹（以下简称再审申请人）就“乔丹”主张的姓名权，违反《商标法》(2013 年) 第 31 条关于“申请商标注册不得损害他人现有的在先权利”的规定。该争议焦点分为以下八个具体问题：

…………

(2) 关于再审申请人主张的姓名权所保护的具体内容

关于再审申请人在本案中主张的姓名权所保护的具体内容，其实质是再审申请人能否就“乔丹”享有姓名权。因“乔丹”系再审申请人英文姓名“Michael Jeffrey Jordan”中“Jordan”的中文译名，故本案涉及再审申请人能否就其外文姓名的部分中文译名享有姓名权的问题。本院认为，根据自然人姓名权保护的条件，再审申请人就“乔丹”享有姓名权。具体理由如下：

第一，自然人依据《商标法》（2013 年）第 31 条的规定，就特定名称主张姓名权保护时，应当满足必要的条件。

其一，该特定名称应具有一定知名度、为相关公众所知悉，并用于指代该自然人。针对《反不正当竞争法》（1993 年）第 5 条第 3 项中规定的“姓名”，《最高人民法院关于审理不正当竞争民事案件应用法律若干问题的解释》（2007 年，以下简称《不正当竞争民事案件解释》）第 6 条第 2 款规定：“具有一定的市场知名度、为相关公众所知悉的自然人的笔名、艺名等，可以认定为反不正当竞争法第五条第（三）项规定的‘姓名’”。虽然上述规定是针对“擅自使用他人的姓名，引人误认为是他人的商品”的不正当竞争行为的认定而作出的司法解释，但该不正当竞争行为本质上也是损害他人姓名权的侵权行为。认定该行为时所涉及的“引人误认为是他人的商品”，与本案中认定争议商标的注册是否容易导致相关公众误认为存在代言、许可等特定联系，是密切相关的。因此，在本案中可参照适用上述司法解释的规定，确定自然人姓名权保护的条件。

其二，该特定名称应与该自然人之间已建立稳定的对应关系。在适用《商标法》（2013 年）第 31 条有关“申请商标注册不得损害他人现有的在先权利”的规定时，涉及在先权利与注册商标权的权利冲突。在解决本案涉及的在先姓名权与注册商标权的权利冲突时，应合理确定在先姓名权的保护标准，平衡在先姓名权人与商标权人的利益。既不能由于争议商标标志中使用或包含仅为部分人所知悉或临时性使用的自然人“姓名”，即认定争议商标的注册损害该自然人的姓名权；也不能如商标评审委员会所主张的那样，以自然人主张的“姓名”与该自然人形成“唯一”对应为前提，对自然人主张姓名权的保护提出过苛的标准。本院认为，根据《民法通则》第 99 条第 1 款的规定，自然人享有姓名权，有权决定、改变自己的姓名，但姓名权人并不能禁止他人善意、合法地“决定”起同样的名字。由于重名的原因，姓名与自然人之间难以形成唯一对应关系。而且，除本名外，自然人还可以有艺名、笔名、译名等其他名称。从历史传统来看，古人还可以有字、号等。在特定情况下，相关公众更熟悉并习惯以自然人本名之外的其他名称（例如艺名、笔名等）指代该自然人，其他名称的知名度可能比其本名的知名度更高。如果以商标评审委员会主张的“唯一”对应作为主张姓名权的前提条件，将使与他人重名的人，或者除本名之外还有其他名称的人，不论其知名度或者相关公众认知情况如何，均无法获得姓名权的保护。因此，自然人所主张的特定名称与该自然人已经建立稳定的对应关系时，即使该对应关系达不到“唯一”的程度，也可以依法获得姓名权的保护。商标评审委员会主张的“唯一”对应标准过于严苛，本院不予支持。

综上，本院认为，在适用《商标法》（2013 年）第 31 条关于“不得损害他人现有的在先权利”的规定时，自然人就特定名称主张姓名权保护的，该特定名称应当符合以下三项条件：其一，该特定名称在我国具有一定的知名度、为相关公众所知悉；其二，相关公众使用该特定名称指代该自然人；其三，该特定名称已经与该自然人之间建立了稳定的对应关系。

第二，关于外国人能否就其外文姓名的部分中文译名主张姓名权保护的问题。本院认为，由于语言和文化等方面的差异以及为了便于称呼，我国相关公众通常习惯于以外国人外文姓名的部分中文译名来指代、称呼该外国人，而不会使用其完整姓名的中文译名，有时甚至对其完整姓名的中文译名不了解、不熟悉。因此，在判断外国人能否就其外文姓名的部分中文译名主张姓名权保护时，需要考虑我国相关公众对外国人的称谓习惯。本案中，不论是再审申请人主张的"乔丹"，还是商标评审委员会被诉裁定中错误认定为再审申请人全名的"迈克尔·乔丹"，实质上都是再审申请人完整英文姓名"Michael Jeffrey Jordan"的部分中文译名，但都被相关公众用于称呼和指代再审申请人。综上，再审申请人主张的"乔丹"如符合本院阐明的前述三项条件，可以依法主张姓名权的保护。对于乔丹公司有关"单纯'姓氏'或其翻译不能成为姓名权的客体"的主张，本院不予支持。

第三，本案证据可以证明再审申请人主张的"乔丹"符合本院阐明的前述三项条件，再审申请人对"乔丹"享有姓名权。

综上，因本案现有证据足以证明"乔丹"在我国具有较高的知名度，为相关公众所知悉，我国相关公众通常以"乔丹"指代再审申请人，并且"乔丹"已经与再审申请人之间形成了稳定的对应关系，故再审申请人就"乔丹"享有姓名权。

…………

(3) 关于再审申请人在我国具有何种程度和范围的知名度

本案中，正确认定再审申请人在我国具有何种程度和范围的知名度，对于本院认定再审申请人能否就"乔丹"享有姓名权，乔丹公司对争议商标的注册是否存在明显的主观恶意，以及相关公众是否会误认为标记有争议商标的商品与再审申请人具有关联等具体问题均具有重要影响。本院认为，本案证据可以证明在争议商标的申请日之前，直至 2015 年，再审申请人在我国一直具有较高的知名度，其知名范围已不仅仅局限于篮球运动领域，而是已成为具有较高知名度的公众人物。

…………

综上，《商标法》第 31 条规定的"在先权利"包括他人在争议商标申请日之前已经享有的姓名权。再审申请人对争议商标标志"乔丹"享有在先的姓名权。乔丹公司明知再审申请人在我国具有长期、广泛的知名度，仍然使用"乔丹"申请注册争议商标，容易导致相关公众误认为标记有争议商标的商品与再审申请人存在代言、许可等特定联系，损害了再审申请人的在先姓名权。乔丹公司对争议商标的注册具有明显的主观恶意。乔丹公司的经营状况，以及乔丹公司对其企业名称、有关商标的宣传、使用、获奖、被保护等情况，均不足以使争议商标的注册具有合法性。因此，争议商标的注册违反《商标法》（2013 年）第 31 条的规定，依照《商标法》（2013 年）第 41 条第 2 款的规定应予撤销，应由商标评审委员会就争议商标重新作出裁定。

"乔丹"案所确立的姓名权保护规则与做法为后续司法解释直至《民法典》中的姓名权保护条款的出台都起到重要的作用。2017 年《最高人民法院关于审理商标授权确权行政案件若干问题的规定》（2020 年修正）第 20 条规定，"当事人主张诉争商标损害其姓名权，如果相关公众认为该商标标志指代了该自然人，容易认为标记有该商标的商品系经过该自然人许可或者与该自然人存在特定联系的，人民法院应当认定该商标损害了该自然人的姓名权。当事人以其笔名、艺名、译名等特定名称主张姓名权，该特定名称具有一定的知名度，与该自然人建立了稳定的对应关系，相关公众以其指代该自然人的，人民法院予以支持”。该规定的核心在于确认了该条款的适用以相关公众对商标标识—商品—利害关系人之间的联系认知为条件。

《民法典》第四编对姓名权做出了规定：其第 993 条规定，民事主体可以将自己的姓名、名称、肖像等许可他人使用，但是依照法律规定或者根据其性质不得许可的除外；其第 1012 条规定，自然人享有姓名权，有权依法决定、使用、变更或者许可他人使用自己的姓名，但是不得违背公序良俗；其第 1017 条并规定，具有一定社会知名度，被他人使用足以造成公众混淆的笔名、艺名、网名、译名、字号、姓名和名称的简称等，参照适用姓名权和名称权保护的有关规定。可见，《民法典》明确引入了自然人许可他人使用其姓名的权利。这无疑是为承认姓名之上的经济利益提供了立法基础，但这里的“许可”在性质、适用范围和类型方面仍有待进一步明确。① 而商标法领域的既有实践则为《民法典》中有关笔名、艺名、译名等自然人相关名称的保护规则的确立提供了坚实基础，有关商标法理论也为此类“许可”的分析提供了视角。

（二）商品化权与在先商标的冲突

商品化权不是实证法上的一项权利，而是理论上的一个概念，指的是对某些客体作商业化使用的权利。从客体的范围角度看，广义的商品化权可以包括对真实人物、虚拟角色（人或动物）、动物、植物、建筑体等任何客体作商业化使用的权利；而狭义的商品化权指对虚拟角色作商业化使用（character merchandising）的“权利”。商标法实践中发生较多的是将影视作品、文学作品中的角色名称或形象“抢注”为商标的案件。由于著作权、邻接权等既有权利类型不能够保护利害关系人对虚拟角色相关的权益，因此，商品化权的概念被用来指称角色相关标识上应当受到保护的正当利益。商品化权所指称的正当利益要得到法律的认可和保护，需具备以下条件：首先，对这种利益的正当性及保护的必要性予以认可和证成；其次，在实证法中找到对这种利益的保护模式或适用规则（从我国《商标法》第 10 条第 1 款第 8 项的“不良影响”条款到“民事权益”）；最后，对这种利益受保护的条件、范围和方式等作出合理的界定。在立法没有规定的情况下，这些就都成为律师和法官在法律理论和既有法律实践的基础上完成的工作。从我国相关案件的审理过程可以看到，法律实践经历了从承认该权益的正当性到探索其保护模式，再到界定其保护条件和范围的过程。

典型案例

邦德 007 BOND 案

谢某于 2002 年 3 月 22 日在第 10 类子宫帽、避孕套、非化学避孕用具商品上申请注册

① 崔国斌．姓名商品化权的侵权认定思路．清华法学，2021（1）：116－141.

了第 3121466 号“邦德 007 BOND”商标（以下简称被异议商标）。丹乔公司提出商标异议申请。商标局于 2007 年 10 月 8 日作出（2007）商标异字第 05075 号“邦德 007 BOND”商标异议裁定书，认定著作权保护的是作品的形式及内容而非作品名称本身，丹乔公司并未在相关类别在先申请或注册被异议商标，丹乔公司称谢某恶意抄袭其商标及侵犯其著作权的异议理由不能成立。

丹乔公司向商标评审委员会提出异议复审请求，认为：“007”与“JAMES BOND”是丹乔公司发行的系列电影主角的代号和名字，具有独创性，丹乔公司对其享有版权、商标权及角色商品化权。“007”“JAMES BOND”以及相关的电影在中国公众中产生了巨大的知名度和影响力。被异议商标是对“007 及图”“JAMES BOND”商标（以下简称引证商标）的恶意抄袭和摹仿，侵犯了丹乔公司的在先权利。被异议商标与引证商标构成近似商标。被异议商标的申请注册违反了中国《商标法》（2001 年）第 10 条第 1 款第 8 项、第 44 条第 1 款关于“以欺骗手段或者其他不正当手段取得注册”的规定。丹乔公司向商标评审委员会提交了以下主要证据材料以证明引证商标的使用及知名度情况：

证据 1：标有“007”“JAMES BOND”的“007”系列电影海报和标有“007”“JAMES BOND”商标的邦德消费品简单介绍、各类商品的照片复印件。

证据 2：Lee Pfeiffer 所著书中的部分扫描件，包含了对丹乔公司或其许可人标有“007”商标的各类商品的说明，以及“007”电影宣传海报、杂志封面等照片。

证据 3：“007/BOND”商品购物指南手册和亚马逊网站、卓越亚马逊网站等互联网上“007”和“007 JAMES BOND”商品的销售页面，其中多数是电影制品。

证据 4：“007”系列电影的电子游戏和“SONY PLAY STATION”游戏机专用游戏卡的封面照片及相关网站的介绍页面。

证据 5：标有“007”商标的书籍封面和其他形式上的相关广告宣传材料。

证据 6：1965 年 2 月 26 日 *TIME* 杂志的文章“THE BOND MARKET”（《邦德市场》）和丹乔公司许可他人使用“007”商标的部分被许可人名单。

证据 7：丹乔公司“007”系列电影票房、家庭录影带销售收入等部分收入统计数据和“007/JAMES BOND”部分电影放映、票房统计数据、票房排名。

证据 8：“007”电影迷、角色迷的统计和美国、英国电影协会所进行的世界范围内的最佳电影、电影角色评选结果。

证据 9：网易娱乐频道 2002 年对“007”电影 40 周年的专题报道，及 2007 年相关网站、报纸对“007”电影首次登陆中国影院的报道，报道中对“007”电影在世界范围内的流行度和受欢迎度进行了介绍。

证据 10：世界知识产权组织仲裁与调解中心的域名争议裁定书复印件和欧共体内部市场协调局异议裁定书复印件。

证据 11：丹乔公司的“007”“JAMES BOND”商标在中国的注册证复印件、在全球的注册清单和注册证复印件。

证据 12：商标局（2001）商标异字第 1970 号、（1999）商标异字第 2855 号异议裁定书复印件，商标局裁定对他人申请注册“007”和“JAMES BOND”商标不予核准。

上述证据 1～2、证据 4～8、证据 10 及证据 3 的一部分均系外文证据，且未提交中文译文。

2010年3月1日，商标评审委员会作出商评字（2010）第04817号关于第3121466号“邦德007 BOND”商标异议复审裁定书。该裁定认定，该案的焦点问题可以被归纳为：第一，被异议商标与丹乔公司的“007及图”“JAMES BOND”商标（以下简称“引证商标”）是否构成近似商标；第二，被异议商标是否侵犯丹乔公司的在先著作权；第三，引证商标是否属于驰名商标，被异议商标是否构成对引证商标的恶意抄袭和摹仿；第四，谢某的行为是否构成以欺骗手段或其他不正当手段取得商标注册的行为，被异议商标的注册是否有害于社会主义道德风尚或者有其他不良影响。

关于焦点问题一：被异议商标指定使用的商品与引证商标核定使用的商品及服务分属不同的商品类别，其在商品或服务的内容、对象等方面相差甚远，故被异议商标与引证商标不构成我国《商标法》（2001年）第28条所指的使用在同一种或类似商品或服务上的近似商标。

关于焦点问题二：著作权的客体，应当具备我国《著作权法》所规定的条件，即文学、艺术和科学领域内具备独创性并能以某种法定形式表达、具有可复制性的智力成果。被异议商标虽然可能使人联想到丹乔公司“007”系列电影名称和主角名字及代号，但该名称和虚拟人物称呼无法体现完整的文学艺术作品内容，不属于《著作权法》所指的作品客体，被异议商标未构成对丹乔公司著作权的侵犯。丹乔公司主张对“007”及“JAMES BOND”享有角色商品化权并无法律依据，商标评审委员会不予支持。被异议商标的注册申请并未构成我国《商标法》（2001年）第31条所述“损害他人现有的在先权利”的情形。

关于焦点问题三：商标评审委员会认为，丹乔公司提交的证据仅能证明“007”系列电影在中国的相关宣传情况，不能证明引证商标在被异议商标指定使用的第10类避孕套等相关商品上的使用情况，故在案证据不足以证明引证商标在被异议商标申请注册前已在第10类避孕套等相关商品上经过使用在中国产生了一定的影响，亦难以认定在被异议商标申请注册前其已为中国消费者所熟知，成为核定使用在玩具等商品及教育等服务上的驰名商标。被异议商标指定使用的避孕套等商品与引证商标核定使用的商品及服务在功能、用途等方面存在较大差别，被异议商标在避孕套等商品上注册使用不会导致消费者误认并对丹乔公司的利益造成损害。综上，被异议商标的申请注册未构成我国《商标法》（2001年）第13条所规定的情形。

关于焦点问题四：被异议商标指定使用的商品与丹乔公司所从事的电影行业相差甚远，丹乔公司认为被异议商标的注册申请违反诚实信用原则、系以不正当手段取得注册的主张证据不足，被异议商标的注册未违反我国《商标法》（2001年）第41条第1款关于“以欺骗手段或者其他不正当手段取得商标注册”的规定。我国《商标法》（2001年）第10条第1款第8项主要指商标自身的构成要素对社会良好风气、习惯、社会公共利益、公共秩序产生负面、消极影响，主要是基于维护社会公共秩序和利益的立法目的。该案当中并无充分证据认定被异议商标在指定商品上的注册使用会构成我国《商标法》（2001年）第10条第1款第8项所指的产生不良影响的情形。丹乔公司认为被异议商标的注册和使用易使人误认为使用该商标的商品来源于丹乔公司或与之有关联、造成混淆的理由实质上仍属于维护丹乔公司的在先注册商标权、在先著作权等私权利的范畴，不属于我国《商标法》（2001年）第10条第1款第8项规定的范畴。商标评审委员会裁定对被异议商标予以核准注册。

丹乔公司起诉后，一审法院认为：我国《商标法》（2001 年）第 10 条第 1 款第 8 项规定，有害于社会主义道德风尚或者有其他不良影响的标识，不得作为商标使用。对违反社会公序良俗申请注册商标的，因其对社会公共秩序可能产生消极、负面的影响，故相关标识可以被视为该项所规定的“有其他不良影响的标识”。本案中，一方面，现有证据表明在被异议商标申请注册之前，相关媒体对“007”电影在世界范围内的流行度和受欢迎度已进行了宣传介绍，“007”“JAMES BOND”作为知名电影的人物角色名称已被相关公众了解甚至熟知；另一方面，被异议商标由汉字“邦德”、数字“007”、英文“BOND”构成，而“邦德”并非汉语固有词汇，第三人亦并未对其申请注册被异议商标的创意来源作出合理解释。鉴于“007”“JAMES BOND”作为电影人物角色名称的较高知名度，以及被异议商标与“007”“JAMES BOND”之间的近似程度，法院合理认定第三人系明知“007”“JAMES BOND”人物角色名称的知名度和该知名度可能在商业上产生的较高价值而申请注册被异议商标，但上述知名度系他人投入大量劳动和资本方获得的，由此带来的商业价值和商业机会亦应由他人享有。第三人申请注册被异议商标的行为违反了诚实信用的公序良俗，被异议商标属于我国《商标法》（2001 年）第 10 条第 1 款第 8 项所规定的“有其他不良影响的标识”。商标评审委员会对被异议商标申请注册是否违反我国《商标法》（2001 年）第 10 条第 1 款第 8 项规定的认定有误。①

谢某上诉后，二审法院认为：根据我国《商标法》（2001 年）第 10 条第 1 款第 8 项的规定，有害于社会主义道德风尚或者有其他不良影响的标识，不得作为商标使用。该条款中规定的“其他不良影响”是指标识或者其构成要素对我国的政治、经济、文化、宗教、民族等社会公共利益和公共秩序产生消极、负面的影响，不涉及私权的事项。“007”“JAMES BOND”作为电影人物角色名称的知名度及谢某是否借用该知名度所产生的商业价值，并非我国《商标法》（2001 年）第 10 条第 1 款第 8 项所调整的内容。现有证据亦不足以证明本案被异议商标在指定商品上的注册/使用会构成我国《商标法》（2001 年）第 10 条第 1 款第 8 项所指的不良影响。因此，商标评审委员会就此所作认定正确，应予维持。原审法院基于谢某明知“007”“JAMES BOND”作为电影人物角色名称的知名度和该知名度可能在商业上产生的较高价值而申请注册被异议商标，认定谢某申请注册被异议商标的行为违反诚实信用的公序良俗，被异议商标属于我国《商标法》（2001 年）第 10 条第 1 款第 8 项所规定的“有其他不良影响的标识”有误，二审法院对此予以纠正。

行政诉讼是对被诉具体行政行为的合法性进行审查，虽然丹乔公司在原审诉讼中明确表示放弃我国《商标法》（2001 年）第 31 条的主张，但《商标法》（2001 年）第 31 条是商标评审委员会作出第 4817 号裁定时丹乔公司所提的异议复审理由，因此本案中仍可对商标评审委员会第 4817 号裁定有关我国《商标法》（2001 年）第 31 条的认定是否合法进行审理。根据丹乔公司提交的证据可以认定在被异议商标申请注册之前，“007”“JAMES BOND”作为丹乔公司“007”系列电影人物的角色名称已经具有较高知名度，“007”“JAMES BOND”作为“007”系列电影中的角色名称已为相关公众所了解，其知名度的取得是丹乔公司创造性劳动的结晶，由此知名的角色名称所带来的商业价值和商业机会也是

① 参见北京市第一中级人民法院（2010）一中知行初字第 2808 号行政判决书。

丹乔公司投入大量劳动和资本所获得的。因此，在先知名的电影人物角色名称应当作为在先权利得到保护。商标评审委员会在第4817号裁定中有关丹乔公司主张对“007”与“JAMES BOND”享有角色商品化权并无法律依据的认定有误。①

典型案例

披头士乐队案

在该案中，连某在第18类中的钱包、书包等商品上申请注册了“TEAM BEATLES 添·甲虫及图”商标，苹果公司作为披头士乐队的权益受让人提起异议，其引证商标一是第1283797号“BEATLES”商标，引证商标二是第3827483号“甲壳虫”商标。商标局作出（2010）商标异字第28011号裁定书，驳回了异议。商标评审委员会于2012年10月8日作出商评字（2012）第40110号关于第4375006号“TEAM BEATLES 添·甲虫”商标异议复审裁定书，维持了商标局的裁定。

苹果公司起诉后，一审法院经审理认为：知名乐队名称作为一种拟制的称谓，与该乐队的表演者、作品、个性化表演、公众认可程度联系紧密，从而产生了清晰、明确的指向，具有较强的号召力，并且这种号召力的大小与乐队及其成员的个性化言行风格、作品传播、媒体报道、粉丝数量等因素所承载的知名度强弱密切相关。知名乐队名称作为商标被使用在衍生商品上，其附随的号召力能够直接吸引潜在的商业消费群体，增加销量，产生更多的商业机会，本身就蕴含了较高的商业价值。上述潜在的商业机会和商业利益就是该乐队名称的“商品化权”，应当得到法律的保护。因此，苹果公司主张的BEATLES知名乐队商品化权虽非法定权利，但存在着实质的权益内容，称为商品化权益更为贴切。

乐队名称的知名度带来的商业价值和商业机会并非凭空产生的，而是来源于乐队长期音乐创作的智慧投入以及广告宣传等财产投入，理应得到尊重。他人耕种，不得已收。未经权利人允许，擅自将知名乐队名称作为商标使用的行为既损害了权利人的商业机会和商业价值，也违反了诚实信用原则，应当被法律禁止。因此，知名乐队的名称所附随的“商品化权益”既有实质权益内容，又属劳动所得。如果仅因不落入现行法定权利类型就被逐于法外之地不受保护，放任他人滥用，显与立法本意相悖。

在案证据表明，The BEATLES乐队是在全球享有盛名的乐队，在中国也具有极高知名度，相关公众能够将“BEATLES”与该乐队建立唯一的、直接的联系。因此，BEATLES作为商标使用蕴含了商业价值，带来商业机会，已经衍生出“商品化权益”，属于应受中国法律保护的民事权益。在案证据亦表明The BEATLES乐队成员于1980年将BEATLES商品化权转让给了苹果公司，苹果公司系BEATLES商品化权益的合法权利人。被异议商标完整包含了该乐队的英文名称BEATLES，其指定使用的“钱包、书包、背包”等商品属于日常消费品，应当被纳入商品化权益所覆盖的衍生商品范围。被异议商标还包括与乐队中文名称主要识别部分“甲壳虫”相近的“甲虫”，容易导致相关公众认为其指定使用的钱包

① 参见北京市高级人民法院（2011）高行终字第374号行政判决书。

等商品与苹果公司或甲壳虫乐队存在特定联系，从而对商品来源产生混淆和误认。因此，将被异议商标注册/使用在钱包、背包等商品上挤占了苹果公司对BEATLES在衍生商品上享有的商业机会，稀释了其商业价值，损害了苹果公司依法享有的商品化权益。因此，被异议商标的申请注册违反了《商标法》（2001年）第31条有关“申请商标不得损害他人现有的在先权利”的规定。①

连某上诉后，二审法院经审理认为：

我国《商标法》（2001年）并无商品化权的规定。《民法通则》也无商品化权的规定，但文学艺术作品、作品名称、角色名称、某种标识性的名称、姓名等确实会使上述作品或名称的拥有者通过上述作品、姓名等取得声誉、信誉、知名度等，拥有者通过将上述声誉、信誉、知名度等与商品或服务的结合进行商业性的使用而实现经济利益，因此，上述作品或名称通过商业化使用，能够给拥有者带来相应的利益，可以作为在先权利获得保护。商品化权无明确规定，称为商品化权益并无不可。苹果公司所主张的“The BEATLES”乐队名称可以作为商品化权益的载体。

根据苹果公司在一审诉讼程序中提交的证据，可以认定The BEATLES乐队成员于1980年将BEATLES商品化权（权益）转让给了苹果公司，苹果公司是BEATLES商品化权益的拥有者。根据苹果公司在一审诉讼程序中提交的证据1，并结合苹果公司在商标异议复审程序中提交的证据，可以认定，The BEATLES乐队是在中国享有盛名的乐队，在中国具有极高知名度，相关公众能够将BEATLES与该乐队建立唯一的、直接的联系。根据苹果公司提交的证据，可以证明The BEATLES乐队在中国的中文名称是“甲壳虫乐队”。

被异议商标完整包含了The BEATLES乐队的英文名称“BEATLES”。依相关公众的认知水平，被异议商标的中文部分“添·甲虫”中的“甲虫”与The BEATLES乐队的中文名称“甲壳虫乐队”中的“甲壳虫”相近似，甚至可以被理解为同一种类的昆虫。

被异议商标指定使用的商品“钱包、书包、背包”等属于日常消费品，知名乐队等一般会在上述商品上标注其名称，作为纪念品等进行销售，因此，本案中苹果公司所主张的商品化权益可以延及上述商品。在被异议商标与The BEATLES乐队的名称十分近似的情况下，将被异议商标使用在其指定使用的“钱包、书包、背包”等商品上，相关公众易误认为上述商品来源于The BEATLES乐队或者与The BEATLES乐队有特定联系，从而使苹果公司对The BEATLES乐队的名称享有的商品化权益受到损害。②

典型案例

功夫熊猫案

在该案中，动画电影《功夫熊猫》（*KUNGFU PANDA*）拍摄于2005年9月，出品公司为梦工场公司，于2008年6月20日在中国上映。在中国上映前，《北京晨报》、网易娱乐

① 参见北京市第一中级人民法院（2013）一中知行初字第1493号行政判决书。
② 参见北京市高级人民法院（2015）高行（知）终字第752号行政判决书。

频道、腾讯网等数十家媒体对该片进行了宣传报道。后该片获得“安妮奖”最佳动画片、中国“美猴奖”外国动画长篇金奖等10个奖项，同时获得“奥斯卡”“金球奖”最佳动画片提名。胡某于2008年12月22日在第12类的“方向盘罩”等商品上申请注册了第6806482号“KUNGFU PANDA”商标。梦工厂公司在提起的异议被商标局驳回后申请了异议复审。商标评审委员会于2013年11月11日作出商评字（2013）第105133号关于第6806482号“KUNGFU PANDA”商标异议复审裁定书，认定：商品化权在我国并非法定权利或者法定权益类型，且梦工厂公司并未指出其请求保护的商品化权的权利内容和权利边界，亦不能意味着其对“KUNGFU PANDA”名称在商标领域享有绝对的、排他的权利空间。“KUNGFU PANDA”作为梦工厂公司美术作品的名称，其不属于著作权法关于美术作品的保护范畴，故梦工厂公司有关被异议商标的注册损害其在先著作权的理由不成立。在案证据尚不足以证明在被异议商标申请注册前，梦工厂公司已将“功夫熊猫/KUNGFU PANDA”作为商标在与被异议商标指定使用的“方向盘罩”等商品相同或类似的商品上在先使用，并已具有一定影响，故被异议商标的注册未构成我国《商标法》（2001年）第31条所指的以不正当手段抢先注册他人已经使用并有一定影响的商标的情形，故裁定对被异议商标予以核准。

梦工厂公司提起诉讼。一审法院经审理认为：现有的法律中并未将所谓商品化权设定为一种法定权利，故其并不属于我国《商标法》（2001年）第31条中所规定的在先权利中的法定权利。此外，商品化权亦非法律所保护的民事权益，其权益内容和权益边界均不明确，亦难以认定梦工厂公司对“KUNGFU PANDA”名称在商标领域享有绝对、排他的权利空间。因此，被异议商标的申请注册并未违反《商标法》（2001年）第31条的规定。在梦工厂公司未能举证证明被异议商标的注册损害了社会公众利益的情况下，其所提被异议商标违反了《商标法》（2001年）第10条第1款第8项的主张缺乏事实依据，故对此不予支持。①

梦工厂公司上诉后，二审法院经审理认为：《商标法》（2001年）第31条规定，申请商标注册不得损害他人现有的在先权利。该条款所指的“在先权利”不仅包括现行法律已有明确规定的在先法定权利，也包括根据《民法通则》和其他法律的规定应予保护的合法权益。梦工厂公司主张的其对《功夫熊猫》（*KUNGFU PANDA*）影片名称享有的商品化权确非我国现行法律所明确规定的民事权利或法定民事权益类型，但当电影名称或电影人物形象及其名称因具有一定知名度而不再单纯局限于电影作品本身，与特定商品或服务的商业主体或商业行为相结合，电影相关公众将其对电影作品的认知与情感投射于电影名称或电影人物名称之上，并对与其结合的商品或服务产生移情作用，使权利人据此获得电影发行以外的商业价值与交易机会时，该电影名称或电影人物形象及其名称可构成适用《商标法》（2001年）第31条、作为在先权利受到保护的在先商品化权。如将上述知名电影名称或知名电影人物形象及其名称排斥在受法律保护的民事权益之外，允许其他经营者随意将他人知名电影名称作品、知名电影人物形象及其名称等作为自己商品或服务的标识而注册为商标，借此快速占领市场、获取消费者认同，不仅助长其他经营者“搭便车”，“抢注”商标的行为，而且会损害正常的市场竞争秩序。这显然与商标法的立法目的相违背。因此，

① 参见北京市第一中级人民法院（2014）一中行（知）初字第4257号行政判决书。

将知名电影名称、知名电影人物形象及其名称作为民事权益予以保护，将鼓励智慧成果的创作激情与财产投入，促进文化和科学事业的发展与繁荣，亦符合相关法律规定及知识产权司法保护的本意。综上，商标评审委员会和原审法院有关商品化权并非法定权利或法定权益类型，故不构成《商标法》（2001 年）第 31 条规定的在先权利的认定有误，对此予以纠正。同时，根据梦工场公司提交的证据可以认定其是动画电影《功夫熊猫》（*KUNGFU PANDA*）的出品单位，且在被异议商标申请日前该影片已经在中国进行了广泛的宣传，并已公映，《功夫熊猫》（*KUNGFU PANDA*）作为梦工场公司知名影片及其中人物形象的名称已为相关公众所了解，具有较高知名度。而且，该知名度的取得是梦工场公司创造性劳动的结晶，其所带来的商业价值和商业机会也是梦工场公司投入大量劳动和资本所获得的。因此，《功夫熊猫》（*KUNGFU PANDA*）作为在先知名的电影名称以及其中的人物形象名称应当作为在先商品化权得到保护。

同时，需要指出，虽然《功夫熊猫》（*KUNGFU PANDA*）作为梦工场公司知名电影名称以及其中知名电影人物形象名称的商品化权应受到保护，但其保护范围仍需明确。在判断他人申请注册与该商品化权所指向的名称相同或近似的商标是否侵害该商品化权益时，需要综合考虑如下因素：一是知名度高低和影响力强弱。知名电影名称及知名电影人物形象名称的商品化权范围，与其知名度及影响力相关。该商品化权的保护范围与知名度、影响力成正比：知名度越高、影响力越强，保护范围越宽，且随着知名度增高、影响力增强，该商品化权的保护范围亦随之扩大，反之亦反。二是混淆、误认的可能性。商标的主要功能在于标示商品或服务的来源，尽可能消除商业标识混淆、误认的可能性。在目前的商业环境下，电影作品衍生品已涵盖了多类商品或服务，但商品化权的保护范围并不当然及于全部商品和服务类别，仍应根据诉争商标指定使用的商品或服务与电影衍生商品或服务是否密切相关、是否彼此交叉或者存在交叉可能，容易使诉争商标的权利人利用电影的知名度及影响力获取商业信誉及交易机会，从而挤占了知名电影权利人基于该电影名称及其中的人物形象名称而享有的市场优势地位和交易机会等因素综合判断。①

《最高人民法院关于审理商标授权确权行政案件若干问题的规定》（2020 年修正）第 22 条第 2 款规定：对于著作权保护期限内的作品，如果作品名称、作品中的角色名称等具有较高知名度，将其作为商标使用在相关商品上容易导致相关公众误认为其经过权利人的许可或者与权利人存在特定联系，当事人以此主张构成在先权益的，人民法院予以支持。这即在司法解释的层面确立了作品名称、角色名称等的商标法上的权益。值得注意的是，该条款对作品名称和角色名称的保护以作品在著作权保护期内为条件。如果是从著作权法角度保护作品名称和角色名称，则应主要依据名称的独创性而非知名度来认定该权益，该权益也就受作品保护期的限制；如果是从商品化权的角度保护作品名称和角色名称，则应主要考虑其基于知名度吸引相关公众的能力，其保护也就取决于知名度的有无，与作品保护期没有必然关系。无论如何，虚拟角色的商业化使用利益已经得到我国法院的认可，成为民法所保护的权益，其受保护条件、保护范围等也将逐步被界定。

---

① 参见北京市高级人民法院（2015）高行（知）终字第 1969 号行政判决书。

第五章 地名商标与地理标志

地名商标是一类特殊的标识，法律对其注册条件有专门规定。地理标志又是地名商标中的特殊类型，以证明商标或集体商标的形式进行注册和保护。此外，原国家质量监督检验检疫总局、原农业部、原国家林业局还就地理标志商品的注册和保护制度作了专门规定。

一、地名商标

（一）地名商标注册的禁止性条件

地名商标，指的是仅由地名构成或包含地名的商标。我国《商标法》第 10 条第 2 款规定，县级以上行政区划的地名和公众知晓的外国地名不能注册为商标。我国法律禁止地名商标的注册有两个方面的原因：一是防止消费者就商品或服务的产地来源发生误认；二是防止地名被某一商品或服务提供者通过商标权独占，从而妨碍相关地区的同行业竞争者使用该地名。就第一个方面的原因而言，其实存在既允许地名商标注册又防止消费者误认的方法，即在商品或服务的描述中特别注明指定使用的商品或服务来源于商标所包含的地名所指称的地区。这就如同为了防止消费者就使用鲜橙C恋商标的果汁产品的成分发生误认而在指定的商品“果汁”后面注明“（含橙汁）”的做法。另外，地名作为商标并不会就所有的商品或服务误导相关公众，尤其是在相关公众的认知中地名与相关商品或服务不存在任何关系的情形下。

就第二个方面的原因而言，地名商标注册人确实会取得对地名的独占权，但该权利的范围仅限于将该地名以商标的方式使用，即地名所指称地区的其他经营者仍可以正当使用该地名，只是不能以商标的方式使用。这表明，允许地名商标的注册不会剥夺相关地区的其他经营者使用该地名的权利，只是限制了其他经营者对该地名的使用方式。那么，这种限制是否侵害到其他经营者的利益呢？对于商品或服务都来源于地名商标所标示的地区的其他提供者而言，不能以商标的方式来标明商品或服务的真实产地并不总是被侵害到什么权益，因为以商标的方式来标明商品或服务的产地也并不给商标权人带来什么利益。也正因为如此，有的国家并不一概禁止地名的商标注册，禁止注册的只是那些就相关商品或服务享有一定知名度的地名，包括但不限于地理标志性质的地名，比如巴黎之于香水、服装、化妆品，杭州之于丝绸。这是因为如果某家公司对此类地名享有了以商标方式使用的独占权，那么其他公司的利益就会受到损害。

（二）具有多重含义的地名商标注册条件

消费者对地名性质的认知是认定地名的基础因素，也即只有相关公众将某个标识认知为地名，其注册才可能存在前述两方面的问题，也才能按照地名商标的注册条件对它予以审查。这在我国的立法上有两点体现：一是对于外国地名，我国《商标法》第 10 条第 2 款规定，（中国）公众知晓的外国地名不得注册为商标。因此，某个外国地名如果并不为中国公众所知晓就不会被作为地名认知。这里的中国公众指的不是泛泛的一般公众，而应当是特定商品或服务的相关公众。二是《商标法》第 10 条第 2 款在禁止注册地名商标的规定之后有个但书条款：地名具有其他含义的除外。有的地名具有双重或多重含义，如果非地名的含义在相关公众的认知中要强于地名的含义，则其注册就不应受到前述地名商标的注册限制。比如，“黄山”作为山的含义要强于其作为县级行政区划的含义。含有地名的商标，如“上海滩”“杭州湾”“LONDON FOG（伦敦雾）”，其含义已经不是地名，因此不在禁止注册的地名标识之列。

在“红河”商标无效宣告案[①]中，济南红河经营部是第 32 类的啤酒、饮料制剂商品上的第 1022719 号“红河”注册商标的所有人。云南红河公司向商标评审委员会申请宣告该商标无效，主要理由是：“红河”是云南省红河州及红河县两级行政区划的名称，是县级以上行政区划的地名且不具有其他含义。商标评审委员会经审查认为，“红河”虽然为县级以上行政区划的地名，但按其字面含义和构词习惯已经能够使人理解为一条河流的名称，且确实为自然地理中已存在的河流名称，具有县级以上行政区划地名以外的其他含义。据此，商标评审委员会作出了维持该注册商标的裁定。云南红河公司不服商标评审委员会的裁定，提起诉讼。一审法院认为：我国《商标法》（2001 年）第 12 条第 2 款中的“其他含义”应被理解为除作为地名使用外，还有具体明确、公知的其他含义或已是公众中约定俗成的其他用语。商标评审委员会提交的《辞海》《世界地图册》《中国地图册》均为我国权威出版物，可以证明在越南境内有名为“红河”的河流，故“红河”具有地名以外的其他含义，可以作为商标注册。原告上诉后，二审法院认为：“就地名具有其他含义”应结合地名一般不得作为商标注册使用的原因来理解，地名的主要功能在于标示商品或服务的地理来源，而不能起到商标的区别不同生产者和经营者的作用；“地名具有其他含义”应被理解为，该地名具有明显有别于地名的、明确的、易于为公众所接受的含义，从而足以使该地名起到商标所应具有的标示性作用。

该案中，商标评审委员会和一审法院在对“地名具有其他含义的除外”这一但书条款的解释中，均指出地名的其他含义应当是明确的和公知的，但没有对地名含义和其他含义之间的关系作出说明。如前所述，公众是将涉案商标作为地名认知还是以其他含义认知，是地名商标审查规则适用的事实依据。因此，对“地名具有其他含义”的解释中还应当包含其他含义在相关公众的认知中强于地名含义的条件。对于这两种含义之间的高下关系需

---

① 参见北京市高级人民法院（2003）高行终字第 65 号行政判决书，北京市第一中级人民法院（2002）一中行初字第 508 号行政判决书。

要综合个案的事实，尤其是涉案商品的有关特征来认定。如，该案中的商品为啤酒，其相关公众一般不会认为红河表征啤酒的产地来源，因为啤酒由于酿造、运输、成本等方面的特点一般都是本地生产和销售。而如果涉案商品为红酒，则因此种商品与葡萄、葡萄产地、气候、水土等方面的联系非常紧密，相关公众从地名含义角度对商标予以认知的可能性就较大。但即便如此，红河作为河流的含义可能在相关公众的认知中是主要的，而它又表示河流的名称，相关公众完全可能将其理解为与红酒产地存在关联的红河流域。此外，二审法院还认为：显著性的缺失也是地名被禁止注册为商标的原因，理由是“地名的主要功能在于标示商品或服务的地理来源，而不能起到商标的区别不同生产者和经营者的作用”，而“其他含义”使地名具有了显著性，从而可以获得注册。该观点值得商榷：其一，地名并不总具有标示商品或服务的地理来源的功能，而且即便具有标示地理来源的功能，也并不一定排除其具有识别商品或服务来源的第二功能。特定商品或服务的相关公众就该商品或服务对该地名的含义认知是这一判断的事实依据。其二，在立法体现上，禁止注册地名商标的条款被规定在《商标法》第 10 条，属于商标注册的绝对条件，性质上属于公序良俗条款。

“其他含义”也包括“第二含义”的情形，即某个地名被某个经营者以商标的形式大量使用，相关公众将其就特定商品或服务与特定经营者建立起稳定联系，则该地名可以被注册为商标。这种情况下，禁止地名注册为商标的两个理由都不存在了，而且该经营者就该标识所享有的商誉是可以与该地区同行业竞争者的利益相平衡的。啤酒上的“青岛”商标就属于这种情形。

我国存在村、镇、县、市、省五级行政区划，2019 年《商标法》第 10 条第 2 款规定，县级以上行政区划的地名不能被注册为商标。这意味着村和镇级的地名可以被注册为商标。虽然这种“一刀切”的做法值得商榷，但县级以上的行政区划名称确实在中国比村和镇级的地名要更为公众所知。此外，如果某个村或镇级的地名就某种商品或服务享有知名度（比如茅台镇之于白酒），则其也不应被注册为商标。无论是此类村镇地名还是（中国）公众知晓的外国地名，都存在举证证明的问题。在针对地名商标的异议或无效宣告程序中，申请人都要承担证明责任；而在对公众知晓的外国地名予以驳回的案件中，商标局要承担一定的举证责任。

（三）含有地名的商标的注册条件

实践中，我国《商标法》中的前述规则的适用范围被不当地扩大，这主要体现在：由地名和其他显著性成分构成的商标有时也会被驳回。比如，在上海故事丝绸发展有限公司（以下简称“上海故事公司”）的“上海故事”商标案[①]中，上海故事公司于 2011 年 11 月 20 日申请注册第 10087133 号“上海故事”商标，指定使用于国际分类第 25 类中的服装、领带等商品上。2012 年 7 月 16 日，商标局依据 2001 年《商标法》第 10 条第 2 款等条款驳回了该商标注册申请，理由是“上海”作为县级以上行政区划名称，不得作为商标注册。一审法院认为：申请注册商标“上海故事”中的“上海”为县级以上行政区划名称，虽然其

---

① 参见北京市第一中级人民法院（2014）一中知行初字第 1972 号行政判决书，北京市高级人民法院（2014）高行（知）终字第 2946 号行政判决书。

后附加有其他文字，但申请注册商标的整体含义仍然会使相关公众认为其指定使用的商品与上海有关，即其整体并未使“上海”在其中不再具有地名含义或者不以其地名含义为主要含义。遂维持了驳回决定。申请人上诉之后，二审法院认为：商标由地名和其他要素组成时，如果商标因其他要素的加入，在整体上具有显著特征，而不再具有地名含义或者不以地名含义为主要含义的，不宜因其含有县级以上行政区划的地名而认定其属于不得注册的商标。该案中申请注册的商标虽包含“上海”二字，但在其后增加“故事”二字后，传递出一种具有历史情怀和地域特色的文化含义，形成了不同于“上海”地名的含义，整体上并不会使相关公众将其当作行政区划名称“上海”进行识别，而是能够起到区分商品或服务来源的作用，具有商标的标示意义。同时，申请注册的商标经使用进一步增强了其与所标示商品及上海故事公司之间的对应关系。因此，含有“上海”的申请注册的商标已经超出了仅表示其标示的商品来自上海这一行政区划的地域来源作用，并不会使相关公众产生对产地的认知，并非上述法律所规定的不得作为商标注册的地名标识。商标评审委员会和一审法院仅以申请注册商标中包含我国县级以上行政区划的地名“上海”即认定申请注册的商标违反 2001 年《商标法》第 10 条第 2 款的规定属于适用法律错误，二审法院对此予以纠正。二审法院正确地指出：含有地名的商标，如果整体不再具有地名含义或具有不以地名含义为主的其他含义，则不在禁止注册之列。这符合前述对“地名具有其他含义的除外”这一但书条款的解释，即如果含有地名的商标的整体，对于指定使用的商品的相关公众而言，其地名之外的含义强于地名含义，则符合对但书条款的解释。二审法院也认为地名商标经过使用获得的第二含义也属于但书条款中的“其他含义”，这符合对商标使用者的商誉这一正当利益的保护，并且对同行业竞争者的利益的限制是符合比例原则的。这与允许获得第二含义的描述性标识的注册具有同一法理，而且地名商标所涉及的同行业竞争者的范围通常远小于描述性标识所涉及的范围。

在杭州绫绝顶服饰有限公司（以下简称绫绝顶公司）的“上海故事”商标案①中，申请注册的商标也是“上海故事”，也是被指定在第 25 类服装等商品上，但该案的二审法院认为：申请注册商标由中文“上海故事”构成，虽然在作为县级以上行政区划的地名“上海”之外，还有“故事”二字，但作为我国特大城市和直辖市的“上海”，其地名含义被社会公众广为知晓并易于识别，申请注册的商标作为整体仍与“上海”这一地名紧密联系；即使如绫绝顶公司所称，“上海故事”的含义在于“演绎老上海的经典风情”，申请注册的商标作为整体所强调和突出的仍然是“上海”的地理属性，地名要素仍是申请注册商标的主要含义，因此，申请注册的商标的使用和申请注册违反了 2013 年《商标法》第 10 条第 2 款的规定，依法不应予以核准；在此基础上，申请注册的商标是否投入实际使用，对其是否应被核准注册并无影响。与上海故事公司案不同，该案中二审法院认定“上海”仍是“上海故事”商标的主要含义，并且否认含有地名的商标可以因获得显著性而被核准注册。后者涉及法律的解释问题，前者涉及事实的认定问题，该事实就是所指定使用的商品的相关公众对申请注册的商标的含义的认知情况。就该案涉及的服装等商品而言，相关公众就是

① 参见北京市第一中级人民法院（2014）一中知行初字第 535 号行政判决书，北京市高级人民法院（2014）高行终字第 1620 号行政判决书。

一般大众，当然，根据服装的风格、品味、价位等因素可以进一步细化相关公众的年龄、收入等参数条件。在没有可靠的调查问卷作为证据的情况下，对此类事实的认定就取决于法官对中国相关公众的认知的推断，但这一推断应结合中国社会的文化因素进行，法官的个人经验在这一认定中就发挥着重要的作用。对于一般中国公众而言，服装商品上的“上海故事”容易引发对于19世纪末、20世纪初这一特定历史阶段在半封建半殖民地社会背景下发生在上海这一高度国际化的东方大都市所发生的故事的联想，涉及的与服装有关的元素可能包括在好莱坞上映一周后就能在上海上映的美国电影，洋货和国货在国际化背景下的竞争和对比，邵氏公司等本土电影制作产业的起步和阮玲玉、胡蝶、周璇、上官云珠等著名演员，东西文化杂糅的夜总会，现代国际化商业的发展，租界，黑社会，张爱玲的关于这一时期的小说等。这些元素通过历史课本、小说等书籍、电影（《色戒》）、电视剧（周润发和赵雅芝版及黄晓明和孙俪版的《上海滩》）等方式进入了中国公众的认知之中。如果申请注册的商标所用于的服装商品也是以中式传统服装为主旋律，则相关公众对“上海故事”的认知更会被引导和强化到这一方向。这就同理于暗示性商标通过与指定使用的商品之间的间接联系使相关公众对其所表达的含义予以认知的现象。

值得注意的是，商标审查中对“上海故事”这样的商标究竟表达了什么具体的含义，其实都不必认定或证明。这与描述性或暗示性商标的认定中需要确定商标的具体含义的做法不同。在与地名相关的商标审查规则的适用中，只需要认定“上海故事”表达的是与“上海”这一地名不同的事物就可以了，就像可以认定“雪”和“雪狼”这两个商标不同一样。如果认为“上海”仍是“上海故事”的主要含义，则任何含有该地名的商标都不能被注册了，包括普遍认为可以被注册的“上海滩”“杭州湾”“LONDON FOG（伦敦雾）”，因为含义地名的商标不可能不传递与该地名有关的信息。

《商标审查及审理标准》对含有地名的商标的禁止注册规定设置了例外：如果商标所含地名与其他具备显著特征的标识相互独立，而地名仅起真实表示申请人所在地的作用，则此类商标不在禁止注册之列，如图5-1和图5-2所示。《商标审查审理指南》延续了这一例外。

申请人：杨洪来　　申请人：凤凰股份有限公司
地址：天津市武清区　　地址：上海市浦东新区

图5-1　红旗谱与东风商标

《商标审查审理标准》还规定：如果商标中的地名与申请人的地址不一致，则被认为会误导公众，故禁止注册，如图5-3所示。

要求申请人的地址应当与商标中的地名一致，这个条件很值得商榷。商标注册申请人

RW
RAYMOND WEIL
GENEVE

（"GENEVE"译为"日内瓦"）
申请人：QUINTING S.A.
地址：瑞士日内瓦

AMBREGRIS
PARIS

（"PARIS"译为"巴黎"）
申请人：SYLVIE JESSUA
地址：11，quai de la Gironde，
F-75019 PARIS

图 5-2　含日内瓦与巴黎字样的商标（商标中的地名与申请人的地址一致）

mk spirit
PARIS

（"PARIS"译为"巴黎"）
申请人：M.SERGE
LOUIS ALVAREZ
申请人地址：18 RUE ROBIN，
BP 148 F-26905 VALENCE
CEDEX 9(FRANCE)

FREDERIQUE CONSTANT
GENEVE

（"GENEVE"译为"日内瓦"）
申请人：弗雷德瑞克康士丹顿
控股有限公司
申请人地址：荷兰安德烈斯群岛

图 5-3　含巴黎与日内瓦字样的商标（商标中的地名与申请人的地址不一致）

的地址与商标中的地址不一致，会就商品或服务的产地误导公众吗？跨国公司兼并重组之后，将被收购公司名下的商标转让到母公司或母公司指定的关联公司名下是常见的商业操作，而被收购公司一如既往地使用该商标按原来的经营范围提供商品或服务。比如，位于纽约的公司收购了位于巴黎的化妆品公司，位于巴黎的公司的商标转让到位于纽约的公司名下，而位于巴黎的公司继续在巴黎提供商品。这会误导公众吗？《商标审查审理指南》中的这一要求其实是在商标注册申请人的地址与商品或服务的来源地之间画上了等号，但这是脱离实际的。这不仅表现在上述跨国公司收购兼并的实践中，也表现在：地址在巴黎的公司如果在巴黎做设计，从普罗旺斯采购原料，在中国加工商品，这是否会因为商标中含有巴黎而误导公众呢？可见，对于申请人的地址与商标中含有的地名相一致的要求是不合理的。对于在某些与产地有紧密关系的商品上享有知名度的地名，可以要求商标所指定使用的商品以产于该地区为限制条件，但对于其他类型的地名和商品，要求申请人的地址与商标中的地名相一致并没有意义。作为对策，含有地名的商标的申请人其实可以只申请注册不含地名的商标元素，而在商标的使用中加上地名。这种使用并不改变商标的显著部分，在商标不使用撤销程序中，此种使用可以作为有效的商标使用证据。

根据《最高人民法院关于审理商标授权确权行政案件若干问题的意见》第 4 条，"县级

以上行政区划的地名或者公众知晓的外国地名一般不得作为商标注册和使用。实践中，有些商标由地名和其他要素组成，在这种情形下，如果商标因有其他要素的加入，在整体上具有显著特征，而不再具有地名含义或者不以地名为主要含义的，就不宜因其含有县级以上行政区划的地名或者公众知晓的外国地名，而认定其属于不得注册的商标”。《最高人民法院关于审理商标授权确权行政案件若干问题的规定》（2020年修正）第6条规定，商标标志由县级以上行政区划的地名或者公众知晓的外国地名和其他要素组成，如果整体上具有区别于地名的含义，人民法院应当认定其不属于《商标法》第10条第2款所指情形。根据这两个司法解释的规定，只要含有地名的标识在整体上具有区别于地名的含义，就不应被列入《商标法》第10条第2款的禁止注册范围。前述《商标审查及审理标准》及后来的《商标审查审理指南》中对于申请人的地址要求也就不再具有意义，除非商标中含有的地名会就指定使用的商品或服务之产地来源误导公众。实际上，近年来的商标审查实践也是朝着这一更为合理而客观的认定方式发展。

二、地理标志

根据《商标法》第16条，地理标志（geographical indications）是指标示某商品来源于某地区，该商品的特定质量、信誉或者其他特征，主要由该地区的自然因素或者人文因素所决定的标志，如葡萄酒上的波尔多、苹果上的烟台、陶瓷上的景德镇等。简单地说，地理标志就是知名土特产的特定产地名称或者实践中形成的与产地名称紧密相关的其他标志。它是产业实践中已经形成的某些特色农副产品的产地标志，相关公众通过地理标志识别这些特色商品并认知其所承载的特色商誉。地理标志是TRIPs协议所涵盖的知识产权类型之一。

就地理标志商品的特定质量或其他特征，《商标审查审理指南》给出了以下例子：

指定使用商品：香梨

（库尔勒香梨，皮薄肉脆，核小。采摘时表皮黄绿色，稍加存储后转金黄色，并发出独特香味。含糖量为10.4%以上，维生素C每百克为4.4毫克左右，可食部分为83.6%左右。）

指定使用商品：大葱

（章丘大葱可高达1.5米，葱白长0.5米至0.6米，茎粗3厘米至5厘米，重有1斤多，被称为“葱王”。章丘大葱辣味淡，有清香润甜、葱白肥大脆嫩、久藏而不变质、嚼之无丝、汁多味甘等品质。）

对于地理标志商品的特定质量、信誉或其他特征与产地之间的自然或人文条件之间的紧密关系，《商标审查审理指南》给出了以下例子：

（1）主要由当地的自然条件决定的，例如：

吐鲁番葡萄

指定使用商品：鲜葡萄

（新疆吐鲁番地区独特的水土、光热等自然资源决定了“吐鲁番葡萄”具有皮薄、肉脆、高糖低酸、高出干率等独特的品质。）

安溪铁观音

指定使用商品：茶叶

（“安溪铁观音”属半发酵茶，产于福建省安溪县境内，产区属亚热带海洋性季风气候，群山环抱，土层厚，有机质含量高。产区的土壤、海拔、积温、降水、温度和湿度，加上独特的初制工艺，造就了“安溪铁观音”外形紧结重实、色泽乌绿油润，冲泡后香气浓郁持久、汤色金黄明亮、浓艳清澈、滋味醇厚、鲜爽甘甜的独特品质。）

（2）由自然因素和人文因素决定的，例如：

绍兴黄酒

指定使用商品：黄酒

（绍兴黄酒的特定品质是由鉴湖水及独特的生产工艺所决定的。产地内四季分明，雨水充沛，适宜酿酒所需的微生物生长。鉴湖水系水质清澄，富含微量元素和矿物质。绍兴黄酒采用精白糯米为原料，配以鉴湖水酿制，形成色泽橙黄、清亮透明，味醇厚、柔和鲜爽的品质。）

（3）主要由人文因素决定的，例如：

锦云京南

指定使用商品：织物；装饰织品

（南京云锦是明代早期南京织锦艺人发明的工艺技法，已有一千五百多年的手工织造历史。其“木机妆花”工艺是在我国织锦历史中唯一流传至今且不可被机器取代、只凭人口传心授的编织工艺。）

（一）地理标志国际保护制度

我国《商标法》对地理标志的定义与 TRIPs 协议第 22 条第 1 款的规定一致。实际上，对地理标志的国际保护可以追溯到 1883 年《巴黎公约》。以 1883 年《巴黎公约》为表现的一般理论认为，地理标志包括原产地名称（appellations of origin）和来源地标志（indications of source）两种类型。欧盟的地理标志立法沿袭了这两种类型的划分："原产地名称（PDO）"用来指称农产品或食品的地区名称、确定的地方名称或者在特殊情况下一个国家的名称，而这种农产品或食品来源于该地理区域，并且其质量或特征在本质上或全部地归因于这一地理来源，包括自然因素和人文因素，其生产、改造和制作也在该地理区域进行；"来源地标志（PGI）"也用来指称农产品或食品的地区名称、确定的地方名称或者在特殊情况下一个国家的名称，而这种农产品或食品来源于该地理区域，并且它的一种质量、声誉或某种其他的特点可以归因于这一地理来源，其生产和/或改造和/或制作也在该地理区域进行。从这两个定义可以看出，原产地名称和来源地标志的不同点在于，与来源地标志相比，原产地名称要求该商品的质量或特征与该地理来源有全面和更紧密的联系。法国的葡萄酒传统上就是标注原产地名称（appelation d'origine contrôlée，AOC），只有较新的产区才用欧盟的 PDO 或 PGI 来标注。TRIPs 协议的地理标志定义涵盖了这两种地理标志，但未作区分定义。我国的立法也采用了这一做法。

在地理标志的国际保护体制层面，由于在该领域各国立法差异很大，《巴黎公约》的规定极为简略。《巴黎公约》之后，对地理标志的国际保护也仅在少数国家范围内得到发展。[①] TRIPs 协议的出台将对地理标志的国际保护推进到一个新的阶段，这不仅体现在 WTO 成员方的广泛性上，更体现在 TRIPs 协议对地理标志之规定的详细程度上。实际上，这是对在少数国家范围内得到发展的保护标准和国际登记制度进行大范围的有力推广。如果说是以美国为首的发达国家强行将 TRIPs 协议引入 WTO 多边贸易体制，那么是欧盟力主将对地理标志的保护纳入 TRIPs 协议的。[②] 地理标志制度的国际协调，主要面临两方面的困难：一是各国经济利益的冲突。地理标志使以欧洲国家为代表的"老世界"出产的农产品和酒类具有强劲的竞争力，而以北美和澳洲为代表的"新世界"希望借用欧洲的地理名称提升自己商品的知名度。二是各国立法的重大差异。在前 TRIPs 协议时代，有的国家根本没有地理标志法律制度，有的国家借助反不正当竞争法和消费者权益保护法对地理标志进行保护，有的国家则将地理标志纳入商标法的范畴，而以法国为代表的欧洲国家建立了专门的地理标志法律制度。[③] 在 TRIPs 协议的实施阶段，WTO 成员方纷纷制定或修改国内知识产权法，对

---

① 比如，葡萄园与葡萄酒国际局（l'office internationale de la vigne et du vin，OIV）网站（http：//www. oiv. int/uk/oiv/presentation. html）、《制止虚假和欺骗性商品来源标志马德里协定》（Madrid Agreement for the Repression of False or Deceptive Indications of Source on Goods of April 14，1891）、《保护原产地名称及其国际注册里斯本协定》（Lisbon Agreement for the Protection of Appellations of Origin and their International Registration of October 31，1958）。

② 在 TRIPs 协议的谈判中，地理标志领域的谈判被认为是欧盟与北美和澳大利亚的利益较量。Carlos M. Correa and Abdulqawi A. Yusuf，"Intellectual Property and International Trade—TRIPs Agreement"，*Kluwer Law International*，1998，p. 174. Jayashree Watal，"Intellectual Property Rights in the WTO and Developing Countries"，*Kluwer Law International*，2001，p. 263.

③ 参见 TRIPs 协议理事会报告：IP/C/W/85 of November 17 1997 and IP/C/W/85/Add. 1 of July 2，1999，载 www. wto. org。

地理标志的法律保护进入了新的国际整合阶段。作为 WTO 成员方之一，欧盟对其域内的地理标志法律制度进行了协调与统一，这不仅影响到欧盟成员国，而且也影响到其他 WTO 成员方。针对欧盟的地理标志立法，美国和澳大利亚分别发起了 WTO 争端解决程序。[①] WTO 争端解决机构裁决认定：欧盟的第 2081/92 号条例没有为非欧盟成员国的 WTO 成员方的国民在地理标志的申请、异议和保护程序中提供国民待遇，因此违反了《巴黎公约》和 TRIPs 协议中的国民待遇条款；但欧盟关于地理标志与注册商标之共存机制的规定，尽管不符合 TRIPs 协议第 16 条第 1 款关于商标权保护的规定，但它属于该协议第 17 条所规定的对商标权的合理限制，因而不违反 TRIPs 协议。欧盟的《农产品和食品地理标志保护条例》也被第 510/2006 号条例替代，该条例专门规定了非欧盟成员国的 WTO 成员方的地理标志登记程序和条件。[②]

（二）我国的地理标志保护体制

在我国的法律体系中，对地理标志的保护存在不同的法律渊源。《商标法》中规定地理标志可以作为集体商标或证明商标予以注册，从而获得商标法的保护；国家质量监督检验检疫总局（以下简称国家质检总局，其相关职责被整合进国家市场监督管理总局）于 2005 年颁布的《地理标志产品保护规定》从产品质量监督管理的角度建立了地理标志产品登记保护制度；农业部（现农业农村部）于 2007 年颁布的《农产品地理标志管理办法》（2019 年修订）从提高农产品市场竞争力和农产品质量安全监督管理的角度建立了针对农产品（来源于农业的初级产品）的地理标志登记保护制度；国家林业局（现国家林业和草原局）也于 2013 年推出了《林产品地理标志管理办法（征求意见稿）》，但最终没有制定相关法律文件；国家知识产权局于 2020 年发布《地理标志专用标志使用管理办法（试行）》，并于同年就《地理标志保护规定（征求意见稿）》公开征求意见。因此，整体而言，我国存在两套地理标志保护制度：一是商标法，二是国家市场监督管理总局和农业农村部的单行部门规章和规范性文件。从对地理标志所赋予的权利角度看，商标法赋予了一种私权，利于权利人对于未经农村许可的侵权使用行为采取私权救济措施，而单行部门规章不能创设此类私权；从保护方式看，商标法通过提供私权救济和对证明商标或集体商标注册人因未能确保商标使用管理规则行为的处罚来实现地理标志商标的合法使用，而国家市场监督管理总局和农业农村部的规章是通过行政管理手段来制止和处罚假冒地理标志的行为与不符合使用条件的地理标志使用行为。目前，我国地理标志保护制度处于改革的阶段。2022 年 11 月 17 日，农业农村部发布第 623 号公告，称：依《农产品地理标志登记程序》不再登记农产品地理标志。原国家质量监督检验检疫总局的地理标志产品登记和保护职能已转交给国家知识产权局。这也为整合地理标志的商标保护制度和地理标志产品保护制度提供了更好的管理和组织基础。

---

① WT/DS174 案（美国诉欧共体）和 WT/DS290 案（澳大利亚诉欧共体）。冯术杰．欧盟地理标志法律制度述评：写在 DS174、DS290 两案裁决之后//冯术杰．知识产权法：国际的视野与本土的适用．北京：法律出版社，2015：259－280.

② Council Regulation (EC) No. 510/2006 of 20 March 2006 on the protection of geographical indications and designations of origin for agricultural products and foodstuffs.

（三）未注册地理标志作为一种权利客体

在商标法的框架内，需要明确的一点是：地理标志在没有被注册为证明商标或集体商标的情况下，是不是商标法所保护的客体？答案是肯定的。首先，根据《商标法》第16条第1款，如果商标中有商品的地理标志，而该商品并非来源于该标志所标示的地区，误导了公众的，不予注册并禁止使用。这就赋予了地理标志对商标注册或使用行为的阻却性权利。《最高人民法院关于审理商标授权确权行政案件若干问题的规定》（2020年修正）第17条将地理标志利害关系人的该权利扩展到了非相同商品上。其次，《商标法》第16条第2款所给出的地理标志的定义，同时是地理标志的认定条件，凡是符合该条所规定的条件或定义的客体，就构成商标法所认可的地理标志。法律对社会关系的调整表现为两种方式：认可或创制。商标法对未注册地理标志的保护就属于确认，即对于已经客观存在的社会关系事实作出法律上的认可。因此，《商标法》第16条的两个条款一起构成商标法上对未注册地理标志的保护规范。而商标法实践中，商标审查机关和法院也是在此意义上理解和适用上述条款的。比如，在“湘莲及图”商标无效宣告案中，湖南省湘潭县湘莲协会对福建省某公司在莲子等商品上注册的“湘莲及图”商标提出无效宣告申请。申请人的主要理由为：“湘莲”具有明显的地理标志属性，指湖南省所出产的莲子。而被申请人福建省某公司所在地为福建建宁，其注册争议商标用于非湖南省所生产的莲子商品包装上，具有假冒“湘莲”品牌、误导公众之嫌。被申请人福建省某公司答辩称：“湘莲及图”商标使用在莲子商品上具有显著性。“湘莲”从未被认定为地理标志，争议商标是被申请人自行设计、首先使用的，因此，被申请人不存在“恶意抢注”的行为，相反，被申请人的使用行为扩大了消费者对“湘莲”的认可度，提升了“湘莲”的美誉度，故请求维持争议商标的注册。2008年6月，商标评审委员会经过审理认为：根据申请人提交的证据及《中国土特名产辞典》的记载，“湘莲”广布于湖南，尤其是洞庭湖地区，其商品具有颗粒圆大、色白如凝脂、肉质饱满、汤色青、香气浓、味鲜美等特点，所含蛋白质、脂肪、矿物质等营养成分有别于其他地区所产莲子。上述品质特点主要是由湘莲所在地区的气温、雨量、湿度、日照、土壤、水利等自然条件和栽培方式所决定的。并且“湘莲”称谓自南朝沿用至今，早已形成了与其湖南产地相对应的关系，符合《商标法》（2001年）第16条第2款规定的地理标志条件，可以被认定为莲子商品的地理标志。争议商标由“湘莲”、对应的拼音及图形组成，文字“湘莲”为该商标的主要认读和呼叫部分。被申请人地处福建，其在申请注册争议商标前已与湖南湘潭地区的厂商就湘莲购销有业务往来，明知“湘莲”为莲子商品的地理标志，仍将其注册为集体商标、证明商标以外的商标，易导致相关公众对该商标所标示的商品性质、来源产生误认，已属于《商标法》（2001年）第16条第1款所禁止的情形，争议商标在莲子及类似商品上的注册应予撤销。此外，法院还曾认定“杨柳青”（天津杨柳青镇）是年画商品上的地理标志①，“杜浔”（漳浦县杜浔镇）是酥糖上的地理标志②，即使未经注册也适用《商标法》（2001年）第16条的保护规定。此外，早在20世纪80年代国

① 参见北京市高级人民法院（2009）高行终字第1437号行政判决书。

② 参见北京市高级人民法院（2013）高行终字第1318号行政判决书。

家工商行政管理总局曾发文认定“香槟”是法国气泡白葡萄酒上的原产地名称 CHAMPAGNE 的音译，受我国法律保护，尽管当时该名称未在中国注册。

有研究者在对“湘莲及图”商标无效宣告案的评论中进一步指出，“中国范围内未注册的地理标志也可以依法获得保护。地理标志商品作为一种自然和人文资源，是一种历史的客观存在，既是稀缺的，也是不可再生的。商标法仅是对地理标志这种客观事实提供一种确认和保护。商标注册制度不可能‘创设’出一个历史上不存在的地理标志，同时对某个历史上存在并流传至今的地理标志，即使未经注册，也无法否认其作为客观事实而存在的现状。因此在商标评审程序中，可以对地理标志是否客观存在进行审查认定，而一旦认定这种事实存在，则无论是基于地理标志相关方的利益还是考虑公平竞争秩序，地理标志都应当依商标法第 16 条得到保护。”① 这是对《商标法》第 16 条认可作为客观社会现实的地理标志的详细阐述。

就地理标志的存在地域而言，《商标法》第 16 条并没有将其限定在中国领土范围之内。根据我国加入的相关国际公约中的国民待遇原则，WTO 成员方（TRIPs 协议）的国民和《巴黎公约》缔约方的国民享有权益的地理标志也都应受到我国商标法的同等保护，在这一点上，条约的任一缔约方境内的地理标志在所有其他缔约方受我国《商标法》第 16 条意义上的保护不需要经过单独的注册或登记程序。这和任意缔约方境内的作品创作行为可以同时在所有其他缔约方法律上产生著作权的机制是同一原理。后者是同一事实行为在不同法域分别引起法律关系产生的机制，前者是同一事件或状态在不同法域分别引起法律关系产生的机制。在“博美隆”案②中，商标评审委员会和两审法院也确实将《商标法》第 16 条适用于对法国境内的地理标志的保护，尽管涉案地理名称由于证据和事实认定方面的原因没有获得保护。

（四）地理标志的表现形式

地理标志的表现形式是纯粹的地名，还是地名和其他标识的组合，还是非地名的标识？如果是地名，是否必须是与现行行政区划相符的规范名称？如前所述，《商标法》第 16 条对未注册地理标志的保护是对客观社会现实的一种法律上的认可，因此，地理标志的表现

---

① 史新章．商标评审委员会在商标争议案件中首次认定和保护地理标志．国家工商行政管理总局商标评审委员会法务通讯，2008（33）．

② 参见北京市高级人民法院（2014）高行终字第 1567 号行政判决书。该案中，黄某是第 33 类葡萄酒等酒类商品上的第 7450657 号“博美隆”商标的注册人。法国国家原产地名称局对该商标提出无效宣告请求，主要理由为：法国国家原产地名称局是法国原产地名称认定机构，负责在法国及国外保护法国原产地名称的有关事宜。法国葡萄酒原产地名称“POMEROL”（波美侯）在争议商标申请注册前已在中国享有广泛知名度，争议商标是对该原产地名称/地理标志的翻译，其指定使用商品并非来源于法国吉隆德省的波美侯等葡萄酒产区，容易导致消费者混淆、误认，违反中国《商标法》（2001 年）第 16 条。商标评审委员会在商评字（2013）第 20104 号关于第 7450657 号“博美隆”商标争议裁定书中认定：已在中国注册的地理标志，或者未在中国注册但符合中国《商标法》（2001 年）第 16 条第 2 款规定的实质条件的地理标志，受商标法的保护。该案中，“POMEROL”虽然在其原属国法国已经获得葡萄酒原产地名称的保护，但尚未在中国被注册为地理标志，且法国国家原产地名称局也未提交充分证据证明“POMEROL”符合中国《商标法》（2001 年）第 16 条第 2 款关于地理标志实质条件的规定，因此，法国国家原产地名称局请求依据中国《商标法》（2001 年）第 16 条之规定撤销争议商标的主张缺乏事实依据。申请人起诉后，两审法院维持了商标评审委员会的裁定。

形式，与其相关的商品种类，商品的质量、特色、声誉等特征，其所适用的地域范围，商品提供者的范围等，都是在申请注册之前就已经客观存在的，只需对其作出准确的认定。《集体商标、证明商标注册和管理办法》第8条规定：作为集体商标、证明商标申请注册的地理标志，可以是该地理标志标示地区的名称，也可以是能够标示某商品来源于该地区的其他可视性标识（第1款）。前款所称地区无须与该地区的现行行政区划名称、范围完全一致（第2款）。因此，地理标志被注册为商标的表现形式应当与其申请注册前的存在形式相一致，比如，"湘莲"是（湖南）地名简称与商品简称的结合，"烟台"是一个纯粹的地区名称但涵盖烟台、威海等多个胶东的苹果产区。从地理标志商标的申请人角度来看，将客观存在的地理标志表现形式申请注册为商标以进行保护是最有效的方案；而从商标审查机关的角度来看，也只应核准注册与客观表现形式相一致的地理标志表现形式，因为，尽管是以证明商标或集体商标的形式来保护地理标志，但地理标志与其他类型的证明商标或集体商标不同，后者的申请人可以任意创设或选择其商标标识，而前者的申请人只能申请注册其已客观存在的表现形式。地理标志不仅是来源区分标识，更是名优特产的商誉承载标识。地理标志申请人所需要的就是禁止他人使用这一商誉承载性标识，而商标审查机关也只应把客观上的商誉承载标识作为地理标志类型的集体商标或证明商标予以注册。如果申请人自创了一个标识而不是采用客观既存的地理标志，那么，一方面，他不能够有效保护真正的地理标志；另一方面，他自创的标识也不符合地理标志的定义——自创的标识并非公众认识中指示商品特定来源与品质的标识。此外，法律对地理标志的保护水平要高于对商标的保护水平，原因就在于地理标志的名优特产的商誉承载功能。这种高水平的保护体现在TRIPs协议第23条、欧盟第1151/2012号条例第13条和我国《集体商标、证明商标注册和管理办法》第12条，主要表现在就他人所使用的标志而言，地理标志的禁止权的范围要大于普通的注册商标：即使使用的是地理标志的翻译文字或者伴有诸如某某"种"、某某"型"、某某"式"、某某"类"等表述，都在禁止之列，即使同时标出了商品的真正来源地。

（五）地理标志商标的注册条件

地理标志商标的注册条件高于其他类型的证明商标或集体商标的注册条件，这表现在以下方面。首先，以地理标志作为集体商标申请注册的，应当附送主体资格证明文件，并应当详细说明其所具有的或者其委托的机构具有的专业技术人员、专业检测设备等情况，以表明其具有监督使用该地理标志商品的特定品质的能力。申请以地理标志作为集体商标注册的团体、协会或者其他组织，应当由来自该地理标志标示的地区范围内的成员组成。其次，申请以地理标志作为集体商标、证明商标注册的，还应当附送管辖该地理标志所标示地区的人民政府或者行业主管部门的批准文件。外国人或者外国企业申请以地理标志作为集体商标、证明商标注册的，申请人应当提供该地理标志以其名义在其原属国受法律保护的证明。最后，以地理标志作为集体商标、证明商标注册的，应当在申请文件中说明下列内容：（1）该地理标志所标示的商品的特定质量、信誉或者其他特征；（2）该商品的特定质量、信誉或者其他特征与该地理标志所标示的地区的自然因素和人文因素的关系；（3）该地理标志所标示的地区的范围。可见，尽管证明商标和集体商标可以作为地理标志的商标保护形式，但这两种类型的商标制度都要为地理标志的特殊性作出必要的调整。

对于证明商标的申请人如何证明其对证明商标所要证明的商品之特定品质具有监督管理能力，法院在“FIJI PURE MAHOGANY”证明商标驳回复审行政诉讼案[①]中作出了说明：商标审查机关应仅对此作形式审查。该案中，诉争商标为第10437014号“FIJI PURE MAHOGANY”证明商标，由斐济共和国政府（以下简称斐济政府）于2012年1月18日向商标局申请注册，指定使用商品为第19类的人工种植的红木木材。商标局驳回了诉争商标的注册申请，理由之一是斐济政府未提交以其名义在原属国受地理标志保护的证明和有效的“证明商标使用管理规则”。斐济政府不服，于2012年9月7日向商标评审委员会提出复审申请，其主要理由为：斐济政府提供了诉争商标在斐济共和国受法律保护的证明及“证明商标使用管理规则”，完全符合法律法规对地理标志证明商标获准注册的要求。同时，斐济政府提交了以下主要证据：斐济政府红木业（许可与品牌化）2011年法令及其中文全文翻译、“FIJI PURE MAHOGANY”证明商标使用管理规则等。其中，斐济政府红木业（许可与品牌化）2011年法令之附件4为斐济人工种植园种植红木采伐操作规则，其中规定了对采伐人员、采伐监督员等人员的资格、能力要求和采伐器械、伐木作业的标准；附件2为斐济红木品牌使用议定书与标准，其中规定了最低生产和包装标准、检验和审核、对违规行为的处理等内容。商标评审委员会于2015年1月12日作出商评字（2015）第4276号关于第10437014号“FIJI PURE MAHOGANY”商标驳回复审决定书。该决定认为：斐济政府提交的地理标志使用管理规则中，并未详细说明其委托的机构拥有专业技术人员、专业检测设备等，亦未提交由省级或省级以上行业主管部门出具的具有监督能力的证明文件。因此，综合斐济政府的在案证据，不足以证明斐济政府具有监督该证明商标所证明的特定商品品质的能力。斐济政府不服，向北京知识产权法院提起诉讼，并补充提交了如下证据：（1）关于斐济共和国2010年红木业发展法令及其2014年部分修订内容的公证件及其中文翻译。（2）斐济红木品牌使用议定书与标准及其中文翻译。（3）诉争商标在欧盟、美国、英国、日本、新加坡、新西兰、马来西亚作为证明商标获准注册的注册证及其中文翻译。

一审中，北京知识产权法院认为：商标局对证明商标的申请应审查其是否符合《集体商标、证明商标注册和管理办法》的相关规定。《集体商标、证明商标注册和管理办法》第5条规定：“申请证明商标注册的，应当附送主体资格证明文件并应当详细说明其所具有的或者其委托的机构具有的专业技术人员、专业检测设备等情况，以表明其具有监督该证明商标所证明的特定商品品质的能力。”对于该条规定的内容：首先，专业技术人员、专业检测设备等情况旨在表明证明商标申请人具有监督该证明商标所证明的特定商品品质的能力，而非表明证明商标申请人具有监督商品达到国家标准或行业标准的能力，商标评审委员会亦无法对专业技术人员、专业检测设备等情况符合何种具体标准进行实质审查，故专业技术人员、专业检测设备仅为证明商标申请注册的形式要件。至于证明商标所证明的商品品质达到何种标准，应交由消费者在市场中决定。其次，专业技术人员、专业检测设备等情况应与证明商标所证明的特定商品的品质相关。作为地理标志的证明商标指定使用商品的

① 参见北京市高级人民法院（2016）京行终字第1511号行政判决书。

特定品质可能由当地的自然条件决定，或者由自然因素和人文因素决定，或者主要由人文因素决定。由不同因素决定的商品品质对专业技术人员、专业检测设备等的要求必然不同，应区别对待。本案中，诉争商标包含地名“FIJI”，为地理标志证明商标，指定使用的商品为人工种植的红木木材。该证明商标所要证明的特定商品的品质主要取决于原产地的自然地理条件，被诉决定对此未予有针对性的考虑。最后，斐济政府提交的相关文件中记载了采伐人员、采伐监督员等人员的资格、能力要求，采伐器械、伐木作业的标准，以及最低生产和包装标准、检验和审核、对违规行为的处理等内容，足以证明斐济政府具有监督该证明商标所证明的特定商品品质的能力。此外，《集体商标、证明商标注册和管理办法》并未要求证明商标申请人提交省级或省级以上行业主管部门出具的具有监督能力的证明文件。故被诉决定认定在案证据不足以证明斐济政府具有监督该证明商标所证明的特定商品品质的能力，属于认定事实不清，适用法律、法规错误。《集体商标、证明商标注册和管理办法》第 6 条第 1 款规定：“申请以地理标志作为集体商标、证明商标注册的，还应当附送管辖该地理标志所标示地区的人民政府或者行业主管部门的批准文件。”该条第 2 款规定：“外国人或者外国企业申请以地理标志作为集体商标、证明商标注册的，申请人应当提供该地理标志以其名义在其原属国受法律保护的证明。”由于地理标志标示了来源于某地区的商品，而该商品的特定质量、信誉或者其他特征由该地区的自然因素或者人文因素决定，故地理标志具有公共资源的性质，申请以地理标志作为集体商标、证明商标应当得到该地区相关部门的批准。但是，外国人或者外国企业申请以地理标志作为集体商标、证明商标注册的，地理标志以申请人的名义在其原属国受法律保护已足以证明申请人原属国同意以申请人的名义保护该地理标志。此外，“人民政府”的概念亦不适用于所有外国国家。因此，该条第 2 款应被视为对外国人或者外国企业申请以地理标志作为集体商标、证明商标注册的特殊规定，在此情况下不应适用该条第 1 款的规定。被诉决定以斐济政府未提交管辖该地理标志所标示地区的人民政府或者行业主管部门同意申请该地理标志的批准文件作为驳回诉争商标注册申请的理由，缺乏依据。

商标评审委员会不服一审判决，提起上诉。二审中，北京市高级人民法院认为：《集体商标、证明商标注册和管理办法》第 5 条规定，“申请证明商标注册的，应当附送主体资格证明文件并应当详细说明其所具有的或者其委托的机构具有的专业技术人员、专业检测设备等情况，以表明其具有监督该证明商标所证明的特定商品品质的能力”。第 6 条规定，“申请以地理标志作为集体商标、证明商标注册的，还应当附送管辖该地理标志所标示地区的人民政府或者行业主管部门的批准文件。外国人或者外国企业申请以地理标志作为集体商标、证明商标注册的，申请人应当提供该地理标志以其名义在其原属国受法律保护的证明”。诉争商标为地理标志证明商标，指定使用的商品为人工种植的红木木材，该证明商标所要证明的特定商品的品质主要取决于原产地的自然地理条件。斐济政府提交的相关文件中记载了采伐人员、采伐监督员等人员的资格、能力要求，采伐器械、伐木作业的标准，以及最低生产和包装标准、检验和审核、对违规行为的处理等内容，足以证明斐济政府具有监督该证明商标所证明的特定商品品质的能力。本案诉争商标的申请人是斐济政府，其申请行为本身已经表明其对诉争商标给予保护的意图，而且斐济政府在商标驳回复审程序以及诉讼中还提交了该政府红木业（许可与品牌化）2011年法令及其中文全文翻译、“FIJI PURE MAHOGANY”证明商标使用管理规则、斐济红木品牌使用议定书与标准、斐济共和国2010年红木业发展法令及其2014年部分修订内容的公证件及其中文翻译等，这些足以证明诉争商标以斐济政府名义在斐济共和国受法律保护的事实，被诉决定以斐济政府未提交管辖该地理标志所标示地区的人民政府或者行业主管部门同意申请该地理标志的批准文件作为驳回诉争商标注册申请的理由缺乏依据，原审法院对此予以纠正并无不当。

（六）地理标志证明商标和集体商标的功能

尽管地理标志可以被注册为证明商标或集体商标，但如前所述，地理标志自身就是国际公约和我国法律所承认的一种类型的知识产权，因此，在采用注册商标或集体商标对地理标志予以保护的时候，也存在两种知识产权制度的融合问题，主要体现在地理标志证明商标或集体商标既具有商标的共性又具有地理标志的个性。这不仅表现在如前所述的地理标志商标的注册条件和保护水平的特殊性，还体现在实践中对地理标志商标的功能的不同认识。比如，在“恩施玉露”商标异议案和申马人“舟山带鱼”案中，法院认为，地理标志证明商标不具有识别功能，因此不会与商品或服务商标发生混淆，其保护不以存在混淆可能性为认定标准。

典型案例

“恩施玉露”商标异议案

恩施玉露协会在第30类茶商品上申请注册的第6761802号“恩施玉露ENSHIYULU及图”证明商标于2009年6月28日经商标局初步审定并公告。岳阳市北港茶厂援引其第1387674号茶叶商品上的“玉露及图”商标提出异议。商标局认为被异议商标作为地理标志与引证商标未构成近似，遂驳回了异议请求。

商标评审委员会裁定认为：恩施玉露协会提交的证据证明“恩施玉露”属于《商标法》（2001年）第16条规定的地理标志，且未与引证商标构成近似商标。①

一审法院认为：根据恩施玉露协会提交的《中国名茶》（1979年版）、《制茶学》（1979年版）、《中国茶史散论》（1988年版）、《中国茶经》（1991年版）、《中国名优茶选集》（1994年版）等书籍的记载，“恩施玉露”历史悠久，创制于清朝康熙年间，并于1965年被评为“中国十大名茶”。“恩施玉露”别称“玉露茶”“玉露”，属针形蒸青绿茶类，主产于湖北省恩施市五峰山一带，是在湖北省恩施市境内采摘优质茶树鲜叶，经特殊的工艺加工而成的特种绿茶。“恩施玉露”由县级以上行政区划名恩施和商品名玉露组合而成，代表一种源自湖北恩施的气候、土壤、良好的生态环境和特殊的采制技术的传统蒸青绿茶，其特定质量、信誉或者其他特征主要由湖北省恩施地区的自然因素或者人文因素所决定，因此，

① 参见商标评审委员会关于第6761802号“恩施玉露ENSHIYULU及图”商标异议复审裁定书［商评字（2012）第09875号］。

依据《商标法》(2001 年) 第 16 条的规定,“恩施玉露”构成地理标志。[①]

地理标志可以被申请为证明商标,并由对某种商品或者服务具有监督能力的组织所控制。该案中,恩施玉露协会提交了省级政府主管部门关于地域范围、地域特征、特定品质及恩施玉露协会监督管理能力的证明文件,县(市)级政府授权批复,恩施玉露协会资质证书,地理标志证明商标使用管理规则,委托检验技术服务协议等证据。这些证据足以证明恩施玉露协会具有监督使用被异议商标地理标志的商品的特定品质的能力,被异议商标的商品生产地域范围涉及恩施市舞阳坝等 16 个乡镇、街道办事处。因此,恩施玉露协会申请注册被异议商标符合《商标法》(2001 年) 第 16 条的相关规定。

恩施玉露协会提交的《中国茶经》《世界茶业 100 年》《中国名优茶选集》等多部典籍均记载“恩施玉露”茶古已有之,且根据这些典籍的记载可知,玉露代表一种传统的蒸青绿茶。因此,“玉露”在第 32 类茶叶商品上显著性不强。被异议商标为地理标志证明商标,而地理标志证明商标作为一种特殊商标,富有地域色彩和文化色彩,其形成以大量的人文、经济投入及长期的历史传统为基础,用以标示地理标志商品的特定品质、信誉或者其他特征,并由其产地的自然因素或者人文因素所决定,所具有的区别功能指向地理标志商品的特点、品质,并不直接指向商品的生产者或者服务的提供者。也即证明商标与商品商标不同,证明商标并非用于表明商品来源于证明商标的注册人,而是用于证明商品的原产地等特定品质。被异议商标虽包含“玉露”二字,但其主要识别部分为“恩施”,其所代表的茶或茶叶类商品的特定品质源自湖北恩施地区的气候、土壤、良好的生态环境和特殊的采制技术,即“恩施玉露”的质量品质、信誉或其他特征由湖北省恩施市地区的自然环境或者人文环境所决定;且“恩施玉露”历史悠久,在业内具有良好的口碑,也是历史的产物和茶文化的延伸。因此,被异议商标具有独创性和显著性,足以与引证商标加以区分,两商标在市场上并存不足以造成消费者的混淆或误认。

异议人上诉后,二审法院认为[②]:虽然被异议商标和引证商标的主要识别部分均包含“玉露”文字,但被异议商标与引证商标在商标标识的构成要素、读音、含义、整体外观等方面均存在较大差异。而且,作为证明商标而申请注册的被异议商标,其主要识别部分是作为地理标志而存在的“恩施玉露”。地理标志的功能主要在于标示某商品来源于某地区,该商品的特定质量、信誉或者其他特征主要由该地区的自然因素或者人文因素所决定。而商品商标的主要功能在于区分商品或者服务的来源,与使用该商标的商品是否来源于某地区以及该商品的特定质量、信誉或者其他特征是否主要由该地区的自然因素或者人文因素所决定并无直接关联。因此,在适用《商标法》(2001 年) 第 28 条对相关商标是否构成使用在相同或类似商品上的近似商标进行比较时,不应将具有不同功能的证明商标与商品商标、服务商标进行近似性的比对。综合以上因素,被异议商标的申请注册并不会导致相关公众将其与引证商标相混淆,故商标评审委员会和原审判决认定被异议商标与引证商标不构成近似商标并无不当。长沙玉露公司关于被异议商标与引证商标构成相同或者类似商品上的近似商标的上诉理由缺乏事实和法律依据。

---

① 参见北京市第一中级人民法院(2012)一中知行初字第 2131 号行政判决书。

② 参见北京市高级人民法院(2013)高行终字第 1201 号行政判决书。

典型案例

申马人“舟山带鱼”案

舟山市水产流通与加工协会（以下简称舟山水产协会）是第5020381号“舟山带鱼ZHOUSHANDAIYU及图”证明商标的注册人，核定使用商品为第29类带鱼（非活的）、带鱼片。“‘舟山带鱼’证明商标使用管理规则”规定了：(1)“舟山带鱼”是经注册的证明商标，用于证明“舟山带鱼”的品质。(2) 使用“舟山带鱼”证明商标的商品的生产地域范围为浙江省舟山渔场特定生产区域。(3) 使用“舟山带鱼”证明商标的商品的品质特征。(4) 使用“舟山带鱼”证明商标的商品在加工制造等过程中应符合舟山市地方标准DB3309/T22—2005《舟山带鱼》的要求。

2010年12月31日，舟山水产协会的代理人向申马人公司发出律师函，称申马人公司生产的“小蛟龙舟山带鱼段”侵犯了涉案商标权利，要求停止侵权、赔偿损失。

2011年1月28日，舟山水产协会的代理人在北京恒信公证处公证员的陪同下在北京市房山区良乡地区华冠购物中心以19.90元每袋的价格购买了“小蛟龙牌舟山精选带鱼段”一袋，并索取了发票，发票上加盖了华冠公司的公章。该商品的外包装上标注了“舟山精选带鱼段”，同时有“小蛟龙及图”标记，生产商为申马人公司，原料产地为浙江舟山。

2011年3月2日，舟山水产协会的代理人向华冠公司发出律师函，称华冠公司下属的华冠购物中心销售的商品侵犯了舟山水产协会的商标权利，要求停止侵权、赔偿损失。

舟山水产协会提起诉讼。一审法院认为：是否侵犯证明商标权利，不能以被控侵权行为是否容易导致相关公众对商品来源产生混淆作为判断标准，而应当以被控侵权行为是否容易导致相关公众对商品的原产地等特定品质产生误认作为判断标准。舟山水产协会主张申马人公司在商品外包装上突出使用“舟山带鱼”字样，容易造成公众混淆，因此构成侵权，是对法律的错误理解，实质上将证明商标与商品商标进行了混同。是否突出使用、是否造成商品来源混淆，与是否侵犯证明商标权利无关。本案中，涉案商标“舟山带鱼ZHOUSHANDAIYU及图”系作为证明商标注册的地理标志，即证明商品原产地为舟山海域的标识。因此，在原产于舟山海域的带鱼上标注“舟山精选带鱼段”属于对地理标志的正当使用，并不侵犯舟山水产协会的商标权利。①

实际上，如前所述，识别功能、商誉承载功能和品质指示功能是任何商标都具有的功能，作为地理标志的法律保护形式的证明商标和集体商标也不例外，只是在这些功能的表现形式上与商品商标或服务商标有差异。就识别功能而言，地理标志证明商标或集体商标所识别的是位于特定产区的并且商品符合商标使用规则的生产者群体。根据一定条件选定的多个商品提供者作为商标所识别的提供者来源，本身就符合商标的识别功能原理。这就

① 参见北京市第一中级人民法院（2011）一中民初字第9242号民事判决书。

如同某个商品商标或服务商标的注册人依据一定的条件选择了一定数量的被许可人（比如以加盟店的形式）作为该商标的商品提供者来源。本质上，商标所识别的商品或服务提供者的多数性并不能否定识别功能的存在。从反面来看，混淆理论对于地理标志证明商标或集体商标的适用也不存在问题。如果第三人未经许可在相同或类似商品上使用了与地理标志证明商标或集体商标相同或近似的标识，则也可能导致相关公众的混淆、误认第三人是地理标志证明商标或集体商标所识别的提供者群体中的一员或者与后者存在联系。这就如同未经许可使用“呷哺呷哺”标志的小火锅店会被相关公众认为是该商标注册人的店铺或者经其许可的店铺。就商誉承载功能而言，商品商标或服务商标承载着商标注册人的经营行为和商标被许可人的经营行为所共同建立的商誉，而地理标志证明商标或集体商标承载着由特定地区的水土等自然因素和加工工艺等与多数生产者的经营行为相关的人文因素所形成的，在农副商品上以特定质量、特征、声誉等为表现形式的商誉。不同点仅在于：商品商标或服务商标的提供者一般是单数，但也很可能是多数，而地理标志证明商标或集体商标的提供者一般是多数，但也可能是单数；商品商标或服务商标的商誉往往在相关公众的口碑中以抽象形式存在，而地理标志证明商标或集体商标所承载的商誉在商标注册中以对商品的质量、特征或声誉等方式明确而正式地表述出来。从侵权角度来看，如果第三人未经许可使用了地理标志证明商标或集体商标，在导致混淆的情况下，第三人将利用地理标志商品的商誉，并很有可能破坏该商誉，如果侵权商品的质量、特征等低于或不符合地理标志商品自身的标准。这与商标侵权行为对商品商标或服务商标的商誉利用、侵害后果和表现形式完全一致。在品质指示功能方面，商品商标或服务商标使相关公众得以凭借既有消费经验和口碑对该商标所标示商品或服务的品质有所预期，只是这种品质的保障完全凭借商品或服务提供者自身的经营水平、能力和市场定位等个性化并可能演变的因素；地理标志证明商标或集体商标所标示的商品的品质，不仅在商誉和口碑中存在，更体现在申请商标注册时提交的文件说明中，而该品质的保障功能是通过申请商标注册时提交的商标使用规则中所规定的商品加工、原料采购、商品标准等方面的具体而公开的要求来实现，因而具有更强可靠性和稳定性。

综上，地理标志证明商标或集体商标与商品商标或服务商标在商标的三种功能上具有同质性，表现形式的差别不能否认这一点，因而不能在商标审查和侵权程序中将两者割裂成两个不相关的体制。“恩施玉露”商标异议案所涉及的两个商标之间的冲突还不是典型的地理标志证明商标或集体商标与商品商标或服务商标之间的冲突。如果相冲突的商标不是“玉露”，而是“恩施”或“恩施＋其他识别性元素”等含有与地理标志中的地名相同或近似的元素的商标，则就是典型的冲突例子。在典型冲突的情况下，如果地理标志证明商标或集体商标注册在先或者地理标志的存在在先，则任何在后的有可能导致混淆的或属于《商标法》第 16 条第 1 款规定的情形的商标注册申请都应被驳回。如果商品商标或服务商标注册在先，仍应允许地理标志证明商标或集体商标的注册申请。理由有二：其一，地理标志都是在产业发展中基于自然因素和/或人文因素形成的特色农副商品上的知名地名，这是一个引起法律上权益产生的客观事件，所有该商品的生产者组成的群体对于该地理名称所承载的商誉享有法律不能否定的正当利益。其二，与地理标志相同或近似的地名商标的注册往往都发生在该地名所标示地区的地理标志产生之后，只是因为注册者享受了商标注册制度的程序利益，享有了该标识的商标法上的独占权，而地理标志商品的生产者群体就[①]地理标志所享有的权益往往较注册商标具有在先性，比如金华火腿商标和金华火腿地理标志

---

① 参见浙江省食品股份有限公司诉上海市泰康食品有限公司、浙江永康四路火腿一厂商标侵权纠纷案［上海市第二中级人民法院（2003）沪二中民五（知）初字第239号民事判决书］，该案的基本案情是：

（1）1979年10月，浙江省浦江县食品公司在第33类商品（火腿）上申请注册了注册证号为第130131号的商标。后商品使用类别由第33类转为商品国际分类第29类。1983年3月14日，该商标经核准被转让给浙江省食品公司。2000年10月7日，商标注册人被变更为原告浙江省食品股份有限公司。2002年12月，商标经续展注册有效期为自2003年3月1日至2013年2月28日。2004年3月9日，国家商标局［商标案字（2004）第64号］《关于"金华火腿"字样正当使用问题的批复》（以下简称《批复》）认为，使用在《商标注册用商品和服务国际分类》第29类火腿商品上的"金华火腿"商标，是浙江省食品股份有限公司的注册商标；"金华特产火腿""××（商标）金华火腿"和"金华××（商标）火腿"属于2002年《商标法实施条例》第49条所述的正当使用方式；同时，在实际使用中，上述正当使用方式应当文字排列方向一致，字体、大小、颜色也应相同，不得突出"金华火腿"字样。

（2）1992年8月、1997年10月、2001年3月和2004年1月，浙江省工商行政管理局先后认定原告的"金华火腿"商标为浙江省著名商标。1985年12月国家质量奖审定委员会颁发给浙江省食品公司的金质奖章证书、1993年8月浙江省工商行政管理局等多家单位颁发给浙江省食品股份有限公司的浙江名牌商品证书、1998年8月浙江省人民政府授予浙江省食品股份有限公司的浙江名牌商品证书等，对原告获奖商品的表述为"金华牌"金华火腿或"金华牌"特级金华火腿。2001年9月，浙江名牌商品认定委员会颁发给浙江省食品股份有限公司的浙江名牌商品证书中，对原告获奖商品的表述为"金华牌"火腿。浙江省杭州市中级人民法院（2003）杭民三初字第110号民事判决书以及浙江省高级人民法院（2004）浙民三终字第154号民事判决书，对原告商标的表述为"金华牌"和"金华"火腿注册商标。

（3）1999年8月17日，国家质量技术监督局颁布、实施了《原产地域产品保护规定》已失效，该规定第2条规定："本规定所称原产地域产品，是指利用产自特定地域的原材料，按照传统工艺在特定地域内所生产的，质量、特色或者声誉在本质上取决于其原产地域地理特征并依照本规定经审核批准以原产地域进行命名的产品。"第16条规定："生产者申请经保护办注册登记后，即可以在其产品上使用原产地域产品专用标志，获得原产地域产品保护。"1999年12月7日，国家质量技术监督局发布中华人民共和国国家标准《原产地域产品通用要求》，该标准6.4"标签"规定："原产地域产品标签的内容除符合国家有关规定外，还应规定特殊标注的内容，如原产地域名称、原材料的名称和地域，并使用原产地域专用标志"；该标准7.1中规定，原产地域产品专用"标志的轮廓为椭圆形，灰色外圈，绿色底色，椭圆中央为红色的中华人民共和国地图，椭圆形下部为灰色的万里长城。在椭圆形上部标注'中华人民共和国原产地域产品'字样，字体为黑色、综艺体"。2002年8月28日，国家质检总局发布2002年第84号公告，通过了对"金华火腿"原产地域产品保护申请的审查，批准自公告日起对金华火腿实施原产地域产品保护。2003年4月24日，国家质检总局发布中华人民共和国国家标准《原产地域产品金华火腿》。该标准5.3.3规定，"金华火腿应在当年立冬至次年立春之间进行腌制，从腌制到发酵达到后熟时间不少于9个月"；8.1.1规定，"销售包装产品标志按GB7718（《食品标签通用标准》）的规定执行，标明以下内容：金华火腿原产地域产品名称、产品标准号、生产者名称和地址、净含量、生产日期、保质期、质量等级，并在金华火腿销售包装上醒目位置标明中华人民共和国原产地域产品专用标志"。2003年9月24日，国家质检总局发布2003年第87号公告，通过了对浙江省常山县火腿公司、永康火腿厂等55家企业提出的金华火腿原产地域产品专用标志使用申请的审核，并给予注册登记。自该日起，上述55家企业可以按照有关规定在其产品上使用"金华火腿"原产地域产品专用标志，获得原产地域产品保护。

（4）1995年，中国特产之乡命名暨宣传活动组织委员会命名浙江省金华市为"中国金华火腿之乡"。2002年12月9日，金华市人民政府办公室、衢州市人民政府办公室印发了《金华火腿原产地域产品保护管理办法（试行）》（金政办［2002］94号）。该办法第5条规定，"任何单位和个人使用金华火腿原产地域产品专用标志，必须按规定程序申请，经国家质量监督检验检疫总局原产地域产品保护办公室注册登记后，方可在其产品上使用"。第9条规定，"金华火腿原产地域产品保护专用标志由国家标准所规定的原产地域产品专用标志图案和'金华火腿'文字组成。专用标志直接印制在包装物或说明书上，也可使用在企业产品介绍上"。第12条规定，"持有《金华火腿原产地域产品专用标志证书》，生产的火腿符合金华火腿国家强制性标准要求的生产者，有权在其生产的金华火腿产品的标签、包装、广告说明书上使用金华火腿原产地域产品专用标志，获得原产地域产品保护；有权在其

的权利冲突案。其三，地理标志证明商标或集体商标的商品提供者数量与范围都由商品规则和商标使用规则进行了限定，即在地理标志所标示地区内仅有有限数量的生产者所生产的符合商品规则的有限商品才能使用该地理标志，这些商品提供者所提供的商品在数量和品质上都会与商品商标或服务商标所标示的商品具有重要差别，因此，在细分市场上，在两者之间是可以区分的。另外，由于地理标志商品的提供者有限性、产地有限性、数量有限性等特征，允许他们使用地理标志证明商标或集体商标尽管构成对在先商标权的限制，但这种限制被WTO争端解决机构在“欧盟—地理标志的保护”案件中认定是符合TRIPs协议第17条[①]的例外，不违反TRIPs协议项下的义务。

我国商标审查机关和法院在某些案件中认为证明商标和集体商标不具有识别功能，从而将地理标志证明商标或者集体商标与普通商标置于两个系列。这种做法是为了避免在先的普通商标阻挡在后的地理标志证明商标或集体商标的注册。由于我国的地理标志证明商标或集体商标注册制度建立较晚，很多地理标志没有被挖掘和注册。法院实质上也是认为地理标志

（续前）生产的金华火腿产品表皮上加印‘××牌金华火腿，原产地管委会认定’字样，字样的印章由金华火腿管委会统一发放，统一管理”。2003年4月21日，永康火腿厂在核定使用的第29类商品（火腿、肉等）上申请注册了“真方宗”注册商标，注册有效期至2013年4月20日。

同年6月，永康火腿厂被金华火腿行业协会评定为首届“金华火腿明星企业”。2003年10月16日，金华火腿原产地域产品保护管理委员会核发给永康火腿厂“金华火腿原产地域产品专用标志使用证书”，证书编号为金原保（2003）第12号。同年11月12日，永康火腿厂与金华市质量技术监督检测中心签订“金华火腿原产地域产品质量责任书”。

（5）2003年7月27日，原告浙江省食品股份有限公司向泰康公司发函，告知“金华火腿”系原告的注册商标，要求其在收到函件后立即停止销售侵犯原告商标权的火腿，否则将采取相关的法律行动。法院认为：对于该案争议的商标权与原产地域产品冲突，应按照诚实信用、尊重历史以及权利与义务平衡的原则予以解决。一方面，从“金华火腿”的历史发展来看，“金华火腿”有着悠久的历史，品牌的形成凝聚着金华地区以及相关地区几十代人的心血和智慧。原告成为商标注册人以后，为提升商标知名度做了大量的工作。原告的商标多次获浙江省著名商标、国家质量技术监督局金质奖及浙江省名牌商品等荣誉称号。原告的注册商标应当受到法律的保护。但是，另一方面，原告作为注册商标的专用权人，无权禁止他人正当使用。2002年《商标法实施条例》第49条规定：“注册商标中含有的本商品的通用名称、图形、型号，或者直接表示商品的质量、主要原料、功能、用途、重量、数量及其他特点，或者含有地名，商标权人无权禁止他人正当使用。”在我国，权利人的商标权与原产地域产品均受到法律保护，只要权利人依照相关规定使用均属合法、合理。在本案中，被告永康火腿厂经国家质检总局审核批准使用原产地域产品名称和专用标志受法律保护，其使用行为不构成对原告商标权的侵害。

原产地域产品的权利人应严格依法行使权利。在本案中，应当指出，永康火腿厂在使用“金华火腿”原产地域产品名称时，存在一定瑕疵。一是在向国家有关职能部门提出使用申请但尚未获得批准的情况下，已经在其销售的部分火腿商品上使用了“金华火腿”“原产地管委会认定”等字样。二是在商品的外包装和标签上没有标注“金华火腿”原产地域产品名称和专用标志。永康火腿厂应当严格依照国家的规定，规范使用“金华火腿”原产地域产品名称及其专用标志，尊重原告的商标权，避免与原告的注册商标发生冲突。

被告泰康公司是金华火腿的销售商，因生产商永康火腿厂的行为不构成对原告之商标权的侵害，故泰康公司的销售行为也不构成对原告之商标权的侵害。

对本案争议的处理，既要严格依照现有的法律法规，又要尊重历史，促进权利义务的平衡。原告的商标权保护范围的核心是“金华火腿”，其专用权受法律保护。任何侵犯原告商标权的行为，应依法承担责任。但是，原告无权禁止他人正当使用。“金华火腿”经国家质检总局批准实施原产地域产品保护，被告永康火腿厂获准使用“金华火腿”原产地域产品专用标志，因此，永康火腿厂的上述行为属于正当使用。但是，被告永康火腿厂今后应当规范使用原产地域产品专用标志。原、被告之间均应相互尊重对方的知识产权，依法行使自己的权利。原告指控两被告侵犯其商标权的依据不足，不予支持。

① TRIPs协议第17条规定，WTO成员方可以对商标所赋予的权利规定有限的例外，比如对于描述性用语的正当使用，条件是，这种例外考虑到商标所有人和第三方的正当利益。

上的正当利益是必须受到认可和保护的。但这一正当的司法目的其实可以通过更符合商标法原理的方式来实现，比如，承认证明商标、集体商标与普通商标在识别等功能上是一致的，但在认定商标之间的相似性时，可以充分考虑地理标志商品的知名度和商誉，从而认定地理标志证明商标或集体商标与普通商标之间的共存不会导致混淆、误认。这种做法也符合混淆理论的适用中要考虑相关商标的知名度这一要素的通常做法。

在新近的案件中，法院的做法已经朝着这一方面发展。

典型案例

“NAPA VALLEY”商标异议案[①]

2005 年 5 月 18 日，中商公司向商标局提出第 4662547 号“螺旋卡帕 SCREW KAPPA NAPA”商标的注册申请，指定使用在国际分类第 33 类“果酒（含酒精）、开胃酒、烧酒、葡萄酒”等商品上。

图 5-4

2005 年 2 月 6 日，纳帕河谷协会向商标局提出第 4502959 号“NAPA VALLEY 100%及图”证明商标（以下简称引证商标，见图 5-4）的注册申请，并于 2007 年 12 月 28 日获准注册，核定使用在国际分类第 33 类“产自美国葡萄种植区纳帕河谷的葡萄酒、产自美国葡萄种植区纳帕河谷的起泡葡萄酒、产自美国葡萄种植区纳帕河谷的加气葡萄酒”商品上，专用权期限至 2017 年 12 月 27 日。

“螺旋卡帕 SCREW KAPPA NAPA”商标经初步审定公告后，纳帕河谷协会提出异议。2013 年 6 月 18 日，商标局作出（2013）商标异字第 07968 号“螺旋卡帕 SCREW KAPPA NAPA”商标异议裁定书（以下简称第 7968 号裁定），以被异议商标指定使用在“葡萄酒、白兰地”等商品上，被异议商标与纳帕河谷协会引证的原产地名称纳帕河谷（NAPA VALLEY）在读音、外观、文字构成上有明显区别，被异议商标的注册使用不会造成消费者的混淆为由，裁定：对被异议商标予以核准注册。

纳帕河谷协会不服第 7968 号裁定，于 2013 年 7 月 5 日向商标评审委员会提出复审申

① 参见北京市高级人民法院（2016）京行终字 2295 号行政判决书。

请。2014 年 4 月 15 日，商标评审委员会作出商评字（2014）第 063937 号关于第 4662547 号“螺旋卡帕 SCREW KAPPA NAPA”商标异议复审裁定书（以下简称被诉裁定）。该裁定认为：被异议商标与引证商标在文字组成、呼叫等方面有区别，被异议商标在类似商品上的注册和使用不会造成相关公众的混淆、误认，因此，被异议商标与引证商标未构成使用在类似商品上的近似商标。被异议商标不属于 2001 年《商标法》第 10 条第 1 款第 8 项所调整的范围，故对纳帕河谷协会的该项主张不予支持。纳帕河谷协会称“NAPA”是葡萄酒原产地名称的主体部分，且中华人民共和国国家质量监督检验检疫总局（以下简称“国家质检总局”）也批准了对“NAPA VALLEY”实施地理标志保护，中商公司在相同、类似商品上使用与该地理标志构成混淆性近似的被异议商标，易使消费者对商品来源产生误认，违反 2001 年《商标法》第 16 条的规定，但鉴于纳帕河谷协会的地理标志“NAPA VALLEY”与被异议商标“螺旋卡帕 SCREW KAPPA NAPA”在文字组成、呼叫等方面有区别，被异议商标的注册和使用不会使消费者与纳帕河谷协会的“NAPA VALLEY”葡萄酒相联系，进而对商品来源产生混淆、误认，因此，纳帕河谷协会的该项主张，缺乏事实依据，不予支持。

一审中，北京市第一中级人民法院认为：本案应适用 2001 年《商标法》进行审理。被异议商标指定使用的“果酒（含酒精）、开胃酒、烧酒、葡萄酒”商品与引证商标核定使用的商品“产自美国葡萄种植区纳帕河谷的葡萄酒”等商品虽构成相同或类似商品，然对于中国消费者来说，被异议商标的显著识别部分应为中文“螺旋卡帕”，被异议商标的英文部分亦与引证商标在读音、外观、文字构成方面区别明显，被异议商标的注册使用不易造成相关公众的混淆、误认，被异议商标未构成使用在类似商品上的近似商标，故被异议商标的申请注册并不违反 2001 年《商标法》第 29 条的规定。因被异议商标与引证商标在文字构成、呼叫等方面区别明显，被异议商标的注册使用不易造成相关公众对商品的来源产生混淆、误认，故被异议商标的申请注册并不违反 2001 年《商标法》第 16 条的规定。

二审中，北京市高级人民法院认为：虽然于 2013 年 8 月 30 日修改的《商标法》已于 2014 年 5 月 1 日起施行，但本案被诉裁定由商标评审委员会于 2014 年 5 月 1 日前作出，因此，本案应当适用于 2001 年 10 月 27 日修改的《商标法》。

2001 年《商标法》第 16 条规定：“商标中有商品的地理标志，而该商品并非来源于该标志所标示的地区，误导公众的，不予注册并禁止使用；但是，已经善意取得注册的继续有效。”“前款所称地理标志，是指标示某商品来源于某地区，该商品的特定质量、信誉或者其他特征，主要由该地区的自然因素或者人文因素所决定的标志。”

本案中，被异议商标由中文“螺旋卡帕”和英文“SCREW KAPPA NAPA”组合而成。根据第 144 号公告等证据，“纳帕河谷（NAPA VALLEY）”是在中国获得保护的使用在葡萄酒商品上的地理标志。虽然被异议商标中仅包含了地理标志“纳帕河谷（NAPA VALLEY）”中的一个英文单词，但“纳帕”和“NAPA”分别是该地理标志中英文表达方式中最为显著的识别部分，相关公众在葡萄酒商品上见到“NAPA”一词时，即容易将其与“纳帕河谷（NAPA VALLEY）”地理标志联系在一起，误认为使用该标志的相关商品是来源于上述地理标志所标示地区的商品。因此，被异议商标的申请注册违反了 2001 年《商标法》第 16 条第 1 款的规定。被诉裁定的相关认定错误，依法应予纠正。纳帕河谷协会的该项上诉理由成立，本院予以支持。

2001年《商标法》第29条规定："两个或者两个以上的商标注册申请人，在同一种商品或者类似商品上，以相同或者近似的商标申请注册的，初步审定并公告申请在先的商标；同一天申请的，初步审定并公告使用在先的商标，驳回其他人的申请，不予公告。"

本案中，被异议商标于2005年5月18日申请注册，引证商标于2005年2月6日申请注册，并于2007年12月28日获准注册，引证商标相对于被异议商标已构成申请在先的商标。被异议商标指定使用的"果酒（含酒精）、开胃酒、烧酒、葡萄酒"等商品与引证商标核定使用的"产自美国葡萄种植区纳帕河谷的葡萄酒、产自美国葡萄种植区纳帕河谷的起泡葡萄酒、产自美国葡萄种植区纳帕河谷的加气葡萄酒"商品已构成同一种或者类似商品。

认定商标是否近似，既要考虑商标标志构成要素及其整体的近似程度，也要考虑相关商标的显著性和知名度、所使用商品的关联程度等因素，以是否容易导致混淆作为判断标准。本案中，被异议商标由中文"螺旋卡帕"和英文"SCREW KAPPA NAPA"组合而成。引证商标由英文"NAPA VALLEY"、数学符号"100%"及图形组合而成，其中的"NAPA VALLEY"为其识别、呼叫和记忆对象，已构成引证商标的主要识别部分。虽然"NAPA"在被异议商标标识中所占比例较小，仅是被异议商标英文部分的构成要素之一，但是，由于"纳帕河谷（NAPA VALLEY）"在相关公众中具有一定的知名度，已在中国作为葡萄酒商品上的地理标志予以保护，相关公众容易将使用被异议商标的葡萄酒商品误认为来源于"纳帕河谷（NAPA VALLEY）"地理标志所标示地区的商品，从而产生混淆、误认的后果，因此，被异议商标与引证商标已构成使用在同一种或者类似商品上的近似商标。被异议商标的申请注册违反了2001年《商标法》第29条的规定，被诉裁定的相关认定错误，依法应予纠正。纳帕河谷协会的该项上诉理由成立，本院予以支持。

（七）地理标志证明商标和集体商标的保护

地理标志作为TRIPs协议所保护的一种知识产权，其保护标准被规定在该协议第22条。该条第1款对地理标志作了定义，这是我国《商标法》第16条第1款的公约来源。该协议第22条第2款规定，WTO成员方应采取法律措施以使得利害关系人能够阻止他人：a. 在商品命名或介绍中以任何方式表示或暗示其商品来自非真实产地的其他地理区域，如果这将就商品的地理来源误导公众；b. 任何构成《巴黎公约》第10条之二意义上的不正当竞争行为。[①] 第2款a项是我国《商标法》第16条第1款的公约来源。TRIPs协议第22条第3款规定，成员方应主动（如果其立法允许）或应利害关系人申请驳回包含地理标志或由地理标志构成的商标注册申请或撤销此种注册商标，如果其商品并不来源于地理标志所指示的领土，并且在该商品上的商标中使用该地理标志会在该成员方境内就商品的真实产地误导公众。其第4款规定，该条前3款的规定应适用于那些尽管在字面上符合商品的真实来源领域、地区或地点，但向公众虚假地将商品表示为来自另一个领土的地理标志。该

① 《巴黎公约》第10条之二规定，缔约方应保证为缔约方国民提供更有效的反不正当竞争保护；任何与工商业活动中的诚实做法相违背的行为都构成不正当竞争行为；特别禁止下列情况：a. 以下行为尤其应被制止：以任何方式造成与竞争对手的主体、商品或工商业活动产生混淆的任何性质的行为…… c. 商业活动中可能就商品的性质、生产过程、特征、用途或质量误导公众的表示或表述。

款主要是针对美国、澳大利亚和新西兰等移民国家的地理标志名称与欧洲大陆的地理标志名称冲突问题，因为这些移民国家的很多地名都是采用了欧洲大陆的地名，所以在国际贸易中会发生这些移民国家和欧洲大陆国家的地理标志同名的情形。TRIPs 协议的规定表明要按照冲突发生地的公众对地理标志的实际认知来解决该冲突。

TRIPs 协议第 1 条第 1 款规定，WTO 成员方应有效履行该协议条款，但它们有权根据自身法律制度和实践选择条约义务的履行方式。因此，就地理标志的保护而言，各国可以选择专门的地理标志制度、商标制度或反不正当竞争法等不同制度，只要公约所规定的保护内容和水平可以被实现。因此，我国可以选择商标法和/或专门的地理标志保护制度来履行条约项下的义务。

在商标法的框架内，除了《商标法》第 16 条第 1 款关于与地理标志相冲突的商标禁止注册和禁止使用的规定之外，没有单独的针对地理标志证明商标和集体商标的侵权保护规定。由于此类商标与其他类型商标一样具有识别、商誉承载和品质指示的功能，所以，其保护也应适用《商标法》中关于商标侵权行为认定的条款。但《商标法实施条例》对此类商标的权利范围作出了限制性规定，允许符合条件的合理使用。《商标法实施条例》第 4 条第 2 款规定：以地理标志作为证明商标注册的，其商品符合使用该地理标志条件的自然人、法人或者非法人组织可以要求使用该证明商标，控制该证明商标的组织应当允许。以地理标志作为集体商标注册的，其商品符合使用该地理标志条件的自然人、法人或者非法人组织，可以要求参加以该地理标志作为集体商标注册的团体、协会或者其他组织，该团体、协会或者其他组织应当依据其章程接纳为会员；不要求参加以该地理标志作为集体商标注册的团体、协会或者其他组织的，也可以正当使用该地理标志，该团体、协会或者其他组织无权禁止。

在申马人“舟山带鱼”案中，二审法院认为①，2002 年《商标法实施条例》第 49 条规定，注册商标中含有的本商品的通用名称、图形、型号，或者直接表示商品的质量、主要原料、功能、用途、重量、数量及其他特点，或者含有地名，商标权人无权禁止他人正当使用。《集体商标、证明商标注册和管理办法》第 18 条第 2 款规定，2002 年《商标法实施条例》第 4 条第 2 款中的正当使用该地理标志是指正当使用该地理标志中的地名。

根据上述规定，证明商标是用来标示商品的原产地、原料、制造方法、质量或其他特定品质的商标，是为了向社会公众证明某一商品或服务所具有的特定品质。证明商标注册人的权利以保有、管理、维持证明商标为核心，应当允许其商品符合证明商标所标示的特定品质的自然人、法人或者非法人组织正当使用该证明商标中的地名。就该案而言，涉案商标系作为证明商标注册的地理标志，即系证明商品原产地为浙江舟山海域且商品的特定品质主要由浙江舟山海域的自然因素所决定的标志，用以证明使用该商标的带鱼商品具有“商标使用管理规则”所规定的特定品质。舟山水产协会作为该商标的注册人，对于其商品符合特定品质的自然人、法人或者非法人组织要求使用该证明商标的，应当允许。而且，其不能剥夺虽没有向其提出使用该证明商标的要求，但商品确实产于浙江舟山海域的自然人、法人或者非法人组织正当使用该证明商标中的地名的权利。同时，对于其商品并非产

---

① 参见北京市高级人民法院（2012）高民终字第 58 号民事判决书。

于浙江舟山海域的自然人、法人或者非法人组织在商品上标注该商标的，舟山水产协会有权禁止，并依法追究其侵犯证明商标权利的责任。

申马人公司虽然没有向舟山水产协会提出使用涉案商标的要求，但如果其生产、销售的带鱼商品确实产自浙江舟山海域，则舟山水产协会不能剥夺其在该带鱼商品上用“舟山”来标示商品产地的权利，包括以该案中的方式——“舟山精选带鱼段”对其商品进行标示。同时，虽然申马人公司在涉案商品上使用的“舟山精选带鱼段”与涉案商标不完全相同，但由于“舟山精选带鱼段”中包含涉案商标的文字部分，且申马人公司在涉案商品上以突出方式进行标注，会使相关公众据此认为涉案商品系原产于浙江舟山海域的带鱼，故如果涉案商品并非原产于浙江舟山海域，则舟山水产协会有权禁止申马人公司以涉案方式使用证明商标，并据此追究申马人公司的侵权责任。

法院对地理标志证明商标的权利范围及对此类商标的正当使用方式的解释值得商榷。一方面，2002 年《商标法实施条例》第 6 条第 2 款对于地理标志证明商标和集体商标的正当使用的规定，与其第 49 条对含有地名的商标中的地名的正当使用不是一回事。前者适用的情形是：如果第三人的商品符合地理标志证明商标或集体商标使用管理规则，则即便它不属于证明商标或集体商标注册所登记的提供者也有权使用该证明商标或集体商标。这里的正当使用就是允许符合条件的第三人使用被注册为证明商标或集体商标的地理标志，而不是地理标志中的地名。原因在于，地理标志证明商标或集体商标禁止的是不符合商标使用管理规则的第三人对它的使用，因为此种使用会使相关公众认为第三人是商标识别的提供者，这种误认不仅会就第三人的商品特征欺骗消费者，也会使第三人得以利用地理标志商标的商誉并损害该商誉；而商品符合商标使用管理规则的第三人对地理标志的使用，仅仅会使相关公众误认为其是集体商标或证明商标注册所登记的提供者，这仅仅是一种形式上的误认，在上述商品特征和地理标志商誉这两个实质方面都没有误认或侵害。后者的使用情形是：一个地名被作为商标或商标的组成部分而被注册，但该地名所标示地区的商品或服务提供者有权标明其商品或服务的来源地，即地名原则上应当保留在公共领域。这种正当使用的合理性依据显然与前述地理标志证明商标或集体商标的正当使用依据是不同的。如果地理标志证明商标或集体商标中不含有地名，比如“湘莲”，则其注册人对该地理标志所登记地区的地名不享有任何权利，因为第三人对地名的使用不会与地理标志造成混淆、误认。如果地理标志证明商标或集体商标中含有地名，则在地理标志所登记的商品上使用该地名均有可能让相关公众认为该商品是地理标志商品，比如，在葡萄酒上对“波尔多”的任何方式的使用都存在让相关公众认为这是地理标志意义上的波尔多葡萄酒的可能。从这个角度说，地理标志的权利人有权禁止在地理标志商品上对地理标志中的地名的任何方式的使用。但是，任何一个地区的商品或服务提供者都有权标明其商品或服务的来源地，这也是法律予以保护的一项正当利益，对该正当利益予以保护的重要性超过了对地理标志充分保护的必要性，因此，对两种利益妥协保护的方案就是：波尔多地区的非地理标志葡萄酒商品的生产者有权而且仅有权以仅表示其商品来自波尔多地区的方式来使用波尔多。这意味着这些其他生产者只能以“产地：波尔多”“产自波尔多”等明确表明对波尔多仅以表明产地的方式来使用，其他的使用方式都是被禁止的。相对于系非地理标志商标的含有地名的商品商标或服务商标，前者就对地名的正当使用方式限定得更为严格。因此，在申马人“舟山带鱼”案中，作为“舟山带鱼及图”地理标志证明商标注册人的舟山水产协会有权禁止商品不符合商标使用管理规则的任何第三人在带鱼商品上使用“舟山”字样，如果其对“舟山”的使用方式不是仅表明商品产地的方式。即便其商品的真实产地是舟山，因为此类使用都将侵害到地理标志证明商标上的权益，也在禁止之列。反之，如果此种第三人对“舟山”的使用方式是仅表明商品产地的方式，则舟山水产协会没有任何权利禁止该使用行为，即便该商品的真实产地不是舟山，因为该使用行为不会侵害到地理标志证明商标上的权益。在该案中，被告采取的“舟山精选带鱼段”的标示方式不是仅表明商品产地的方式，会被相关公众认为其产品是“舟山带鱼”这一地理标志商品中的精选商品类别，因此，构成对地理标志证明商标的侵权行为，除非被告的商品符合该商标的使用管理规则。针对该事实的证明责任应由被告承担，应由被告援引 2002 年《商标法实施条例》第 6 条第 2 款规定的正当适用规则作为抗辩。该案中，二审法院没有适用地理标志证明商标正当使用的条款，而是适用了含有地名的商标的正当使用条款来认定被告的法律责任和举证责任。

在北方渔夫公司“舟山带鱼”商标侵权案中，法院对地理标志证明商标的侵权认定就适用了混淆理论。

典型案例

北方渔夫公司“舟山带鱼”商标侵权案

舟山水产协会的委托代理人在永辉超市公司山水文园店购买了“红火园北方渔夫筒装带鱼段 600 克”“红火园袋装带鱼段 300/400”“红火园袋装带鱼段 4/7”“红火园袋装带鱼段 3/5”各一袋，每袋的购入价格分别是 69 元、49.7 元、13.2 元、11.5 元。上述购买的“带鱼段”商品由北方渔夫公司加工包装，包装袋（以下简称“涉案包装袋”）上均有“舟山带鱼段”文字，其中“带鱼段”三个字比“舟山”两个字要大，但“舟山”及“带鱼段”显著大于涉案包装袋上的其余文字，涉案包装袋上也有“红火园及图”商标标识。上述商品的包装背面，除“红火园袋装带鱼段 300/400”一款外，其余的 3 个包装均标注有“原产地：浙江舟山”字样。

北方渔夫公司经商标局核准注册了第 3106523 号“红火园及图”组合商标，核定使用商品为第 29 类鱼（非活）、鱼片等，有效期自 2003 年 3 月 14 日至 2013 年 3 月 13 日止。

2010 年 12 月，舟山水产协会委托律师向永辉超市公司发出律师函。该函指出永辉超市公司销售的北方渔夫公司生产的“舟山带鱼段”涉嫌侵犯“舟山带鱼”证明商标，要求永辉超市公司停止侵权和赔偿损失。

北方渔夫公司为证明其在涉案包装袋上使用“舟山”文字的正当性，提交了相应书面证明。其中浙江佳腾水产有限公司出具书面证明称：北方渔夫公司加工销售的带鱼商品系来自北纬 29°30′到北纬 31°、东经 125°以西的海域。舟山水产协会称目前获得合法授权可以使用“舟山带鱼”证明商标的企业共 19 家，但不包括浙江佳腾水产有限公司。

一审法院认为①：

我国浙江舟山特定海域具有特殊的自然环境，在这个环境中成长的带鱼更为优质，具有肉质肥厚、口感油润、味道鲜美的特点。因此，按照我国商标法对“地理标志”的定义，“舟山带鱼”这个地名和通用商品名称的组合，起到了指示商品源自舟山特定海域，标示商品特定质量、信誉的作用，“舟山带鱼”构成了商标法上所称的“地理标志”。

舟山水产协会将地理标志“舟山带鱼”作为证明商标申请注册，获得了商标局的核准注册，即可以说明舟山水产协会具有了监督该证明商标所证明的特定商品品质的能力以及获得了“舟山带鱼”所标示地区的人民政府或者行业主管部门的批准文件。因此，自获得注册之日起，舟山水产协会有正当的理由，也有法定的权利独占地对使用“舟山带鱼”证明商标的商品进行监督和控制，他人未经其许可不得在同类注册商品上使用“舟山带鱼”证明商标或与之近似的标识。

虽然“舟山带鱼”之称历史悠久，用“舟山带鱼”来标示产自舟山特定海域的带鱼，具有合理性，但当舟山水产协会将“舟山带鱼”地理标志于2009年申请注册为证明商标、取得独占性权利后，如果想继续使用“舟山带鱼”地理标志就应当征得舟山水产协会的许可，才能继续合法使用，否则就具有侵权的可能。当然，考虑到“舟山带鱼”之称在先使用的历史，对源自舟山地区的带鱼商品，对于未经许可突出使用与舟山水产协会“舟山带鱼”证明商标相同或近似标识的使用人，虽然不能免除侵权之责任，但于赔偿责任部分应当考虑历史因素及合理性部分。

具体到本案，“舟山”系地名，“带鱼段”系商品通用名称，通常情况下在带鱼商品包装上单独使用“舟山”或者单独使用“带鱼段”，可以构成正当使用，不会构成商标侵权。但是正如前述，“舟山”与“带鱼”组合使用形成的“舟山带鱼”构成了我国商标法上的地理标志，对“舟山带鱼”以及与之近似的标识的使用，并不属于对地名或者商品通用名称的使用，而是对“地理标志”的使用。

结合查明的事实，从北方渔夫公司对“舟山带鱼段”的使用方式来看，是在商品包装袋正面以显著字体突出使用。该种使用方式本身也并非单纯起到标示产地和商品的作用，而在于向消费者传达该种带鱼系来自“舟山”这个特定产地，是具有特定商品特点的“带鱼”，实际上起到的就是“地理标志”的特定作用。生产者标示商品产地的方式可以有多种，例如，本法院也注意到在部分涉案商品的包装袋背面，北方渔夫公司用普通的字体标注“原产地：浙江舟山”字样，如果仅是为标注产地，这种方式可以起到向消费者说明的作用。在“舟山带鱼”被注册为证明商标后，如果以突出使用的方式使用“舟山带鱼”或近似标识，即有构成侵权的可能性。

综上，北方渔夫公司和永辉超市公司提出涉案“舟山带鱼段”在带鱼商品上正当使用的答辩意见，与2002年《商标法实施条例》的规定不符，也与其实际使用的目的不符，不构成正当使用。

“舟山带鱼”证明商标系文字、拼音和图形的组合商标，但是其中起到地理标志作用的是“舟山带鱼”四个字。对比北方渔夫公司在涉案包装袋上突出使用的“舟山带鱼段”文

① 参见北京市朝阳区人民法院朝民初字第07241号民事判决书。

字与"舟山带鱼"证明商标中的文字"舟山带鱼"，两者在文字、含义上均近似，属于近似标识。另外，带鱼作为一种天然海商品具有明显的地域性，带鱼商品的品质亦主要由其产地决定。对相关消费者而言，在选择购买带鱼商品时，对产地的关注要高于对具体生产企业商标的关注。具体到本案，涉案包装袋上虽标注了北方渔夫公司自有的"红火园及图"注册商标，但其对带鱼商品的标示性作用弱于"舟山带鱼段"文字。在结合北方渔夫公司对"舟山带鱼段"文字的突出使用行为以及使用目的，消费者容易对"舟山带鱼段"文字标示的商品与使用"舟山带鱼"证明商标的商品产生混淆。

北方渔夫公司未经许可，在同一种商品上，将与"舟山带鱼"证明商标近似的"舟山带鱼段"文字突出使用，容易使相关公众对商品的来源产生混淆或者误认，侵犯了舟山水产协会享有的商标权，北方渔夫公司应承担相应的停止侵权、赔偿经济损失和合理费用的法律责任。

一审法院依照 2001 年《商标法》第 52 条第 2 项、第 56 条，2002 年《商标法实施条例》第 6 条、第 49 条、第 50 条第 1 项，(2002 年)《最高人民法院关于审理商标民事纠纷案件适用法律若干问题的解释》第 16 条第 1 款、第 2 款之规定，认定两被告侵权行为成立。

二审法院肯定了一审法院的事实认定和法律适用。①

该案中，法院依据混淆理论认定被告未经许可对地理标志的使用行为会导致消费者混淆、误认，从而构成商标侵权。可见，法院对商标法原理的运用和对《商标法》条文的适用是得当的。而在损害赔偿数额的确定方面，法院也必然要考虑到地理标志商标在相关产品上的高知名度，以认定侵权行为与侵权获利或商标权人的损失之间的因果关系。

① 参见北京市第二中级人民法院（2011）二中民终字第 17259 号民事判决书。

第六章 商标“抢注”的法律规制

商标“抢注”不是一个法律术语，在日常语言中泛指违反诚信道德的申请商标注册行为以及以囤积商标转让牟利或妨碍竞争对手为目的的商标注册行为。在法律层面，并不是所有在道德层面违反诚实信用原则或其他具有可谴责性的申请商标注册行为都为法律所禁止，只有符合相关法律规范适用条件的违反诚实信用原则的商标注册行为才被制止。尽管2013年《商标法》第7条引入了诚实信用原则作为一般原则条款——“申请注册和使用商标，应当遵循诚实信用原则”，但该原则的适用仍主要依靠《商标法》中相关的具体法律规范。这不仅是因为禁止向一般条款逃逸的一般原则，而且是因为商标法，尤其是商标权注册取得制度较之其他法律的特殊性。在司法政策的指引下，法院可以逐步建立诚实信用原则类型化适用的具体指导性案例，但是从我国商标法既有体系和商标法原理来看，诚实信用原则仍需与特定的法益相结合才能被具体适用，这种具体法益主要就是在先的商标使用行为产生的在被“抢注”商标上的商誉（法院也在司法实践中认可或发展出其他的法益，比如竞争利益、商标注册秩序利益等，对此后文将有论述）。原因在于，在商标权注册取得制度下，“先到先得”是个基本的实践原则，即谁先申请商标注册，谁就先得到注册商标专用权。除驰名商标之外，商标使用行为并不能产生注册商标专用权。尽管如此，申请商标注册之前第三人的商标使用行为仍可以产生商标法所认可和保护的正当利益，这些正当利益在诚实信用原则的框架内得以对在后的不当注册行为产生阻却效力。受这一原理调整的不当商标注册就是商标法所调整的商标“抢注”行为。在理论上，对一个行为的否定性评价标准可以是其对正当权益的侵害，也可以是该行为本身具有不正当性。但在我国《商标法》的框架内，诚实信用原则和他人在被“抢注”商标上的正当权益构成规制商标“抢注”行为的法律规范适用的两个需要同时满足的条件。这两个条件的结合就体现为《商标法》第15条和第32条所设置的法律规范。司法实践中，法院也在这一原理的基础上创立了将《商标法》第44条第1款（以欺骗手段或其他不正当手段取得商标注册的情形）适用于某些类型的商标“抢注”的做法。我们先看商标使用行为与商标上的正当权益的产生，再看这三个规制商标“抢注”行为的条款的解释和适用。当然，《商标法》第13条关于对驰名商标的保护的规定也可以在涉及商标“抢注”的案件中被援引和适用，但由于2009年以来的司法政策以及2013年《商标法》修正，驰名的认定难度越来越大，该条款的适用机会越来越少。2019 年修改后的《商标法》第 4 条也可以用于打击商标“抢注”。

一、商标使用行为与商标上的权益产生

未注册商标上的权益表现为其所承载的商誉以及在一定范围内的识别性，该权益的产生过程表现为：商品或服务提供者的经营行为使其商品或服务在公众中积累了商誉，形成了“公众—商品或服务的商誉—商品或服务提供者”的关系。同时，公众也将经营者所使用的标识与该特定商品或服务的商誉联系在一起，形成了“公众—商品或服务的商誉—商标—商品或服务提供者”的关系。值得注意的是，一方面，经营者的商誉是与其提供的商品或服务紧密结合在一起的，公众是通过辨别商品或服务彼此之间的区别来区分不同商誉的[①]；另一方面，尽管公众明白该商誉一定对应着一个经营者，但是他们往往并不清楚与该商誉所对应的具体经营者究竟是谁。[②] 一个常识性的例子就是，人们通常并不知道那些知名品牌背后的公司名称。公众其实是借助商标或者商品或服务特有的包装、装潢、名称等商业标识，才将以特定商品或服务为载体的商誉彼此区分开。未注册商标成为可以区分特定经营者的标识，就是因为它与特定经营者的商誉之间存在联系，是该商誉的载体。可见，未注册商标的显著性产生于经营者的特定商品或服务之商誉产生过程中的标识使用，在这一过程中，标识与承载特定商誉的商品或服务形成了明确的对应关系。

未注册商标上的权益产生与商标使用人是否意欲创设商标权的意思表示无关。某个标识成为具有识别性的商标，是指经营者对有关标识的使用使公众将特定商品或服务与该经营者相对应，从而得以将该经营者与其他经营者提供的商品或服务予以区分。其作为一个客观的事件或状态，与经营者及公众的意志均无关。比如，公众可能将某个经营者的商品包装上的独特颜色组合认作区分该经营者的商品与其他同类竞争的商品的标识，而该颜色组合对于经营者来说纯粹是个装饰性图案，甚至经营者并不认可公众将它视为他的商标。即便如此，这都不影响未注册商标显著性的存在及未注册商标权的产生。因此，使商品或者服务标识在经营中产生显著性特征的商标使用行为是一种事实行为，而非法律行为。在“伟哥”案中，最高人民法院认为，对未注册商标标识主张权利的人必须有实际使用该标识的行为并具有将该标识作为其商标的意图。[③] 但从以上分析可见，商标使用者的意图并不是

---

① 对于产生商标权的使用行为，美国法不仅要求其是实际的使用行为，而且要求应使用于商品上或服务提供中。李明德．美国知识产权法．北京：法律出版社，2003：288－289.

② Arthur R. Miller，Michael H. Davis，*Intellectual Property*：*Patents*，*Trademarks and Copyright*. 3rd edition，Thomson West；北京：法律出版社，2004：158.

③ 威尔曼公司于 1998 年 6 月 2 日向中国商标局提出“伟哥”商标的注册申请，并在相关药品上使用该商标。辉瑞公司于 2002 年 9 月 20 日对商标注册申请提起异议，并于 2005 年 10 月 11 日在北京市第一中级人民法院对威尔曼公司等提起商标侵权和不正当竞争之诉。辉瑞公司的异议和起诉均基于其作为“伟哥”未注册商标的权益人的事实，但辉瑞公司承认其未在中国对该商标进行过商业使用，而是媒体和公众将其外文商标 VIAGRA 称为“伟哥”。2008 年 12 月 17 日，商标局在（2008）商标异字第 10226 号及第 10227 号商标异议裁定书中认定，经多年宣传使用，“伟哥”已实际成为与辉瑞公司的相关药品及商标所对应的中文标识，且为社会公众所知晓，故异议成立。最高人民法院在（2009）民申字第 312 号和第 313 号民事裁定书中认定，媒体在宣传中将 VIAGRA 称为“伟哥”，不能确定为反映了辉瑞公司当时将“伟哥”作为商标的真实意思，故申请再审人所提供的证据不足以证明“伟哥”为未注册商标，侵权主张不成立。

未注册商标权产生的要件。

二、《商标法》第 15 条

《商标法》第 15 条规定："未经授权，代理人或者代表人以自己的名义将被代理人或者被代表人的商标进行注册，被代理人或者被代表人提出异议的，不予注册并禁止使用。""就同一种商品或者类似商品申请注册的商标与他人在先使用的未注册商标相同或者近似，申请人与该他人具有前款规定以外的合同、业务往来关系或者其他关系而明知该他人商标存在，该他人提出异议的，不予注册。"

《商标法》第 15 条原来只有第 1 款，在 2013 年修改的时候增加了第 2 款，以便扩大适用范围，尤其是将代理和代表关系之外的"抢注"业务伙伴商标的情形也纳入调整范围。第 1 款的规定来源于《巴黎公约》第 6 条之七，该条规定：如果巴黎联盟一个国家的商标所有人（proprietor）的代理人或代表人，未经该所有人的授权而以其自己的名义在一个或多个国家申请该商标的注册，则该所有人有权反对（异议）该注册申请或有权要求撤销该商标注册，或者，如果该国法律允许，该所有人可以要求将该注册转让给所有人，除非代理人或代表人能证明其行为的正当性。与《巴黎公约》的这一规定相比，我国法律没有规定此类申请或注册向被代理人或被代表人的转让。实际上，这种转让制度很有必要：在不存在转让制度的情况下，被代理人或被代表人除了提出异议或无效宣告请求之外，还要自己再提交一个商标注册申请。

《商标法》第 15 条第 1 款有四个适用条件："抢注"人和被"抢注"人之间存在代理或代表关系；被"抢注"的商标属于被代理人或被代表人；"抢注"行为是以代理人或代表人的名义进行的；"抢注"的商标与被"抢注"的商标之间构成相同或类似商品或服务上的相同或近似商标。

第一个条件涉及代理关系和代表关系的解释问题：在代理或代表关系中，代理人或代表人肩负被代理人或被代表人的信任从事业务活动，以实现和维护被代理人或被代表人的利益。这种紧密的利益委托关系不仅为合同中的具体条款所调整，也为法律中的忠诚义务和诚实信用原则所调整。因此，代理人或代表人侵害被代理人或被代表人利益的情形构成典型且明显的违背诚实信用原则的行为。对代理或代表关系基本上是从业务关系的角度来解释而不是从民法上的代理关系角度来认定，因为后者以调整被代理人与第三人的关系为主要目的（代理行为对被代理人与第三人之间关系的效力问题等），而前者以认定"抢注"人与被"抢注"人的业务关系的性质和类型为目的来调整他们两者之间的关系。代理人一般是销售代理、授权经销商等业务代理人，代表人一般就是与被代表人或其分支机构之间存在劳动合同关系或劳务合同关系的业务代表人。但从该条款制止恶意"抢注"的目的来看，对于代理或代表关系不应作狭义解释[①]，销售商也应被认定为代理人。我国的司法实践中也是这么做的。[②] 2017 年《最高人民法院关于审理商标授权确权行政案件若干问题的规定》（2020 年修正）第 15 条第 1 款、第 2 款规定，"商标代理人、代表人或者经销、代理等

---

① 博登浩森．保护工业产权巴黎公约指南．汤总舜，段瑞林，译．北京：中国人民大学出版社，2003：125.

② 参见《最高人民法院关于审理商标授权确权行政案件若干问题的意见》（2020 年修正）第 12 条。

销售代理关系意义上的代理人、代表人未经授权，以自己的名义将与被代理人或者被代表人的商标相同或者近似的商标在相同或者类似商品上申请注册的，人民法院适用商标法第十五条第一款的规定进行审理”。“在为建立代理或者代表关系的磋商阶段，前款规定的代理人或者代表人将被代理人或者被代表人的商标申请注册的，人民法院适用商标法第十五条第一款的规定进行审理”。

第二个条件涉及被“抢注”商标对于被代理人或被代表人的归属确认问题。《巴黎公约》对这一归属关系的表述用的是 proprietor 即商标的所有人，我国《商标法》用“的”这个词来表示被“抢注”人和商标的关系，也是表示拥有的归属关系。但是，这里的所有或归属不应被解释为商标法意义上的所有关系。从《巴黎公约》和我国法律的规定来看，只需要被代理人或被代表人在某个《巴黎公约》缔约方（或某个 WTO 成员方）是该商标的注册人或使用人即可，即便商标使用行为在使用国并不产生商标权；而且，只要被代理人或被代表人已经申请了该商标或已经做了将该商标投入使用的商业准备，这种归属关系就应当被认可。这同时表明，《商标法》第 15 条第 1 款的适用，既不以被代理人或被代表人对该商标的注册为条件，也不以该商标在中国的使用为条件。

第三个条件要求商标“抢注”是以代理人或代表人的名义进行的，但对该条件也不应作狭义解释，在理论上和实践中，它也应涵盖与代理人或代表人存在业务往来关系或其他关系的人，比如代理人或代表人所成立或者任职的公司或其亲属等，否则，“抢注”人对该条款的规避将变得非常容易。2017 年《最高人民法院关于审理商标授权确权行政案件若干问题的规定》（2020 年修正）第 15 条第 3 款规定，“商标申请人与代理人或者代表人之间存在亲属关系等特定身份关系的，可以推定其商标注册行为系与该代理人或者代表人恶意串通，人民法院适用商标法第十五条第一款的规定进行审理”。

此外，《商标法》第 15 条第 2 款与第 1 款在多个方面存在差别：

首先，在适用结果上，第 1 款授予被“抢注”人对“抢注”商标的异议、撤销和禁止使用权，而第 2 款仅授予了异议权。在这种情况下，第 2 款也可以作为无效宣告申请的理由，但不能包含对被“抢注”商标的使用禁止权。

其次，第 1 款仅适用于商标注册申请人与被“抢注”人之间存在代理人或代表人关系的情形，而第 2 款适用于这两者之间存在合同、业务往来关系及其他关系的情形，因而，后者的适用范围更广。2017 年《最高人民法院关于审理商标授权确权行政案件若干问题的规定》（2020 年修正）第 16 条规定，以下情形可以被认定为《商标法》第 15 条第 2 款中规定的“其他关系”：（1）商标注册申请人与在先使用人之间具有亲属关系；（2）商标注册申请人与在先使用人之间具有劳动关系；（3）商标注册申请人与在先使用人营业地址邻近；（4）商标注册申请人与在先使用人曾就达成代理、代表关系进行过磋商，但未形成代理、代表关系；（5）商标注册申请人与在先使用人曾就达成合同、业务往来关系进行过磋商，但未达成合同、业务往来关系。

再次，第 1 款的适用不以被“抢注”商标的在先使用为条件，而第 2 款对此明确作了规定。但是，对这里的商标使用行为，也不应作严格的狭义解释，应当包括实际发生为商标的使用而作准备的情形。至于商标使用的地域，也不应作狭义的解释。在 2013 年修改《商标法》的过程中，第 15 条第 2 款的法律规范在《商标法》中的引入位置本来有两个选择：一个是作为第 15 条第 2 款，另一个就是作为 2001 年《商标法》第 31 条后半句。2001 年《商标法》第 31 条后半句规定，“也不得以不正当手段抢先注册他人已经使用并有一定影响的商标”。该条在适用中存在不能禁止“抢注”在先使用但没有一定影响的商标的情形，而目前《商标法》第 15 条第 2 款可以弥补这一缺陷。但是，该条款对于“抢注”人和被“抢注”人之间业务关系的规定使其在性质上与第 15 条第 1 款更为近似，因此，被纳入了第 15 条作为第 2 款。这种立法体制的选择于对第 15 条第 2 款的解释具有一定影响。《商标法》第 32 条（2001 年《商标法》第 31 条）要求被“抢注”商标在中国被使用并有一定影响，而第 15 条第 1 款不要求在中国有使用行为。第 2 款与第 1 款相比，主要目的是将诚实信用原则的适用范围扩展到代理或代表关系之外的业务关系情形，但代理人或代表人之外的业务关系人的诚信违反行为在恶劣性弱低于代理人或代表人的“抢注”行为，因此，需要对被“抢注”人的在先商标权益提出要求，以增加评价标准的方式实现第 2 款与第 1 款在适用条件上的平衡。因此，综合考虑第 15 条第 2 款与第 1 款、第 32 条之间的关系，第 15 条第 2 款中的“使用”应当指的是在中国范围内的商标使用行为，这样符合法律的文义和体系解释。当然，立法者也可以选择不考虑《商标法》第 32 条的规范，而仅以扩大第 15 条第 1 款的适用范围为目的不对被“抢注”商标的使用作出要求，但如果是这样，该条应当采用与第 1 款类似的其他表述方式。

最后，第 15 条第 2 款还规定“抢注”人要因与被“抢注”人的关系而明知被“抢注”人所使用商标的存在。这一条件的设置不科学。一方面，法律上的“明知”（actual knowledge）对应于“推定的知道”（constructive knowledge），前者指的是要有证据证明当事人确实实际上知道，这就为被“抢注”人设置了很高的举证责任：他要提供证据证明“抢注”人通过合同、往来邮件、单据、商业谈判、名片等确实知道了其所使用的商标；而后者只要求通过证据可以认定当事人很可能知道或不会不知道就可以。实际上，对主观条件该条款应采用“知道”而不是“明知”的表述。尽管如此，司法实践中肯定会按照“知道”的标准对被“抢注”人提出举证要求。另一方面，该条款的文字表述（“而”字）似乎表明，“抢注”人与被“抢注”人之间的业务关系和“抢注”人对被“抢注”商标的存在知晓之间需要存在一个因果关系，而实际上该因果关系纯属多余：只要“抢注”人和被“抢注”人之间存在业务关系，那么“抢注”就应被禁止。如果“抢注”人在知道了被“抢注”人的商标之后才与其发生业务关系，那就不存在这一因果关系了，但此类情况下的“抢注”同样在禁止之列。因此，该条款中的“而”字应为“并”字，其法理就是：不能“抢注”业务伙伴的商标。至于怎么知晓商业伙伴的商标，在所不论。

三、《商标法》第 32 条后半句

《商标法》第 32 条后半句规定，申请注册商标“也不得以不正当手段抢先注册他人已经使用并有一定影响的商标”。

就《商标法》第 32 条的字面规定而言，其适用条件有两个：（1）被“抢注”的商标已经被利害关系人在先使用并有一定影响；（2）“抢注”人使用了不正当手段申请注册。从法律的有效解释角度来说，法律条文中的不同用语都应当被推定为具有独立而不同的含义与功能，因此，这两个条件应当是相互独立的，尽管它们之间存在相当的联系。从上述我国

《商标法》就诚实信用原则的具体落实条款所采用的两个行为评价标准来说，这两个条件也是互相独立的：“在先使用并有一定影响”表明该条款仅适用于被“抢注”前已经承载着被“抢注”人商誉的商标，“不正当手段”表明“抢注”人违反了诚实信用原则。

就第一个条件而言，它与商标权注册取得制度的价值目标是一致的，单纯的、简单的商标使用行为不能产生注册商标制度所要保护的法益，但如果商标的使用产生了相当的商誉，则该商誉是被保护的。这与反不正当竞争法保护有一定影响的商业标识的法理是一致的。因此，第一个条件体现了对商标使用的量的要求和商誉方面的要求。第二个条件就是对“抢注”行为违反诚实信用原则的评价。但对“不正当手段”应该如何解释和适用呢？它指的就是在知道他人商标在先使用并有一定影响的主观状态下仍申请注册该商标的主观恶意。司法实践中，对第二个条件的认定就落实到“抢注”人对被“抢注”商标的知晓状态，可以是明知，也可以是应知（推定的知道）。那么，怎么能认定明知或推定的知道呢？如果“抢注”人与被“抢注”人具有某种业务往来关系或其他关系，具有地域和经营领域上的关联性，就可以推定该主观知晓状态。在不具有业务往来关系或其他关系的情形下，这一推定往往要借助被“抢注”商标的知名度，而知名度和关联关系的密切程度这两个条件在对“抢注”人主观知晓状态的推定中成反比关系：知名度越高则“抢注”人和被“抢注”人的关联关系就可以越远，反之，则要求这种关联关系更近。这一反比关系的合理性还在于，由于知名度（具有一定影响）而受保护的权益，其保护范围也应当与其知名度相适应。2017年《最高人民法院关于审理商标授权确权行政案件若干问题的规定》（2020年修正）第23条规定，“在先使用人主张商标申请人以不正当手段抢先注册其在先使用并有一定影响的商标的，如果在先使用商标已经有一定影响，而商标申请人明知或者应知该商标，即可推定其构成‘以不正当手段抢先注册’。但商标申请人举证证明其没有利用在先使用商标商誉的恶意的除外”。

典型案例

“GATEHOUSE”商标无效宣告案[①]

无效申请人LF有限责任公司（以下简称LF公司）提交了以下相关证据，来证明争议商标申请日之前其在先使用的“GATEHOUSE”的知名度及原告具有恶意：(1) 中山市工商业联合会（总商会）出具的“关于‘GATEHOUSE’品牌的情况说明”，其中显示“小榄镇……已吸引众多世界领先五金企业，其中包括五金百货集团劳氏公司（Lowe's Companies, Inc.）及其关联公司LF有限责任公司。作为世界五百强企业，该公司自2003年起即已指定包括华锋、高天在内的十余家本地企业生产其旗下著名品牌GATEHOUSE商品”。(2) 中山市小榄镇商会出具的“关于我会部分会员企业商标被恶意抢注的情况说明”，其中显示，“GATEHOUSE商标是LF有限责任公司众多品牌中的一个……在提出GATEHOUSE商标申请时，巢某是广州商学院三水分院会计专业的学生……从其提出商标申请

① 参见北京市第一中级人民法院（2012）一中知行初字第2195号行政判决书。

后数年内，其从未从事任何与 GATEHOUSE 商标指定商品相关的任何工作……另外，巢某曾多次“抢注”他人未在中国注册的驰名商标”。（3）劳氏公司（Lowe's Companies，Inc.）高级副总裁出具的证明，其中称，艾钜资源有限公司（LG Sourcing，Inc.，以下简称 LG 公司）与 LF 有限责任公司均为劳氏公司的子公司。（4）劳氏公司的子公司 LG 公司向中山市华锋制锁有限公司出具的指示，以及华锋制锁有限公司出具的相应出口检疫证书、出口海运单、出口报关单等涉及的商品为锁、钥匙等，使用的商品为“GATEHOUSE”。（5）原告注册其他知名商标的情形。

商标评审委员会认定①，无效申请人 LF 公司提交的证据可以证明在争议商标申请注册之前，LF 公司及其关联公司与位于广东省中山市小榄镇的中山市华锋制锁有限公司、高天（中山）金属制造有限公司在门锁等五金制品上已存在定牌加工关系，使用“GATEHOUSE”作为商标，并已为一定范围内的相关公众所知晓，具有一定影响；巢某的住所地位于与广东省中山市毗邻的广东省广州市。因此，商标评审委员会认定在争议商标申请注册之前，LF 公司已在中国在先使用“GATEHOUSE”商标并具有一定影响，巢某理应知晓 LF 公司在锁具等五金制品商品上已在先使用“GATEHOUSE”商标的事实，却在与上述商品相同或类似的钥匙、金属锁（非电）商品上抢先注册与该商标相同的商标，显属不当，因此，争议商标在钥匙、金属锁（非电）商品上的注册应根据 2001 年《商标法》第 31 条的规定予以撤销。

商标注册人起诉后，法院认为：该案审理焦点为被异议商标是否违反了 2001 年《商标法》第 31 条有关“不得以不正当手段抢先注册他人已经使用并有一定影响的商标”的规定。上述条款设立的基本目的在于禁止他人基于不正当目的将他人在先使用的商标抢先注册为商标，因此，在该条款的适用中，虽通常要求在先商标具有一定知名度，但该知名度要求的重要作用在于通过知名度的认定来推定商标注册人的恶意，因此对知名度并不要求较高的标准。通常情况下，如果商标注册人在知晓该在先使用商标的情况下仍在同一种或类似商品或服务上进行商标注册，则可以认定商标注册人主观有恶意，违反 2001 年《商标法》第 31 条的规定。

本案中，由查明事实可知，在争议商标申请日之前，第三人及其关联企业已委托中山市的相关企业生产使用“GATEHOUSE”的门锁及钥匙等商品。虽然原告对相关外文证据的翻译持有异议，但鉴于其未提交相关相反证据，故对原告这一异议法院不予采信。在此基础上，虽然该商品系销往国外，但这一行为并不影响其在生产企业所在地中山市及周围地区具有知名度。据此，现有证据可以证明“GATEHOUSE”为第三人在锁、钥匙等商品上在先使用并具有一定知名度的商标。在此情况下，鉴于原告所在地广州市与中山市毗邻，且原告亦具有“抢注”其他国外知名商标的情形，故法院合理认定原告在与锁、钥匙等商品相同或类似的商品上注册争议商标的行为具有“抢注”第三人商标的恶意。该案中，虽然被告仅认定争议商标核定使用的“钥匙、金属锁（非电）”与第三人在先使用的锁等商品构成类似商品，但法院认为除上述商品之外的“钢制滑轮百叶窗、金属螺丝、金属插销、

① 参见商标评审委员会关于第 4458183 号“GATEHOUSE”商标争议的裁定［商评字（2011）第 15112 号］。

关门器（非电动）、五金器具、金属铸模、金属喷头”与锁等商品，在销售对象、销售场所等方面亦较为近似，如使用同一商标亦导致相关公众混淆、误认，故对于争议商标在上述商品上的注册亦应一并撤销。但对于争议商标指定使用的“普通金属艺术品”因与第三人在先使用的锁、钥匙等差异较大，即便使用相同商标亦通常不会引起相关公众混淆，故上述商品未构成类似商品，对于争议商标在该类商品上的注册应予维持。

可见，《商标法》第 32 条的两个适用条件在司法实践中已经被紧密地结合在一起，不再是两个绝对独立的条件，原因有两个：一是对“抢注”人主观恶意的认定需要依赖被“抢注”商标知名度这一客观事实，二是对该条款主要从制止恶意“抢注”的立法目的角度来解释和适用，因而被“抢注”商标的知名度条件自然被淡化，以更好地实现该立法目的。这同时也表明，上述规范中的“具有一定影响”这一条件的量化标准是很宽松的。2017 年《最高人民法院关于审理商标授权确权行政案件若干问题的规定》（2020 年修正）第 23 条第 2 款规定，在先使用人举证证明其在先商标有一定的持续使用时间、区域、销售量或者广告宣传的，人民法院可以认定为有一定影响。“GATEHOUSE”商标无效宣告案的判决表明：定牌加工业务（商品全部出口而不在中国销售）中的商标使用行为也可以满足上述条款中的商标使用和知名度要求，尽管理论上商标的知名度和商誉需要在商品销售中建立于相关公众的认知中。[①] 对该条款的目的解释甚至将商标使用和知名度要求适用于处于使用准备中的商标，只要求“抢注”人和被“抢注”人之间存在直接的业务关系。可见，法院制止恶意“抢注”的努力不可谓不大。

典型案例

“家家酒”商标无效宣告案

1999 年 10 月 18 日，老传统公司在第 33 类酒（饮料）商品中申请注册“家家”商标，该商标为中文“家家”二字组成，字体为电脑字库中的普通隶书体。2001 年 2 月 21 日，“家家”商标获准注册，注册号为 1526615。2002 年 8 月 2 日，杏花村公司向商标评审委员会提出关于撤销上述商标的申请，理由是：在上述商标申请注册前几个月，其公司已经在自己的酒类商品上大量使用，并为该商标做了大量广告，已在山西省内产生了较大影响和较好声誉。老传统公司与杏花村公司同处山西省吕梁地区，且与杏花村公司及关联企业存在经济协作关系；争议商标字体、风格和杏花村公司上述商品商标标识相同；老传统公司注册争议商标后只进行了少量生产。因此，争议商标为其已经使用并有一定影响的商标，系老传统公司以不正当手段抢先注册。

法院和商标评审委员会经审理查明：1998 年 1 月 22 日至 1998 年 4 月，老传统公司与杏花村公司进行试联营，联营期间只涉及原酒生产，未涉及商标问题。杏花村公司从 1999

① 在“GATEHOUSE”商标无效宣告案中，“抢注”人在起诉中提出，被“抢注”人是以定牌加工方式在中国境内使用其商标的，仅由加工企业生产后出口到中国境外，其“GATEHOUSE”商标商品并不在中国境内销售，且加工时间尚短，所以根本不可能为公众所知晓，也就谈不上具有一定影响力。该理由未被法院接受。

年7月开始研制开发并推广“家家酒”。同年7月2日，杏花村公司的经销商虹通公司与山西太原日中天文化传播有限公司签订广告合同，约定由前者提供酒标上的文字内容并委托后者设计“家家酒”瓶贴、背标、外包装箱及全套包装。同年7月13日，虹通公司与太原玻璃厂签订合同，向其订购40万只“家家酒”瓶。同年8月1日，虹通公司与山西新华彩印厂签订合同，向其订购“北特加家家酒”盒箱7 000套。同年8月9日，杏花村公司的关联企业益汾酒厂与浙江省苍南县胶印厂签订订货合同，向其订购40万套“北特加家家酒”商标标贴。同年8月11日，益汾酒厂与黄骅市华丰塑料厂签订购销合同，向其订购40万个“家家酒”防盗盖。同年8月30日，益汾酒厂与虹通公司签订补充协议，约定为进一步拓宽“北特加酒”市场，在原有“北特加酒”的基础上，增加该品牌系列商品“北特加家家酒”。同年9月14日，虹通公司与山西电视台签订广告合同，山西电视台自1999年9月14日始至10月22日履行了每日播出长度为18秒的“家家酒”广告。同年9月18日，益汾酒厂与温州市舒乐包装材料有限公司签订“家家酒”商标印刷合同。同年10月27日及10月29日，山西省卫生防疫站及山西省商品质量监督检验所分别为生产厂家为杏花村公司的“北特加家家酒”出具商品合格的检测、检验报告。同年12月29日，山西省卫生厅为杏花村公司颁发卫生许可证，同意“北特加家家酒”在山西销售。至此，市场上开始正式合法销售杏花村公司生产的“北特加家家酒”。

商标评审委员会根据有效证据认定①：杏花村公司“家家”商标已为广告宣传所覆盖范围内的商品消费者及同业竞争者知悉，其影响已经达到了一定程度。老传统公司和杏花村公司曾存在联营关系，二者共处相同地域、同一行业，加之杏花村公司在先使用的商标已通过广告宣传为一定范围内的消费者及同业竞争者知悉，争议商标与杏花村公司在先使用的商标之文字构成、字体基本相同，故老传统公司应知“家家”为杏花村公司在先使用的商标。基于上述事实，商标评审委员会认定争议商标系杏花村公司在争议商标申请日前已经使用并有一定影响的商标，老传统公司以不正当手段抢先注册，应予撤销。老传统公司起诉后，两审法院均维持了商标评审委员会的裁定。②

最高人民检察院抗诉后，北京市高级人民法院再审认为③：《商标法》（2001年）第31条明确规定，申请商标注册不得损害他人现有的在先权利，也不得以不正当手段抢先注册他人已经使用并有一定影响的商标。在老传统公司申请注册争议商标的3至4个月之前，杏花村公司及其关联企业、经销商即为“家家酒”商品上市销售做了大量准备工作，包括委托他人设计“家家酒”的全套包装，分别向4家企业订购专用于“家家酒”的容器、酒盒箱、商标瓶贴及防盗盖等，并为使用该商标的商品进行电视广告宣传，故杏花村公司的“家家”商标已在广告宣传覆盖范围内产生了一定程度的影响。老传统公司和杏花村公司曾存在联营关系，二者共处相同地域、同一行业，双方商品有着相同的销售渠道和地域，加之杏花村公司的商标已通过广告宣传为一定范围内的消费者及同业竞争者知悉，争议商标与杏花村公司在先使用的商标之文字构成、字体基本相同，故老传统公司应知“家家”为

① 参见商标评审委员会商评字（2004）第1812号争议裁定。

② 参见北京市第一中级人民法院（2004）一中行初字第588号行政判决书，北京市高级人民法院（2005）高行终字第71号行政判决书。

③ 参见北京市高级人民法院（2006）高行抗终字第474号行政判决书。

杏花村公司在先使用并有一定影响的商标，却将与杏花村公司上述商标基本相同的争议商标抢先申请注册在类似商品上，其行为已构成以不正当手段抢先注册有一定影响的商标的行为。

值得注意的是，在《商标法》第 15 条和第 32 条后半句之间的分工关系：在“抢注”人和被“抢注”人之间存在代理或代表、合同或其他关系的情形下，被“抢注”人宜援引第 15 条；在没有直接关系的情况下，宜援引第 32 条。但这只是从实体法的角度作的划分，在具有合同或其他关系却对其难以证明的情况下，不妨将两个条款同时引用。尽管如此，这两个条款存在被同时适用的可能，因为两者之前的适用范围本身就没有在立法层面被周延地划分。

2017 年《最高人民法院关于审理商标授权确权行政案件若干问题的规定》（2020 年修正）第 23 条第 3 款规定，“在先使用人主张商标申请人在与其不相类似的商品上申请注册其在先使用并有一定影响的商标，违反商标法第三十二条规定的，人民法院不予支持”。将本规则的适用范围限定于相同和类似商品或服务是合理的，因为：一方面，具有一定影响的商标的商誉也仅在相同或类似商品或服务上才会被侵害；另一方面，未注册驰名商标的保护范围也仅及于相同和类似商品或服务。

四、《商标法》第 44 条第 1 款

《商标法》第 44 条第 1 款规定，已经注册的商标，违反本该法第 4 条、第 10 条、第 11 条、第 12 条、第 19 条第 4 款规定的，或者是以欺骗手段或者其他不正当手段取得注册的，由商标局宣告该注册商标无效；其他单位或者个人可以请求商标局（2018 年之前为商标评审委员会——引者注）宣告该注册商标无效。

对该条款中的“以欺骗手段或者其他不正当手段”的解释一直存在争议。首先，立法条文的文字表述从法律角度看并不清晰，看不出与哪个商标取得条件相关。其次，由于《商标法》中能阻止恶意“抢注”的法律规范（主要是第 15 条、第 16 条和第 32 条）的适用范围不够宽，商标审查机关和法院在无法依据其他条款制止“抢注”的情形下，自然就利用了第 44 条第 1 款中的“欺骗手段”和“其他不正当手段”这一用语的抽象性和模糊性，将其作为制止恶意“抢注”的兜底条款。根据《商标审查审理指南》下编第十六章，该条款的适用范围包括以下两种情形：（1）以弄虚作假的手段欺骗商标注册部门机关，取得商标注册的行为。这是指商标注册人在申请注册商标时，采取向商标注册部门机关虚构或者隐瞒事实真相、提交伪造的申请文件或者其他证明文件等手段骗取商标注册。（2）基于进行不正当竞争、牟取非法利益的目的，恶意进行注册的行为。这是指在《商标法》第 13 条、第 15 条、第 32 条等规定的情形之外，确有充分证据证明商标注册人明知或者应知为他人在先使用的商标而申请注册，其行为违反了诚实信用原则，损害了他人的合法权益，损害了公平竞争的市场秩序的情形。第一种情形符合《商标法》第 44 条第 1 款的字面含义，但对于欺骗手段所涉及的商标注册条件并不明确。可以设想的影响商标注册的虚假信息或文件包括有关申请人身份（名称、地址）、优先权、代理委托书等方面的信息。但如果这些方面的信息存在瑕疵，并不需要单独的法律规定才能产生商标无效的效果，有的信息

虚假情形也并不必然导致商标注册无效。第二种情形显然是作为制止商标“抢注”的兜底条款，而且在实践中，确实很好地起到了制止商标“抢注”的效果。

比如，在“Haupt”商标无效宣告案①中，被“抢注”人金丰利超硬刃具（深圳）有限公司于1991年3月注册成立，专业生产硬质合金圆锯片商品。该公司自成立以来一直使用“Haupt”商标，商品销售在国内市场中占有相当大的比例。“抢注”人深圳市辉锐实业有限公司的法人代表、总经理赵某自1991年至1993年3月任被“抢注”人的报关员兼出纳员。赵某明知被“抢注”人生产的“Haupt”商标的锯片，其于1996年10月占股80%登记注册“抢注”人深圳市辉锐实业有限公司，并于同年11月将被“抢注”人使用多年的“Haupt”商标申请注册在与其相同的商品上。商标评审委员会经审理认为，“抢注”人的法定代表人曾经是被“抢注”人的工作人员，在离开原雇主后设立了生产同类商品——硬质合金圆锯片的公司。其在明知“Haupt”是原雇主在先设计、使用的商标的情况下，在锯片（机器零件）等商品上申请注册“Haupt”商标。“抢注”人的行为违反了诚实信用原则，属于以欺骗手段或者其他不正当手段取得商标注册的行为，违反了2001年《商标法》第41条第1款的规定，应予撤销。

在2013年《商标法》的框架内，对于这种情形可以适用第15条第2款，而无须第44条第1款来兜底。在肯定第44条第1款在制止恶意“抢注”方面的效果的同时，《商标审查及审理标准》对该条款的解释也存在需要注意的地方：一是其与第13条、第15条和第32条的规定之间可能发生冲突。这些条款都有各自的适用条件：第13条以驰名商标为条件，第15条以代理或代表关系为条件，第32条以在先商标的使用和知名度为条件。看似与这些条件同质的第44条第1款仅以违反诚实信用原则、损害公共利益为条件。法律原则的解释和适用灵活性很强，从而增强了随意性。《商标法》在2013年修改时就已经专门引入了诚实信用原则，这更使上述解释为不必要。二是第44条第1款作为商标无效的理由，与第10条、第11条和第12条这三个商标注册的绝对无效理由被规定在一起。在性质上，该条款应该属于绝对无效理由。前述解释和适用在性质上应当与此保持一致。根据《最高人民法院关于审理商标授权确权行政案件若干问题的意见》第19条，法院在审理涉及注册商标无效（2001年《商标法》中的撤销注册商标）的行政纠纷案件时，审查判断诉争商标是否属于以其他不正当手段取得注册时，要考虑其是否属于欺骗手段以外的扰乱商标注册秩序、损害公共利益、不正当占用公共资源或者以其他方式牟取不正当利益的手段。对于只是损害特定民事权益的情形，则要适用《商标法》第45条（2001年《商标法》第41条第2款、第3款）及其他相应规定进行审查判断。最高人民法院显然是将第44条第1款定位为商标注册的绝对无效理由，这一规定也在司法实践中得到很大程度的贯彻执行。

比如，在“海棠湾”案②中，最高人民法院认定，审查判断商标是否属于“以其他不正当手段取得注册”的情形，要考虑其是否属于欺骗手段以外的扰乱商标注册秩序、损害公共利益、不正当占用公共资源或者以其他方式牟取不正当利益的手段。这涉及的是绝对无

---

① 汪泽.《商标法》第四十一条第一款“以其他不正当手段取得注册”的理解与适用：第1127045号“Haupt”商标争议案评析.中国发明与专利，2007（3）.

② 参见最高人民法院（2013）知行字第41号行政裁定书。

效事由。该案中，李某在不同类别的商品或服务上申请注册了“香水湾”“椰林湾”等与海南地名、景点有关的商标三十余件，并且关于多件商标有转让记录。李某还曾与海棠湾管理委员会取得联系，希望以高价转让“海棠湾”商标。李某未提供其使用“海棠湾”等商标的有关证据。依上述情况足以认定李某申请注册争议商标的行为构成以“不正当手段取得注册”的情形。

又如，在“蜡笔小新”商标无效宣告案[①]中，无效宣告申请人提交的证据表明，商标局、商标评审委员会已多次在异议裁定、异议复审裁定及争议裁定中对争议商标原注册人诚益公司多次恶意“抢注”他人知名商标行为的性质进行了有效认定。双叶社提交的其他证据证明“蜡笔小新”文字及图形具有较强的独创性和显著性，且在争议商标申请注册前在日本，以及中国香港、中国台湾地区已具有较高知名度。另外，诚益公司在第 9、18、25、44 类等多个类别上申请注册了“SNOOPY”“史诺比”“梦迪娇”“蒙特娇”“浪琴”“Burberrys”“CHANEL”“WALT DISNEY”“POLO CLUB”“Gillette”“VOLVO”“高露洁”“GUESS”“Calvin Klein”“BETU”“百图”“FENDI”等多件商标，对上述商标相关权利人已提出异议、异议复审申请或以注册不当为由提出撤销注册申请。商标局及商标评审委员会均对诚益公司恶意复制、摹仿他人知名商标行为的性质作出认定，并综合考虑诚益公司申请多件与他人知名商标相同或相近的商标之事实，以违反诚实信用原则，易造成消费者混淆、误认为由分别作出不予核准注册、撤销注册的裁定。法院认为：根据该案已经查明的事实，《蜡笔小新》系列漫画及动画片早于争议商标申请日之前已在日本以及中国香港、中国台湾地区广泛发行和播放，具有较高知名度。争议商标的原申请人诚益公司地处广州，毗邻香港地区，理应知晓“蜡笔小新”的知名度。诚益公司将“蜡笔小新”文字或卡通形象申请注册商标，主观恶意明显。同时，考虑到诚益公司具有大批量、规模性“抢注”他人商标并转卖牟利的行为，情节恶劣，商标评审委员会认定诚益公司申请注册争议商标，已经违反了诚实信用原则，扰乱了商标注册管理秩序及公共秩序，损害了公共利益，构成 2001 年《商标法》第 41 条第 1 款所指“以其他不正当手段取得注册”的情形。

此外，对于《商标法》第 44 条第 1 款是否可以在商标异议程序中适用，也曾存在争议。笔者认为，影响商标效力的理由，应当既可以在无效宣告程序中适用，也可以在异议程序中适用，因为这两个程序都是核实申请注册商标是否满足注册的条件。在“清样”商标异议案中，一审法院认为[②]：2001 年《商标法》第 41 条第 1 款的规定应适用于注册商标案件，该案中对被异议商标尚未核准注册，商标评审委员会在第 47172 号裁定中适用该条款明显缺乏根据。二审法院认为[③]：2001 年《商标法》第 41 条第 1 款的立法精神在于贯彻公序良俗原则，维护良好的商标注册管理秩序，营造良好的商标市场环境。根据该款规定的文义，其只能适用于已注册商标的撤销程序，而不适用于商标注册申请审查及核准程序。但是，对于在商标注册申请审查及核准程序中发现的以欺骗手段或者其他不正当手段申请商标注册的行为，若不予以制止，等到商标注册程序完成后再启动撤销程序予以规制，显

① 参见北京市高级人民法院（2011）高行终字第 1427 号行政判决书。

② 参见北京市第一中级人民法院（2014）一中知行初字第 6431 号行政判决书。

③ 参见北京市高级人民法院（2015）高行（知）终字第 659 号行政判决书。

然不利于及时制止前述不正当注册行为。因此，应当将它贯穿于商标注册申请审查、核准及撤销程序的始终。商标局、商标评审委员会及法院在商标注册申请审查、核准及相应诉讼程序中，若发现商标注册申请人是以欺骗手段或者其他不正当手段申请注册商标的，可以参照前述规定，制止不正当的申请注册商标行为。当然，此种规定只应适用于无其他法律规定可用于规制前述不正当申请注册商标行为的情形。该案中，根据法院查明的事实，金泰公司在多个商品类别上申请注册了“清样”商标，此外还申请注册了6件“关汉卿”商标、3件“关家园”商标、2件“修达宁”商标、2件“斯巴鲁”商标以及“修斯舒”“修达舒”等商标。金泰公司的前述系列申请注册商标行为具有明显的复制、抄袭他人高知名度商标的故意，扰乱了正常的商标注册管理秩序，有损于公平竞争的市场秩序，违反了公序良俗原则。参照2001年《商标法》第41条第1款关于禁止以欺骗手段或者其他不正当手段取得商标注册的立法精神，对金泰公司的前述系列申请注册商标行为应当予以禁止，故对该案中异议商标的申请注册不应予以核准。商标评审委员会应当参照而不是直接适用2001年《商标法》第41条第1款的规定，制止该案异议商标的注册。其法律适用方法确有不妥，但是，其裁定结论是正确的。《商标审查审理指南》现在已经明确规定，在商标异议和不予注册复审程序中可参照适用现行《商标法》第44条第1款规定的审查审理标准。

2019年《商标法》修正时新增的旨在打击恶意商标“抢注”行为的第4条有广泛的适用范围，《商标法》第44条第1款将商标审查和司法实践中发展出来的多种类型的商标“抢注”行为都纳入第4条的规制范围。《商标法》第44条第1款，一方面，仍适用于以弄虚作假的手段欺骗商标注册部门机关取得商标注册的行为；另一方面，作为兜底条款发展出规制不正当商标注册的其他规则与实践。

五、《商标法》第4条[①]

2019年修正《商标法》时，在原第4条中新增了一条规范：“不以使用为目的的恶意商标注册申请，应当予以驳回”。根据相关立法说明，引入该条款的目的主要是打击商标囤积注册行为。起草者认为注册商标囤积行为的可谴责性在于其违反了注册商标的使用要求，因此，该条文的初稿是“不以使用为目的的商标注册申请，应当予以驳回”。从注册商标囤积这一类型化行为描述到“不以使用为目的的商标注册申请”这一特征化行为描述，该拟定规范的适用范围要远超过注册商标囤积行为，因为，至少，不属于囤积的无使用目的的商标注册申请也都在禁止之列，而某些无使用目的的商标注册申请可能不具有可谴责性。于是，“有些（全国人大）常委会组成人员提出，考虑到已经取得商标注册并实际使用的企业为预防性目的申请商标注册的实际情况，对此类申请不宜一概予以驳回”[②]。最终，立法机关在“不以使用为目的”之外增加了“恶意”这个条件来限制该条款的适用范围，意即不是所有不以使用为目的的商标注册申请都在禁止之列，只有具有恶意的不以使用为目的的商标注册申请才在该条款的禁止范围之内。但“恶意”这个用语含义抽象，在商标法领

---

① 冯术杰．《商标法》第四条中“不以使用为目的的恶意商标注册申请”的认定．知识产权，2022（6）．

② 2019年4月23日《全国人民代表大会宪法和法律委员会关于〈《中华人民共和国建筑法》等八部法律的修正案（草案）〉审议结果的报告》。

域有时被理解为某些违法或不当行为的主观故意状态，有时也被理解为对诚实信用原则的违反，因此，其具体内涵与外延并不明确。[①] 尽管如此，立法机关将第 4 条中的新增规范设置为可以在商标注册申请审查、异议和无效宣告程序中适用的具体理由条款。在商标审查机关和法院迫切需要更多规范资源以更有效打击恶意申请注册商标的背景下，对该条款的效果期待必然很高。因此，2019 年《商标法》第 4 条新增规范为我国商标审查机关和法院在规制恶意申请商标注册领域的探索提供了新的契机。

在 2019 年修正的《商标法》公布之后，有学者从不同角度或方面对其第 4 条作了有益的研究。[②] 2021 年 11 月 16 日，国家知识产权局发布了《商标审查审理指南》，就《商标法》第 4 条的适用作出了具体规定。下文根据商标法理论并结合这些最新规定对《商标法》第 4 条新增规范的解释和适用作进一步探讨。于对该条款的解释，除了需要考虑立法背景和有效解决现实问题的目标需求，更需要确立该条款自身的法理基础，并理顺其与规制商标“抢注”行为的既有规则之间的关系，也即应兼顾立法原意解释、目的解释、学理解释和体系解释。在立法解释方面，相关研究已经多有论述，至于目的解释，囿于商标“抢注”行为的非规范性和多样性，仅能提供一定的价值指引。因此，学理解释与体系解释在此具有特别的重要性：前者为该条款的解释和适用提供指导思想与方法路径，后者保证其与《商标法》既有相关条款不发生冲突并能分工互补。

(一) 第 4 条的理论基础

就学理解释而言，第 4 条新增规范的理论基础就是禁止权利滥用原则，即涉及该原则在商标注册申请权滥用方面的适用。从法学理论层面看，民事权利经历了从绝对性和个人本位到相对性和社会本位的发展，因而其应因他人权益与社会公众利益而受到一定限制[③]；从法律技术层面看，立法者不可能在权利设置中对民事权利的范围做出其恰如其分的规定，因而需要在不同主体的同类或不同类权利以及个体的权利与公共利益之间进行再平衡。这种权利限制或平衡，一方面可以在立法层面通过不断设置权利的例外来实现（比如专利法上的 Bolar 例外制度、商标法上的在先使用例外制度），另一方面就需要通过禁止权利滥用等原则来实现。与英美法上依靠法官适用衡平法来制止权利滥用的做法不同，大陆法系国家发展出了系统的禁止权利滥用理论和立法例，后者为我国《民法典》第 132 条确立禁止权利滥用规则及相关法律实践提供了有益借鉴。[④] 禁止权利滥用的规则被规定在《民法典》总则编第五章“民事权利”这一部分，因此，可以适用于各类民事权利，包括商标注册申请权和注册商标专用权。[⑤] 根据相关理论，权利滥用，就是权利的行使超过了正当范围的界限。其判断标准主要有六种：故意损害、缺乏正当利益、选择以有害方式行使权利、获取利益与致他人损害之间不相称、不考虑权利存在的目的、行使权利构成侵权。这些标准其

---

① 王莲峰．新《商标法》第四条的适用研究．政法论丛，2020（1）：102－112.

② 孔祥俊．论非使用性恶意商标注册的法律规制：事实与价值的二元构造分析．比较法研究，2020（2）．林威．新《商标法》第四条评析．大连海事大学学报（社会科学版），2020（4）．

③ 刘作翔．权利相对性理论及其争论：以法国若斯兰的“权利滥用”理论为引据．清华法学，2013（6）．

④ 王利明．论禁止滥用权利：兼评《总则编解释》第 3 条．中国法律评论，2022（3）．《民法典》第 132 条规定，民事主体不得滥用民事权利损害国家利益、社会公共利益或者他人合法权益。

⑤ 王利明．论禁止滥用权利：兼评《总则编解释》第 3 条．中国法律评估，2022（3）．

实是从不同角度或方面为如何判断民事权利的正当范围界限提供了指引，互相之间存在交叉、重叠或补充等关系。[①] 综合这些不同的标准，权利滥用的判断其实有内部和外部两个视角：一是从权利的内部看其行使是否违背了设置该权利的制度的目的（缺乏正当利益、不考虑权利存在的目的），二是从权利的外部看其行使是否主要以损害他人权益为目的（故意侵害、选择以有害方式形式权利、获取利益与致他人损害之间不相称、行使权利构成侵权）。[②] 无论从内部视角认定了权利行使违反制度目的还是从外部视角认定存在损害他人权益或公共利益的权利行使目的，都足以认定权利滥用。[③] 在具体的权利是否被滥用的认定中，必然要根据所涉权利的性质和类型来确定其制度目的，并根据该权利的行使对他人权益或公共利益的影响来认定权利人侵害他人的目的。

就禁止权利滥用原则在商标注册申请领域的适用而言，需要根据商标法来确定商标注册申请权的制度目的，并根据该权利的行使对他人权益和公共利益的影响来认定是否存在权利滥用。《商标法》第 4 条中的“不以使用为目的”这个条件应被理解为从商标注册申请权的内部视角阐释了对商标制度目的的违反。就商标注册申请权而言，对其制度目的在禁止权利滥用原则的角度应从两个层面进行理解，一是商标注册制度的目的，二是注册商标专用权保护制度的目的。首先，商标注册制度通过申请—注册—公告程序赋予申请人就其所选定的商标在未来的独占权，使申请人在有预期性和安定性保障的前提下在商业活动中投资于使用申请注册的商标的商品或服务的商业计划。也即，这种具有预期性和安定性的赋权制度安排就是以保障和服务于申请人在商业活动中使用申请注册的商标为目的的。[④] 如果没有使用商标的目的却申请注册商标，就违反了设置该权利的制度目的。其次，就商标注册申请人所要获得的注册商标专用权而言，该权利的目的就是保护权利人的商标不被他人混淆性使用，其商誉不被盗用，其商品或服务品质通过商标得到标示等，而所有这些目的都是以商标注册人在经营活动中使用其商标而产生商誉作为权益基础。如果商标注册人没有商标使用的目的，则这些制度的目的就会落空，因为商标权不是要保护一个抽象的符号。[⑤] 而“恶意”这个条件，则从商标注册申请权和注册商标专用权的外部视角定义商标注册申请人所追求的侵害他人权益或公共利益的目的。商标法领域的实践表明，这些不正当目的就包括侵害他人在先权益、囤积占用符号资源、通过转让注册商标来牟利、恶意投诉

---

① 彭诚信．论禁止权利滥用原则的法律适用．中国法学，2018（3）．郭禾．关于滥用知识产权问题的法律逻辑推演．知识产权，2013（5）．易继明．禁止权利滥用原则在知识产权领域中的适用．中国法学，2013（4）．李琛．禁止知识产权滥用的若干基本问题研究．电子知识产权，2007（12）．

② 根据《最高人民法院关于适用〈中华人民共和国民法典〉总则编若干问题的解释》（法释〔2022〕6 号）第 3 条第 1 款，人民法院可以根据权利行使的对象、目的、时间、方式、造成当事人之间利益失衡的程度等因素对民事权利滥用作出认定。这些不同的考量因素也是为法院认定权利行使是否违反制度目的或具有侵害他人的目的提供依据。

③ 《最高人民法院关于适用〈中华人民共和国民法典〉总则编若干问题的解释》（法释〔2022〕6 号）第 3 条第 2 款规定，行为人以损害国家利益、社会公共利益、他人合法权益为主要目的行使民事权利的，人民法院应当认定构成滥用民事权利。该规定仅从权利的外部角度规定了权利滥用的认定，但并没有也不能否定从权利的制度目的这一内部角度的认定，也不排除法院将设置权利的制度目的与侵害他人利益的目的相提并论，得出行为人以侵害他人为主要目的的结论。

④ 冯术杰．论注册商标的权利产生机制．知识产权，2013（5）．

⑤ 邓宏光．我们凭什么取得商标权：商标权取得模式的中间道路．环球法律评论，2009（5）．

或起诉他人、商誉“搭便车”等。这里有两点值得说明：一是禁止权利滥用规则与侵权规则之间可能存在竞合。这发生在因行使民事权利而侵害他人法定权利或者已经被政策或司法实践认可的正当利益的情况下。此时宜适用侵权规则。这在商标“抢注”相关案件中就表现为：《商标法》第32条保护在先权益条款较之第4条应被优先适用。[①] 二是因行使民事权利所侵害的某些公共利益和某些个体权益的正当性可能需要在禁止权利滥用原则的适用中被证成。比如，商标指示性使用和在先使用商标作为侵权例外都是在第三人权益的正当性被证成后才引起了注册商标专用权正当范围的调整。另外，对商标注册制度中的公共利益需要更多地阐释和保护以制止那些没有侵害个体权益但危害到公共利益的商标注册申请行为。[②]

权利滥用的法律后果包括权利行使不发生法律效力、失权、承担侵权责任等。《最高人民法院关于适用〈中华人民共和国民法典〉总则编若干问题的解释》（法释〔2022〕6号）第3条第3款规定，“构成滥用民事权利的，人民法院应当认定该滥用行为不发生相应的法律效力。滥用民事权利造成损害的，依照民法典第七编等有关规定处理。”就《商标法》第4条新增规范的适用而言，滥用商标注册申请权的法律后果就是商标注册申请行为不发生相应的法律效果，即不能获得商标注册，这将导致违反该条款的商标申请被驳回或其已注册的商标被宣告无效。值得说明的是，民事权利（比如物权）一般都是基于某种在先或基础的正当利益而产生或基于交换而取得，但注册商标专用权完全是基于商标注册申请行为拟制的权利而不以其他权益为基础，对其予以否定并不会导致相关权益受损，因而在滥用商标注册申请权的情况下可以直接驳回商标注册申请。[③]

（二）“恶意”的认定

根据禁止权利滥用原则，《商标法》第4条规定的两个适用条件的重心应当是商标注册申请人的“恶意”。原因有二：就实体方面而言，申请人“不以使用为目的的”的商标注册申请行为服务于其所追求的不正当目的。就程序方面而言，“不以使用为目的”这个消极条件不易认定，而不正当目的这个积极条件更易于认定；而且，一旦认定了申请人具有某种不正当目的，就可以推定其商标注册申请行为“不以使用为目的”。就“恶意”（不正当目的）的具体情形，需要结合商标“抢注”领域的经验来总结。经验表明，商标“抢注”人所追求的不正当目的通常包括转让牟利、恶意起诉或投诉他人、“搭便车”或傍名牌、抢占公共符号资源等。[④] 这些构成“恶意”的不正当目的集中体现在《规范商标申请注册行为若干规定》和参考该文件制定的2021年《商标审查审理指南》中。《商标审查审理指南》下编第二章第5条列举了适用《商标法》第4条的九种典型情形：（1）商标注册申请数量巨大，明显超出正常经营活动需求，缺乏真实使用意图，扰乱商标注册秩序的。（2）大量复

---

① 王利明．论禁止滥用权利：兼评《总则编解释》第3条．中国法律评估，2022（3）．

② Barton Beebe and Jeanne Fromer，“Are We Running Out of Trademarks? An Empirical Study of Trademark Depletion and Congestion”，131 *Harvard Law Review* 945（2018）.

③ 王利明．论禁止滥用权利：兼评《总则编解释》第3条．中国法律评估，2022（3）．李敏．我国民法上的“禁止权利滥用规范”：兼评《民法总则》第132条．法律科学（西北政法大学学报），2018（5）．

④ 孔祥俊教授将按此方法对“恶意”条件的解释和适用定性为价值判断。孔祥俊．论非使用性恶意商标注册的法律规制：事实与价值的二元构造分析．比较法研究，2022（2）．

制、摹仿、抄袭多个主体在先的具有一定知名度或者较强显著性的商标，扰乱商标注册秩序的。(3) 对同一主体的具有一定知名度或者较强显著性的特定商标反复申请注册，扰乱商标注册秩序的。(4) 大量申请注册与他人企业字号、企业名称简称、电商名称、域名，有一定影响的商品名称、包装、装潢，他人知名并已产生识别性的广告语、外观设计等商业标识相同或者近似的标识的。(5) 大量申请注册与知名人物姓名、知名作品或者角色名称、他人知名并已产生识别性的美术作品等公共文化资源相同或者近似的标识的。(6) 大量申请注册与行政区划名称、山川名称、景点名称、建筑物名称等相同或者近似的标识的。(7) 大量申请注册指定商品或者服务上的通用名称、行业术语，直接表示商品或者服务的质量、主要原料、功能、用途、重量、数量等缺乏显著性的标识的。(8) 大量提交商标注册申请，并大量转让商标，且受让人较为分散，扰乱商标注册管理秩序的。(9) 申请人有以牟取不当利益为目的，大量售卖，向商标在先使用人或者他人强迫商业合作，索要高额转让费、许可使用费或者侵权赔偿金等行为的。

上述不同情形可以被归纳为七种“恶意”类型：(1) 为囤积。囤积行为（大量申请注册商标却没有使用目的）本身其实并不是不正当目的，不正当目的是从囤积这一事实本身推断出来的：没有人会无缘无故花费金钱注册大量商标而闲置不利用，其必然是要通过商标转让或其他手段来牟取不正当利益，否则难以解释这种行为。在囤积的情形下，不需要具体认定申请人具有哪种恶意，而根据囤积事实本身就可以推定其必然具有某种不正当目的。(2) 和 (3) 为“搭便车”或傍名牌。[①] (4) 和 (5) 为构成不正当竞争的混淆行为（《反不正当竞争法》第 6 条）。(6) 为抢占具有潜在商业价值的符号资源。(7) 为恶意投诉或起诉的预备行为。(8) 为转让牟利。(9) 为恶意维权。明确了注册商标权利滥用中的这些恶意的类型，就可以对各种情形的要件作出更准确的设置和解释与适用，同时也可以避免不同情形之间的适用范围重叠。在“恶意”的认定方法上，由于商标注册申请人的不正当目的属于主观意图性质的要件，实践中通常是结合多种相关因素来推定，这些因素尤其包括申请人的既往行为所追求的或实现的不正当目的。《规范商标申请注册行为若干规定》以及《商标审查审理指南》都采用了主要根据申请人的过往行为，比如转让牟利的记录、在有裁定或判决中被认定违反商标“抢注”相关条款的记录等，来推断其新申请注册行为是否有不正当目的的做法。

（三）“不以使用为目的”的认定

就《商标法》第 4 条适用的第二个条件“不以使用为目的”而言，其在商标注册制度中的作用与适用均和美国法上的“意图使用”要求不同。[②] 由于其本身是个关于主观因素的事实，在理论上说是难以审查的，实践中只能依靠有关申请人客观商业行动的相关证据来考察商标使用目的。然而，客观商业行动与商标使用目的是两回事，证据法上的关联性不强。举两个极端的例子：有的申请人具有使用商标的真实目的，但在提交商标注册申请时尚没有启动任何商业行动；有的申请人已经开始了有关商业行动，不涉及申请注册商标却

---

① 冯术杰．“搭便车”的竞争法规制．清华法学，2019 (1)．

② 杨凯旋．注册体制下商标使用意图要件监视．交大法学，2021 (3)．郑悦迪．商标注册制度中的“使用意图”要求比较研究．知识产权，2020 (4)．

声称涉及申请注册商标。于前者商标使用目的真实而不能被证明，于后者商标使用目的虚假但却能够通过相关证据得到证明。另外，企业的商业计划也有近期、中期和远期之别。如果申请人证明一个十年的商业计划中的后五年需要使用申请注册商标，则也难说是违反了《商标法》第 4 条的规定。根据商标不使用撤销制度，如果没有正当理由连续三年不使用一个注册商标，则任何单位或者个人可以向商标局申请撤销该注册商标。它是对商标注册制度带来的“注而不用”问题的一种矫正。理论上，于《商标法》第 4 条新增规范的适用可以把这一矫正机制的原理纳入考量，但基于这种考量来设计具体的审查操作存在相当的困难，即难以要求申请人提供三年内将使用申请注册商标的意图证据，因为商标审查机关没有能力审查商业计划的可行性，而且申请人也很容易在形式上显示三年内使用申请注册商标的意图。因此，在不得已而采用商业行动方面的证据来证明商标使用目的这一审查方法的适用中，必须注意到对商标使用目的的审查不是对商业计划可行性或可靠性的审查，否则这不仅超出了商标审查机关的职权和能力，也会因不当审查而干涉企业的商业自由。因此，在商标使用目的的审查中，证明标准宜低不宜高，即审查宜松不宜紧，仅在申请人明显不能对商标使用目的作出合理说明的情况下才能认定无使用目的。① 但对于证据的合法性、真实性和关联性仍应正常审查，如果从这三个角度的审查使得可以否定申请人所提供的证据，则可以认定申请人未提供证据说明商标使用目的。此外，在已经认定商标注册申请人具有“恶意”的情况下，对商标使用目的方面的证据应采用更严的审查标准，主要涉及证明标准的提高。在这种情况下，其实是商标审查机关已经以推定的方式认定了申请人不具有商标使用目的，从而申请人有义务举证推翻这一认定。

（四）第 4 条与其他条款的关系

就体系解释而言，既有的商标“抢注”相关条款的适用对象分别是：《商标法》第 13 条禁止“抢注”驰名商标；第 15 条禁止“抢注”被代理人或被代表人及商业伙伴等的商标；第 32 条禁止“抢注”他人具有在先权益的商标或他人在先使用并有一定影响的商标；第 44 条第 1 款禁止以欺骗等不正当手段申请注册商标，而审查实践和司法实践还依据该条禁止“破坏商标注册管理秩序”、“损害公共利益”、“抢占公共资源”、“谋取不正当利益”等情形下的商标“抢注”。《商标法》第 4 条新增规范与这些既有相关条款的关系首先涉及其与第 13、15、32 条这些涉及在先权益保护条款的关系，其次涉及其与第 44 条第 1 款的关系。②

就前者而言，《商标审查审理指南》规定，“仅损害特定主体的民事权益，不涉及损害公共利益的，不属于该条规定情形”。这表明，商标审查机关有意将《商标法》第 4 条新增规范的适用范围限定在损害公共利益的情形，而将仅损害特定主体民事权益的情形归入《商标法》第 13、15、32 条的适用范围。这实际上是承继了最高人民法院就《商标法》原第 41 条第 1 款（现第 44 条第 1 款）的适用范围的限定思路。③ 结合《商标审查审理指南》规定的九种情形，从特定主体的民事权益与公共利益之间的关系的角度看，存在三种类型

---

① 孔祥俊．论非使用性恶意商标注册的法律规制：事实与价值的二元构造分析．比较法研究，2022（2）．

② 王莲峰．刘润涛．无真诚使用意图商标注册的立法规制．中华商标，2018（9）．

③ 参见《最高人民法院关于审理商标授权确权行政案件若干问题的意见》第 19 条。

的商标“抢注”行为。

第一种是不侵害特定主体民事权益但侵害公共利益的“抢注”行为。对于此类行为，由于不存在保护在先权益的条款可以适用，因而只能适用第4条。这里又分为两种情形。一是《商标审查审理指南》所列举的上述（1）、（6）和（7）这三种情形，比如数量巨大但不侵犯任何他人在先权益的商标囤积行为，此时的公共利益指的应是因囤积的商标而会受到潜在不利影响的不特定主体的利益，即这些囤积的商标会挡住数量远大于囤积数量本身的他人在后申请注册商标。二是《商标审查审理指南》所列举的（2）、（3）、（4）和（5）这四种情形，比如“抢注”分属众多主体的具有知名度的在先标识的行为。需要特别注意的是，这些情形不属于混淆标准或淡化标准所定义的侵犯特定主体权益的行为，不满足《商标法》第13、15、32条的适用条件。此时的公共利益损害指的应是因众多主体的利益受到影响而造成的对宏观商标注册管理秩序的损害，潜在的不特定主体的利益（“抢注”人很可能会继续“抢注”其他主体的商标）因此受到威胁，因而有必要对“抢注”人的行为从公共利益角度予以否定性评价。

第二种是既侵害特定主体的民事权益也侵害公共利益的“抢注”行为。对于《商标法》第13、15、32条所规制的“抢注”行为，如果“抢注”人不以使用为目的实施了众多此类“抢注”行为，则同时构成对商标注册管理秩序的侵害和权利滥用，对不特定主体的利益形成潜在威胁，损害公共利益，因而违反《商标法》第4条，因此，《商标法》第4条的原则条款与具体条款同时可以适用。上述条款与第4条的同时适用，在理论上也不是问题，就像《反不正当竞争法》的一般条款与具体条款对某些具体不正当竞争行为也都具有理论上的可适用性。在这些保护在先权益条款可以适用的案件中，似乎没有必要再适用第4条，这就涉及第4条的两个重要优势：一是商标审查机关在商标注册申请审查环节可以适用该条，从而依职权批量驳回众多恶意的商标注册申请；二是作为绝对理由可以在商标无效宣告案件中不受时间约束地被适用，由此显著提升了打击商标“抢注”的效率。

第三种类型是仅侵害特定主体的民事权益但不侵害公共利益的“抢注”行为，比如仅“抢注”他人的一个具有知名度的在先商标的行为。此类行为属于《商标法》第13、15、32条的适用范围，而不在第4条的适用范围。但是，如前所述，“抢注”多个特定主体的商标的行为也可以同时构成对商标注册管理秩序及公共利益的侵害。实际上，以特定主体与非特定主体的区别来划分基于保护在先权益的禁止“抢注”条款与基于权利滥用原则的第4条的适用范围，并没有准确表述实际的标准。从《商标法》第44条第1款项下的实践以及《商标审查审理指南》的规定来看，实际上是按照涉及的被“抢注”人的数量多少而不是是否特定。但多与少之间的界限并不明确，在加大打击商标“抢注”力度的政策背景下，对该量化门槛自然就以最低标准来适用：只要被“抢注”人的数量超过一个就有可能适用第4条。《商标审查审理指南》另外规定，“对同一主体具有一定知名度或者较强显著性的特定商标反复申请注册，扰乱商标注册秩序的”，适用第4条，除非可以依据《商标法》其他条款对其进行规制。综上，更为合理的规则应该是，根据“抢注”行为的数量来决定是否构成权利滥用（对商标注册秩序及公共利益的侵犯），不论是针对多个特定主体还是针对一个特定主体，不论是针对多个商标还是针对一个商标，凡是有多个“抢注”行为的，都可以适用第4条，尤其是在《商标法》其他条款不能有效规制相关行为的情况下。以权利滥用原则作为第 4 条的理论基础更便于为对该条款的如此解释与适用提供支持。

其次，就《商标法》第 4 条与第 44 条第 1 款的关系而言，第 4 条将第 44 条第 1 款项下发展出来的规则纳入了其规制范围[①]，《商标审查审理指南》对第 44 条第 1 款的解释较之以前也就大幅萎缩。但第 44 条第 1 款仍然可以在两个方面发挥作用：一是适用于狭义上的以欺骗等不正当手段申请注册商标的情形，二是仍作为商标“抢注”的兜底条款，用于“孵化”规制商标“抢注”行为的其他规则，包括第 4 条不能涵盖的“以使用为目的”的恶意商标注册申请行为。

（五）预防性注册

从立法过程来看，如果申请注册商标是为了使用之外的其他正当目的，则不为《商标法》第 4 条所禁止。立法机关以预防性注册作为示例，《商标审查审理指南》在此基础上对第 4 条的适用规定了两种例外情形：一是申请人基于防御目的申请注册与其注册商标标识相同或者近似的商标；二是申请人为具有现实预期的未来业务而预先适量申请注册商标。第一种情形是立法原意解释，第二种情形是扩大解释。

就预防性注册而言，指南的规定仍需被进一步明确。首先，该规定没有说明防御性注册是否限于在相同或类似商品上注册相同或近似的商标。如果仅允许在混淆标准所定义的注册商标的禁止权的范围内申请注册商标以实现防御目的，则必要性不大，因为商标审查机关按此标准主动驳回与在先商标相冲突的在后商标注册申请。此种申请的作用只是因为在类似商品上注册类似商标而扩大了基础注册商标的专用权的范围，进而扩大了禁止权的范围。其次，作为预防性注册基础的标识范围或权益范围不应当限于注册商标。实际上，对于预防性注册应当从预防商标“抢注”的角度来解释和适用，也就是允许通过商标注册来阻止或避免自己享有权益的标识被第三人“抢注”。商标法上有联合商标与防御商标的制度，分别从商标标识和指定商品或服务的角度拓展商标注册范围，体现的也是预防性注册的理念。而实际上，作为预防性注册基础的标志也就不限于注册商标，甚至主要不是注册商标，而是未被注册为商标的标识，包括未注册商标、商号或企业名称、域名、商品名称、App 名称、作品或游戏或电影名称、虚拟角色名称或形象、自然人的姓名或肖像等。如果申请人能够证明其对申请的标识进行了使用或准备使用或者具有相关权益，则原则上就不能根据《商标法》第 4 条予以驳回。[②] 至于预防性申请注册能够被允许的商品或服务范围，这是个难度和工作量都挺大的审查工作。在涉及驰名商标“跨类”申请注册或知名标志依据“商品化权”或“形象权”理论申请做预防性注册的情况下，商标审查机关是不可能划定合适的商品或服务范围的。因此，对于申请预防性注册的商品或服务范围宜松不宜紧，另有异议制度和不使用撤销制度来矫正过度申请。值得一提的是，在商标“抢注”频发的情况下，按以上来把握预防性注册还具有效率上的优点：其一，基础标识的权益人通过自己主动注册来避免因他人“抢注”而不得不分别提出异议或无效宣告申请的维权成本。其

① 孔祥俊教授全面清楚地评析了 2019 年修正的《商标法》第 4 条新增规范与该法第 44 条第 1 款项下的司法实践之间的关系。孔祥俊．论非使用性恶意商标注册的法律规制：事实与价值的二元构造分析．比较法研究，2022（2）．

② 有研究者提出了具有建设性的意见，认为应当基于在先的标志权益确立“商标申请权”。黄宇．商标申请权的法律构造．法大研究生，2020 年第 2 辑。

二，商标审查机关免去了处理异议或无效宣告申请的程序成本。其三，基础标识的权益人避免了其标识被他人使用造成混淆及“搭便车”的损害，也避免了被“抢注”人的恶意商标侵权起诉或投诉。

就企业预先适量申请注册商标的实践而言，这是对企业商标注册申请策略和商业实践的尊重。提前申请注册商标已经是商标管理领域的通常实践，不仅可以避免他人“抢注”，而且可以在商品或服务进入市场时就使用注册商标，从而有效打击假冒，还可以满足不同场景下管理部门或第三方机构对于使用注册商标的要求。至于提前多久申请注册商标，企业的决定自由当然应当被尊重。预先适量申请注册商标行为的认定，核心的是申请人没有不正当目的，也即没有恶意。对此可以通过申请人既往商标注册申请、维权或转让等记录来审查。至于“适量”的程度，则要根据申请人的业务活动中商标使用的实践与特点来把握，比如申请人既往识别性标志（不限于商标）使用的数量，一款商品或一项服务涉及的识别性标志的数量，周期性使用识别性标志的特点，已注册商标的数量，申请人及其被许可人的数量及商标使用情况等。只要没有证据表明申请人曾经有利用商标注册追求不正当目的的记录，而其可以合理证明其对识别性标志的一定量需求，就可以认为不违反《商标法》第 4 条。

综上，《商标法》第 4 条新增规范必然成为商标审查机关和法院打击商标“抢注”行为的重要规范依据，它承继了该法第 44 条第 1 款项下商标审查实践和司法实践所积累的论理和类型化适用经验，但也进一步明确了商标囤积等恶意“抢注”行为因违反商标注册制度的目的而具有的可谴责性。在此背景下，权利滥用原则顺理成章地成为该规范的理论基础，为其适用提供指引和方法路径：违反商标注册制度目的的申请行为应被禁止，以侵害他人利益或公共利益为目的的申请行为应被禁止。众所周知，“先到先得”的做法使商标注册制度具有被滥用的天然缺陷，对这种滥用的批判从未停止，但在不采用商标权使用取得制度的情况下，就需要依据权利滥用理论构建打击滥用行为的规则与实践。2019 年《商标法》第 4 条的规定使权利滥用理论在商标法中的适用具有了可能。为此，该规范的适用就应当以商标注册申请人的“恶意”为实体和程序上的重心，根据申请人通过商标注册所要追求的不正当目的对它进行认定；在认定了“恶意”之后，再对“不以使用为目的”的条件进行推定，从而要求申请人进行反证。在与商标“抢注”相关条款的关系方面，应从违反制度目的、侵害公共利益和适用效率角度划分《商标法》第 4 条与其他条款的适用界限。而对于不具有“恶意”的商标注册申请行为，从保护在先未注册标识之上的权益、尊重经营者商业自由、商标注册管理与保护效率、商标授权确权程序效率等方面考虑，应当允许经营者基于保护自身权益和商业经营需要进行适量的商标注册申请。

第七章
注册商标专用权的灭失：撤销、注销和无效宣告

商标被公告注册之后，注册商标专用权仍有可能因为被撤销、被注销或被宣告无效而灭失。这三个制度都包括理由和程序两个方面。

一、商标的撤销

商标撤销的理由包括：连续3年未使用、变成了通用名称和不规范使用。尽管商标具有对品质指示的功能，从而使商标的使用管理在一定程度上包括对商品质量的管理，但产品质量主要由产品质量法规制，经营者承担该法上的责任并会遭受市场竞争的不利后果。因为经营者的产品质量不达标而取消对其注册商标专用权的保护，法理上的正当性并不充分。商标撤销的程序，尤其包括撤销申请人、主管机关两方面内容，它们因撤销理由的不同而不同。根据《商标法》第55条第2款，被撤销的注册商标，自撤销公告之日起效力终止，不影响之前的保护期内的效力。

（一）连续3年不使用商标的撤销

在采用商标权注册取得制度的国家，经营者经由注册公告程序通过商标注册申请这一单方意思表示就可以为自己设置一项对世权，只要该权利主张不侵犯他人的在先权利，也不违反公序良俗。但这一简便的赋权制度存在一个明显的弊端：如果经营者不使用其注册商标，则会造成商标注册资源浪费，并妨碍其他经营者采用相关商标标识。尽管理论上可以作为商标的符号资源是无限的，但从简单易记、文化和审美的角度来看，优质的商标资源仍是相对有限的。商标法的法理不仅追求对商标权这一私权的保护，而且追求对工商业自由的维护，而经营者选择商标标识的自由就是一种工商业自由。而且，与著作权或专利权以回报创作者或发明者的贡献为目的的授权逻辑不同，商标制度的目的就是保护经营者在商业活动中使用的商标。尽管采用商标权注册取得制度的国家没有像美国那样要求商标注册申请人在申请注册时就提供使用证据或使用意图说明，但这种要求是隐含在商标法之中的（比如我国《商标法》第4条对于需要取得商标权的主体的描述），并通过对连续不使用的商标的撤销制度来调整。

1. 商标不使用撤销的程序

根据《商标法》第49条第2款，没有正当理由连续3年不使用注册商标的，任何单位

或者个人可以向商标局申请撤销该注册商标。商标局应当自收到申请之日起9个月内作出决定。有特殊情况需要延长的，经国家市场监督管理总局批准，可以延长3个月。

可以导致商标被撤销的不使用年限，我国规定的是3年，欧洲国家规定的是5年。根据《巴黎公约》第5条第3款第1项的规定，如果缔约国对注册商标有使用要求，则只能在一个公平的年限之后对其适用撤销制度。TRIPs协议在其第19条进一步规定，该年限应至少为3年。这意味着我国的不使用撤销制度只能适用于已经注册满3年的商标。就国内申请注册商标而言，以无正当理由连续3年不使用为由申请撤销注册商标的，应当在自该商标注册公告之日起满3年后提出。[①] 根据《商标法实施条例》第28条第2款，对被异议商标在商标局作出准予注册决定或者不予注册决定前已经刊发注册公告的，撤销该注册公告；经审查异议不成立而准予注册的，在准予注册决定生效后重新公告。因此，被异议商标的核准注册日以异议审查程序结束后的核准公告日为准。就指定我国的国际注册商标而言，《商标法实施条例》第49条第1款规定，以不使用为由申请撤销国际注册商标，应当自该商标国际注册申请的驳回期限届满之日[②]起满3年后向商标局提出申请；驳回期限届满时仍处在驳回复审或者异议相关程序的，应当自商标局作出的准予注册决定生效之日起满3年后向商标局提出申请。国际商标的注册公告是由世界知识产权组织国际局在指定国作出审查决定前作出的，因此，国际注册日不是该商标在指定国的核准注册日，尽管它是各指定国保护期的统一起始日（后期指定的，以后期指定日为相关指定国的保护期起始日[③]）。

可以导致商标被撤销的是连续3年中没有使用商标的事实，这意味着只要在连续的3年中曾使用过商标，就不满足被撤销的条件。连续3年期间的起算点是撤销申请日，即从该日期追溯到3年前的相应日期。在商标法实践中，如果商标权人要依据某个过去3年中未使用的商标发起异议或无效宣告程序，要充分评估商标被撤销的风险。

在我国的实践中，以不使用为由申请撤销注册商标只需向商标局提交申请书[④]，不需要提交有关该商标未使用情况的证据或调查报告，后者在有的国家或地区是需要的。可以申请商标撤销的主体在我国商标法和欧盟商标法上可以是任何人，在法国商标法上必须是利害关系人。尽管如此，商标法实践中的撤销申请人基本上都是利害关系人。发起不使用撤销程序的发起人要么是商标侵权案件中的被告，要么是被系争商标阻挡注册的在后商标注册申请人。在后商标注册申请人要么是在提交商标注册申请之前的商标查询中发现在先的障碍商标，要么是在商标驳回通知中发现障碍商标被引证，要么是在异议或无效宣告程序中看到在先商标被引用。在这些情况下，对在先商标提出不使用撤销申请是常用的应对策略。主管撤销案件的机关在我国和欧盟是商标局，在法国是法院。此种设计主要考虑到商标注册行政主管机关与法院的分工、案件数量等因素。商标局在收到撤销申请后，会通知

---

① 参见《商标法实施条例》第66条第3款。

② 根据《马德里协定》和《马德里议定书》的规定，被国际商标注册申请指定的成员国应在自世界知识产权组织国际局将国际注册申请通知该成员国之日起12或18个月内完成审查。成员国可以选择将核准和驳回商标注册申请的审查决定都通知国际商标局或者仅将驳回决定通知国际商标局两种做法。我国选择后者，也即若商标局没有在12或18个月内就国际商标注册申请向国际商标局发送驳回决定的通知，就表示该商标被核准注册。

③ 参见《商标法实施条例》第46条。

④ 《商标法实施条例》第66条第1款第一句规定，有《商标法》第49条规定的注册商标无正当理由连续3年不使用情形的，任何单位或者个人可以向商标局申请撤销该注册商标，提交申请时应当说明有关情况。

商标权人提供过去 3 年期间的商标使用证据。商标未使用是个否定的事实，因此让商标注册人承担证明责任是合理的。之后，商标局就需要对商标权人提供的使用证据进行认定，以确定这些证据能否证明商标使用的事实。这里涉及对商标使用证据的形式要求和商标使用的解释。《商标法》第 48 条规定，本法所称商标的使用，是指将商标用于商品、商品包装或者容器以及商品交易文书上，或者将商标用于广告宣传、展览以及其他商业活动中，用于识别商品来源的行为。该条款的前半部分规定的是商标使用的载体和场合的形式条件，后半部分规定的是商标使用的实质条件，后者具有重要意义。

2. 商标使用的形式要求

就商标使用的形式，《商标审查审理指南》规定①，将商标使用在指定商品上的具体表现形式有：(1) 采取直接贴附、刻印、烙印或者编织等方式将商标附着在商品、商品包装、容器、标签等上，或者使用在商品附加标牌、产品说明书、介绍手册、价目表等上；(2) 将商标使用在与商品销售有联系的交易文书上，包括使用在商品销售合同、发票、票据、收据、商品进出口检验检疫证明、报关单据等上；(3) 将商标使用在广播、电视等媒体上，或者在公开发行的出版物中发布，以及以广告牌、邮寄广告或者其他广告方式为商标或者使用商标的商品进行的广告宣传；(4) 将商标在展览会、博览会上使用，包括在展览会、博览会上提供的使用该商标的印刷品以及其他资料；(5) 其他符合法律规定的商标使用形式。商标使用在指定服务上的具体表现形式有：(1) 将商标直接使用于服务场所，包括使用于服务的介绍手册、服务场所招牌、店堂装饰、工作人员服饰、招贴、菜单、价目表、奖券、办公文具、信笺以及其他与指定服务相关的用品上；(2) 将商标使用于和服务有联系的文件资料上，如发票、汇款单据、提供服务协议、维修维护证明等；(3) 将商标使用在广播、电视等媒体上，或者在公开发行的出版物中发布，以及以广告牌、邮寄广告或者其他广告方式为商标或者使用商标的服务进行广告宣传；(4) 将商标在展览会、博览会上使用，包括在展览会、博览会上提供使用该商标的印刷品及其他资料；(5) 其他符合法律规定的商标使用形式。实际上，商标使用可以采用任何方式、任何载体，用于任何场合。也就是说，关于商标使用的证据形式或种类没有任何限制。但是，对于证据能否证明商标使用的事实需要审查证据的证明力。《商标审查审理指南》进而规定，用以证明系争商标不存在连续 3 年停止使用的情形的证据材料应当符合以下要求：(1) 能够显示出使用的系争商标标识；(2) 能够显示出系争商标被使用在指定使用的商品/服务上；(3) 能够显示出系争商标的使用人，既包括商标注册人自己，也包括商标注册人许可的他人，如许可他人使用的，应当能够证明许可使用关系的存在；(4) 能够显示出系争商标的使用日期，且应当在自撤销申请之日起向前推算 3 年内；(5) 能够证明系争商标在《商标法》效力所及地域范围内的使用。这些规则都是围绕待证事实的认定来展开的，该待证事实就是：商标权人在该 3 年期限内在中国境内在指定商品或服务上使用过注册商标。实践中，也不应要求每个证据都包含待证事实的各个方面的信息，只要多种证据组合起来能够证明这些信息即可。

就商标使用的主体而言，商标权人或其被许可人都可以是使用的主体。就许可使用的

① 参见《商标审查审理指南》下篇第十七章第 5 条。

情况而言，并不要求就许可合同在商标局做过备案。《最高人民法院关于审理商标授权确权行政案件若干问题的意见》第20条第2款还规定，许可合同之外的其他不违背商标权人意志的使用，也可被认定为有效的使用。依TRIPs协议第19条第2款的规定，商标注册人控制之下（subject to the control of its owner）的他人的使用应被认为是商标权维持意义上的商标使用。这种控制可以表现为我国《商标法》第43条第1款的要求——许可人应当监督被许可人使用其注册商标的商品质量，也可以表现为商标权穷竭的情形，即商标权人或经其同意的第三人将商品投入市场之后的再销售行为。相对于TRIPs协议的规定，上述司法解释的规定可以适用的情形更广，这一解释有利于商标权人的利益。但无论根据哪种规定，第三人的侵权性使用是不能作为商标使用证据的。在实践中，有商标权人将有关未经许可的他人使用的证据也用于撤销程序，于此，应当审查商标权人与使用行为之间的控制关系。

3. 商标使用的实质要求

在认定了商标权人在该3年期间内在指定商品或服务上使用了注册商标的事实之后，还需要认定这种使用是否满足商标使用的实质要件——“用于识别商品来源的使用”。《商标审查审理指南》[①] 规定，商标使用证据应当能够证明系争商标在商业活动中被公开、真实、合法地使用。

首先，商标要发挥识别作用，就要在商业活动中被公开使用，而公开使用就是面向相关公众的使用。这里并不要求相关公众已经通过系争商标识别商品或服务的来源，只要求存在商标面向相关公众被使用的事实。《最高人民法院关于审理商标授权确权行政案件若干问题的意见》第20条第2款规定，没有实际使用注册商标，仅有转让或许可行为，或者仅有商标注册信息的公布或者对其注册商标享有专用权的声明等的，不宜认定为商标使用。另外，一般而言，这里的相关公众应当是中国境内的相关公众，但在对外贴牌加工的情形中，尽管所有商品都出口到境外，实践中仍认为是符合商标使用要求的。理由就是，商标不使用撤销制度的目的就是将不使用的商标予以撤销，使用的不应被撤销，因此，即便没有就中国境内相关公众起到识别作用，但不违反撤销制度的立法目的。

其次，商标使用行为应当是在经营活动中的真实使用。这个条件要排除的就是象征性使用，也即为了构造商标使用证据而刻意进行的使用。这属于规避法律的行为。经营活动中的使用发生在宣传、许诺销售、销售商品或服务的过程中，但并不要求商标在相关公众中建立相关商誉，因为商标撤销制度的目的是将闲置的商标撤销，凡不是对抗撤销制度的虚假使用均应符合使用要求。从这个角度看，在贴牌加工的情形中，商标注册人或作为被许可人的生产者以销售为目的将商标标识贴附于商品之上的行为也构成真实的商业使用，尽管将商品出口到境外；在商标注册人对商标及相关商品或服务作了真实推广宣传并有真实商业计划的情况下，其使用行为也是真实有效的。真实有效的使用要求也不能对商品或服务的提供数量作出“一刀切”的要求，比如对高价奢侈品的销售量和廉价日用品的销售量显然不能作同一要求。但是，是真实的使用还是象征性使用并不总是容易辨别，需要结合案件事实来认定。在这方面，使用人对商标的使用意图并不重要，重要的是客观上商标在真实的经营活动中被使用。

---

① 参见《商标审查审理指南》下篇第十七章第5条。

典型案例

"湾仔码头"商标不使用被撤销案[①]

2001年6月21日，中山市百某美食店在第43类餐馆等服务上取得了涉案商标的注册。2008年6月4日，百某美食店与自然人成某签订商标转让合同，经商标局核准，该商标于2009年8月13日被转让给成某。2009年8月21日，通用磨坊公司对该注册商标以3年不使用（2006年8月21日至2009年8月20日期间）为由，申请撤销涉案商标。商标局支持了该撤销申请。随后，商标评审委员会也维持了商标局的决定。成某不服，提起诉讼。一审法院经审理，推翻了商标局及商标评审委员会的认定，认为成某对商标进行了真实的商业使用。通用磨坊公司不服，向北京市高级人民法院提起上诉。北京市高级人民法院经过审理，于2014年12月19日作出判决，认为成某提交的证据多为意在维持复审注册商标的单次、象征性使用，因此，其在指定期间未进行真实的商业使用，遂撤销一审法院的判决。后成某向最高人民法院提出再审申请。最高人民法院最终驳回成某的再审请求。

该案中，成某于2011年12月5日向商标评审委员会提出复审申请，同时向商标评审委员会提交了以下证据材料：

（1）2008年10月5日，苏州市吴越春秋文化传媒有限公司（甲方）与成某（乙方）签订的广告协议及相关发票（2008年10月7日开具，金额100元），约定：乙方委托甲方制作"湾仔码头"门头，制作费100元。

（2）2008年7月1日，成某（甲方）与苏州市吴越春秋文化传媒有限公司（乙方）的广告代理合同，约定：乙方代理甲方湾仔码头餐馆广告业务，广告投放自2008年7月10日起至2009年12月31日止，共10期，金额为10 000元等内容。

（3）2008年7月15日《姑苏晚报》，载明：湾仔码头小吃部诚招合作伙伴，有关湾仔码头小吃部招商部分的联系人为成先生。

（4）2008年10月26日，成某与苏州凌琳日化有限公司食堂签订的"湾仔码头商标合作合同"（约定：使用期限为2008年10月27日—2010年10月26日，商标使用许可费为300元/年）苏州凌琳日化有限公司食堂的食品卫生许可证。

（5）2008年11月1日，苏州市鑫龙广告材料商店的送货单以及湾仔码头自助食堂门牌等照片（未显示日期）。

（6）2008年9月30日，成某与宁波海曙天一湾仔码头茶餐厅签订的"商标合作协议"（复印件）（约定：授权期限为4年，合同签署之日起3年免任何费用，从第四年开始必须缴纳商标使用费）；成某许可宁波海曙天一湾仔码头茶餐厅使用复审商标的授权书以及宁波海曙天一湾仔码头茶餐厅的个体工商户营业执照（副本）复印件，显示执照有效期为2005年8月18日—2009年8月17日。

（7）湾仔码头茶餐厅照片、菜单（未显示日期）、酒水单一张（2009年10月3日）。

（8）2009年8月1日，成某与苏州市吴中区金庭西湾农家乐饭店签订的商标许可使用

---

① 参见北京市高级人民法院（2014）高行终字第1934号行政判决书。

合同及相关江苏省苏州市东吴公证处出具的公证书（2009 年 10 月 14 日出具，载明公证日期为 2009 年 9 月 28 日）（合同约定许可使用期限为 2009 年 8 月 1 日至 2010 年 7 月 30 日，许可使用费为 100 元/年），苏州市吴中区金庭西湾农家乐饭店个体工商户营业执照扫描件。

（9）2009 年 8 月 2 日，苏州市鑫龙广告材料商店出具的苏州鑫龙数码喷绘制作合同单，载明：制作条幅 15 条，具体文字为“湾仔码头授权店新店开张优惠酬宾！优惠时间：2009 年 8 月 5 日—2009 年 10 月 8 日”。

（10）有关湾仔码头授权店条幅［载明：“贺西湾农家乐（湾仔码头授权店）新装开业大酬宾！优惠时间：2009 年 8 月 5 日—2009 年 10 月 31 日”］、湾仔码头路牌及湾仔码头口岸照片。

（11）2009 年 9 月 25 日《城市商报》，载明：“西湾农家乐畅游太湖品味农家热烈庆贺西湾农家乐‘湾仔码头授权店’新装修试营业 50 天优惠酬宾活动圆满结束。国庆、中秋佳节，本店……”

（12）2008 年 6 月 4 日，中山市南区百鸟归巢火锅美食店与成某签订的“商标转让合同”，约定“从该合同签署之日起，成某即独自拥有该商标的所有权和使用权”。

通用磨坊公司进行了答辩，并向商标评审委员会提交了如下证据：

（1）臧健和及湾仔码头品牌历史介绍。

（2）成某注册的商标列表，其中包括在第 3 类商品上注册的“开瑞坦”“洁婷”，在第 5 类商品上注册的“清扬”“强生”，在第 16 类商品上注册的“新民晚报”“EMS”，在第 29 类商品上注册的“徐福记”“玫凯琳”，在第 30 类商品上注册的“吉百利”，在第 32 类商品上注册的“果维康”，在第 43 类服务上注册的“雅培”“因贝美”“祁门红”等五十余个商标，其中部分商标已经无效或者转让。

（3）商标局就通用磨坊公司针对成某申请注册的第 8020469 号“湾仔码头”商标所提异议申请作出的裁定书，裁定对该商标不予核准注册。

（4）2008 年 7 月 15 日《姑苏晚报》，并无招商广告内容。

（5）苏州凌琳日化有限公司食堂实地走访照片，并无相应门牌。

（6）宁波海曙天一湾仔码头茶餐厅个体工商户工商查询档案原件，载明：其个体工商户名称预登记时间为 2009 年 7 月 8 日、成立日期为 2009 年 8 月 18 日，2010 年 12 月 27 日已经注销。

（7）2009 年 9 月 25 日《城市商报》，与成某所提交证据内容相同。

（8）关于象征性使用的相关案例。

成某进行了答辩，对通用磨坊公司提交的反证所证明的内容均不予认可。

2013 年 6 月 2 日，商标评审委员会作出第 18947 号决定，认定：本案焦点问题为对复审商标在指定期间是否进行了真实的商业使用。成某提交的证据 1 为成某及苏州市吴越春秋文化传媒有限公司之间签订的广告协议和发票，显示日期分别为 2008 年 10 月 5 日和 2008 年 10 月 7 日。证据 2 为广告代理合同，签订的双方为成某和苏州市吴越春秋文化传媒有限公司，形成日期为 2008 年 7 月 1 日。证据 3《姑苏晚报》有关湾仔码头小吃部招商部分的联系人为成先生，且报纸显示日期为 2008 年 7 月 15 日。经商标评审委员会审理查明可知：上述协议、合同签订及报纸发行之时成某并非复审商标行使权利的主体，虽成某提交了显示手写日期为2008年6月4日的商标转让合同（证据12），但《商标法》（2001年）第39条第2款明确规定“转让注册商标经核准后，予以公告。受让人自公告之日起享有商标专用权”。加之，上述部分证据并非商标法意义上有关商标的使用，故商标评审委员会不予采信。证据4商标合作合同及证据5中的材料送货单在没有合法的商业票据予以佐证的情况下，难以认定对复审商标在咖啡馆、餐厅等服务上已进行了实际的使用；证据5、7、10中的照片、菜单未显示明确的形成日期，且成某不能证明图片所载实物和菜单是在指定期间投放于商业使用的；证据6授权书及“商标合作协议”显示的商标授权人及持有人均为成某，但在上述合同及协议的签订之日（2008年9月30日），成某对复审商标并不享有商标专用权，且该份证据无具体有效的其他证据佐证其实际履行情况；证据7中的酒水单显示的形成日期为自行标注的，且其与证据11《城市商报》报纸页并非将复审商标在指定期间使用的证据；证据8中的商标许可使用合同虽经公证，但仅表明许可合同双方当事人订立合同意思表示真实且符合法律规定，其与个体工商户营业执照均不能证明合同的实际履行及复审商标的实际使用情况；证据9合同单为单方出具，在无合法有效的商业票据予以佐证的情况下，难以认定对复审商标是在咖啡馆、餐厅等服务上进行了实际使用。故综合在案证据不能认定成某在指定期间对复审商标在咖啡馆、餐厅等服务上进行了真实的商业使用。综上，依据《商标法》（2001年）第44条第4项、第49条的规定，决定对复审商标的注册予以撤销。

在本案一审诉讼过程中，成某向一审法院补充提交了如下证据：

（1）形成于2007年4月17日的阜宁县公兴无极小吃部营业执照（该营业执照显示：阜宁县公兴无极小吃部的经营者为成某，经营地址为阜宁县公兴镇工业街49号）、2013年9月16日盐城市阜宁工商行政管理局出具的工商登记档案查询资料（该资料显示阜宁县公兴无极小吃部的经营者为成某，其经营场所仍为阜宁县公兴镇工业街49号）。

（2）阜宁县公兴镇集镇综合管理办公室于2009年5月8日出具的阜城管改字（2009）第0508号“责令改正通知书”［该证据显示阜宁县公兴镇集镇综合管理办公室曾因成某经营的“湾仔码头小吃部”在公兴镇工业街49号进行户外广告悬挂行为作出过行政处罚，阜宁县公兴镇集镇综合管理办公室于2009年6月10日出具的阜城管登存字（2009）第0610号“证据先行登记保存通知书”］该证据显示成某经营的“湾仔码头小吃部”曾因在公兴镇工业街49号违法放置“湾仔码头”灯箱，受到阜宁县公兴镇集镇综合管理办公室的相应行政处理、阜宁县公兴中心卫生院防保组于2009年1月5日出具的“现场检查笔录”（该证据显示成某在阜宁县公兴镇工业街49号经营的“阜宁县湾仔码头小吃部”曾因卫生、环境等问题接受过相应的行政检查）。

对于上述两份证据，商标评审委员会、通用磨坊公司对其真实性没有异议，但是认为该证据不是商标评审委员会作出第18947号决定的依据，不应予以采信，且行政处罚决定不是商标法意义上的使用。

在本案二审审理过程中，通用磨坊公司及成某均向法院提交了新的证据。

通用磨坊公司提交如下证据：

（1）江苏省盐城市阜宁县工商行政管理局东沟分局工商查询档案即查询过程公证书原件，载明：工商登记中没有“湾仔码头”的个体工商户信息或企业登记信息，有“无极小吃部”的相关信息，经营者为成某，2007 年 4 月 17 日核准开业，2009 年 10 月 10 日核准注销，经营地址为阜宁县公兴镇工业街 49 号。

（2）和（3）阜宁县公兴镇集镇综合管理办公室、阜宁县公兴中心卫生院防保组出具的证明，载明：阜城管改字（2009）第 0508 号“责令改正通知书”、阜城管登存字（2009）第 0610 号“证据先行登记保存通知书”“现场检查笔录”均未存档。

成某提交如下证据：

（1）阜宁县公兴镇集镇综合管理办公室、阜宁县公兴镇环境卫生管理所、阜宁县公兴中心卫生院防保组出具的情况说明（原件），证明：阜城管改字（2009）第 0508 号“责令改正通知书”、阜城管登存字（2009）第 0610 号“证据先行登记保存通知书”“现场检查笔录”均属实。

（2）2009 年 8 月 27 日，苏州市吴越春秋文化传媒有限公司开具了广告费 1 万元的发票原件，标明“湾仔码头”餐厅招商广告及商标注册号。

针对上述证据，通用磨坊公司、成某对对方证据的真实性均不持异议，但对证明内容均不予认可。商标评审委员会未发表质证意见。

庭审后，成某向二审法院提交参考资料，载明成某于 2014 年 4 月 4 日在丹阳市云阳镇注册登记了“丹阳市云阳镇湾仔码头茶馆”并取得食品流通许可证，制作了“湾仔码头”广告灯箱、在报刊刊载了优惠酬宾广告，用于证明成某仍在使用复审商标。

以上事实，有复审商标档案、第 18947 号决定，通用磨坊公司、成某在评审程序及一、二审诉讼阶段提交的证据，及各方当事人陈述等证据在案佐证。

二审法院认为：商标评审委员会于 2013 年 6 月 2 日作出第 18947 号决定，依据《中华人民共和国立法法》（2000 年）第 84 条的规定，本案应适用 2001 年修正的《商标法》进行审理。

本案二审审理的焦点问题为对复审商标在指定期间是否进行了真实的商业性使用。

《最高人民法院关于行政诉讼证据若干问题的规定》第 2 条规定，原告或者第三人提出其在行政程序中没有提出的反驳理由或者证据的，经人民法院准许，被告可以在第一审程序中补充相应的证据。第 59 条规定，被告在行政程序中依照法定程序要求原告提供证据，原告依法应当提供而拒不提供，在诉讼程序中提供的新证据，人民法院一般不予采纳。由此可见，法律并不禁止行政相对人在诉讼过程中提交证据。鉴于本案是对复审商标是否应予撤销的审查，若在前审程序中对复审商标予以撤销，却对于复审商标权利人在后续程序中提交的证据一概不予考虑，则其再无获得救济的机会，故原审法院对成某在原审诉讼期间提交的证据予以采纳并无不妥。同理，本院亦对通用磨坊公司及成某在二审诉讼中提交的证据一并予以接受并予评述。

《商标法》（2001 年）第 44 条第 4 项规定，注册商标连续 3 年停止使用的，由商标局责令限期改正或者撤销其注册商标。该条规定的商标使用指的是商标的商业使用，包括将商标用于商品、商品包装或者容器以及商品交易文书上，或者将商标用于广告宣传、展览以及其他商业活动中。商标权人自行使用、许可他人使用以及其他不违背商标权人意志的使用，均可被认定属于实际使用的行为。

2008 年 6 月 4 日，中山市南区百鸟归巢火锅美食店与成某签订“商标转让合同”。该合同约定从合同签署之日起，成某即独自拥有该商标的所有权和使用权，后经商标局核准于2009年8月13日将复审商标转让予成某。因此，原审法院认定从2008年6月4日至2009年8月12日期间，作为复审商标受让人的成某虽然依据《商标法》（2001年）第39条第2款的规定，尚不享有商标专用权，但是，成某依据“商标转让合同”的约定对复审商标的自行使用或许可他人使用的行为，并未违背复审商标原权利人中山市南区百鸟归巢火锅美食店的意志，是正确的，本院予以支持。

本案中，成某与中山市南区百鸟归巢火锅美食店签订“商标转让合同”后，与苏州市吴越春秋文化传媒有限公司签订的“广告代理合同”“广告协议”以及其用于佐证履行情况的发票、《姑苏晚报》有关湾仔码头小吃部的招商广告，只能证明制作了一个门头并在《姑苏晚报》刊登了一次湾仔码头小吃部的招商广告，并不能证明门头的使用情况，而相关合同及招商广告不能证明对复审商标在指定期间、在核定使用服务上进行了真实的商业性使用，原审法院认为上述证据可以证明对复审商标在指定期间、在核定使用服务上进行了真实的商业性使用错误，本院予以纠正；成某与苏州凌琳日化有限公司食堂签订的“湾仔码头商标合作合同”及其用于佐证履行情况的送货单、相关照片，并无相关发票佐证合同已经履行，送货单仅为内部开具，其真实性不能确定，相关照片并未显示时间，商标评审委员会认定该组证据不能证明对复审商标在指定期间、在核定使用服务上进行了真实的商业性使用，是正确的，原审法院认为上述证据可以证明对复审商标在指定期间、在核定使用服务上进行了真实的商业性使用错误，本院予以纠正；（2009）苏东证民内字第5365号公证书公证的“商标许可使用合同”，仅可证明相关合同的真实性，但“数码喷绘制作合同单”仅为内部开具，其真实性不能确定，仅有条幅广告照片，并不足以证明被许可人在指定期间、在复审商标核定使用的服务项目上进行了实际的商业使用，商标评审委员会相关认定正确，本院予以支持；原审法院相关认定有误，本院予以纠正。关于成某与宁波海曙天一湾仔码头茶餐厅签订的“商标合作协议”，因双方对宁波海曙天一湾仔码头茶餐厅的主体情况提交的证据存在明显矛盾之处，且无相关票据证明宁波海曙天一湾仔码头茶餐厅进行了真实的使用，商标评审委员会及原审法院对该组证据的证明效力均未予认可正确，本院予以支持。综观成某、通用磨坊公司在行政诉讼阶段提交的证据，可以证明在阜宁县公兴镇工业街49号经营的是“无极小吃部”，并无合法注册成立的“湾仔码头”个体工商户，故相关行政处罚决定中载明的“湾仔码头小吃部”的内容属行政机关的不规范标注，不能成为复审商标合法使用的证明，原审法院依据上述证据即认定成某于指定期间在核定使用的服务上实际使用了复审商标不妥，本院予以纠正。此外，根据通用磨坊公司提交的证据，成某申请注册了五十余件与他人知名商标相同或近似的商标，难谓出于真实使用之意图；其提交的对复审商标的使用证据亦多为意在维持复审商标注册的单次、象征性使用，因此，商标评审委员会认定复审商标在指定期间未进行真实的商业使用正确，本院予以支持。原审法院相关认定有误，本院予以纠正。

同时，商标使用行为还应当是合法的。这里的合法应主要被理解为：该商标使用行为不是未经商标权人许可的侵权性使用。从这个角度讲，这个条件与商标使用的主体条件是重合的。但实践中，也存在将合法条件扩展适用到其他领域的情形，比如所经营的商品不符合产品上市审批条件或不符合质量要求等情形，但这些商标法之外的其他领域的情形不应当成为否定商标在市场上发挥识别功能这个事实的理由。这就如同2013年修正《商标法》时取消了以产品质量问题为由撤销注册商标的规定。最高人民法院在卡斯特兄弟股份有限公司（以下简称卡斯特公司）诉商标评审委员会案①中指出：《商标法》（2001年）第44条第4项规定，注册商标连续3年停止使用的，由商标局责令限期改正或者撤销其注册商标。应当注意的是，该条款的立法目的在于激活商标资源、清理闲置商标，撤销只是手段而不是目的。因此，只要在商业活动中公开、真实地使用了注册商标，且注册商标的使用行为本身没有违反商标法律规定，则注册商标权利人已经尽到法律规定的使用义务，不宜认定注册商标违反该项规定。本案中，李道之在评审程序中提交了李道之许可班提公司使用争议商标的合同和班提公司销售卡斯特干红葡萄酒的增值税发票，在申请再审审查期间又补充提交了三十余张销售发票和进口卡斯特干红葡萄酒的相关材料。综合上述证据，可以证明班提公司在商业活动中对争议商标进行了公开、真实的使用，争议商标不属于《商标法》（2001年）第44条第4项规定连续3年停止使用应由商标局责令限期改正或者撤销的情形。至于班提公司在与使用争议商标有关的其他经营活动中是否违反进口、销售等方面的法律规定，并非《商标法》（2001年）第44条第4项所要规范和调整的问题。卡斯特公司关于班提公司违反了《中华人民共和国进出口商品检验法》等法律的规定，由此争议商标违反《商标法》（2001年）第44条第4项，应予以撤销的主张没有法律依据。

此外，商标使用人是否将所使用的标识作为商标或者来源识别标识的主观意图并不重要，重要的是所使用的标识在客观上是否起到了识别商品来源的作用。

最后，还需要认定，满足所有上述条件的商标使用行为中所使用的标识是否起到识别来源的作用，与商标侵权案件中被告是否在商标意义上使用涉案标识是同一个判断。在这种情况下，无论经营者在形式上是将某个标识用作企业字号还是用作商品名称抑或域名等，只要能起到识别来源的作用，都应当被认定为符合商标使用的要求。

4. 近似商标的使用和类似商品上的商标使用

在商标使用的认定中，还存在所使用的商标与核准注册的商标不相同、所用于的商品或服务与核定注册的商品或服务不相同的情形。就使用不相同标识的问题，《最高人民法院关于审理商标授权确权行政案件若干问题的意见》第20条第2款规定，实际使用的商标与核准注册的商标虽有细微差别，但未改变其显著特征的，可以被视为注册商标的使用。这符合《巴黎公约》第5条第3款第2项的规定。根据该条，注册人使用与注册商标形式不同但不改变其显著特征的商标，不应导致该商标无效，也不应导致对其保护的减损。有观点认为：如果两个近似商标之一被注册了，则对未注册商标的使用可以构成对注册商标的使用；如果两个近似商标都被注册了，则对其一的使用不构成对其二的有效使用。这种观点是很值得商榷的。《巴黎公约》前述条款允许注册人对商标作不改变显著特征的变形使用，这不影响相关公众对注册商标的感知，至于变形后的商标是否被注册并不影响该条款的适用。在实践中我们可以看到很多公司的商标（文字或logo）都在随着时代的发展而演变，在这个演变中，商标权人既要保留其商标的基本显著特征以承继积累的商誉，又要将

---

① 参见最高人民法院（2010）知行字第55号行政裁定书。

社会文化和大众心理中的时尚成分融入其商标之中。尽管这些公司都会将新商标投入商业使用，但“老商标”对它们仍具有非常重要的意义：“老商标”所保有的较早的商标申请日可以赋予它们针对第三人任何在后相同或近似商标的优先性。因此，按照《巴黎公约》前述条款来认定近似商标的使用构成对注册商标的有效使用具有重要现实意义。

就所用于的商品或服务不相同的问题，《商标审查审理指南》规定，商标注册人或者被许可使用人在核定使用的一种商品上使用注册商标的，在与该商品相类似的商品上的注册可予以维持。这种做法是符合我国目前的商标法制的。商标不使用撤销制度的目的是将“闲置”的商标重新放回公有领域，以便相关经营者可以行使选择商业标识的自由。因此，在类似商品或服务上使用注册商标，表明该商标在注册商品或服务上仍是闲置的，其他经营者有权选择使用。法国等国家即是按此逻辑行事。这里实际上存在两种情形：一是注册商标指定的多个商品互相类似，如果仅在部分商品上使用注册商标使其被部分撤销［包括商标注册申请中指定的是上位概念（比如服装）而商标使用于下位概念（比如裙子）］，则其他经营者仍不能就该商标获得注册，也不能合法使用，因此，对撤销申请人意义不大。二是注册商标指定的仅为甲种商品，而使用在了类似的乙种商品上，则原则上注册商标被撤销后第三人可以申请注册并可以使用，因为商标局在审查中仅检索在先注册商标。但实际上，我国商标法及其实践就原注册人在类似商品或服务上对商标的使用所产生的权益的保护超过了法国等商标权注册取得制度的国家所提供的保护，原注册人因此很有可能通过异议或撤销程序阻止在后商标的注册，并可能通过反不正当竞争法阻止在后申请人的商标使用。同时，根据《商标法》第 59 条第 3 款，即便在后商标获得注册，原商标注册人仍可以在原有范围内继续使用其商标。因此，无论在哪种情形下，对原注册商标的撤销都难以对撤销申请人带来切实的好处，但很可能给市场竞争秩序添乱，也可能制造商标法或反不正当竞争法上的纠纷。此外，由于商标局目前对商标注册申请中的商品和服务名称的“规范”性要求，很多申请人不能将其商品或服务限定在其所需要的具体范围之内。因此，如果不认可类似商品上的商标使用为有效使用，会导致很多商标被全部或部分撤销，而这都不是申请人的错，应归因于我国目前的商标注册审查实践的僵化。而且，在涉及商标注册中指定上位概念而商标使用于下位概念的情况下，我国商标局尚不接受对上位概念进行列举限制的做法。综上，在我国目前的商标法实践中，应当认可类似商品或服务上的商标使用为对注册商标的有效使用，注册商标应被维持有效。

此外，核准注册的商品或服务名称与商标所实际用于的商品或服务名称之间还存在一致性或近似性的认定问题。比如，在“汉典”商标不使用被撤销案①中，江苏汉典生物科技有限公司（以下简称汉典科技公司）是第 32 类无酒精饮料等商品上的第 3135284 号“汉典”商标的所有人，注册商标实际上使用于维 C 泡腾片商品。一审法院认为，汉典科技公司在复审阶段及诉讼阶段提交的证据可以证明对复审商标在复审期间在维 C 泡腾片上进行了实际使用，但维 C 泡腾片在形态、性质、食用方法等方面与无酒精饮料、水果饮料（不含酒精）等商品区别明显，因而汉典科技公司在维 C 泡腾片商品上使用复审商标不能证明其于复审期间在无酒精饮料、水果饮料（不含酒精）商品上实际使用了复审商标。因此，

① 参见北京知识产权法院（2015）京知行初字第 2 号行政判决书。

商标评审委员会认定复审商标在“无酒精饮料、水果饮料（不含酒精）”上违反了2001年《商标法》第44条第4项的规定并无不当。

二审法院认为[①]，从现有证据来看，汉典科技公司在复审阶段及诉讼阶段提交的证据可以证明复审商标于复审期间在维C泡腾片上进行了实际使用，而维C泡腾片属于固体饮料，且固体饮料与无酒精饮料、水果饮料（不含酒精）均为国际分类第32类商品中第3202类似群。同时，维C泡腾片与无酒精饮料、水果饮料（不含酒精）在功能用途、消费群体、销售渠道等方面相同或相近，相关公众一般认为其存在特定联系且容易造成混淆，二者已经构成相同或类似商品，故对复审商标于复审期间在维C泡腾片商品上的使用可以视为对复审商标在无酒精饮料、水果饮料（不含酒精）商品上的使用。

5. 不使用注册商标的正当理由

如果商标注册人有正当理由而没有使用注册商标，则其商标不应被撤销。TRIPs协议第19条第1款规定，独立于商标所有人意志的情形构成商标使用的障碍，比如，对指定商品或服务的进口限制或其他政府要求，应当被认定为不使用的有效理由。根据《最高人民法院关于审理商标授权确权行政案件若干问题的意见》第20条第3款，如果商标权人因不可抗力、政策性限制、破产清算等客观事由，未能实际使用注册商标或者停止使用，或者商标权人有真实使用商标的意图并且有实际使用的必要准备，但因其他客观事由尚未实际使用注册商标的，均可认定有正当理由。比如，药品和医疗器械上市之前都需要经过政府审批，某些进口产品的销售也需要特定审批程序，如果商标注册人已经在办理这些审批手续并有真实的商业计划，则可以认为符合上述规定。商标权人对不使用商标的正当理由负有举证责任。

典型案例

百正药业股份有限公司（以下简称百正药业公司）诉商标评审委员会商标撤销行政诉讼案[②]

诉争商标为“康及图”商标，申请日为1982年2月6日，核定使用在第5类“西药”商品，专用期限经续展至2023年3月29日。

商标局受理了北京中爱联网络科技中心（以下简称“中爱联科技中心”）关于诉争商标连续3年停止使用的撤销申请并于2014年1月6日作出决定，认定河南省许昌华仁制药有限公司在给定的期间内未向商标局提交使用诉争商标的证据材料，遂依据2001年《商标法》第44条第4项及2002年《商标法实施条例》第39条的规定，对诉争商标予以撤销。

百正药业公司不服该决定，于2014年2月7日向商标评审委员会提出复审，并提供了以下证据材料：（1）许昌市工商行政管理局出具的百正药业公司的变更信息，显示“2010年6月30日企业名称由许昌康得药业有限公司变更为上海百正许昌药业有限公司，2011年12月8日由上海百正许昌药业有限公司变更为百正药业股份有限公司，2010年6月30日

① 参见北京市高级人民法院（2015）高行（知）终字第1888号行政判决书。

② 参见北京知识产权法院（2015）京知行初字第1136号行政判决书。

其经营场所由许昌市解放路10号变更为许昌市东城区许由路东段”；（2）百正药业公司的“药品生产许可证”及新厂区图照片打印件；（3）河南省食品药品监督管理局于2011年8月4日及5日出具的关于“布洛芬片”“醋酸地塞米松片”药品的“药品补充申请批件”，内容为“同意该品种的药品生产企业名称变更为上海百正许昌药业有限公司，生产地址变更为许昌市东城区许由东路3888号。其剂型必须通过GMP认证，前连续三批样品必须经省药品审评认证中心现场核查并抽取样品，省食品药品检验所检验合格后，方可生产上市”，以及河南省食品药品监督管理局于2012年5月11日出具的关于同意“布洛芬片”药品生产企业名称变更为百正药业股份有限公司的“药品补充申请批件”；（4）河南省食品药品监督管理局于2009年7月20日出具的《关于同意许昌康得药业公司异地搬迁进行药品GMP改造批复的函》，及2012年2月6日向上海市百正许昌药业有限公司颁发的认证范围为“片剂（含激素类）、乳膏剂（含激素类）、涂剂”的“药品GMP证书”；（5）河南省食品药品监督管理局于2012年2月28日出具的关于“布洛芬片”“醋酸地塞米松片”药品的“药品再注册批件”，内容为“同意再注册，由于本片长期未生产，恢复生产时，须向我局提出现场检查申请，经我局现场检查并抽检一批产品合格后，方可上市销售”；（6）2012年12月11日及31日许昌市食品药品检验所出具的关于“布洛芬片”“醋酸地塞米松片”药品的“检验报告”，检验结果为“符合规定”，以及许昌市食品药品检验所出具的相关证明；（7）河南省许昌市天平公证处于2015年3月31日出具的（2015）许天证民字第369号“公证书”，内容为“在2015年3月30日于河南省许昌市阳光大药房文峰南店购买百正药业公司生产的康字牌碳酸氢钠片3瓶”，以及公证封存的药品实物，包装上显示有诉争商标，生产日期为2014年12月17日；（8）第10229282号、第3942876号商标资料及第3942876号商标转让、许可信息及时间资料打印件等，欲证明中爱联科技中心申请撤销诉争商标存在主观恶意。

商标评审委员会作出维持撤销决定。百正药业公司不服，于法定期限内向法院提起行政诉讼，并向法院补充提交了：（1）与河北华健天诚医药有限公司签订的产品购销合同、发货单及向其出具的增值税发票等证据材料，显示的药品名称包括“布洛芬片”“醋酸地塞米松片”等，时间为2012年11月至2013年6月间；（2）“布洛芬片”“醋酸地塞米松片”药品实物各10瓶，显示生产日期为2012年7月26日，生产批号为1207001，与“检验报告”中的批号相同，在产品包装瓶上标有诉争商标。

法院经审理认为：《最高人民法院关于商标法修改决定施行后商标案件管辖和法律适用问题的解释》第7条规定，对于在商标法修改决定施行前已经核准注册的商标，商标评审委员会于决定施行前受理、在决定施行后作出复审决定或者裁定，当事人提起行政诉讼的，人民法院审查相关程序问题适用修改后的商标法，审查实体问题适用修改前的商标法。因此，本院应适用2001年《商标法》对本案实体问题进行审理。

2001年《商标法》第44条第4项规定，使用注册商标连续3年停止使用的，由商标局责令限期改正或者撤销其注册商标。“连续3年停止使用注册商标”撤销制度的目的在于清理闲置商标，督促商标权人积极使用商标。因此，当商标权人具有不使用注册商标的合理事由时，不宜通过此项制度剥夺其商标权。

《最高人民法院关于审理商标授权确权行政案件若干问题的意见》第20条第3款规定，

如果商标权人因不可抗力、政策性限制、破产清算等客观事由，未能实际使用注册商标或者停止使用，或者商标权人有真实使用商标的意图，并且有实际使用的必要准备，但因其他客观事由尚未实际使用注册商标的，均可认定有正当理由。

本案证据，不能证明百正药业公司在指定期间对诉争商标进行了真实有效的使用。本案中，百正药业公司还主张其在指定期间未使用诉争商标具有正当理由，并提交“药品补充申请批件”“药品 GMP 证书”“药品再注册批件”“检验报告”等证据予以佐证。对此本院认为，药品生产行业有其特殊性，需经国家有关部门的审核、批准及检验合格之后才能投入生产并进行销售。在案证据显示，2009 年百正药业公司停产进行生产地址搬迁，其间百正药业公司先后向有关部门提出公司异地搬迁药品 GMP 改造申请、药品生产企业名称和生产地址变更申请、药品再注册申请等，并按照规定将一批次于 2012 年 7 月 26 日生产的“布洛芬片”“醋酸地塞米松片”药品进行抽检。依据有关规定，检验合格后，百正药业公司才获得将上述药品上市销售的资格。可见，百正药业公司在指定期间内未实际使用诉争商标，是厂址搬迁及需重新进行药品生产审批所致，具有正当理由；且百正药业公司向有关部门进行申请的事实，结合其后的销售合同及发票，以及购买公证书、药品实物等证据，可以看出其具有真实使用商标的意图，并且为实际使用诉争商标作了必要准备。故本院认为，百正药业公司在指定期间未使用诉争商标具有正当理由，未违反 2001 年《商标法》第 44 条第 4 项的规定。商标评审委员会对此认定有误，本院不予支持。

（二）变成通用名称的商标的撤销

《商标法》第 49 条第 2 款规定，注册商标成为其核定使用的商品的通用名称的，任何单位或个人可以向商标局申请撤销该注册商标。该条款是 2013 年修改《商标法》时引入的。在以通用名称为理由申请商标撤销的案件中，申请人对于注册商标变成通用名称的事实承担举证责任。[①] 对该事实的证明与以通用名称为由申请宣告注册商标无效的案件中对通用名称事实的证明是一样的，只是时间点不同：于前者以申请撤销时的事实状态为依据，于后者以涉案商标申请日及注册日的事实状态为依据。此外，于因变成通用名称而被撤销的商标，其在被撤销前的效力不受影响，但被以通用名称为由宣告无效的商标自始无效。

（三）不规范使用的商标的撤销

《商标法》第 49 条第 1 款规定，商标注册人在使用注册商标的过程中，自行改变注册商标、注册人名义、地址或者其他注册事项的，由地方市场监督管理部门责令限期改正；期满不改正的，由商标局撤销其注册商标。

《商标审查审理指南》规定[②]：自行改变注册商标，是指商标注册人或者被许可使用人在实际使用注册商标时，擅自改变该商标的文字、图形、字母、数字、立体形状、颜色组合等，导致原注册商标的主要部分和显著特征发生变化。改变后的标识同原注册商标相比，易被认为不具有同一性。可见，这里对于实际使用商标与注册商标之间的差异认定和连续 3

---

① 《商标法实施条例》第 65 条规定，有《商标法》第 49 条规定的注册商标成为其核定使用的商品通用名称情形的，任何单位或者个人可以向商标局申请撤销该注册商标，提交申请时应当附送证据材料。

② 参见《商标审查审理指南》下编第十七章第 3 条。

年不使用撤销中的认定标准是一致的。

自行改变注册商标的注册人名义，是指商标注册人名义（姓名或者名称）发生变化后，未依法向商标局提出变更申请，或者实际使用注册商标的注册人名义与“商标注册簿”上记载的注册人名义不一致。自行改变注册商标的注册人地址，是指商标注册人地址发生变化后，未依法向商标局提出变更申请，或者商标注册人实际地址与“商标注册簿”上记载的地址不一致。自行改变注册商标的其他注册事项，是指除商标注册人名义、地址之外的其他注册事项发生变化后，注册人未依法向商标局提出变更申请，致使与“商标注册簿”上登记的有关事项不一致。《商标法》第 41 条规定，注册商标需要变更注册人的名义、地址或者其他注册事项的，应当提出变更申请。因此，这里的撤销是未办理商标有关事项变更的备案的惩罚性法律后果。实践中，企业名称或地址变更是常见的事情，注册商标信息变更未作相应备案的情形也多见。这些信息变更的备案缺失，其实并不会对公共利益造成很大的损害，相反，更多的是损害到商标注册人自己的利益（比如第三人对其注册商标的撤销或无效宣告申请不能被送达给注册人，因而造成权利灭失）。因此，注册商标相关信息变更的备案缺失作为撤销注册商标的理由并不充分。就自行改变注册商标的行为而言，也可以视为将未注册商标用作注册商标的情形，因此也可以适用《商标法》第 52 条的规定予以规制。这两个条款的适用范围并不容易区分。此外，上述行为引起的商标撤销都要经过一个前置程序，即，地方市场监督管理部门责令商标注册人限期改正，但拒不改正，因此，不能直接对存在上述情况的注册商标予以撤销。

根据《商标审查审理指南》，前述自行改变商标注册事项的情形还包括自行转让注册商标的情形，它是指商标注册人自己将注册商标专用权转让给受让人，但双方未依法共同向商标局提出申请，办理转让手续的违法行为。《商标法》第 42 条第 1 款和第 4 款规定：转让注册商标的，转让人和受让人应当签订转让协议，并共同向商标局提出申请。受让人自转让被核准公告之日起享有商标专用权。因此，这一撤销理由是相关行为违反第 42 条第 1 款和第 4 款之规定的惩罚性法律后果。由于注册商标的转让必须经过核准公告才能发生效力，因此，自行转让仅在合同双方之间产生债权债务关系，合同实际上尚未得到履行。以此为理由对注册商标予以撤销，也要经过地方市场监督管理部门告诫后仍拒不办理转让核准申请的前置程序。自行转让如果仅影响到合同双方当事人的利益（转移标的物的所有权和支付价金），则不足以成为撤销注册商标的充分理由。如果当事人双方不急于办理转让手续，市场监督管理部门其实也没有理由介入。自行转让对公共利益的可能损害存在于受让人已经实际上控制着注册商标而商标所有人却是出让人的情形，因此，是否办理注册商标转让手续只是表面上的可苛责事由，实质上的可苛责事由是商标注册人没有尽到控制商标使用并对商品质量予以监控的责任。而这实际上属于对《商标法》第 43 条第 1 款规定的许可人对被许可人的商品质量监督义务的违反，但后者没有成为注册商标被撤销的理由。因此，从这个角度看，立法在这方面存在不周延的情况。

二、商标的注销

导致商标被注销的原因包括到期未续展、商标注册人申请注销、商标注册人消亡。被注销的商标，自注销公告之日起效力终止，但于依申请的注销，商标权自商标局收到注销申请之日起终止。[①]

1. 未续展商标的注销

TRIPs协议第18条规定，商标初始注册和每次续展的保护期应不短于7年，注册商标应可以无限被续展。我国《商标法》第39条规定，注册商标的有效期为10年，自核准注册之日起计算。其第40条规定：注册商标有效期满，需要继续使用的，商标注册人应当在期满前12个月内按照规定办理续展手续；在此期间未能办理的，可以给予6个月的宽展期。[②] 每次续展注册的有效期为10年，自该商标上一个有效期满次日起计算。期满未办理续展手续的，注销其注册商标。商标局应当对续展注册的商标予以公告。

就在中国获得保护的国际注册商标而言，《商标法实施条例》第46条规定：其有效期自国际注册日或者后期指定日起算。在有效期届满前，商标注册人可以向国际局申请续展；在有效期内未申请续展的，可以给予6个月的宽展期。商标局收到国际局的续展通知后，依法进行审查。国际局通知未续展的，注销该国际注册商标。

2. 依商标注册人申请的注销

《商标法实施条例》第73条规定，商标注册人申请注销其注册商标或者注销其商标在部分指定使用商品上的注册的，应当向商标局提交商标注销申请书，并交回原“商标注册证”。商标注册人申请注销其注册商标或者注销其商标在部分指定使用商品上的注册，经商标局核准注销的，该注册商标专用权或者该注册商标专用权在该部分指定商品上的效力自商标局收到其注销申请之日起终止。其第74条规定，注册商标被撤销或者依照本条例第73条的规定被注销的，原“商标注册证”作废，并予以公告；撤销该商标在部分指定使用商品上的注册的，或者商标注册人申请注销其商标在部分指定使用商品上的注册的，重新核发“商标注册证”并予以公告。

一般而言，如果某个注册商标对其注册人没有用处，他完全可以不去注销，只是不使用和不维权就是了。但是，在三种情况下，还是需要注销无用的商标，比如：《商标法》第42条第2款规定，转让注册商标的，商标注册人对其在同一种商品上注册的近似的商标，或者在类似商品上注册的相同或者近似的商标，应当一并转让。《商标法实施条例》第30条第2款规定，变更商标注册人名义或者地址的，商标注册人应当将其全部注册商标一并变更；未一并变更的，由商标局通知其限期改正；期满未改正的，视为放弃变更申请，商标局应当书面通知申请人。在这些情况下，如果不注销无用的注册商标，则注册人每次的名称或地址变更及商标转让程序中都不得不就无用的商标办理手续。此外，在商标注册人与第三人达成共处协议的情况下，可能需要放弃某些商标或者某个商标上的部分指定使用的商品或服务，这也是需要办理注销的一种情形。

3. 因商标注册人消亡的注销

注册商标权是一种民事权利，如果权利主体消亡，则商标权可以被其他主体继承（自然人）取得或继受（公司因分立、合并、破产、经营到期等原因而被清算注销）取得。如果没有发生继承或继受取得，则该注册商标权可以被注销。

---

① 参见《商标法实施条例》第73条第2款。

② 《巴黎公约》第5条之二第1款规定，工业产权续展的宽展期不应少于6个月。

这里涉及两个问题：一是关于商标注册人主体消亡的证据，二是商标注册人消亡后的商标权处置。关于民事主体消亡的证据，于自然人应提供死亡证明，于法人或非法人组织则应提供公司登记机关（一般是市场监督管理部门）出具的公司注销证明。值得注意的是，注销表示公司主体已经灭失，但吊销（营业执照）仅表明该公司因违法经营或未参加年检而被取消了经营资质，其主体并没有消亡。在确定商标注册人主体已经灭失的情况下，还要核实其对注册商标的处置，以确定没有继承或继受的法律关系存在。

三、商标无效宣告制度

（一）商标被宣告无效的效力

商标无效宣告制度是将不符合注册条件的已注册商标的效力自始撤销[①]，也即，无效宣告决定对注册商标的效力具有追溯力。这与商标撤销的法律效力是不同的。也正因为这个原因，2013年修改《商标法》时规范了商标撤销与商标无效宣告的法律用语。但是，无效宣告的追溯力有个例外，即《商标法》第47条第2款、第3款的规定：宣告注册商标无效的决定或者裁定，对宣告无效前人民法院作出并已执行的商标侵权案件的判决、裁定、调解书和市场监督管理部门作出并已执行的商标侵权案件的处理决定，以及已经履行的商标转让或者使用许可合同，不具有追溯力。但是，因商标注册人的恶意给他人造成的损失，应当给予赔偿。依照前款规定不返还商标侵权赔偿金、商标转让费、商标许可使用费，明显违反公平原则的，应当全部或者部分返还。该条款的适用中，对“恶意”的解释和显失公平就成为关键，需要根据个案的具体事实来认定。

典型案例

四川省射洪沱牌曲酒厂、四川省成都市糖酒公司城中分公司、四川成都杞酒厂、四川省崇州市川工酒厂、四川省邛崃市云芳酒厂等与四川省宜宾杞酒厂恶意商标索赔纠纷案[②]

1985年5月，宜宾五粮液二分厂经政府批准成立。1987年，该厂更名为宜宾地区第二酒厂。1988年，宜宾地区第二酒厂划拨固定资产120万元、流动资金40万元，共计160万元，成立了四川省宜宾杞酒厂。宜宾杞酒厂与宜宾地区第二酒厂虽然以不同名义注册，但其生产经营地址、法定代表人、经济性质、注册资金及其构成均相一致，实际上是一个生产经营实体两个企业名称。1992年7月，宜宾地区第二酒厂以尚在申请注册的“豪雅”牌商标，销售名称为“中国杞酒”的杞酒产品。该酒瓶贴的配料表载明，主要成分为大米、高粱、玉米、小麦、糯米、枸杞、红枣、冰糖。宜宾杞酒厂于1992年7月24日向中国专利局提出“杞酒”发明专利申请。在申请专利过程中，该厂明确提出该杞酒中的枸杞为“基本配料”。1993年，“豪雅”商标获准注册。同年11月，宜宾杞酒厂为保护其“中国杞酒”

---

① 参见《商标法》第47条第1款。

② 参见最高人民法院（1997）知终字第2号民事判决书。

产品将来不受其他品牌杞酒产品的冲击，决定申请注册“杞”字商标用于其酒类产品。在申请注册商标的报表中，宜宾杞酒厂在主要原料栏目中未填报“枸杞”，但填报了其他主要原料。1994 年 5 月 28 日，该商标获准注册。1995 年 3 月 17 日，“杞酒”被授予专利权。在“杞”字商标核准注册前后，宜宾杞酒厂为生产销售“杞酒”所印制的“中国杞酒”产品说明书、营销广告、产品介绍中均声称，“是在传统工艺的基础上，运用现代科技手段研制的新一代枸杞酒”。

在宜宾杞酒厂申请注册“杞”字商标前，沱牌曲酒厂等 11 家企业未生产或者销售“杞酒”，未使用“杞”字称呼其枸杞酒类产品，也未将“杞酒”或者“杞”字用于其酒类商品宣传。与此同时，宜宾杞酒厂的杞酒产品在市场中的销售份额不断扩大，在四川省产生了一定的影响。“杞”字商标核准注册后，宜宾杞酒厂立即针对沱牌曲酒厂使用“杞酒”名称销售“沱牌杞酒”的行为，向宜宾地区中级人民法院提起侵权诉讼。经该院主持调解，沱牌曲酒厂向宜宾杞酒厂道歉，停止销售“沱牌杞酒”，赔偿宜宾杞酒厂损失 11 万元，承担诉讼费 20 530 元。此外，沱牌曲酒厂等 11 家企业称，因宜宾杞酒厂向工商行政管理部门举报并请求查处，或以自己派人、致函等方式，使其停止生产销售杞酒、销毁包装标识，致使其分别遭受了损失。四川省高级人民法院经审查认为 11 家企业的实际损失为 5 645 470.78元。1994 年 8 月 20 日，四川省成都市糖酒公司城中分公司（以下简称城中分公司）向国家工商行政管理总局商标评审委员会提交了对“杞”字商标的“撤销注册不当商标申请书”，认为“杞”是中药名“枸杞”，“杞酒”的主要原料就是枸杞，“杞酒”被酿酒业作为一种通用名称而广泛使用；此外，杞是河南省县名。因此，宜宾杞酒厂注册的“杞”字商标，违反了商标法关于申请注册的商标不得直接表示商品的主要原料和县级以上行政区划的地名不得注册商标的规定，请求撤销该商标的注册。宜宾杞酒厂答辩称，“杞”有 3 项含义：(1) 植物名；(2) 古国名；(3) 姓。植物名中，“杞”与“枸”构成“枸杞”，与“柳”构成“杞柳”，因此，“杞”字不能只作“枸杞”讲，无法直接表示“枸杞”的词义；我厂取“杞”字为厂名特取部分，是因为厂所在地原曾遍生杞柳树；我厂的产品中枸杞只占 2%，是辅料，不是主要原料。申请人混淆了“杞”与“枸杞”、“杞酒”与“枸杞酒”的不同概念，其请求不成立，请求驳回申请人的申请。1995 年 8 月 21 日，国家工商行政管理局商标评审委员会经评审作出终局裁定认为：“杞”为植物名，一指“枸杞”，另一指“杞柳”，但将该字用在滋补酒上，只能使消费者想到“枸杞”而不是“杞柳”；一般消费者也不会了解到被申请人用“杞”作商标，实是因厂旁边生杞柳。所以，用“杞”作商标，直接表示了本商品的主要原料（主要原料不指含成分的多寡，而指起主要作用）。据此，将该商标用作酒的商标缺乏商标应具备的显著性，且该商标尚不为中国广大地区普通消费者所熟知，不能被认定为驰名商标，因此，申请人所提注册不当的理由成立，宜宾杞酒厂注册的第 683437 号“杞”商标予以撤销。

“杞”注册商标被撤销后，沱牌曲酒厂等 11 家企业以宜宾杞酒厂恶意注册商标构成侵权为由，向四川省高级人民法院提起诉讼，要求宜宾杞酒厂承担赔礼道歉、赔偿经济损失共 600 万元的责任。四川省高级人民法院经审理认为：“杞酒”与“枸杞酒”作为一种商品的名称，在公众消费领域中并无区别，宜宾杞酒厂生产的杞酒原以“豪雅”二字为注册商标，但为了达到防止“万一今后杞酒行销，别人就会以其他牌号的杞酒冲击”的目的，即以“杞”字申请注册商标，并在申请时隐瞒了“中国杞酒”是以“枸杞”为基本配料的事实，骗取了“杞”字商标的注册。在获准注册后，即向上列以枸杞作为主要原料的杞酒生产企业及营销单位索赔，滥用了注册商标所特有的专用权，损害了同类商品生产者和经营者的合法权益以及正常的经济秩序，其主观恶意成立，应依法承担赔偿责任。最终该院根据《中华人民共和国民事诉讼法》（1991 年）第 138 条、《中华人民共和国商标法》（1982 年）第 27 条第 1 款，《中华人民共和国商标法实施细则》（1995 年）第 25 条第 1 款第 1 项、第 5 项之规定，判决：宜宾杞酒厂赔偿对沱牌曲酒厂等 n 家单位，从 1994 年 5 月四川省宜宾杞酒厂开始侵权起，至 1995 年 8 月商标局撤销“杞”字注册商标止所造成的经济损失 5 645 470.78元，在本判决生效后 10 日内付清。本案第一审案件受理费 40 010 元，其他诉讼费 8 002 元，合计 48 012 元，由四川省宜宾杞酒厂承担。

宜宾杞酒厂不服该判决，向最高人民法院上诉，称：（1）原审判决认定事实不清。宜宾杞酒厂将注册商标使用于商品“酒”上而不是“杞酒”上，主观上是为了保护自己的生产经营，是正当的注册商标的行为；在上诉人发明“杞酒”以前，没有他人使用过“杞酒”名称，在上诉人申请“杞”字商标注册以前，没有“杞酒”商品被他人推向市场；各被上诉人的“杞酒”商品都是在上诉人为销售商品作了巨额广告宣传，“杞酒”商品在成都和四川市场享有了高知名度后才进行市场销售的，因此，上诉人没有注册上的恶意，也没有禁止或者制止被上诉人正当销售商品的主观故意。（2）原审判决严重违反法定程序，判决书所表述的被上诉人的起诉内容不知来于何处，被上诉人的损失大部分未经质证。（3）原审判决适用法律错误，所适用的《中华人民共和国商标实施细则》（1995 年）第 25 条第 1 款第 1 项与商标评审委员会的裁定书矛盾，同时，判决不适当地扩大了该条第 5 款规定的适用范围。

各被上诉人答辩称：上诉人在申请“杞酒”专利过程中，在专利申请文件里明确载明枸杞是“杞酒”的主要原料，而在申请商标注册过程中，上诉人却隐瞒了枸杞是杞酒的主要原料这一重要事实骗取商标注册，以达到其垄断枸杞酒商品市场的目的，其主观“恶意”明显；各被上诉人的损失属实，有证据证明。原审判决的认定和处理有充分的事实法律依据，请求维持原判，驳回上诉人的上诉请求。

被上诉人沱牌曲酒厂还答辩称：本厂在 1992 年 10 月就使用了“沱牌杞酒”名称，上诉人称在其申请商标注册前无人使用“杞酒”名称是不成立的。

最高人民法院经审理认为：宜宾杞酒厂在申请注册“杞”字商标前，率先生产销售杞酒，使杞酒在市场上享有了一定的知名度。在市场上尚无他人生产销售杞酒类产品的时候，为防止发生假冒或者混淆，决定将“杞”字申请注册为商标。国家工商行政管理局商标评审委员会商评字（1995）第 964 号“杞”商标注册不当终局裁决书撤销“杞”字商标的理由是将“杞”字用在滋补酒上，只能使消费者想到“枸杞”，所以，用“杞”字作滋补酒的商标，直接表示了本商品的主要原料，不具备显著性；且该商标不能被认定为驰名商标。该决定未表明“杞”字商标注册人有恶意。虽然宜宾杞酒厂在注册时，有意隐瞒了该厂将“杞”字商标主要使用在滋补酒上、“枸杞”是该滋补酒的主要原料的事实，但这一行为不是恶意针对特定的其他经营者采取的损害其利益的措施，不宜适用《中华人民共和国商标法实施细则》（1995 年）的有关规定认定其有“恶意”。根据《中华人民共和国商标法实施细则》（1995 年）第 25 条关于撤销注册商标的决定或者裁定，对在撤销前人民法院作出并已经执行的商标侵权案件的判决、裁定，工商行政管理机关作出并已经执行的商标侵权案件的处理决定，不具有追溯力的规定，宜宾地区中级人民法院的调解书已经生效并执行，有关工商行政管理机关对本案原审相关原告的处理也已经生效并执行，故国家工商行政管理局商标评审委员会撤销“杞”字商标的决定，对上述调解书和处理决定无追溯力。并且，由于宜宾杞酒厂申请注册商标时市场上尚无他人生产销售或者宣传“杞”牌酒，也就不可能造成他人的损失。其后，虽然沱牌曲酒厂等被上诉人有一定的损失，但是，这种损失的发生，与宜宾杞酒厂的申请注册行为没有直接的因果关系，而是在“杞”字商标核准注册后，没有人及时申请撤销该商标，各被上诉人在此期间盲目生产杞酒产品而造成的。沱牌曲酒厂称其在 1992 年 10 月就使用“沱牌杞酒”名称生产销售杞酒，该厂只提供了其产品在有关卫生检测部门和质量监督检测部门进行检验的证书副本，上面写明产品在市场销售或者宣传的证据。经审查，该证书副本上面的产品名称栏目有明显的改动后复印的痕迹，故本院不予采信。综上，原审判决认定宜宾杞酒厂恶意注册商标并判决其承担各被上诉人的损失赔偿责任缺乏充分的事实与法律依据，应予撤销；对宜宾杞酒厂的上诉请求应予支持。本院根据《中华人民共和国民事诉讼法》（1991 年）第 153 条第 1 款第 2 项、第 3 项之规定，判决如下：（1）撤销四川省高级人民法院（1995）川高法经一初字第 14 号民事判决。（2）二审案件受理费各 40 010 元，其他诉讼费 8 002 元，共计 88 022 元，由沱牌曲酒厂等 11 家单位各承担 8 002 元。

从目前相关的司法实践来看，以下情形应被认定为恶意给他人造成了损失：违反《商标法》第 13 条、第 16 条或第 32 条的注册人通过海关保护程序、行政保护程序或司法程序给被“抢注”人及其加工商、供货商、销售商、关联企业等造成损失的。实践中，海关和行政机关因为行政执法效率的要求，在被申请人对申请人的商标发起无效宣告或撤销程序时一般不会中止执法程序，因此，在涉案商标被撤销或被宣告无效之前被申请人要承担停止侵权和赔偿损失的责任。作为被申请人的被“抢注”人在海关保护、行政保护或司法保护程序的压力下与“抢注”人达成和解协议所支付的许可使用费也应当被认定为恶意给他人造成的损失。但是，“抢注”人通过行政保护或司法保护程序让被“抢注”人及其关联企业或合作企业之外的侵权人承担的法律责任不应被认定为恶意给他人造成的损失，因为即便是“抢注”的商标也不应被假冒。

（二）宣告商标无效的理由

宣告商标无效的理由包括绝对理由和相对理由，这与商标注册的绝对条件和相对条件相对应。就宣告无效的绝对理由而言，《商标法》第 44 条规定，已经注册的商标，违反该法第 4 条（不以使用为目的的恶意注册申请）、第 10 条（官方标识、公序良俗、禁止注册的地名商标）、第 11 条（显著性）、第 12 条（功能性标识）、第 19 条第 4 款（商标代理机构在代理服务范围外申请注册商标）规定的，或者是以欺骗手段或者其他不正当手段取得注册的（关于其解释和适用，参见本书前文有关商标“抢注”的章节），由商标局宣告该注册商标无效；其他单位或者个人可以请求商标局宣告该注册商标无效。违反绝对条件的商标注册会损害到同行业所有经营者和相关公众的权益，因此，一方面，商标局可以依职权宣告其无效；另一方面，任何人都可以申请宣告其无效。依申请的无效宣告程序由商标局以国家知识产权局名义审理。在依职权的无效宣告程序中，当事人对于商标局作出的宣告注册商标无效的决定不服的，可以自收到通知之日起15日内向商标局申请复审。在依职权或依申请的无效宣告程序中，当事人对商标局的复审决定、维持商标注册或者宣告商标无效的决定/裁定不服的，可以自收到通知之日起30日内向人民法院起诉。

关于《商标法》第44条第1款所规定的“以欺骗手段或者其他不正当手段取得注册的”商标，根据《商标审查审理指南》下编第16章第2、3条的规定，其适用的情形包括两类：一是以弄虚作假的手段欺骗商标注册行政主管取得商标注册的行为，即商标注册人在申请注册商标时，采取向商标注册行政主管机关虚构事实或者隐瞒真相、提交伪造的申请文件或者其他证明文件等手段骗取商标注册。该行为包括但不限于下列情形：(1) 伪造申请文件章戳或签字的行为；(2) 伪造、涂改申请人的身份证明文件的行为，包括使用虚假的身份证、营业执照等身份证明文件，或者涂改身份证、营业执照等身份证明文件上重要登记事项等行为；(3) 伪造其他证明文件的行为。二是采用欺骗手段以外的扰乱商标注册管理秩序、损害公共利益、不正当占用公共资源或者以其他方式牟取不正当利益等其他不正当手段取得注册，违反了诚实信用原则，损害了公共利益的行为。但是，正如本书在商标“抢注”章节中所指出的，对于“以欺骗手段或者其他不正当手段取得注册的”商标，应主要从绝对理由的角度予以解释和适用，尽管其对于制止商标“抢注”起到很大的作用。

就宣告无效的相对理由而言，根据《商标法》第45条第1款，已经注册的商标，违反该法第13条第2款和第3款（驰名商标）、第15条（禁止“抢注”代理人或代表人的商标）、第16条第1款（地理标志保护条款）、第30条（申请注册商标与在先注册商标或初步审定商标之间的冲突）、第31条（申请注册商标之间的冲突）、第32条（不得损害他人在先权益、不得“抢注”他人在先使用并有一定影响的商标）的，自商标注册之日起5年内，在先权利人或者利害关系人可以请求商标局宣告该注册商标无效。对恶意注册的，驰名商标所有人不受5年的时间限制。关于这一条款有以下方面值得注意：一是相对理由都涉及侵害特定民事主体权益的情形，因此，仅在利害关系人提出申请的情况下才启动无效宣告程序。二是此类无效宣告申请应在商标注册之日起5年内提起。之所以这么规定，是考虑到商标注册人和在先权益人之间的利益平衡：在先权益人在权益被侵害之后长时间不行使救济权利则存在懈怠，商标注册人的经营活动可能已经使注册商标承载着其商誉。在这种情况下，对后者的权益保护优先于对在先权益人的权益保护。只是，我国商标法没有规定在先权益人是否仍有权依据相关在先权益（著作权、姓名权等）禁止注册超过5年的商标的使用。在商标法没有针对其他权益为注册商标所有人设置侵权例外的情形下，在先权益人仍可以依据其在先权益禁止注册超过5年的商标的使用。这也与我国的民事诉讼时效制度相关联：对于持续的侵权行为，我国的民事诉讼时效不是从侵权行为发生的时间点起算，被侵权人可以随时提起诉讼，只是损害赔偿请求只能及于起诉日之前的三年。[①] 这将

---

① 例如，《最高人民法院关于审理著作权民事纠纷案件适用法律若干问题的解释》（2020年修正）第27条规定：侵犯著作权的诉讼时效为3年，自著作权人知道或者应当知道权利受到损害以及义务人之日起计算。权利人超过3年起诉的，如果侵权行为在起诉时仍在持续，在该著作权保护期内，人民法院应当判决被告停止侵权行为；侵权损害赔偿数额应当自权利人向人民法院起诉之日起向前推算3年计算。

导致注册超过 5 年的商标尽管不能被宣告无效但会被禁止使用，而一旦连续 3 年停止使用就会被撤销。

商标局在依照相对理由对无效宣告请求进行审查的过程中，对所涉及的在先权益的确定必须以人民法院正在审理或者行政机关正在处理的另一案件的结果为依据的，可以中止审查。中止原因消除后，应当恢复审查程序。

《商标法》第 50 条规定，注册商标被撤销、被宣告无效或者期满不再续展的，自撤销、宣告无效或者注销之日起 1 年内，商标局对与该商标相同或者近似的商标注册申请，不予核准。

第八章 商标权的行使

一、注册商标专用权

商标被注册之后，注册人就在指定使用的商品或服务上就注册商标享有了专有权（exclusive right，又称专用权）。但对于这个专有权的性质和内容的认识还存在分歧：首先，商标权的专有性和其他知识产权的专有性是同质的，而知识产权的专有性与物权的专有性也是同质的，即所有权人对财产性权利的客体享有独占且排斥他人的权利。但理论、立法和司法对包括商标权在内的知识产权的专有性的强调要远超过对物权的专有性的强调，这是知识产权客体的无体性或无形性造成的。相对于有体财产一旦被某一个权利主体占有并使用就物理地排除了其他主体对其占有和使用的可能性不同，知识产权的客体可以在同一时间内被多个主体使用，而对它的占有也只是法律拟制的占有，不可能是物理的占有。因此，知识产权法通过专有权的概念特别强调的是，未经许可的第三人尽管在物理上存在使用被保护客体的可能性，但只有知识产权权利人才有权这么做。其次，对于注册商标专用权的权利内容，有观点认为商标注册赋予了商标权人使用注册商标的权利和禁止他人使用注册商标的权利。实际上，注册商标专用权是一种禁止权，而商标注册也不能赋予商标权人对注册商标的使用权。就注册商标专用权的禁止权性质而言，国际条约和比较法上多以禁止权的形式定义注册商标专用权。比如，TRIPs 协议第 16 条第 1 款规定，注册商标的所有人应享有禁止所有第三方未经其同意在商业活动中使用相同或近似标识于相同或近似商品或服务的专有权（exclusive right），如果这种使用容易导致混淆。根据《欧盟商标条例》第 9 条的规定，欧盟商标的注册赋予其所有人（proprietor）对注册商标的独占权（exclusive right）；欧盟商标的所有人应有权禁止所有第三方未经其同意在有关商品或服务上使用容易导致混淆的标识。我国《商标法》第 57 条对商标侵权行为的规定，也是从禁止权的角度规定了注册商标专用权。

就商标注册人的使用而言，其实经营者使用一个商标是一种自由，并不需要授权。这种自由的边界就在于不能侵犯他人的权益，不能侵害公众利益或违反公序良俗。如果经营者以注册商标的形式使用某个商标，则这种形式需要有在先的注册行为，但这只是表明该商标经过官方公告和审查程序，从而被纳入了注册商标的管理体制。可见，注册只是赋予了经营者对商标的使用形式，而不赋予其对商标的使用权。而且，商标局对商标注册申请的审查是不全面和不充分的，并不能保证注册商标不侵犯他人在先的著作权等权益，甚至不能保证注册的商标不侵犯在先的注册商标，因此，商标注册行为不能赋予商标权人使用注册商标的权利。至于我国《商标法》第56条规定的“注册商标的专用权，以核准注册的商标和核定使用的商品为限”，它应当被理解为对商标禁止权范围的规定（体现了商标权的特定性原则），而不是对使用权范围的规定。就商标的使用而言，该条仅能表明，注册商标标识不能被用于非核准商标或者非核定使用的商品或服务，与《商标法》第52条禁止将未注册商标冒充注册商标使用的规定相对应。

二、商标许可

商标注册人可以自己使用商标，也可以授权他人使用注册商标，后者即为商标许可。商标许可涉及许可人和被许可人之间的关系、被许可人与第三人之间的关系，以及许可人和被许可人与相关公众之间的关系。

（一）许可人与被许可人的关系

就许可人与被许可人之间的关系而言，商标许可为一种合同关系，是注册人通过合同对其权利客体的使用权作出的处置。被许可人的商标使用权范围取决于合同的约定：被许可的商标、涉及的商品或服务、使用行为的种类（生产、销售、进口等）、使用的地域范围、许可使用的期限、许可使用费的计算方式和支付方式、违约责任、许可的性质等。根据性质，许可被分为独占使用许可、排他使用许可和普通使用许可。根据《最高人民法院关于审理商标民事纠纷案件适用法律若干问题的解释》（2020年修正）第3条的规定，独占使用许可是指商标注册人在约定的期间、地域，以约定的方式，将该注册商标仅许可一个被许可人使用，商标注册人依约定不得使用该注册商标；排他使用许可是指商标注册人在约定的期间、地域，以约定的方式，将该注册商标仅许可一个被许可人使用，商标注册人依约定可以使用该注册商标但不得另行许可他人使用该注册商标；普通使用许可是指商标注册人在约定的期间、地域，以约定的方式，许可他人使用其注册商标，并可自行使用该注册商标和许可他人使用其注册商标。实践中，商标许可合同都会在第1条对许可的性质作出定义，以免仅使用前述三个概念导致误解，尤其是在涉外商标许可的情形下，因为我国司法解释中的概念定义并不总是对应他国法律中的许可相关概念。单纯从法律角度看，容易认为商标注册人在许可关系中处于主导或强势的位置，但事实上并非如此。法律上的商标权与商标在市场上的价值是两回事，而且在既有市场上价值不菲的商标在未开拓市场中的价值还有待验证，因此，尽管被许可人的商标使用权来自商标注册人的授权，但被许可商标的新市场开拓主要取决于被许可人的投资和经营，尽管许可人通常都对被许可商标的品牌经营（大到市场定位和广告投入，小到供销渠道、商业管理、门店装修）提供培训和指导。这些是商标许可使用费的计算方式和支付方式的主要决定因素。而从商标许可人的角度来看，需要有激励被许可人打造品牌商誉和市场的机制。因此，许可合同中可以对许可经营的业绩作出分阶段的规定，如果规定的业绩达不到，可以据此解除许可合同，重新挑选被许可人。需要注意的是，被许可人的商标使用权来自商标注册人的许可，因此，凡是许可合同没有授权的，被许可人均不能使用，比如，分许可或再许可（被许可人许可第三人使用商标的情形）的权限需要许可合同的明确约定。如果被许可人超过许可合同规定的权限使用了注册商标，则可以构成违约责任与侵权责任的竞合，商标注册人可以选择其一予以追究。在上海汇丽集团有限公司（以下简称上海汇丽集团）与苏州市汇丽木业制造有限公司（以下简称苏州汇丽公司）商标侵权及不正当竞争纠纷案①中，上海汇丽集团在其商标使用许可授权函中已明确限定了苏州汇丽公司只能在“所生产的实木地板产品及其包装上使用汇丽商标”，故根据诚实信用原则，苏州汇丽公司无论是自己生产和销售还是以定牌加工方式许可他人生产和销售永丽牌复合地板，都应当尽量避免在产品及外包装盒上突出使用“汇丽建材”字样，以防止混淆。而本案中，苏州汇丽公司在复合地板上使用“汇丽建材”的字样，容易使相关公众误认为永丽牌复合地板来源于上海汇丽集团。因此，苏州汇丽公司对“汇丽”商标的使用超出了上海汇丽集团的授权范围，侵犯了“汇丽”商标权。

（二）许可的期限

就商标许可的期限而言，由于我国商标法规定商标注册的期限为10年，因此，有观点认为商标权许可的期限不能超过商标的有效期。但在商业实践中，许可期限超过10年的商标许可合同很常见。比如，在设立合资企业的情况下，出资方授予合资企业的商标许可期限一般都与合资企业的经营期间（比如，50年）相同。在这种情况下，只需在合同中约定许可方有义务续展许可合同，并就未续展造成的损失承担责任。就商标管理而言，商标许可备案的期限应以注册商标的保护期为限，许可商标每次续展后再行备案即可。商标许可的期限对被许可人具有重要意义，因为决定了他得以使用注册商标并利用其所承载的商誉进行盈利的时间预期，他对相关的经营活动都会按此来规划。商标许可人如果违约，单方解除许可合同，则应赔偿因此给被许可人带来的损失。

典型案例

武汉来利食品有限公司与广州市来利洪饼业有限公司（以下简称广州来利公司）、广州人和顺达饼干厂（以下简称顺达饼干厂）商标许可使用合同纠纷案②

广州来利公司是第830904号“来利”图形商标注册人，顺达饼干厂是第693058号“瑞达”文字加图形商标注册人。2002年10月21日，广州来利公司（乙方）与武汉新东棉纺织有限公司（甲方，以下简称新东棉公司）签订“资产租赁合同书”，由乙方承租甲方的厂房，租赁期限暂定为10年，从2003年1月1日至2012年12月31日。2002年11月5日，广州来利公司与张某签订合同，协商成立“武汉来利食品分公司”，选择湖北省武汉市东西湖区燕岭油沙路作为武汉分公司的企业场所，广州来利公司授权“武汉来利分公司”

① 参见江苏省高级人民法院（2008）苏民三终字第0050号民事判决书。

② 参见最高人民法院（2008）民申字第456号民事判决书。

生产“来利”“瑞达”品牌食品，广州来利公司占“武汉来利分公司”65%的股份，张某占35%。武汉来利食品有限公司于2002年11月8日登记成立，张某为法定代表人。2003年5月1日，广州来利公司作为甲方与乙方武汉来利食品有限公司（张某）签订协议书，合同主要内容如下：(1)甲方同意乙方在武汉市东西湖区燕岭新东棉纺织厂租赁厂房投资创办食品厂，定名为“武汉来利食品有限公司”（以新东棉纺织厂的合同期为准）。(2)甲方准许乙方使用甲方的两个注册商标“来利”“瑞达”，使用期限暂定10年，从签字之日起计算日期。(3)乙方负责“武汉来利食品有限公司”的全部投资，一切产权属乙方所有，乙方独立经营、独立核算。(4)原由甲方与新东棉纺织厂签订的租赁合同，转由乙方张某与新东棉纺织厂签订。(5)乙方产品销售范围是湖北省、河南省、陕西省、山西省、重庆市，对于广州来利公司其他分公司的销售区域，不得进入。(6)乙方在使用甲方的商标期间，不能同时使用其他任何商标，乙方每年向甲方支付商标、技术管理费20万元（从2003年5月1日起计），2年以后开始支付给甲方，第三年开始在每年度的6月1日支付。(7)如乙方违反本协议任何一条，甲方有权单方面解除合同，甲方不负任何责任。解除合约后，乙方不能再使用“武汉来利食品有限公司”的营业执照，由甲方处理或报工商局注销。

2003年5月8日，新东棉公司（甲方）、广州来利公司（乙方）、武汉来利食品有限公司（丙方，以下简称武汉来利公司）签订协议，约定：甲乙双方于2002年10月21日签订的“资产租赁合同书”，现转为由武汉来利公司全权代理乙方的权限，负责乙方行使、履行“资产租赁合同书”下的权利和义务。2003年5月28日，顺达饼干厂与广州来利公司共同在《华商报》上刊登声明，称二者分别许可其注册商标给武汉来利公司使用。

2003年9月6日及9月20日，广州来利公司两次“特别致函”武汉来利公司总经理张某。9月6日函称：根据市场调查发现，贵公司产品超出了销售经营区域范围，贵公司必须为此违反规定承担责任。9月20日函称：决定从2003年9月21日起停止贵公司的“来利”“瑞达”商标的使用权，贵公司原有旧包装纸箱及卷膜限期至2003年11月30日前处理完毕。

2003年9月21日，广州市来利食品集团、广州来利公司、顺达饼干厂共同以公函的形式函告经销商，称：从即日起收回武汉来利公司“来利”“瑞达”产品的商标使用权。

2003年10月22日，武汉来利公司以广州来利公司、顺达饼干厂违约造成其损失为由向武汉市中级人民法院提起诉讼，请求解除商标许可使用合同，上述两方共同赔偿其各项经济损失合计4 987 880元。

在诉讼期间，武汉市中级人民法院委托湖北方瑞咨询评估有限公司对武汉来利公司库存饼干、包装物等价值进行鉴定，鉴定结论为：2003年5月8日以后，饼干价值为149 656.46元，包装物价值为663 492.67元，机器设备价值为403 876元，前期开发费为95 487.95元，厂房、道路改造装修费为122 053.87元。

广州来利公司向法院提交合肥市忠信饼业总汇及顺达饼业总汇（九江市）证明及照片复印件，以证明武汉来利公司违反销售区域约定，将饼干销售至合肥市及九江市。因系复印件未被采信。后提交江西省九江市浔阳区公证处（2003）浔证字第1236号公证书并申请武汉市中级人民法院对顺达饼业总汇业主倪某进行调查取证，调取了送货清单，显示：

2003年5月1日，外包装标识为“广州来利饼业公司武汉分公司”（以下简称“武汉来利分公司”）的“来利”“瑞达”饼干发货至江西九江，送货单上开票人为武汉来利公司的张乙。武汉来利公司在湖北省高级人民法院二审开庭时承认其所有产品的外包装纸箱所印刷的生产厂家均为武汉来利分公司。

一审法院湖北省武汉市中级人民法院经审理认为：2003年5月1日的商标许可使用协议是双方当事人真实意思表示，应受法律保护。广州来利公司致函，决定单方面取消武汉来利公司使用涉案注册商标的权利，但并未提交合法有效的证据证明武汉来利公司此前存在违约行为。证据中显示的违约销售“来利”“瑞达”饼干的主体均是武汉来利分公司，与武汉来利公司没有任何法律上的关系，故其单方取消涉案商标使用权的理由不充分。其单方取消许可致使双方签订协议时的合同目的不能实现，武汉来利公司要求解除合同的理由成立，予以支持。广州来利公司与武汉来利公司虽于2003年5月1日签订协议，但该协议第1条约定，以武汉来利公司与新东棉公司签订的资产租赁合同的日期为准，即武汉来利公司正式取得厂房作为其经营场所，开始生产、销售“来利”“瑞达”饼干的时间应为2003年5月8日，所以广州来利公司的违约行为造成武汉来利公司经济损失的计算，应为2003年5月8日以后。武汉来利公司为实施“来利”“瑞达”牌饼干的生产、销售而进行的投资所造成的经济损失，包括对所租赁厂房的装修改造及厂前道路改造所投入的122 053.87元；购买机器设备支出的403 876元，经折旧后为399 041.90元，广州来利公司支付价款后，武汉来利公司将所存设备交付广州来利公司；未销售的饼干价值149 656.46元及不能使用的内外包装物价值663 492.67元；武汉来利公司自2003年9月停产至2004年6月与新东棉公司解除房屋租赁合同，为闲置租赁房屋实际支出的租金300 000元。市场前期开发是企业根据其自身发展规划的需要而进行的风险投资，该部分损失不应由广州来利公司赔偿。顺达饼干厂以实际行动对广州来利公司许可及取消武汉来利公司使用其注册商标的行为表示了认可，故应与广州来利公司共同承担赔偿责任。

二审法院湖北省高级人民法院经审理认为：武汉来利公司成立于2002年11月8日。武汉来利分公司从未设立过。武汉来利公司提交的证据“送货清单”及成本核算表上的时间分别为2003年4月30日及2003年5月1日等事实证据，清楚表明武汉来利公司的生产行为早于2003年5月1日。一审认定广州来利公司与武汉来利公司签订商标许可使用合同应以武汉来利公司于2003年5月8日取得新东棉公司的厂房作为其经营场所的时间为生效时间，属定性错误，应予纠正。广州来利公司提交的证据虽证明2003年5月1日在江西九江确实有武汉来利公司的饼干销售，但考虑到交易习惯，一批货物不可能当天签协议，当天就生产、包装、装运，故上述证据不足以证明是武汉来利公司违反2003年5月1日协议的约定销售货物到江西九江。广州来利公司在无足够证据证明武汉来利公司首先违约的情况下，收回其商标使用权的行为属于违约行为，理应承担相应的民事责任。顺达饼干厂承担连带责任。关于赔偿额的问题：武汉来利公司是一个独立经营的公司，鉴定结论的确说明了其在签订协议后的一些投入，但这些投入是否需要广州来利公司赔偿，应考量广州来利公司的违约行为与损失之间是否存在直接的因果关系。关于装修改造费用和购置机器设备的费用，该费用是任何生产饼干的厂家都应在生产过程中投入的，上述费用是否投入及投入多少，并非由商标许可使用合同约定，而是由武汉来利公司根据自己的公司经营规模、生产效益、市场行情、人员管理成本等诸多市场经济的风险予以决定的，故不应由广州来利公司赔偿。已生产出的饼干及不能使用的内外包装，是广州来利公司的违约行为造成的损失，应予赔偿。但包装物中纸箱外部所印的生产厂家均为“武汉来利分公司”，显然非2003年5月1日之后根据商标许可使用合同印制的，该部分损失（计165 477.60元）不应由广州来利公司赔偿。原审鉴定报告未对饼干的生产时间是在广州来利公司给武汉来利公司发函之前或之后进行划分，对该部分损失法院酌定8万元。同时考虑到广州来利公司依照协议每年最多只能获得20万元，且内外包装尚有利用价值，故在广州来利公司支付赔偿款的同时，由武汉来利公司交付其相应的内外包装物。关于房租，武汉来利公司在其自身承认的2003年10月中旬停产至2004年6月解除租赁合同，时间明显过长，且其与新东棉公司签订的租赁合同约定的每年房租计至当年的12月31日止，武汉来利公司无证据显示，其在2003年12月31日前为减少损失，曾积极与新东棉公司协商解除房屋租赁合同的情况，故其无权就扩大的损失主张赔偿，对该项损失酌定为10万元。综上，广州来利公司、顺达饼干厂共同赔偿武汉来利公司经济损失678 015.07元（饼干8万元，不能使用的内外包装物498 015.07元，房租10万元）。

最高人民法院再审认为：(1) 关于商标许可使用合同的生效时间问题。该合同签订于2003年5月1日，合同约定自签订当日起计算商标许可使用期限及使用费，且合同中并无关于附生效条件的约定。根据我国《合同法》第44条的规定，依法成立的合同自成立之日起生效，故原二审法院认定商标许可使用合同的生效日期是2003年5月1日而非广州来利公司、武汉来利公司及新东棉公司签订厂房转租赁协议的2003年5月8日是正确的。且该日期的认定并未影响原审法院对广州来利公司违约在先的行为性质的认定，亦未因此改变鉴定结论中各项损失的数额，故武汉来利公司有关的再审申请理由，本院不予支持。(2) 关于广州来利公司应赔偿武汉来利公司因违约所受损失的数额问题。原二审法院并未否认鉴定结论所确认的各项损失的具体数额，只是考量每一部分损失是否系广州来利公司的违约行为所引起并进行了划分。本案是商标许可使用合同，广州来利公司在该合同下的义务是许可武汉来利公司使用其注册商标并进行相应技术指导等，以此为对价获得商标许可使用费。故其违反约定停止武汉来利公司使用商标，应在其合同权利、义务下承担其违约行为给武汉来利公司造成的损失。武汉来利公司作为一个自主经营的企业，其对厂房、道路的装修改造及购买机器设备所产生的投入，并不是由商标许可使用合同决定的，广州来利公司亦未从中获取任何利益，原二审法院关于此二项费用不予赔偿的认定并无不当。关于未售出的饼干、包装物及房租的损失，原二审法院所进行的划分亦无不当。武汉来利公司有关的再审申请理由，本院亦不予支持。综上，武汉来利公司的再审申请不符合《中华人民共和国民事诉讼法》(2007年) 第179条的规定，依据《中华人民共和国民事诉讼法》(2007年) 第181条第1款之规定，裁定如下：驳回再审申请人武汉来利公司的再审申请。

（三）许可双方与第三人的关系

就被许可人与第三人之间的关系而言，主要是被许可人对于第三人侵犯商标权的行为是否享有诉权。根据《最高人民法院关于审理商标民事纠纷案件适用法律若干问题的解释》（2020年修正）第4条第2款的规定，在发生注册商标专用权被侵害时，独占使用许可合同的被许可人可以向人民法院提起诉讼；排他使用许可合同的被许可人可以和商标注册人共同起诉，也可以在商标注册人不起诉的情况下，自行提起诉讼；普通使用许可合同的被许可人经商标注册人明确授权，可以提起诉讼。此外，《商标法》第43条第3款规定，许可他人使用其注册商标的，许可人应当将其商标使用许可报商标局备案，由商标局公告。[①] 商标使用许可未经备案不得对抗善意第三人。因此，未经备案公告的商标被许可人不能追究善意第三人的商标侵权责任。那么，对"善意第三人"应如何解释？这里需要满足两个条件：其一，他没有从任何渠道得知该商标许可的存在；其二，他对许可商标的使用存在形式上的正当理由，比如经过商标注册人或被许可人的授权，即便这种授权违反了前述许可合同（比如商标注册人在授予甲独占使用许可之后仍许可乙使用其商标）。

就许可人和被许可人与相关公众的关系而言，由于商标所具有的识别功能，相关公众会将使用同一商标的提供者视为同一提供者，但在许可使用的情况下，这一情况并不属实，因此，应当保护相关公众的知情权，明确被许可人和商标注册人的主体区别性。因此，《商标法》第43条第2款规定，经许可使用他人注册商标的，必须在使用该注册商标的商品上标明被许可人的名称和商品产地。同时，为保护商标的品质指示功能，使相关公众通过许可商标购买到同一品质的产品，《商标法》第43条第1款第二句规定，许可人应当监督被许可人使用其注册商标的商品的质量，被许可人应当保证使用该注册商标的商品的质量。

（四）被许可人对许可商标的捆绑使用

在商标许可中，如果许可商标具有较高的市场知名度，而被许可人以某种方式将自己的不具有知名度的或知名度较低的商标与许可商标一起使用，则会在相关公众中引起两个商标密切关联的认识，从而将许可商标的商誉溢出到被许可人自己的商标上。这种行为构成对许可商标商誉的不当利用。

在周某与株洲鲜点乳业有限责任公司（以下简称鲜点公司）注册商标许可合同纠纷案[②]中，法院认为：周某与鲜点公司签订了"商标使用许可合同"，许可鲜点公司在豆奶、酸豆奶、乳酸饮料、奶茶等项目上使用"全成"商标。作为商标许可使用合同的被许可人的鲜点公司的主要合同义务应是支付许可使用费，同时，应保证使用注册商标的商品的质量。周某并未提供充分的证据证明商标被许可人鲜点公司存在不支付许可使用费或不保证使用注册商标的商品的质量等不履行主要义务的事实。相反，本案对商标许可使用费并无争议，且鲜点公司在诉讼中一再表明要继续履行商标许可使用合同。因此，鲜点公司突出使用"全新"商标的行为，不能被认定为鲜点公司以自己的行为表明不履行商标许可合同的主要义务。虽然鲜点公司突出使用其正在申请中的"全新"商标的行为，并不构成解除商标许

---

① 《商标法实施条例》第69条规定：许可他人使用其注册商标的，许可人应当在许可合同有效期内向商标局备案并报送备案材料。备案材料应当说明注册商标使用许可人、被许可人、许可期限、许可使用的商品或者服务范围等事项。

② 参见湖南省高级人民法院（2008）湘高法民三终字第24号民事判决书。

可合同的法定条件，但这种行为客观上对周某的商标权有损害，因此，对于周某要求赔偿5万元的经济损失的请求，依法应予支持。

典型案例

石狮市拼牌体育用品有限公司与福建省石狮市海峡服装厂、石狮市宝湖信宝服装辅料商店、石狮市信达服装配件工艺厂、晋江市源兴包装发展有限公司、石狮市盛邦服装制造有限公司、石狮市七七制衣厂有限公司侵犯商标权纠纷案①

1993年8月28日经商标局核准，福建省石狮市石狮五星东源制衣厂取得了“拼PIN”注册商标专用权，商标注册证号为655965；核定使用商品为第25类服装。1996年5月28日，经商标局核准，石狮市东源服装发展有限公司受让了“拼PIN”商标。2000年7月28日经商标局核准，石狮市拼牌用品有限公司（以下简称拼牌公司）受让了“拼PIN”商标。

2002年3月21日，拼牌公司（甲方）与海峡服装厂（乙方）签订了“商标使用许可合同”。双方在该许可合同中约定：……（5）乙方不得任意改变甲方注册商标的文字、图形或其组合，并且不得超过许可的商品范围使用甲方的注册商标。（6）未经甲方授权，乙方不得以任何形式和理由将甲方注册商标许可第三方使用。（7）注册商标标识的提供方式，按2001年2月28日签订的合作协议改造。（8）许可使用费及支付方式，按2001年2月28日签订的合作协议支付。2001年2月28日签订的（签字的甲方为石狮市东源服装发展有限公司法定代表人王某，乙方为海峡服装厂法定代表人柯某）合作协议第4条约定：年基本承包额定为人民币壹佰贰拾万元。第7条约定：……所需的商标吊牌、织唛及防伪码等，由甲方统一制作并管理，按成本价向销售公司提供……乙方不得自制“拼牌”吊牌、织唛（针织商标），否则视为假冒侵权行为。

拼牌公司从1993年起在全国各地销售“拼牌”服装，并先后投入巨资在中央级、各省级电视、报纸、杂志等各类媒体上进行广告宣传，还在全国各地的机场、车站、城市主干道等，利用各种户内、户外的广告灯箱、大型广告牌，以及通过赞助运动队、博览会、大型演唱会、服装展示会等方式，进行品牌宣传，并在全国各地的主要城市建立了专卖店或经销点，逐渐建立了较为完善的销售网络。自1993年以来“拼牌”服装多次参加国际、国内博览会、服装节并获得金奖，先后被评为“全国知名品牌”“福建名牌产品”，并在2002年11月被评为“中国最受消费者欢迎的休闲装品牌”。经评估，“拼牌”无形资产达20 425万元。

2002年4月起，海峡服装厂在其生产的“拼（PIN）牌”男装及包装物上使用样式的商标标识，并于2002年5月1日出版的第八期《拼牌人》（公司内部刊物，该期由海峡服装厂主办）上，对该标识进行了如下描述：“拼牌商标是由盾牌、骆驼、沙漠、绿洲四个

---

① 参见福建省高级人民法院（2002）闽知初字第4号民事判决书。

意义物以黑、绿、白、橙四种色块组合而成。”同时，海峡服装厂所使用的商标吊牌、针织商标（织唛）、服装配件、包装袋等均自行委托本案其他被告生产、制作。海峡服装厂还在对外赠送的各种礼品中使用了该标识。海峡服装厂法定代表人柯某的名片上亦使用了该标识。

…………

法院经审理认为：拼牌公司是“拼PIN”注册商标的合法权利人，其在核定范围内的合法权益应受到保护。“拼PIN”注册商标从1993年至今已连续使用10年。权利人对该品牌投入巨资，采取媒体广告、赞助大型活动等多种形式进行大量的持续的宣传，宣传的时间长、覆盖面广，在参加的各种大型评选活动中均被评为金奖，并在全国各地设有专卖店或代理商，“拼PIN”商标在一般消费者心目中已享有较高声誉。经权威部门评估“拼PIN”牌的无形资产价值达人民币2亿多元。因此，依据《中华人民共和国商标法》（2001年）第14条的规定，被“拼PIN”注册商标认定为驰名商标。

海峡服装厂经合法授权使用“拼PIN”注册商标，理应在授权范围内，根据诚实信用原则和我国《商标法》（2001年）的相关规定使用该商标，对授权使用的商标不得有任何改变。海峡服装厂未经权利人同意，也未经法定程序，故意将“拼PIN”商标变更并进行使用的行为，既违反了其与拼牌公司的合同约定，也违反了《商标法》（2001年）第51条的规定，属超越法定核准范围使用商标……

海峡服装厂在拼牌公司的商标中组合了围图形的行为，使一般消费者误认为该图形也是商标的组成部分，一方面，图形标识可以利用原来“拼PIN”商标的销售渠道和影响力而迅速占据市场份额；另一方面，由于醒目的视觉效果，图形容易在一般消费者中留下印象，如任其使用，会使一般消费者看到图形标识就联想到拼牌产品，进而弱化了真正商标“拼PIN”的显著性，将影响真正商标的广告效力和销售能力，一旦图形标识与拼牌商标分离并单独使用，将对“拼PIN”注册商标专用权构成严重的侵害。故对于拼牌公司关于海峡服装厂的行为直接导致其注册商标与侵权商标相混淆，淡化了其注册商标的标识显著性，使市场和消费者难以区别商品来源，严重损害了其注册商标在市场上所享有的声誉的意见，予以采纳。根据《中华人民共和国商标法》（2001年）第52条第5项和《中华人民共和国民法通则》第118条的规定，海峡服装厂应承担停止侵权、消除影响、赔偿损失的民事责任……

（五）未注册商标的许可

商业实践中还广泛存在就未注册商标签订许可使用合同的做法。被许可的未注册商标包括已经申请但处于审查阶段的商标和未申请注册的商标，但在这两种类型的商标上均不存在商标权，也即许可人不享受商标法所赋予的禁止他人使用的专有权。因此，被许可人其实完全可以不经许可就使用未注册商标，因此，从合同标的的角度来看，就未注册商标签订的许可合同是不存在有效标的的。但是，合同法首先强调的是意思自治，在不违反公序良俗而当事人的意思表示也真实的情况下，法院在实践中是认可此类合同的效力的。

典型案例

上海凝智实业有限公司与深圳市航天科工实业有限公司商标使用许可合同纠纷案①

原、被告签订的“品牌使用合同”约定：“第一条合作内容及范围：1. 甲方（指原告——判决书注）作为Preen品牌的中国总代理商，授权乙方（指被告——判决书注）使用Preen品牌商标，乙方可以自主开发款式，使用Preen品牌商标，在东方购物平台销售。2. 乙方在使用Preen品牌的合同期内，在未经与甲方协商并征得甲方的同意的情况下，不得擅自转让Preen品牌给其他公司使用。3. 乙方使用Preen品牌在双方约定渠道内所做的商业活动，均应向甲方缴纳品牌使用费。第二条合同期限：本合作期限1年，有效期从2011年10月1日起至2012年9月30日。第一年的目标销售额暂定为1 200万人民币（以下币种同），如乙方第一年达不到该目标销售额，甲方可终止乙方品牌使用权限。如已达标，合作期限到期后经过双方协商可延长合作期限。第三条品牌使用费及支付方式：1. 乙方应以电视购物销售金额的5%作为品牌使用费支付给甲方。2. 品牌使用费用支付方式：品牌使用费用每年分4次（3、6、9、12月）计算，每季度的费用应在下一个月末之前支付给甲方。以转账方式支付至甲方指定账户。3. 如乙方不能按时给甲方支付品牌使用费用，应支付逾期部分的违约金。违约金计算方式：拖欠金额×拖欠时间（日）×25%/365日。第四条甲方的权利和义务：甲方应向乙方提供甲方合法拥有的Preen品牌全套VI系统和品牌注册证明，并提供合法的品牌授权，以及各店铺资料和其他宣传广告资料的支持，如电视购物节目所需的影像广告资料、商品模特图等。第五条乙方的权利和义务：1. 乙方在合同期内，应合法使用Preen品牌，在指定渠道内进行销售行为，不得擅自转让品牌使用权或作为其他用途…… 4. 销售数据可按照第三条第二项约定的每3个月为一个结算周期，数据以乙方提供的对账单和部分电视购物后台系统（SCM）的数据为准，以书面的形式提供给甲方。”合同还对纠纷处理等事项作了约定。

在签订上述“品牌使用合同”时，原告附在合同后，交给了被告两份授权书，其中一份授权时间为2011年8月1日，授权公司系“JACKIEF&CCO.，LTD”，授权内容为：“兹授权上海凝智实业有限公司为JACKIEF&CCO.，LTD之PREEN品牌的中国区域总代理。上海凝智实业有限公司可以在中国国内各种渠道中销售本品牌相关商品，同时授权上海凝智实业有限公司可使用及授权合作伙伴使用本品牌、标识及进行相关有利于促进本品牌商品在中国国内销售的各种宣传推广活动。本授权书有效期为：2011年8月01日至2014年07月31日。”另一份授权日期为2011年10月1日，授权公司系上海凝智实业有限公司，授权内容为：“兹有韩国PREEN品牌的中国区域总代理商上海凝智实业有限公司授权深圳市航天科工实业有限公司，使用PREEN品牌生产并在东方购物平台销售自主开发的服装。本授权书有效期为：2011年10月01日至2012年09月30日。”

被告在东方CJ销售其生产的Preen品牌服装时将上述两份授权书交给了上海东方电视

① 参见上海市闵行区人民法院（2012）闵民三（知）初字第496号民事判决书，上海市第一中级人民法院（2013）沪一中民五（知）终字第218号民事判决书。

购物有限公司。根据上海东方电视购物有限公司于2012年11月9日出具的被告销售PREEN品牌产品的数据材料，被告的供应商编号为101739，其从2011年12月至2012年9月的各月销售数量和含税销售金额…… 被告未支付任何品牌使用费给原告。庭审中，原告称其曾多次向被告口头催讨品牌使用费，但被告予以否认。

一审法院另查明：原告（乙方）曾于2011年10月15日与JACKIEF&CCO.，LTD（甲方）签订“品牌合作合同”，约定：“双方商定运用Preen品牌开发女装与男装，Preen服装品牌项目，并以此为依托，甲方给予乙方开发中国国内市场（包括传统渠道，TV shopping，Internet shopping）的总代理权限……乙方在代理期限内，与甲方协商并征得甲方同意后，可以在区域内发展经销商……乙方与第三方运用Preen品牌在第一条第一项规定的渠道内所做的商业活动，均应向甲方缴纳品牌使用费，本合作期限自2011年10月16日起至2014年10月15日……”又查明：根据商标局出具的“注册申请受理通知书”载明的内容，Preen及图案组合商标已受理，申请日期：2011年8月17日，申请号：9855488，类别：25，申请人：株式会社洁姬时装，韩国首尔市城东区弘益洞315－1东林大厦3层。原、被告在庭审中均确认此商标目前尚未获得我国商标局核准注册。

关于“Preen”品牌的性质，一审法院认为：能够将一个企业的商品或服务与其他企业的商品或者服务区分开的标记或者标记组合，均可作为商标。PREEN（或者Preen）系字母组合，可以作为商标使用。被告在东方CJ销售的服装上使用了Preen的标识，作为其销售的服装品牌。该标识使被告销售的服装与其他企业销售的服装得到区分，具有商品的识别功能，因此，被告对Preen的使用属于商标性使用，“Preen”在被告销售的服装上属于商标标识。从现有证据分析，“Preen”虽然已经被被告在其销售的服装上作为商标使用，但是，该商标至今未获得我国商标局的核准注册，故“Preen”属于未注册的商标。未注册的商标，其在法律效力上虽不能等同于注册商标，但在一定范围内亦受法律保护。该未注册的商标“Preen”，尽管由被告在销售时使用，但该商标在我国的商标权利人不是被告。首先，该商标不是被告自行设计并使用的，而系通过与原告签订合同，由原告许可使用的；其次，虽然被告抗辩原、被告间的合同是补签的，在签合同之前被告已在生产的服装上使用“Preen”品牌，但被告也承认该品牌是原告告知知利公司，知利公司再告知被告的，故被告不享有在先使用权；最后，该商标虽至今未被我国商标局核准注册，但“Preen及图”已由韩国公司在我国商标局申请注册，被告在东方CJ销售服装前也已收到韩国公司授权原告、原告再转授权被告的授权书，并将该些授权书交予东方CJ以证明其销售之服装的品牌来源。据此，被告明知“Preen”的权利人不是自己，自己仅是被许可使用。因此，被告在东方CJ销售的服装上使用的“Preen”品牌，属于原告许可使用的非注册商标。

关于涉案“品牌使用合同”的效力，一审法院认为：我国商标法并未禁止未注册商标的使用，也未禁止未注册商标的许可使用，故不能简单地仅以商标未经注册为由宣告合同无效。当事人从事经营活动，免不了中间人的居间介绍，故被告抗辩的知利公司牵线签订合同的行为，也不构成合同无效的理由。原、被告签订的合同中并未明确约定原告许可给被告使用的必须是已经我国商标局核准注册的商标，也未明确约定原告需提供注册商标证给被告，仅笼统地约定提供品牌注册证明。被告认为合同是补签的，原告存在着欺诈和隐瞒。被告的观点无充足的证据可佐证，本法院难以采信。即使被告的抗辩能成立，那么欺诈和隐瞒也不是合同无效的理由。被告在合同有效期，在合理的时间内，未就欺诈和隐瞒提出撤销或者变更合同内容的申请，在合同履行完毕后再以此为由主张合同无效，本法院不予支持。综上，本法院认为，原、被告签订的合同，系双方当事人真实意思表示，其内容未违反我国《合同法》第 52 条规定之情形，当属有效。对于依法成立并生效之合同，双方当事人均应遵守履行。原告已将“Preen”商标许可给被告使用，被告也已实际使用至生产的服装上，且在合同有效期限内至东方 CJ 销售平台对外向消费者销售，被告理应按照约定支付给原告品牌使用费。

二审法院认为：《合同法》第 44 条规定，依法成立的合同，自成立时生效。上诉人、被上诉人签订的“品牌使用合同”之内容系双方真实意思表示，且未违反法律规定，具有法律约束力。该合同中载明，双方本着“平等互利、共同发展”的原则，经充分协商，就双方在电视购物渠道以“Preen”品牌进行合作。而被上诉人与“JACKIEF&CCO.，LTD”签订的“品牌合作合同”中约定双方商定运用“Preen”品牌开发女装与男装，并以此为依托，“JACKIEF&CCO.，LTD”给予被上诉人开发中国国内市场的总代理权限。从两份合同的上述约定来看，上诉人、被上诉人签订涉案品牌使用合同旨在合作开发“Preen”品牌服装在中国的电视购物市场。事实上，上诉人亦通过向东方 CJ 提供“Preen”品牌的境外、境内两份授权书而得以在东方电视购物平台销售“Preen”品牌服装。因此，上诉人使用“Preen”品牌销售服装的合同权利已经实现，合同目的已实现，而“Preen”品牌的注册情况未影响上诉人实现合同权利。上诉人行使了合同权利，实现了合同目的，理应按约支付合同约定的品牌使用费。本院注意到上诉人提出被上诉人在签订合同过程中存在隐瞒、欺诈行为，对此，上诉人在签订“品牌使用合同”时，完全有能力对“Preen”品牌的注册情况予以核查，再者，上诉人在得知相关情况后亦未提出撤销合同的诉求以行使撤销权。因此，上诉人的该项异议不能成立。据此，上诉人以“Preen”品牌未授权为由主张合同未实际履行、不应支付品牌使用费，缺乏事实和法律依据，本院不予采信。

三、商标转让

商标权，作为一种财产权，可以转让。与商标许可仅需备案不同，商标的转让需要经商标局核准。《商标法》第 42 条第 4 款规定：转让注册商标经核准后，予以公告。受让人自公告之日起享有商标专用权。因此，转让核准公告日之前注册商标上的权益属于原所有人，该日期及后的权益属于受让人。当然，商标转让协议完全可以将核准公告日之前的商标权益比如对该日期之前的商标侵权行为的起诉权，也转让给受让人。

对于商标局审核商标转让申请的依据，《商标法》第 42 条第 3 款规定，对容易导致混淆或者有其他不良影响的转让，商标局不予核准，书面通知申请人并说明理由。该条第 2 款同时规定，转让注册商标的，商标注册人对其在同一种商品上注册的近似的商标，或者在类似商品上注册的相同或者近似的商标，应当一并转让。这即是对于容易导致混淆的一种情形的规定。此外，如果法律对某种商标的申请主体有限制条件，则此类商标的受让人也应满足这些条件，比如，商标代理机构不能受让所代理商标之外的商标，对证明商标和集体商标的主体要求等。

第九章 商标权的保护

注册商标权受法律保护。商标权的保护制度包括商标侵权行为的认定和商标侵权的法律责任两部分内容。商标侵权行为的认定包括侵权认定的规则和侵权例外的规则，而商标侵权责任也有救济措施和责任限制两部分内容。

一、商标侵权行为的认定

商标侵权行为的认定与商标权的内容是同一个事物的正反两个方面。如前所述，商标具有识别、商誉承载和品质指示三个重要功能，商标权的内容和商标侵权行为的认定都是以对这三个功能的破坏为依据。而对识别功能的破坏是商标侵权行为的主要认定依据，这也就是混淆理论。而对于驰名商标而言，即使在不存在混淆可能的情况下，商标的商誉仍可能被利用或破坏，这就是商标淡化理论（关于该内容在下一章讨论）。此外，反不正当竞争法还对混淆理论和淡化理论不能涵盖的某些商标侵权行为予以规制。

（一）混淆理论的适用：侵权标识的类型

TRIPs 协议第 16 条第 1 款即站在商标法上的混淆理论和比较法上的共识的基础上对注册商标权的内容或商标侵权行为的认定作出了一般性规定。根据该条，商标注册人应当具有阻止所有未经商标注册人同意的第三人在商业活动中在与注册商标所指定使用的商品或服务相同或类似的商品或服务上使用相同或近似标识（signs）的独占权（exclusive right），如果该使用具有容易导致混淆的可能性。值得注意的是，我国《商标法》中没有与 TRIPs 协议的该条款相同或近似的规定，两者的差别就在于，TRIPs 协议对于可能构成商标侵权的标识的种类是开放的，而我国《商标法》第 57 条对于可能构成商标侵权的标识仅规定了商标一种。

这一差别给我国商标法带来了四个重要问题：其一，我国商标法上商标侵权行为认定规则碎片化。被告使用的侵权标识是商标的情形被规定在《商标法》第 57 条，被告使用的侵权标识是商品名称或者商品装潢的情形被规定在《商标法实施条例》第 76 条，被告使用的侵权标识是企业的字号和域名的情形被规定在《最高人民法院关于审理商标民事纠纷案件适用法律若干问题的解释》（2020 年修正）第 1 条。其二，商标侵权案件中无谓的“法条查找”工作。法院在每个侵权案件中都需要先对被告所使用的标识的类型进行定性，才能确定适用上述哪个法条，而双方律师很多时候也在这方面发生争执。但实际上，这个“法条查找”工作根本没有必要，因为是哪种标识类型并不重要，重要的是认定有无混淆的可能性。其三，对于《商标法》《商标法实施条例》《最高人民法院关于审理商标民事纠纷案件适用法律若干问题的解释》没有规定的标识类型，法院和行政机关不得不援引《商标法》第57条第7项兜底条款——“给他人的注册商标专用权造成其他损害的”，但兜底条款的模糊性会引发其适用上的不确定性，甚至会产生能否适用兜底条款的问题。其四，《商标法》与《反不正当竞争法》的适用范围界限模糊。这方面有两个典型的例子：一个例子是网络搜索关键词或网络竞价排名关键词（Adwords）是否能构成商标侵权的问题。另一个例子是企业字号能否构成商标侵权的问题。由于此类标识不在商标法的上述规定之中，理论上和实践中分歧都很大。在“XTOOLS”案[①]等案件中，法院认定使用网络搜索关键词的行为也可以构成商标侵权；在“罗浮宫”案[②]等案件中，法院则认为其不构成商标侵权，但构成不正当竞争。

典型案例

“XTOOLS”案

1. 与涉案商标有关的事实

沃力森公司经向商标局申请，于2008年11月21日将“XTOOLS”注册为商标（商标注册证号为第4372228号），其中“XTOOLS”文字被设计为特定形状并指定颜色，核定服务项目为第42类，包括计算机软件出租、为计算机用户间交换数据提供即时连接服务、把有形的数据和文件转换成电子媒体、计算机程序和数据的数据转换（非有形转换）、替他人创建和维护网站、主持计算机站（网站）、计算机软件设计、计算机软件升级、计算机软件维护、计算机软件更新。

沃力森公司将“XTOOLS”注册商标实际使用于CRM软件服务，且曾授予其关联公司北京沃立森德软件技术有限公司（简称“沃立森德公司”）关于第4372228号“XTOOLS”注册商标的普通使用许可。

2. 与本案被控侵权行为有关的事实

2009年7月27日，在网址为www.baidu.com的百度网站以“XTOOLS”为关键词进行搜索，显示找到相关网页约60 600篇，其中：

第一页的第一项搜索结果系标题为“八百客国内最专业的Xtools”的链接，链接右侧载有“赞助商链接”字样，链接下方的网页描述为“www.800app.com八百客国内最crm服务提供商标准版免费5 000成功案例提供一对一免费视频培训”。该链接指向网址为

---

① 参见北京沃力森信息技术有限公司诉八百客（北京）软件技术有限公司侵犯注册商标专用权纠纷案［北京市海淀区人民法院（2009）海民初字第26988号民事判决书，北京市第一中级人民法院（2010）一中民终字第2779号民事判决书］。

② 参见福建省莆田市中级人民法院（2014）莆民初字第406号民事判决书，福建省高级人民法院（2015）闽民终字第1266号民事判决书。

www.800app.com 的八百客公司网站。

第一页的第二项搜索结果系标题为“XTools CRM 企业维生素软件官方网站 _ 在线月租型客户关系管理软……”的链接，链接右侧未载有“赞助商链接”字样。该链接指向网址为 www.xtools.cn 的沃力森公司网站。

法院依法通知百度公司作为无独立请求权第三人参加诉讼后，百度公司当庭表示第一页的第一项搜索结果系竞价排名服务区别于自然搜索结果的标识，“赞助商链接”字样可证明八百客公司将“XTOOLS”选定为百度网站的竞价排名关键词之事实；而第一页第二项搜索结果则来自未经竞价排名服务干预的自然搜索结果。

沃力森公司认为八百客公司以“XTOOLS”作为关键词进行竞价排名的上述行为构成对其涉案注册商标专用权的侵犯。

2009 年 11 月 3 日，在百度网站以“XTOOLS”为关键词进行搜索，其搜索结果第一页的第一项系标题为“XTools CRM 企业维生素软件官方网站 _ 在线月租型客户关系管理软……”的链接，链接右侧无“赞助商链接”字样。该链接指向网址为 www.xtools.cn 的沃力森公司网站。百度公司表示该链接来自未经竞价排名服务干预的自然搜索结果。

百度公司表示，其核查到八百客公司曾于 2009 年 7 月 19 日或此日前几日开始选定“XTOOLS”作为竞价排名关键词，且曾于 2009 年 7 月 27 日自行删除选定的“XTOOLS”关键词，八百客公司的涉案侵犯注册商标专用权行为业已停止。

八百客公司曾于 2009 年 7 月 20 日、8 月 25 日、9 月 17 日、9 月 28 日和 10 月 29 日分 5 次向百度网站支付竞价排名服务费用共计 10 万元。八百客公司否认该 10 万元竞价排名服务费用中包括竞价排名关键词“XTOOLS”的相关费用。

八百客公司否认其进行了以“XTOOLS”为关键词的竞价排名服务。

为证明竞价排名服务中关键词由客户，而非百度公司选择，百度公司向法院提交了如下证据：

（1）百度网站所载“权利保护声明”文件和“百度推广服务合同”文本。用以证明其在与所有竞价排名服务客户签订的推广服务合同中，均强调和要求竞价排名服务客户提交的推广信息不得含有侵犯他人知识产权的内容，以及其已通过设置多种投诉渠道以供发现涉嫌侵权行为的权利人能够得到及时的事后救济等。潜在的百度网站竞价排名服务客户必须接受“百度推广服务合同”文本的全部条款才能成功注册且获得相应账号和密码，从而成为正式的百度网站竞价排名服务客户。

（2）百度网站后台调取和打印的八百客公司用户信息，其中包括用户名为“800app”、用户 ID 为“838826”、注册日期为“2007-12-14”、联系人姓名为“李×男”、电子邮件为“li××nan@800app.com”、公司名称为“八百客（北京）软件技术有限公司”、联系电话为“010-82××××60”、通信地址为“北京海淀区中关村西区彩和坊路 8 号××××大厦××××”等信息。

（3）百度网站后台调取和打印的八百客公司“关键词 Xtools 分日报告”，其中账户“800app”的推广计划为“八百客软件”，推广单元为“2crm”（已删除），关键词为“Xtools”（已删除）；账户“800app”在 2009 年 7 月 21 日的平均点击价格为 0.72 元，点击量为 1 次，消费为 0.72 元；账户“800app”在 2009 年 7 月 22 日的平均点击价格为 0.76

元，点击量为3次，消费为2.28元。

八百客公司对百度公司提交的在百度网站后台调取和打印的八百客公司用户信息以及“关键词Xtools分日报告”之真实性均不予认可。

3. 有关沃力森公司的相关事实

沃力森公司成立于2004年7月20日，企业客户管理软件（CRM软件）服务系沃力森公司的主要经营项目之一。网址为www.xtools.cn的网站系由沃力森公司所经营。

沃力森公司向法院提交了数份广告合同及发票，以证明其对使用于CRM软件服务的“XTOOLS”注册商标所进行的广告宣传情况。沃力森公司还向法院提交《中国商业评论》《中国民航报》《计算机世界》《中国信息化》《中国计算机报》《中国工商时报》等媒体宣传报道，以证明其使用于CRM软件服务的“XTOOLS”注册商标之市场知名度。

另，沃力森公司的XTools CRM在线客户管理软件曾于2008年11月荣获中国信息化推进联盟CIO专业委员会、中国计算机报社、CIO360网站联合颁发的2008年度企业客户关系管理信赖产品奖。

沃力森公司系百度网站的竞价排名服务客户。沃力森公司曾经选定过“XTOOLS”作为竞价排名关键词，但其现在选定的竞价排名关键词并不包括“XTOOLS”。

4. 有关八百客公司的相关事实

八百客公司亦系百度网站的竞价排名服务客户。

八百客公司成立于2007年8月23日，企业客户管理软件（CRM软件）服务系八百客公司的主要经营项目之一。网址为www.800app.com的网站系由八百客公司所经营。

2009年8月24日的《中国计算机报》以“七成产品上手难—6款主流在线CRM产品测评选型”为题对6款CRM软件产品进行比较和评述，其中包括八百客公司的“八百客标准版”CRM软件和沃力森公司的“XTools标准版”CRM软件。北京时代计世资讯有限公司曾于2009年4月作出《2008—2009年中国软件运营服务（SaaS）市场研究报告》，其中第2.4章节以“800app：2008年在线CRM市场份额第一”为题对八百客公司的“800App”CRM软件经营状况进行报告，第2.8章节以“XTools：2008年在线CRM软件付费企业用户数量第一的SaaS厂商”为题对沃力森公司的“XTOOLS”CRM软件经营状况进行报告。

上述事实，有沃力森公司第4372228号商标注册证、北京市方圆公证处（2009）京方圆内经证字第13437号公证书、在“中国万网”查询800app.com域名的相关查询结果网页打印件、沃力森公司以及沃立森德公司与广而告之合众国际广告有限公司、重庆天极网络有限公司、上海企源信息服务有限公司等案外人所签数份广告合同及发票，《中国商业评论》《中国民航报》《计算机世界》《中国信息化》《中国计算机报》《中国工商时报》等媒体宣传报道，沃力森公司2008年度企业客户关系管理信赖产品奖荣誉证书、沃力森公司向百度网站支付竞价排名服务费用的发票、沃立森德公司营业执照、沃力森公司与沃立森德公司所签商标使用许可合同、《2008—2009年中国软件运营服务（SaaS）市场研究报告》、2009年8月24日的《中国计算机报》、北京市方圆公证处（2009）京方圆内经证字第20349号公证书、百度网站所载“权利保护声明”文件和“百度推广服务合同”文本、八百客公司支付竞价排名服务费用的银行进账单和发票记账联、北京市方圆公证处（2008）京方圆内经证字第02976号公证书、百度网站后台调取和打印的八百客公司用户信息及“关键词

Xtools 分日报告”以及法院庭审笔录、询问笔录等在案佐证。

一审法院认为：沃力森公司系第 4372228 号商标注册证之注册人，该注册商标现处于有效期限之内，故沃力森公司享有在核定服务项目第 42 类上使用第 4372228 号“XTOOLS”注册商标的专用权。沃力森公司通过在企业客户管理软件（CRM 软件）服务中实际使用“XTOOLS”注册商标，通过授予其关联公司沃立森德公司关于“XTOOLS”注册商标的普通使用许可，且通过其及沃立森德公司持续、广泛地对使用于 CRM 软件服务的“XTOOLS”注册商标进行广告宣传，使其享有专用权的“XTOOLS”注册商标在 CRM 软件服务领域具有了较高的市场知名度。

CRM 软件服务系沃力森公司和八百客公司共同的主要经营项目，二者之间存在市场竞争关系。北京时代计世资讯有限公司的《2008—2009 年中国软件运营服务（SaaS）市场研究报告》曾对八百客公司的“800app”CRM 软件和沃力森公司的“XTOOLS”CRM 软件的经营状况同时进行报告，2009 年 8 月 24 日的《中国计算机报》亦曾对八百客公司的“八百客标准版”CRM 软件和沃力森公司的“XTools 标准版”CRM 软件进行比较和评述。上述事实可证明沃力森公司和八百客公司均系 CRM 软件服务领域的主要竞争者。法院认为八百客公司作为沃力森公司的主要同业竞争者之一，其对于在 CRM 软件服务领域具有较高市场知名度的沃力森公司享有专用权的“XTOOLS”注册商标应系明知。

百度网站系国内网络用户使用频率极高的搜索引擎网站。2009 年 7 月 27 日，在百度网站以“XTOOLS”为关键词进行搜索，标题为“八百客国内最专业的 Xtools”的指向网址为 www.800app.com 的八百客公司网站的链接在全部 6 万余项搜索结果中排名首位，且链接右侧载有区别于自然搜索结果的竞价排名服务的“赞助商链接”标识；而标题为“XTools CRM 企业维生素软件官方网站_在线月租型客户关系管理软……”的指向网址为 www.xtools.cn 的沃力森公司网站的链接却名列其次，该链接来自未经竞价排名服务干预的自然搜索结果。八百客公司系百度网站的竞价排名服务客户，其于 2009 年 7 月下旬至 10 月下旬向百度网站支付的竞价排名服务费用即已高达 10 万元。百度公司表示其核查到八百客公司曾于 2009 年 7 月 19 日或此日前几日开始通过百度网站竞价排名后台系统选定“XTOOLS”作为竞价排名关键词，曾于 2009 年 7 月 27 日自行删除选定的“XTOOLS”关键词，且百度公司提交的百度网站后台调取和打印的八百客公司用户信息以及“关键词 Xtools 分日报告”可证明八百客公司选定的“XTOOLS”竞价排名关键词的平均点击价格为 0.72 元至 0.76 元。且八百客公司未曾明确否认百度公司所述八百客公司曾自行撰写“八百客国内最专业的 Xtools”推广信息及相关网页描述之意见，亦未曾明确否认百度公司所述八百客公司已于 2009 年 7 月 27 日自行删除其选定的“XTOOLS”关键词之意见。法院认为以上事实可以相互印证地证实：八百客公司故意将“XTOOLS”选定为百度网站的竞价排名关键词，撰写“八百客国内最专业的 Xtools”的推广信息以及相关网页描述，导致在百度网站以“XTOOLS”为关键词进行搜索所得排名首位的搜索结果系标题为“八百客国内最专业的 Xtools”的指向八百客公司网站的链接。八百客公司辩称其从未将“XTOOLS”选定为百度网站的竞价排名关键词，否认其曾向百度网站支付的 10 万元竞价排名服务费用包括竞价排名关键词“XTOOLS”的相关费用，均与事实不符，法院不予采信。八百客公司辩称百度公司曾擅自将“XTOOLS”添加为八百客公司选定的关键词，导致在百度网站上以“XTOOLS”为关键词进行搜索所得第1项搜索结果为八百客公司网站的链接，缺乏证据支持，法院不予采信。

沃力森公司享有专用权的第4372228号“XTOOLS”注册商标系将字母组合“XTOOLS”设计为特定形状并指定颜色而组成的不可分割的整体，但“XTOOLS”文字无疑系第4372228号注册商标最主要的组成部分，亦系第4372228号注册商标区别于其他市场经营者的商业标识的最显著特征。法院认为单纯的“XTOOLS”文字已构成第4372228号“XTOOLS”注册商标的近似商标。八百客公司辩称“XTOOLS”文字系具有超级工具、超级手段等含义的通用词汇，证据不足，法院不予采信。

八百客公司故意将与第4372228号“XTOOLS”注册商标近似的“XTOOLS”文字选定为百度网站的竞价排名关键词，撰写“八百客国内最专业的Xtools”推广信息以及相关网页描述，导致在百度网站以“XTOOLS”为关键词进行搜索所得排名首位的搜索结果系标题为“八百客国内最专业的Xtools”的指向八百客公司网站的链接，致使相关公众对沃力森公司与八百客公司所提供的CRM软件服务产生混淆和误认，并致使本拟通过“XTOOLS”关键词搜索沃力森公司网站和其CRM软件服务的网络用户误入八百客公司网站，从而提升八百客公司网站和其CRM软件服务的曝光率，吸引网络用户对八百客公司网站和CRM软件服务的注意力，为八百客公司创造和提供更多的商业机会与交易可能性。八百客公司此举已构成给沃力森公司的注册商标专用权造成其他损害的行为，侵犯沃力森公司对第4372228号“XTOOLS”注册商标所享有的专用权。八百客公司辩称其并非将“XTOOLS”作为商标使用于自己的商品或者服务之上，亦非将“XTOOLS”作为商标使用于商业广告，故其并不存在侵犯沃力森公司注册商标专用权的行为，与事实不符，于法无据，法院不予采信。

…………

二审法院认为，本案涉及如下焦点：

第一，上诉人是否实施了以“XTOOLS”为关键词在百度网站进行推广的行为。

本案中，鉴于在百度网站中的百度推广服务简介已明确显示，百度网站所提供的推广服务（竞价排名服务）须由推广企业选择推广关键词并发布推广信息。同时，因第三人所提供的系推广服务，而按常理推知，作为推广内容的关键词服务及推广信息，通常系由推广企业自行选择并提供。故在被上诉人所提交的公证书中已明确显示在百度网站进行“XTOOLS”关键词搜索可以得到上诉人网站的竞价排名结果，且上诉人认可其在百度网站上实施了除“XTOOLS”以外的其他关键词的竞价排名服务的情况下，本院合理认定系上诉人而非第三人百度公司实施了以“XTOOLS”为关键词在百度网站进行竞价排名的推广服务。

虽然上诉人否认其实施了该被控侵权行为且主张第三人具有自行选择关键词及推广信息进行竞价排名服务的可能性，但鉴于上诉人并未提交相关证据予以证明，亦未合理说明第三人具有自行选择涉案竞价排名关键词及推广信息的动机，故本院对于上诉人的该主张不予支持。

第二，上诉人实施的以“XTOOLS”为关键词的推广行为是否构成对被上诉人涉案注册商标专用权的侵犯。

由《商标法》第52条的规定可知，未经商标注册人的许可，在同一种商品或者类似商品上使用与其注册商标相同或者近似的商标的行为属于侵犯注册商标专用权的行为。

《最高人民法院关于审理商标民事纠纷案件适用法律若干问题的解释》第9条第2款规定：《商标法》第52条第1项规定的商标相同，是指被控侵权的商标与原告的注册商标相比较，二者在视觉上基本无差别。《商标法》第52条第1项规定的商标近似，是指被控侵权的商标与原告的注册商标相比较，其文字的字形、读音、含义或者图形的构图及颜色，或者其各要素组合后的整体结构相似，或者其立体形状、颜色组合近似，易使相关公众对商品的来源产生误认或者认为其来源与原告注册商标的商品有特定的联系。

依据上述法律规定并结合商标法的基本原理，本院认为，被控侵权行为在符合以下要件的情况下应被认定为属于《商标法》第52条第1项所规定的侵犯注册商标专用权的行为：

(1) 被控侵权行为中对于涉案标识的使用系商标意义上的使用，即该标识的使用具有区分商品或服务来源的作用；

(2) 被控侵权行为中使用的标识与注册商标相同或相近似；

(3) 被控侵权行为中标识所使用的商品或服务与注册商标核定使用的商品或服务相同或相类似；

(4) 被控侵权行为中对该标识的使用可能使注册商标核定使用商品或服务的相关公众对商品或服务的提供者产生混淆误认。

本案中，被控侵权行为系上诉人在百度网站上实施的竞价排名推广行为。由公证书的记载可知，该行为的具体表现形式为：输入“XTOOLS”关键词进行搜索，在搜索结果第一位可得“八百客国内最专业的XTOOLS”的链接标题，该链接标题下方的推广信息为“www.800app.com八百客国内最crm服务提供商标准版免费5 000成功案例提供一对一免费视频培训”。

对于本案中被控侵权行为是否构成对被上诉人涉案商标专用权的侵犯，本院现评述如下：

首先，本院对被控侵权行为中上诉人对“XTOOLS”的使用是否属于商标意义上的使用予以评述。通常而言，对于某一使用行为是否属于商标意义上的使用，应以相关商标核定使用的商品或服务所对应的相关公众作为判断主体进行判定。但本案所涉被控侵权行为具有其特殊之处，即被控侵权的页面系网络用户通过进行“XTOOLS”关键词搜索而得到，其并非由百度公司主动提供，因此，被控侵权页面所针对的网络用户既非普通意义上的网络用户，亦非涉案商标所核定使用服务的全部相关公众，而系相关公众中进行“XTOOLS”关键词搜索的这部分网络用户。鉴于此，判断被控侵权行为中对于“XTOOLS”的使用是否属于商标意义上的使用，不应以涉案商标所核定使用服务的全部相关公众作为判断主体，而应以其中实施这一搜索行为的这部分特定网络用户作为判断主体。对于该部分网络用户而言，其只有在对“XTOOLS”的含义具有事先认知的情况下，才会将其选择为关键词进行搜索。如果该搜索关键词的设定来源于对涉案商标的认知，则该网络用户在看到被控侵权页面中对“XTOOLS”的使用时，通常会将其作为商标认知，此时被控侵权页面中对

“XTOOLS”的使用则可以被认定为属于商标意义上的使用。反之则不能得出此结论。判断网络用户系基于何种认知而进行这一关键词搜索，须考虑“XTOOLS”具有哪些具体含义。虽然“XTOOLS”系涉案商标的文字部分，但不能排除其亦可能具有其他含义，对于“XTOOLS”是否具有其他含义，上诉人应负有举证责任。鉴于上诉人并未举证证明“XTOOLS”具有除涉案商标外的其他含义，且其亦非英文中的固有词汇，故本院合理认定，网络用户进行的这一“XTOOLS”关键词搜索系来源于对涉案商标的认知。在此情况下，虽然被控侵权页面中对“XTOOLS”的使用系在链接标题“八百客国内最专业的XTOOLS”中，其中并未明确表明“XTOOLS”所指代的内容，但鉴于该链接标题下方的推广信息为“www.800app.com八百客国内最crm服务提供商标准版免费5 000成功案例提供一对一免费视频培训”，从中可以看出上诉人所提供的系计算机软件相关服务，同时结合考虑进行这一关键词搜索的网络用户对“XTOOLS”仅具有商标意义上的认知，故本院认为上述使用已具有指示商品或服务提供者的作用，属于商标意义上的使用。

其次，本院对上诉人是否使用了与涉案商标相同或近似的标识予以评述。鉴于涉案推广信息中包含了文字“XTOOLS”，而涉案商标为“XTOOLS及图”，二者具有相同的文字部分，在文字部分为涉案商标显著部分的情况下，可以认定上诉人使用了与涉案商标相近似的标识。

再次，本院对于被控侵权行为中“XTOOLS”是否使用于与涉案商标相同或类似的服务予以判定。本案中，对于进行这一关键词搜索的网络用户而言，其从被控侵权页面上显示的链接标题（“八百客国内最专业的XTOOLS”）和推广信息（“www.800app.com八百客国内最crm服务提供商标准版免费5 000成功案例提供一对一免费视频培训”）中可以认定上诉人所提供的亦为计算机软件类服务，鉴于此，被控侵权行为中“XTOOLS”所使用的服务与涉案商标所核定使用的计算机软件设计、计算机软件升级、计算机软件维护、计算机软件更新等属于类似服务。

最后，本院对于被控侵权行为中“XTOOLS”的使用是否会使相关公众对商品或服务的提供者产生混淆误认予以评述。

鉴于被控侵权行为中使用了与涉案商标相近似的标识“XTOOLS”，且被控侵权行为中“XTOOLS”所使用于的服务与涉案商标所核定使用的服务类别相类似，故进行这一关键词搜索的网络用户在看到被控侵权页面时，可能认为被控侵权行为的实施者（上诉人）即为涉案商标的所有人。据此，被控侵权行为中“XTOOLS”的使用具有使相关公众对商品或服务的提供者产生混淆误认的可能性。虽然被控侵权内容中明确标有上诉人的字号“八百客”，但鉴于该标识不能当然使网络用户认为其所标注的即为被控侵权行为人的字号，且即便网络用户会产生此种认知，因对于混淆误认可能性的判断并不要求相关公众对涉案商标的真正提供者具有认知（不需要相关公众明确知晓涉案商标的注册人为被上诉人沃尔森公司），而仅需相关公众客观上认为涉案商标所有人与被控侵权行为人为同一主体或具有特定联系的主体即可，故即便网络用户会认为该网页中的“八百客”字样系指代上诉人，亦不影响对混淆误认可能性的判定。

此外，虽然在点击被控侵权内容而进入的上诉人网站中并未使用涉案商标（虽然被控侵权内容中使用了涉案商标，但并无证据证明上诉人在实际提供服务时使用了涉案商标），但鉴于《商标法实施条例》第 3 条规定，商标法和本条例所称商标的使用，包括将商标用于商品、商品包装或者容器以及商品交易文书上，或者将商标用于广告宣传、展览以及其他商业活动中，本院认为，《商标法》第 52 条第 1 项中所称的“使用”行为并不仅指实际的商品销售或服务提供行为，亦包括使用商标进行广告宣传等行为。此类行为虽未造成在商品销售或服务提供过程中的混淆误认，但由于其一方面不当利用了注册商标的商誉，另一方面可能会削弱了注册商标与注册商标专用权人之间的唯一对应关系，故基于此类行为而产生的混淆误认，同样会损害注册商标专用权人对该商标所合法享有的利益，此类行为亦属于《商标法》第 52 条第 1 项所调整的范围，属于侵犯注册商标专用权的行为。鉴于此，本案中，在被控侵权行为具有使相关公众产生混淆误认可能性的情况下，即便其未使用涉案商标进行实际的服务提供行为，该行为亦属于侵犯被上诉人涉案商标专用权的行为。

典型案例

“罗浮宫”案

原告罗浮宫公司系“罗浮宫”注册商标的权利人，核定使用商品类别为包括家具在内的第 20 类。该商标曾被认定为驰名商标。被告连天红公司与力天红公司系关联公司。力天红公司通过与百度公司签订合同并交纳一定费用后，在百度网开展关键词广告搜索业务。经公证演示，网络用户在百度搜索框中输入“罗浮宫家具”关键词后，出现的搜索结果页面第 2 条标题为“红木家具品牌连天红高贵不贵 www.liantianhong.com”，点击该网址链接后即进入连天红公司网站首页。罗浮宫公司认为三被告构成商标侵权及不正当竞争，起诉要求停止侵权、赔偿损失。

福建省莆田市中级人民法院经审理后认为：力天红公司将与“罗浮宫”商标有相同文字的“罗浮宫家具”设置为关键词，撰写“红木家具品牌连天红高贵不贵 www.liantianhong.com”的推广标题，导致相关公众对罗浮宫公司与连天红公司所提供的产品产生混淆和误认，构成商标侵权。连天红公司作为受益人及关联公司，应对侵权行为承担连带责任。百度公司作为网络服务提供商，事前已经尽到一定的合理审查义务，事后也及时断开相关链接，对侵权行为不存在过错，不应承担侵权责任。遂判决连天红公司及力天红公司承担赔偿责任。

连天红公司不服，提起上诉。

福建省高级人民法院经审理后认为：涉案行为并不属于商标性使用，不宜被认定为商标侵权。但该行为不正当地利用他人商标的知名度，使用户产生不恰当联想，误导普通用户，不合理获取交易机会，属于违背诚实信用原则及公认的商业道德的不正当竞争行为。一审判决对行为认定虽有不妥，但判决结果并无不当。遂判决驳回上诉、维持原判。

有分析者指出，将涉案侵权行为定性为不正当竞争更符合事实和法律规定。具体到本案，力天红公司将“罗浮宫家具”设置为搜索关键词，并非直接借助“罗浮宫”这一商标标识对其产品进行宣传和推广，因为输入“罗浮宫家具”关键词后，出现的搜索标题中并不含有与“罗浮宫”商标相关的标识或其他内容，进入连天红公司的网站也没有显示任何与“罗浮宫”商标相关的标识或宣传内容。“罗浮宫家具”关键词的使用与连天红公司的产品不存在直接关联，无法发挥识别商品来源的作用，被控侵权行为并不属于“商标性使用”，不宜被认定为商标侵权行为。但作为同业竞争者，力天红公司对“罗浮宫”商标的品牌影响力应当是知悉的。“罗浮宫家具”关键词与连天红网站之间并不具有实质关联性，其目的显然是借助“罗浮宫”的商标知名度对连天红公司进行宣传推广，提升连天红公司及其产品的关注度，主观上具有“傍品牌、搭便车”的不正当性；客观上可能导致用户因搜索结果而产生不恰当的联想或者注意力被人为转移，误入连天红公司的网站，从而为连天红公司培养潜在客户，创造和提供更多的商业机会及交易的可能性，这必然对罗浮宫公司造成直接的损害后果。这属于为了获取竞争优势，违反市场交易中应当遵守的诚实信用原则和公认的商业道德的不正当竞争行为。①

就将注册商标用作字号的问题，《最高人民法院关于审理商标民事纠纷案件适用法律若干问题的解释》（2020 年修正）第 1 条第 1 项规定，将与他人注册商标相同或者相近似的文字作为企业的字号在相同或者类似商品上突出使用，容易使相关公众产生误认的行为构成商标侵权。《最高人民法院关于审理注册商标、企业名称与在先权利冲突的民事纠纷案件若干问题的规定》（2020 年修正）第 4 条规定，被诉企业名称侵犯注册商标专用权或者构成不正当竞争的，人民法院可以根据原告的诉讼请求和案件具有情况，确定被告承担停止使用、规范使用等民事责任。根据《最高人民法院关于审理涉及驰名商标保护的民事纠纷案件应用法律若干问题的解释》（2020 年修正）第 2 条第 2 项的规定，在以企业名称与其驰名商标相同或者近似为由提起的侵犯商标权或者不正当竞争诉讼案件中，人民法院根据案件具体情况，认为确有必要的，对所涉商标是否驰名作出认定。这表明，将他人驰名商标用作字号可能构成商标侵权，也可能构成不正当竞争。《商标法》第 58 条规定，将他人注册商标、未注册的驰名商标作为企业名称中的字号使用，误导公众，构成不正当竞争行为的，依照《反不正当竞争法》处理。这就把将他人注册商标以不突出的方式用作企业字号的情形归入了反不正当竞争法而非商标法的调整范围。实际上，对于将他人注册商标用作企业名称或字号的行为设置如此复杂和支离破碎的规则群完全没有必要，混淆理论完全可以作为商标侵权判定的规则依据：考虑商标与字号之间的类似性，考虑双方之商品或服务的类似性，考虑一方或双方之商标的商誉等因素就可以认定是否构成商标侵权。至于字号是否被突出使用，对混淆可能性的影响根本没有那么大。被侵害商标的商誉越强，商标与字号之间的近似性要求就可以越弱。这一原理同样可以弥补字号不突出使用的因素影响。这一规则设置的僵化和逻辑缺陷也直接导致相关规则难以被合理解释，比如：怎样才算以突出的方式使用字号？

---

① 蔡伟．福建高院判决罗浮宫公司诉连天红家具公司等不正当竞争纠纷案：将他人商标设置为自己网站的关键词构成不正当竞争．人民法院报，2015－11－26．

典型案例

益达案

2000年6月7日，箭牌公司经商标局核准，取得“益达”商标注册证。2005年前后，箭牌中国公司开始在中国市场推出多种口味的“益达”木糖醇无糖口香糖。上述商品由箭牌中国公司通过多家大型经销商销售，并在众多媒体刊上登了大量“益达”口香糖广告，对“益达”口香糖进行了广泛的宣传。在多年的生产、销售、宣传过程中，“益达”口香糖的装潢除个别细节存在一定变化外，整体装潢的布局、装饰基本一致。普天食品厂系于2004年7月13日成立的个人独资企业，主要经营糖果制品。其生产的“倍达”木糖醇健齿口香糖的包装装潢与“益达”口香糖的包装装潢类似，在瓶贴显著位置上以较为醒目的字体标注“香港益达集团监制”。香港益达集团有限公司于2009年1月9日在香港成立。自2010年以来，普天食品厂因生产、销售的“倍达”木糖醇健齿口香糖造成市场混淆，被多地工商行政管理机关处罚。

箭牌公司在中国注册的“益达”商标具有独特显著性，其经过多年的使用及广泛的宣传推广，已在中国市场享有较高的知名度。普天食品厂生产、销售的“倍达”木糖醇健齿口香糖的包装、装潢，与箭牌中国公司生产、销售的“益达”木糖醇无糖口香糖的包装、装潢基本相同，足以导致消费者误认、误购，根据1993年《反不正当竞争法》第5条的规定构成不正当竞争行为。关于这一点基本没有争议。但是，普天食品厂在其生产、销售的“倍达”口香糖瓶贴显著位置上以较为醒目的字体标注“香港益达集团监制”，构成侵犯商标权还是不正当竞争行为？对此存在不同意见：

一种意见认为，构成侵犯注册商标专用权。根据《最高人民法院关于审理商标民事纠纷案件适用法律若干问题的解释》（2002年）第1条第1项的规定，将与他人注册商标相同或者相近似的文字作为企业的字号在相同或者类似商品上突出使用，容易使相关公众产生误认的，属于损害他人注册商标专用权的行为。本案中对企业的字号和注册商标文字相同、使用的商品相同没有太大争议，那么判定商标侵权是否成立的关键就是判断是否构成突出使用。本案中的“倍达”口香糖在瓶贴显著位置上以较为醒目的字体标注“香港益达集团监制”，构成视觉反差。其目的显然是利用“益达”商标及商品的品牌效应和良好信誉吸引消费者的注意力，促使消费者产生误认；且突出标注的内容使用了香港益达集团有限公司的简称，应认定为突出使用。因此，普天食品厂的行为构成侵犯注册商标专用权。

另一种意见认为，构成不正当竞争行为。最高人民法院回复江苏省高级人民法院（2004）苏民三终字第59号《关于江苏振泰机械织造公司与泰兴市同心纺织机械有限公司侵犯商标专用权、企业名称权纠纷一案的请示报告》的（2004）民三他字第10号函（为法释〔2013〕7号所废止）规定，对违反诚实信用原则，使用与他人注册商标中的文字相同或者近似的企业字号，足以使相关公众对其商品或者服务的来源产生混淆的，根据当事人的诉讼请求，可以依照《民法通则》有关规定以及《反不正当竞争法》（1993年）第2条第

1、2 款的规定，审查是否构成不正当竞争行为，追究行为人的民事责任。香港益达集团有限公司虽是在香港登记注册，其企业名称的取得不受内地法律调整，但其使用该企业名称在内地从事经营活动，必须遵守内地法律，遵循诚实信用原则。作为同类商品的生产企业，普天食品厂在其生产的“倍达”口香糖瓶贴显著位置上以较为醒目的字体标注“香港益达集团监制”，并非存在企业字号突出使用的事实，但普天食品厂违反诚实信用原则，其行为显然出于“傍名牌”“搭便车”的目的，应当构成不正当竞争行为。比如，有分析者认为：将普天食品厂的上述侵权行为定性为不正当竞争行为更为妥当，主要理由有两点：

一是普天食品厂在瓶贴上并非突出使用企业的字号。普天食品厂的侵权行为与《商标法》（2001 年）第 52 条、《商标法实施条例》（2002 年）第 50 条的规定并不吻合，因此不能适用上述法律规定将其定性为侵犯注册商标专用权的行为。本案中香港益达集团有限公司的字号应为“益达”，普天食品厂在瓶贴上突出使用的并非“益达”，而是以较为醒目的字体标注“香港益达集团监制”，不规范地使用企业名称的简称，故普天食品厂的侵权行为并非“突出使用”企业的字号。

二是在商标仿冒行为的规范上，一般认为反不正当竞争法对应于商标法的规定是一种辅助与补充的关系。商标法着重于对注册商标专用权的保护，反不正当竞争法着重于对知名商标的保护。反不正当竞争法从维护市场竞争秩序出发，防范市场混淆行为，只要权利人的商标是众所周知的，侵权人具有违反诚实信用原则、导致市场混淆的恶意，即可构成不正当竞争行为。本案中，“益达”商标具有较高的知名度，普天食品厂作为同类的糖果生产企业，在其产品的瓶贴上突出使用“香港益达集团监制”，显然具有造成市场混淆、误导相关公众的恶意，故不宜被定性为侵犯注册商标专用权，而应依照《民法通则》和《反不正当竞争法》的有关规定被定性为不正当竞争行为。①

实际上，凡是混淆理论和商标淡化理论能涵盖的对注册商标、未注册驰名商标和注册驰名商标的侵害行为都应被纳入商标法的适用范围，即将此类行为认定为商标侵权。只有对于混淆理论和商标淡化理论不能涵盖的情形才有必要适用反不正当竞争法。从历史发展来看，商标法从反不正当竞争法中脱离出来，商标权作为一种权利，其侵权认定条件和权利边界更清楚，而与上述案件相关的不正当竞争行为的认定标准要模糊得多。一方面，对于我国《反不正当竞争法》（1993 年）明确列举的 11 类不正当竞争行为只有第 9 条虚假宣传条款和第 5 条假冒商业标识条款有可能被适用。但如果把前者的适用范围解释得过于广泛以至于能适用于上述情形，则商标法都没有必要存在了。后者并不应在商标法能适用的情形下介入，否则将越过其对商标法起补充作用的界限。另一方面，反不正当竞争法的一般条款在不得已的情况下才应被适用，因为它属于法律的原则性条款，其适用条件和标准都具有很强的模糊性，将提升商标侵权案件处理的不确定性。

（二）混淆理论的适用：商标性使用

适用混淆理论的规则认定商标侵权行为，首先需要确定被告对涉嫌侵权的标识的使用是不是商标性使用，或者说被告所使用的标识是否具有识别提供者来源的功能。这是认定

---

① 安立初，石侑荣．企业名称与商标权利冲突的侵权认定．人民法院报，2013－03－21.

存在混淆可能性的前提，因为，如果被告所使用的标识不具有识别功能，则不可能在相关公众中引起对商品或服务来源的混淆、误认。关于这一点在比较法上也是存在共识的，但这个条件在我国近年的商标侵权案件中才被更多地重视起来，原因主要在于市场上的商业实践不断丰富而经营者所使用的商业标识的类型也不断增多，对于某些新类型的商业标识的识别功能需要分析认定。当混淆理论的规则在商标授权和确权程序中被适用时，这个条件没有适用的必要，因为商标注册程序中会推定对申请注册的商标都是以识别来源为目的进行注册和使用。

认定被诉侵权标识是否被在商标意义上使用，可资适用的明文规则可以说是《商标法》第 48 条的规定。但立法者其实没有将这一情形纳入起草该条款的考量中[①]，否则，《商标法》第 57 条关于商标侵权认定的条款就没有必要将被告所使用的不同类型的标识分开规定了。被诉侵权标识的使用是不是商标性使用这一认定在性质上与显著性的认定和混淆可能性的认定一样，是在事实认定的基础上作出的法律上的定性认定；该认定中存在的问题和认定的难度也与显著性的认定和混淆可能性的认定中的一样。

典型案例

"非诚勿扰"商标侵权纠纷案[②]

原告是"非诚勿扰"注册商标的所有人，该商标被核定注册在第 45 类"交友服务、婚姻介绍所"等服务上。"非诚勿扰"系被告江苏电视台下属江苏卫视的一个栏目，长江龙新媒体有限公司（以下简称"长江龙公司"）系被告的一个下属单位。2013 年江苏卫视广告价目表显示"非诚勿扰"播出前的 21：08～21：10 时刻的广告价格为 110 000 元/5 秒、210 000 元/10 秒、300 000 元/15 秒。江苏卫视"非诚勿扰"栏目的网页显示"新派交友电视节目"以及"非诚勿扰"等文字，其中，"非诚勿扰"为突出使用；上述网页在节目简介中称"'非诚勿扰'是一档适应现代生活节奏的大型婚恋交友节目，我们将为您提供公开的婚恋交友平台，高质量的婚恋交友嘉宾，全新的婚恋交友模式。播放频道：江苏卫视。播出时间：每周六、周日晚 21 点 20 分"；上述网页显示报名方法为"在珍爱网登记报名资料、上传照片、填写个人文字（特征、专长、经历），丰富者优先"。原告认为被告在节目中使用"非诚勿扰"侵犯了其注册商标专用权。

本案中的一个焦点问题就是被告将"非诚勿扰"用作节目名称，是不是在商标意义上使用这个词。原告主张这是商标性使用。为了证明电视节目名称可以作为注册商标，原告提交了两份与中国商标网站相关的公证书，即深圳市盐田公证处（2013）深盐证字第 1102 号、第 2296 号公证书。公证书显示，被告江苏电视台下属的长江龙公司于 2011 年 12 月 7 日分别在第 16 类、第 30 类商品上申请注册商标"非诚勿扰"，长江龙公司在第 45 类商品

① 郎胜．中华人民共和国商标法释义．北京：法律出版社，2013：95－96.

② 广东省深圳市南山区人民法院（2013）深南法知民初字第 208 号民事判决书，广东省深圳市中级人民法院（2015）深中法知民终字第 927 号民事判决书。

类别上注册了商标“非常了得”；被告江苏电视台在第1～45类商品类别上全部注册了商标“孟非”；中央电视台在多个商品类别注册数百个不同商标。

一审法院认为：……“非诚勿扰”既是被告江苏台电视节目的名称，也是一种商标、一种服务商标。如果仅仅将“非诚勿扰”定性为节目名称，而不承认其具有标识服务来源的功能，则与大量节目名称被注册为商标（包括被告江苏电视台也将电视节目名称注册为商标）的客观事实不相符，与被告江苏电视台在该电视节目中反复突出使用“非诚勿扰”并且进行广告招商等客观事实不相符。因此，被告江苏电视台使用“非诚勿扰”是商标性使用。值得注意的是，标识的使用和标识的商标注册是两回事。商标注册审查中都是假设对申请注册标识以商标的方式来使用，在这个假设的前提下判断申请注册标识是否具有显著性。但一个标识可以获得商标注册，并不表明其总是在商标意义上被使用。这就是为什么在商标不使用撤销案件中仍要审查注册人对标识的使用是不是商标意义上的使用。因此，某些电视节目名称被注册为商标，并不能证明电视节目名称可以起到识别提供者来源的功能。电视节目名称是否具有识别来源的功能，需要根据此类标识的特点和具体使用情况来认定。另外，在这方面，《商标法实施条例》（2002年）第76条明确规定，在同一种商品或者类似商品上将与他人注册商标相同或者近似的标志作为商品名称使用，误导公众的，属于《商标法》（2001年）第57条第2项规定的侵犯注册商标专用权的行为。可见，法律上已经明确商品名称或服务名称可以具有来源识别作用。

但对于有些类型的标识，比如，网络搜索关键词，法律规则没有明确其是否具有识别功能。上文中提到的不同案件中法院对于此类标识的使用是不能构成商标侵权存在分歧，主要就源于对此类标识的使用是不是商标性使用存在认识分歧。在“XTOOLS”案中，法院认为，以涉案商标为关键词进行搜索的相关公众对该商标已经知晓，被告在该商标的搜索结果中出现，则这些相关公众会认为被告与该商标具有关联；而在“罗浮宫”案中，法院认为：输入“罗浮宫家具”关键词后，出现的搜索标题中并不含有与“罗浮宫”商标相关的标识或其他内容，进入连天红公司的网站也没有显示任何与“罗浮宫”商标相关的标识或宣传内容。“罗浮宫家具”关键词的使用与连天红公司的产品不存在直接关联，无法发挥识别商品来源的作用，被控侵权行为并不属于“商标性使用”。可对比这两个案件中的事实：“XTOOLS”案中不仅被告因为购买竞价排名服务而出现在前几位的搜索结果中，而且搜索结果的标题中也使用了原告的注册商标；而“罗浮宫”案中被告仅因为购买了竞价排名服务而出现在靠前的搜索结果中，但没有在搜索结果的标题中使用原告的注册商标。这一差别在对混淆可能性的认定上会有一定的影响（被告对原告的注册商标使用的频率），但对于被告是否在商标意义上使用涉案商标不应有影响。另外，根据《最高人民法院关于审理商标民事纠纷案件适用法律若干问题的解释》（2020年修正）第1条第3项的规定，将与他人注册商标相同或者相近似的文字注册为域名，并且通过该域名进行相关商品交易的电子商务，容易使相关公众产生误认的，构成商标侵权。这对于网络搜索关键词等网络上的新型标识是否具有识别功能的认定也具有参考意义。

有的案件中不涉及被告所使用的标识的定性问题，即它们不是字号、域名、商品名称，或者这样的定性也不明确，只涉及该标识是否具有识别功能的认定。这其实表明，被告所使用的标识是不是某种已经被类型化的标识，对其识别功能的认定不具有实质性影响，只是在形式上会起到辅助或者干扰的作用，重要的还是结合该标识使用的具体情形来认定。在“好多鱼”商标侵权纠纷案[①]中，法院指出：在判断他人是否从事了侵犯注册商标专用权的行为时，应当以他人对特定标识进行商标意义上的使用为前提，若他人对特定标识的使用并不能产生识别商品来源的作用，则该使用特定标识的行为并非商标意义上的使用，故不应属于侵害他人注册商标专用权的行为。在具体的判断过程中，应当结合该特定标识所用于商品的相关公众的通常认知水平、相关领域普遍的使用方式、特定标识具体的展现形式等，进行综合判断。具体到本案而言，根据食品行业通常使用商标的形式，该行业经营者会将商标印刷在食品的外包装或相应的广告宣传制品之上，从而起到使相关公众能够识别商品来源的作用；特别是为了突出商品的来源，会将特定标识予以突出、放大，以区别于食品外包装其他组成要素而进行。在案证据表明：雨润公司委托雨润加工公司生产的“旺润”好多鱼鱼肉火腿肠产品在外包装袋上突出、放大使用了文字“好多鱼”，在外包装袋左上角标注了“旺润 WangRun”，该包装袋正面还标注了文字“鱼肉风味火腿肠美味尝鲜鱼味无穷”并配有卡通鱼的插图；在该包装袋的背面配料部分，标注了“鸡肉、鱼肉、猪肉、水、淀粉……”；在该商品的内包装上同样标注了文字“好多鱼鱼肉风味火腿肠”及“旺润 WangRun”，相关文字平行排列，文字“好多鱼”的字体与表现形式明显区别于其他部分。正是基于上述涉案被控侵权产品中“好多鱼”文字的使用方式，相关公众在看到该文字时，根据对该类商品通常商标的认知习惯，会认为文字“好多鱼”具有了识别商品来源的作用，属于商标意义上的使用……

（三）反向混淆与反向假冒

构成商标侵权的混淆情形，通常是指相关公众将侵权人的商品误认为是商标权人的商品。反向混淆（reverse confusion）则指的是相关公众将商标权人的商品误认为是侵权人的商品的情形。造成反向混淆的原因，一般是侵权人对其商标和商品做了大量的宣传推广或者销售网络覆盖面很广，从而使其知名度远高于在先注册商标的市场知名度。反向混淆也构成商标侵权，理由在于：其一，混淆理论适用于反向混淆的情形没有任何问题。通常的混淆和反向混淆都是商品的提供者来源的混淆。其二，从混淆理论的基础来看，反向混淆也是对商标的识别功能的破坏，商标权人因反向混淆行为而不能通过其商标为相关公众所知。值得注意的是，反向混淆情形中，被侵权商标的商誉指示功能所受到的损害不同于通常的混淆情形中：通常的混淆情形中是侵权人利用被侵权商标的商誉，而反向混淆的情形中是商标权人的商誉被侵权人的商誉所掩盖，从而使被侵权的商标不能真实地指示其提供者的商誉，即丧失了商誉指示功能。这是反向混淆行为对商标的商誉指示功能的侵害。至于在反向混淆的情形中商标权人可能客观上会受益于侵权人的商誉，对于商标侵权认定是不相关的因素。这个后果是侵权人造成的，不是商标权人的行为造成的，而且商标权人未必想“沾这个光”，因为这对于其品牌的长远发展是不利的。

---

① 参见北京市高级人民法院（2015）高民（知）终字第 4005 号民事判决书。

典型案例

“蓝色风暴”案[①]

蓝野酒业有限公司是第3179397号“蓝色风暴”文字、拼音、图形组合注册商标的所有人，核准使用商品为第32类，包括麦芽啤酒、水（饮料）、可乐等，有效期自2003年12月14日至2013年12月13日止。蓝野酒业公司在其生产、销售的啤酒上使用了“蓝色风暴”注册商标，并称其准备在碳酸饮料和茶饮料上使用“蓝色风暴”注册商标。

百事可乐（中国）有限公司（以下简称百事可乐公司）销售的一款饮料的瓶贴正面的中央标有由红、白、蓝三色组成的图形商标标识（该图形约占瓶贴正面的三分之一），在图形商标的上方印有“百事可乐”文字商标标识，在“百事可乐”商标标识的两侧上方标有“蓝色风暴”文字和红、白、蓝三色组成的图形商标标识，在瓶贴一侧注有“喝本公司〈蓝色风暴〉促销包装的百事可乐产品，于2005年7月9日—2005年8月31日，在本公司指定的兑奖地点换取相应奖品。本次促销活动受上海百事可乐〈蓝色风暴〉活动条款和规则管辖等”文字，瓶盖上印有“蓝色风暴”文字和红、白、蓝三色组成的图形商标标识，整个瓶贴以蓝色为基色。该产品制造者为上海百事可乐饮料有限公司。百事可乐公司先后推出了多次百事主题促销活动，其中2004年为“突破渴望群星汇”，2005年为“蓝色风暴”。有关媒体也先后对“百事蓝色”“蓝色风暴”等内容进行了分析报道。2005年11月3日，浙江省丽水市质量技术监督局作出了（丽）质技监封字〔2005〕第B1103号登记保存（封存）（扣押）决定书，认为蓝野酒业公司生产的蓝风牌蓝色风暴啤酒涉嫌冒用等，遂对107箱（每箱24瓶）蓝色风暴啤酒予以查封、扣押。2005年11月4日，浙江省丽水市质量技术监督局作出了（丽）质技监封字〔2005〕第B1104号解除登记保存（封存）（扣押）决定书，认为因蓝野酒业公司提供了蓝风牌蓝色风暴商标注册证，故对扣押的产品予以解封。

蓝野酒业公司针对百事可乐公司提起了商标侵权诉讼。二审法院认为：是否会使相关公众对商品的来源产生误认或混淆的判断，不仅包括现实的误认，也包括误认的可能性；不仅包括相关公众误认为后商标使用人的产品来源于在先注册的商标权人，也包括相关公众误认在先注册的商标权人的产品来源于后商标使用人。本案中，百事可乐公司通过一系列的宣传、促销活动，已经使“蓝色风暴”商标具有很强的显著性，形成了良好的市场声誉。当蓝野酒业公司在自己的产品上使用自己合法注册的“蓝色风暴”商标时，消费者往往会将其与百事可乐公司产生联系，误认为蓝野酒业公司生产的“蓝色风暴”产品与百事可乐公司有关，使蓝野酒业公司与其注册的“蓝色风暴”商标的联系被割裂，“蓝色风暴”注册商标将失去其基本的识别功能，蓝野酒业公司寄予“蓝色风暴”商标的谋求市场声誉、拓展企业发展空间、塑造良好企业品牌的价值将受到抑制，其受到的利益损失是明显的。

商标法保护商标的一个重要的目的就是鼓励经营者立足于其商誉进行市场竞争，一个

---

① 参见浙江省高级人民法院（2007）浙民三终字第74号民事判决书。

经营者的商誉如果不能通过其商标在市场上为相关公众所知，则其经营的无形资产将无法形成和凝固，这种损失可能是巨大的。这不仅进一步说明对反向混淆应予以禁止，也说明了反向假冒（reverse passing off）的违法性。在通常的商标假冒情形中，是侵权人通过制造其商标与被侵权人的商标之间的混淆可能性，将其自己的商品表示为商标权人的商品，从而破坏商标的识别功能并利用被侵权人的商誉。但在反向假冒中，侵权人购买被侵权人的商品，再以他自己的商标替换掉被侵权人的商标，尔后将商品投入市场。侵权人将被侵权人的商品表示为其自己的商品，从而也破坏了识别功能，并利用被侵权人的商品品质建立起自己的商誉，剥夺了被侵权人的商誉通过其商标为市场所知的机会。《商标法》第57条第5项规定，未经商标注册人同意，更换其注册商标并将该更换商标的商品又投入市场的，构成商标侵权。

1998年的“枫叶”诉“鳄鱼”案①对于2001年《商标法》修改时引入反向假冒条款具有重要的推动作用。

典型案例

“枫叶”诉“鳄鱼”案

1979年10月31日，服装一厂申请的“枫叶”商标经商标局核准注册，获得商标权，核定使用的范围为大衣、夹克、西服、上衣。该商标续展有效期限至2003年2月25日。1993年12月29日，鳄鱼公司执行主席签署“商标授权书”，授权同益公司在北京贩卖鳄鱼牌（CROCODILE BRAND）皮鞋、皮带、皮夹等皮革制品和卡帝乐牌（CARTELD BRAND）男装、女装、童装服饰系列等，使用期从1994年1月1日至1995年12月31日止。1994年4月7日，同益公司与百盛购物中心签订设置专柜合同书，约定：百盛购物中心同意同益公司自1994年1月1日至1995年12月31日在该中心内设置专卖柜，双方联合销售鳄鱼牌（CROCODILE BRAND）和卡帝乐牌（CARTELD BRAND）商品：同益公司将每月销售额的30%作为佣金支付给百盛购物中心，保底销售额为每平方米每月4 500元；同益公司对于所陈列或销售之商品，不得有侵害他人商标权、著作权等不法事宜，若有违反，同益公司除须负法律责任外，亦须赔偿百盛购物中心因此所产生之费用及损失。同益公司早于同年2月18日即在百盛购物中心设立“鳄鱼专卖点”、进行销售活动，并在销售处摆放有“鳄鱼专卖点”、“鳄鱼国际机构私人有限公司”字样和鳄鱼图形的标志铜牌。1994年4月15日，同益公司工作人员通过服装一厂下属的经营部以每条188.03元的价格购买服装一厂生产的“枫叶”牌男西裤26条，随后将其中的25条男西裤的“枫叶”商标更换为“卡帝乐”商标，在百盛购物中心“鳄鱼专卖点”进行销售。1994年4月28日，服装一厂的工作人员在百盛购物中心“鳄鱼专卖点”以每条560元的价格购买已更换成“卡

① 北京市第一中级人民法院（1994）中经知初字第566号民事判决书；罗东川．审理“枫叶”诉“鳄鱼”案的几个问题．中华商标，1998（4）.

帝乐”商标的男西裤2条，百盛购物中心出具了销售发票。北京市西城区公证处对该购买行为进行了公证，公证书称所购西裤为“鳄鱼”牌，但经庭审勘验，实为“卡帝乐”牌。1994年5月20日，法院应原告某服装厂的申请，采取了证据保全措施，扣押了百盛购物中心内“鳄鱼专卖点”处的“卡帝乐”牌西裤17条，标价为每条560元，产地为新加坡。同益公司在百盛购物中心共销售此种西裤8条。1994年8月8日，鳄鱼公司因本案纠纷书面通知同益公司停止销售其货品。在审理中，百盛购物中心承认暂扣联营期间同益公司销售款175 874元。

法院认为：社会主义市场经济是法制经济，经营者必须遵循诚实信用、公平竞争的原则和遵守公认的商业道德。为使社会主义市场经济能够健康、有序地发展，任何通过不正当手段损害他人商业信誉及进行不正当竞争的行为都应当为法律所禁止。原告服装一厂为建立良好的商业信誉和产品声誉，经过多年不懈的努力和投入，使其“枫叶”牌西裤在版型设计、面料选择、制作工艺等方面都具有自己的特点。其产品满足了不同消费者的需求，占有了一定的市场份额，在市场竞争中取得了一定信誉，“枫叶”商标也在市场上享有一定的知名度。服装一厂对其享有的商业信誉和公平竞争的权利，应受到法律保护。

就本案而言，已被吊销营业执照的同益公司虽曾得到过被告鳄鱼公司的授权，在北京贩卖鳄鱼牌（CROCODILE BRAND）皮革制品和卡帝乐牌（CARTELD BRAND）服装、服饰等，但原告并未授权其更换原告产品的商标再行销售，且该授权并不意味着同益公司可以自行组织货源而将已进入市场流通中的他人产品的商标撕下，更换成“卡帝乐”商标后高价销售。表面上同益公司通过购买行为使原告对售出的服装的商标权权利用尽，欲使其行为合法化，但同益公司并非商业活动中的最终用户。同益公司是利用原告的优质产品为其牟取暴利，无偿地占有了原告为创立其商业信誉和通过正当竞争占有市场而付出的劳动。其行为违反了诚实信用、公平竞争的基本原则，妨碍原告商业信誉、品牌的建立，使原告的商业信誉受到一定程度的损害、正当竞争的权利受到一定的影响。因此，同益公司的行为构成侵权，同益公司应承担相应的法律责任，包括赔礼道歉、消除影响、赔偿损失。

法院依照《民法通则》第4条、第134条第1款第7项、第9项、第10项，《反不正当竞争法》（1993年）第2条之规定，判决被告承担侵权责任。

（四）贴牌加工的商标侵权问题

贴牌加工（OEM）一般指的是一种对外贸易形式，国内生产商接受境外客户的委托加工指定的产品并贴附客户指定的商标，将产品全部出口到境外。实践中，客户指定贴附的商标在中国的注册人可能是第三人，第三人就可能依据中国的注册商标专用权通过诉讼、工商查处或海关查处的程序禁止贴牌加工行为。对于此类案件中的商标侵权评判通常会考虑两个因素：一是将产品全部出口到国外，在国内没有销售，因此实际上不会有混淆的可能性，商标权人也就不会有损失；二是贴牌加工的定做方通常在其所在国或进口国是相关商标的注册人，这在一定程度上表明其有使用该商标的正当理由。但关于这两个因素如何和在多大程度上能影响到商标侵权认定规则的适用，在认识上仍存在分歧。对于此类情形是否构成商标侵权，法律、法规和司法解释都没有规定，最高人民法院、国家市场监督管理总局和海关总署也没有协调立场或做法。就海关执法而言，由于《知识产权海关保护条例》规定我国海关对于进口和出口货物的知识产权侵权问题都要进行监管，因此，海关对于贴附了与我国注册商标相同或近似的商标的出口货物也予以查处。同样是行政执法机关，负责商标执法的部门在处理过程中会同样操作。但法院对于此类情形是否构成商标侵权则在法律的解释上斟酌较多，一般综合考虑多种因素，以在遵守商标法立法和理论的框架内力求实现商标权人利益与出口加工产业利益的平衡。

2001 年《商标法》第 52 条规定，“有下列行为之一的，均属侵犯注册商标专用权：（一）未经商标注册人的许可，在同一种商品或者类似商品上使用与其注册商标相同或者近似的商标的……”。在有些案件中，法院或行政执法机关仅从字面来解释该法条，认为混淆理论并没有被规定在法律中，因此，只需要核实三个因素（商品的类似性、商标的近似性、有无商标注册人的授权）就可以认定商标侵权是否成立。但实际上，无论是理论上还是司法实践中，混淆理论都是我国商标侵权认定规则的理论基础和法律解释的指导。那么，问题就在于混淆理论如何被适用于贴牌加工的情形。有的案件中，法院认为，产品全部出口到境外，因此在境内的相关公众不会接触到被告的商品，也就没有混淆的可能性，所以不构成商标侵权。但混淆可能性这个标准本质上是用于评判原告的商标和商品与被告的标识和商品之间的相似程度的，而不是说混淆是否会实际发生。在有的案件中，法院认定，混淆的可能性还是存在，但是由于产品不在中国境内销售，因此没有给商标注册人造成损失，遂判令停止侵权但不承担损害赔偿责任。即便如此，出口加工业务还是被禁止了。还有的案件中，法院有条件地认定贴牌加工不构成商标侵权，但这些条件并不明确，理论问题仍没有解决。比如，有的法院认为，贴牌加工不构成商标侵权应满足两个条件：产品全部出口，定做方在进口国是相关商标的注册人。至于为什么是这两个条件，理论基础并不明确。如果说产品全部出口将使在国内市场没有混淆可能性和不会造成商标权人的实际损失，那么为什么还要求定做方在进口国拥有注册商标？要求定做方在进口国拥有注册商标，是表示承认贴牌加工中的商标使用具有正当利益还是要确认出口产品在进口国不构成商标侵权？如果是后者，对于这与商标的地域性之间的关系如何解释？最高人民法院在“PRETUL”案中第一次就贴牌加工中的商标侵权认定作出了裁判。

典型案例

“PRETUL”案[①]

2003 年 5 月 21 日，经商标局核准，许某注册了第 3071808 号“PRETUL 及椭圆图形”商标，核定使用商品为第 6 类家具用金属附件、五金锁具、挂锁、金属锁（非电）等。2010 年 3 月 27 日，经商标局核准该商标被转让给莱斯公司。

---

① 参见最高人民法院（2014）民提字第 38 号民事判决书。

2010年8月10日，亚环公司与储伯公司签订编号为HYY100810A-3的售货确认书一份，约定亚环公司供给储伯公司挂锁684打，总金额为3 069.79美元。此外，双方还签订了编号为HYY101028A的售货确认书一份，约定亚环公司供给储伯公司挂锁10 233打，总金额为61 339.03美元。2010年12月31日、2011年1月6日，宁波海关分别查获亚环公司自该海关出口至墨西哥的228箱、684打和3 411箱、10 233打被控侵权挂锁（申报金额分别为3 069.79美元和61 339.03美元）。经莱斯公司申请并提交了担保金，宁波海关于2011年1月13日扣留了该两批货物。法院于2011年2月10日从宁波海关调取了该两批货物中的被控侵权挂锁各12把（其代码和型号分别为23522、CAHI-30和23519、CAHI-50）。从法院调取的挂锁来看，该两批挂锁的锁体、钥匙及所附的产品说明书上均带有“PRETUL”商标，而挂锁包装盒上均标有“PRETUL及椭圆图形”商标。该产品的包装盒及产品说明书上还用西班牙文特别标明“进口商：储伯公司”和“中国制造”以及储伯公司的地址、电话、传真等内容，相关的包装盒及产品说明书上未标注亚环公司的名称、地址、电话等信息。2011年2月16日，法院赴宁波海关查封上述货物时，该两批货物已被放行。

亚环公司成立于2000年9月13日，注册资本为500万元，工商登记的经营范围为锁具铸造、五金工具、链条、锯条、工艺品的制造、加工、销售等。

储伯公司系设立于墨西哥的一家公司。该公司在墨西哥等多个国家和地区在第6类、第8类等类别上注册了“PRETUL”或“PRETUL及椭圆图形”商标，其中注册号为770611、注册类别为第6类的“PRETUL”商标于2002年11月27日在墨西哥获准注册。2011年3月24日，储伯公司出具一份商标授权声明，称：该公司系墨西哥注册商标“PRETUL”的合法所有人，该公司申明亚环公司生产的标有“PRETUL”商标的所有型号的挂锁（代码和型号为23518、CAHI-40，23519、CAHI-50，23520、CAHI-40B，23512、CAHI-50B，23522、CAHI-30，23523、CAHI-30B）均是根据该公司的授权而生产的，并全部出口至墨西哥。亚环公司承认并同意：（1）上述产品不在中国境内销售；（2）所有相关商标及知识产权属于储伯公司；（3）不得直接或间接向全世界范围内任何商标注册机构或版权登记机构申请注册或登记；（4）储伯公司有权随时撤销上述授权。

一审法院认为，本案争议的焦点主要是：（1）亚环公司与储伯公司是否存在涉外贴牌加工合同关系；（2）亚环公司的行为是否构成侵权。

关于亚环公司与储伯公司是否存在涉外贴牌加工合同关系，一审法院认为：所谓涉外贴牌加工，一般指境内加工方接受境外委托方的委托，按境外委托方指定的商标生产产品，并将产品全部交付境外委托方并由其在境外销售，境外委托方向境内加工方支付加工费的一种贸易方式。其性质实为承揽合同关系。就本案而言，虽然储伯公司与亚环公司签订的售货确认书载明储伯公司为买方、亚环公司为卖方，被控侵权挂锁的包装盒及产品说明书上还用西班牙文特别标明“进口商：储伯公司”，但因莱斯公司并未提供涉案产品在中国境内销售的证据，亚环公司也已提供了储伯公司在墨西哥注册的第770611号“PRETUL”商标证书，亚环公司加工生产的挂锁的锁体、钥匙及所附的产品说明书上均带有“PRETUL”商标，储伯公司对亚环公司按其要求贴牌生产涉案产品也予以认可，故可认定亚环公司与储伯公司存在涉外贴牌加工合同关系。

关于亚环公司的行为是否构成侵权，一审法院认为：《商标法实施条例》(2002 年) 第 3 条规定，“商标法和本条例所称商标的使用，包括将商标用于商品、商品包装或者容器以及商品交易文书上，或者将商标用于广告宣传、展览以及其他商业活动中”。亚环公司在其加工的挂锁锁体、钥匙及所附的产品说明书上标注“PRETUL”商标，在挂锁包装盒上标注“PRETUL 及椭圆图形”商标，属于商标法意义上的商标使用行为。

地域性是知识产权的基本特征之一，同一商标在各国取得的商标权仅在各国法律所及的范围内得到承认，即商标权没有域外效力。储伯公司虽在墨西哥在第 6 类商品上取得了第 770611 号“PRETUL”商标权，但因该商标未在中国注册，其在墨西哥取得的该商标权不受中国法律保护。而莱斯公司现依法在中国受让取得了第 3071808 号“PRETUL 及椭圆图形”注册商标，该商标现仍在有效期内，应受中国法律保护。因莱斯公司的第 3071808 号“PRETUL 及椭圆图形”注册商标系文字加图形组合商标，根据《最高人民法院关于审理商标民事纠纷案件适用法律若干问题的解释》(2002 年) 第 9 条、第 10 条之规定，亚环公司在其加工的挂锁的锁体、钥匙及所附的产品说明书上标注的“PRETUL”商标，因该商标与莱斯公司的该注册商标不相同，且贴牌产品均出口至墨西哥，不在中国境内销售，中国境内的消费者也没有发生混淆的可能，故应认定该“PRETUL”商标与莱斯公司的该注册商标不构成近似，其行为不构成侵权。

亚环公司在其加工的挂锁的包装盒上标注的“PRETUL 及椭圆图形”商标，与莱斯公司的该注册商标构成相同，亚环公司未经莱斯公司许可，在同类商品上使用与莱斯公司享有的注册商标相同的商标，构成对莱斯公司商标权的侵犯，亚环公司应承担停止侵权及赔偿损失的民事责任。

据此，一审法院作出 (2011) 浙甬知初字第 56 号民事判决，判决如下：(1) 亚环公司立即停止对莱斯公司享有的第 3071808 号“PRETUL 及椭圆图形”注册商标专用权的侵害，即立即停止在其加工的挂锁的包装盒上使用“PRETUL 及椭圆图形”商标；(2) 亚环公司赔偿莱斯公司经济损失 5 万元 (包括莱斯公司为制止侵权支付的合理开支)；(3) 驳回莱斯公司的其他诉讼请求。案件受理费 8 050 元，财产保全费 3 020 元，合计 11 070 元，由莱斯公司负担 4 920 元、亚环公司负担 6 150 元。

二审法院认为：《商标法》(2001 年) 第 52 条第 1 项规定，“未经商标注册人的许可，在同一种商品或者类似商品上使用与其注册商标相同或者近似的商标的”行为属侵犯注册商标专用权的行为。亚环公司未经莱斯公司的许可，在挂锁的包装盒上使用“PRETUL 及椭圆图形”商标，在挂锁产品、钥匙及所附的产品说明书上使用“PRETUL”商标，根据《商标法实施条例》(2002 年) 第 3 条的规定，均属于商标使用行为。

莱斯公司在中国依法受让取得了第 3071808 号“PRETUL 及椭圆图形”注册商标，该注册商标现仍在有效期内，应受中国法律保护。而案外人储伯公司虽在墨西哥等国家注册了“PRETUL”或“PRETUL 及椭圆图形”商标，但上述商标未在中国注册，故其在墨西哥取得的商标权不受中国法律保护。一审法院认为亚环公司未经莱斯公司许可，在同类商品上使用与莱斯公司的注册商标相同的“PRETUL 及椭圆图形”商标，构成对莱斯公司商标权的侵犯，符合《商标法》（2001年）第52条第1项的规定。至于亚环公司在挂锁产品、钥匙及所附的产品说明书上使用“PRETUL”商标的行为：首先，《商标法》（2001年）第52条第1项规定了商标侵权的法律要件，只要符合上述法律要件，即构成商标侵权。综观中国现行法律、法规及司法解释，未见有类似本案中亚环公司行为的例外规定。其次，关于亚环公司提出的被诉侵权产品完全出口到墨西哥，未在中国市场实际销售，不会引起中国境内消费者的混淆和误认，没有侵害莱斯公司商标权的主张，《最高人民法院关于审理商标民事纠纷案件适用法律若干问题的解释》（2002年）第9条第2款并未对“相关公众”作地域限制，《中华人民共和国知识产权海关保护条例》第3条第1款明确规定，“国家禁止侵犯知识产权的货物进出口”。

在亚环公司的两种商标使用行为中，其在挂锁的包装盒上使用的“PRETUL及椭圆图形”商标与莱斯公司的涉案注册商标相比较，两者在视觉上无差别，构成《商标法》（2001年）第52条第1项规定的“商标相同”。其在挂锁产品、钥匙及所附的产品说明书上使用的“PRETUL”商标与莱斯公司的涉案注册商标相比较，作为两者主要部分的“PRETUL”文字的字形、读音完全相同，区别仅在于围绕该文字的椭圆图形，故两者构成近似商标。亚环公司的上述商标使用行为亦侵犯了莱斯公司享有的第3071808号注册商标专用权，其应当承担停止侵权、赔偿损失的民事责任。

综上，亚环公司未经商标权人莱斯公司的许可，在同种商品上使用与其注册商标相同、近似的商标，侵犯了莱斯公司的商标专用权，应承担相应的侵权责任。

亚环公司有关侵权认定的上诉理由不能成立，其提出的许某对“PRETUL及椭圆图形”商标的注册构成恶意“抢注”的上诉理由不属于本案审理范围，不予支持。一审判决认定亚环公司在同类商品上使用与莱斯公司享有的第3071808号商标相同的“PRETUL及椭圆图形”商标，构成商标侵权，事实清楚，但认定亚环公司在同类商品上使用“PRETUL”商标不构成商标侵权及部分实体处理不当，应予纠正。

二审法院经审判委员会讨论决定，判决如下：（1）撤销一审判决；（2）亚环公司立即停止对莱斯公司享有的第3071808号“PRETUL及椭圆图形”注册商标专用权的侵害；（3）亚环公司赔偿莱斯公司经济损失8万元（包括莱斯公司为制止侵权支付的合理开支），于本判决生效后10日内付清；（4）驳回莱斯公司的其他诉讼请求。

最高人民法院经审理认为：根据当事人的再审申请及答辩意见，本案的争议焦点是亚环公司之行为是否构成侵犯莱斯公司“PRETUL”商标专用权，以及亚环公司之行为是否属于商标法意义上的商标使用行为。

2001年《商标法》第8条规定，任何能够将自然人、法人或者其他组织的商品与他人的商品区别开来的可视性标志，包括文字、图形、字母、数字、三维标志和颜色组合，以及上述要素的组合，均可以作为商标申请注册。2013年《商标法》第48条规定，本法所称商标的使用，是指将商标用于商品、商品包装或者容器以及商品交易文书上，或者将商标用于广告宣传、展览以及其他商业活动中，用于识别商品来源的行为。虽然前述2013年《商标法》第48条规定之“用于识别商品来源的行为”系2013年《商标法》修改时新增加，但并不意味着商标法关于商标的使用的规则有了本质的变化，而是对商标的使用进行的进一步的澄清，避免将不属于识别商品来源的使用行为纳入商标使用范畴，进而导致2013年《商标法》第52条的扩大适用。因此，虽然对本案应当适用2001年《商标法》，但前述2013年《商标法》第48条关于商标的使用之规定对于理解《商标法实施条例》（2002年）第3条之规定具有重要参照意义。

本案中，根据原审法院查明的事实，储伯公司系墨西哥“PRETUL”或“PRETUL及椭圆图形”注册商标权利人（第6类、第8类）。亚环公司受储伯公司委托，按照其要求生产挂锁，在挂锁上使用“PRETUL”相关标识并全部出口至墨西哥，该批挂锁并不在中国市场上销售，也就是该标识不会在中国领域内发挥商标的识别功能，不具有使中国的相关公众将贴附该标识的商品与莱斯公司生产的商品的来源产生混淆和误认的可能性。商标作为区分商品或者服务来源的标识，其基本功能在于识别性，亚环公司依据储伯公司的授权，上述使用相关“PRETUL”标识的行为，在中国境内仅属物理贴附行为，为储伯公司在其享有商标专用权的墨西哥使用其商标提供了必要的技术性条件，在中国境内并不具有识别商品来源的功能。因此，亚环公司在委托加工产品上贴附的标识，既不具有区分所加工商品来源的意义，也不能实现识别该商品来源的功能，故其所贴附的标识不具有商标的属性，在产品上贴附标识的行为亦不能被认定为商标意义上的使用行为。

商标法保护商标的基本功能，是保护其识别性。判断在相同商品上使用相同的商标，或者判断在相同商品上使用近似的商标，或者判断在类似商品上使用相同或者近似的商标，是否容易导致混淆，要以商标发挥或者可能发挥识别功能为前提。也就是说，是否破坏商标的识别功能是判断是否构成侵害商标权的基础。在商标并不能发挥识别作用，并非作为商标法意义上的商标使用的情况下，判断是否在相同商品上使用相同的商标，或者判断在相同商品上使用近似的商标，或者判断在类似商品上使用相同或者近似的商标，是否容易导致混淆，都不具实际意义。本案中，一、二审法院以是否相同或者近似作为判断是否构成侵犯商标权的要件，忽略了本案诉争行为是否构成商标法意义上的商标使用这一前提，属适用法律错误，应予以纠正。

最高人民法院在该案中的论述与以往某些地方法院的论述之间的相同点在于，着眼点都在于贴牌加工的产品全部被销往国外而在国内市场没有销售；其不同点在于，以往地方法院直接据此因素认定在国内市场没有混淆的可能，而最高人民法院先据此认定所贴附的商标在国内市场没有发挥识别作用，从而贴附行为不是商标性使用，因而混淆可能性的判断缺乏基础。本案判决明确了商标性使用是混淆可能性判断的前提，但对于涉及出口产品的商标侵权认定仍没有给出全面的解答。比如，如果认定在出口商品上贴附的商标不具有识别功能，那么对于定做方在进口国是否拥有注册商标也就无须考虑，但这一点其实仍是将贴牌加工不视为商标侵权或视为商标侵权的例外的一个重要因素，因为它提供了这一例外的正当性基础，否则，涉及出口产品的商标侵权认定例外所开的口子会过大。

（五）网络服务提供者的商标侵权责任[①]

随着电子商务的发展，涉及网络平台或其他类型网络服务提供者的知识产权侵权责任的案件越来越多。在此类案件的处理中首先应当明确的是，不应从被告为公众所知的网络服务或其主要业务所涉及的服务来认定其作为网络服务提供者的身份，而应当发现和认定被告涉案的各种具体的服务提供行为。实践中，被告的表面身份在很多时候掩盖了其涉案的多种具体行为或者阻碍了对其多种具体行为的发现和认定。比如，某个为公众所知的网络电子商务平台可能在一个具体案件中同时实施了信息传输、信息存储、广告促销、支付中介甚至直接的商品销售行为，在这种情况下要针对不同的行为认定其是网络服务提供者还是直接的商品提供者，或者是哪些种类网络服务的提供者，从而分别认定过错与责任。实践中，直接通过自己的网站销售自己采购或生产的商品的电子商务主体与线下的传统商家在商标侵权行为的认定方面没有差别，争议较多的是为侵犯他人权益的用户提供网络服务的主体的责任问题。

从相关法制的发展历程来看，著作权法领域的理论和实践是我国网络服务提供者民事责任制度的先行者，在《商标法》及其他民事法律对著作权法相关制度进行碎片化借鉴之后，《侵权责任法》第 36 条参照著作权法的制度经验，为统一网络服务提供者民事侵权责任制度提供了一般性法律基础。但这些法律制度之间仍存在未被协调的体系化矛盾，形成了差异并存而又互相影响的局面，这主要体现在网络服务提供者间接侵权责任的过错形态方面。关于网络服务提供者就网络用户的侵权行为应承担的责任，商标法、著作权法和侵权责任法均适用过错责任原则，但三者就“过错”的规定存在差别：商标法采用的是帮助侵权规则，它规定“故意”为商标侵权行为提供便利（含网络平台服务）才产生侵权责任。[②] 著作权法借鉴美国法创设了不同于帮助侵权的特殊制度，即，如果网络服务提供者“明知”或“应知”网络用户侵害信息网络传播权而未采取删除、屏蔽或断开链接等必要措施，则构成帮助侵权[③]，因此，“明知（故意）”和“应知”（一般理解为“过失”）都可以构成著作权间接侵权的过错形态，但“应知（过失）”的认定规则与一般侵权法上的相应规则差异很大。[④]《侵权责任法》在立法形式上是为网络服务提供者这类主体或网络侵权这类行为设置了特殊规则[⑤]，但实质上采用的仍是帮助侵权（及共同侵权[⑥]）的规则，因为该法第 36 条第 3 款明确将“知道”规定为网络服务提供者连带责任的过错要件。[⑦] 我国的司法实

---

① 冯术杰．论网络服务提供者间接侵权责任的过错形态．中国法学，2016（4）.

② 参见 2002 年《商标法实施条例》第 50 条第 2 项、2013 年《商标法》第 57 条第 6 项、2014 年《商标法实施条例》第 75 条。

③ 参见 2000 年颁布并于 2003 年和 2006 年两次修正的《最高人民法院关于审理涉及计算机网络著作权纠纷案件适用法律若干问题的解释》，2012 年替代并废止该司法解释、后于 2020 年修正的《最高人民法院关于审理侵害信息网络传播权民事纠纷案件适用法律若干问题的规定》第 7 条（以下简称《信息网络传播权司法解释》），国务院于 2006 年颁布、2013 年修正的《信息网络传播权保护条例》第 22、23 条。

④ 参见《信息网络传播权司法解释》第 9～12 条。

⑤ 王利明．侵权责任法研究：下卷．北京：中国人民大学出版社，2011：25－27.

⑥ 参见《信息网络传播权司法解释》第 4 条关于网络服务提供者与网络用户分工合作构成侵犯信息网络转播权的规定。

⑦ 王利明．侵权责任法研究：上卷．北京：中国人民大学出版社，2011：338－339.

践和学界观点更倾向于让网络平台承担更多的注意义务以预防和制止知识产权侵权行为，尽管注意义务的内容和范围仍需根据技术与商业模式的发展以及个案具体情形来划定。2018 年《电子商务法》在这方面的规定正是这一趋势的体现。该法第 45 条规定，电子商务平台经营者知道或者应当知道平台内经营者侵犯知识产权的，应当采取删除、屏蔽、断开链接、终止交易和服务等必要措施；未采取必要措施的，与侵权人承担连带责任。该规定将《侵权责任法》制定时曾讨论过但最终未被立法者采纳的"应知"也列为了电子商务平台经营者的过错形式。这也为 2020 年《民法典》就网络服务提供者过错形态的规定做了铺垫。《民法典》第 1197 条规定，网络服务提供者知道或者应当知道网络用户利用其网络服务侵害他人民事权益，未采取必要措施的，与该网络用户承担连带责任。"应知"在《电子商务法》和《民法典》中的引入，就为进一步强化网络平台在知识产权保护方面的注意义务提供了更明确的立法依据。

就司法实践而言，著作权法领域有关网络服务提供者责任的规则与实践为商标法等其他民事权益领域的实践提供了有益的经验和参考。法院根据不同权利的性质和侵权行为的特点来解释和适用上述近似但又存在差异的规则。① 北京市高级人民法院于 2012 制定并出台的《关于审理电子商务侵害知识产权纠纷若干问题的解答》（以下简称《电子商务解答》），即尝试在知识产权法的范畴内建立网络服务提供者间接侵权责任的体系化制度；最高人民法院于 2014 年颁布、于 2020 年修正的《关于审理利用信息网络侵害人身权益民事纠纷案件适用法律若干问题的规定》（以下简称《网络人身权司法解释》），对网络服务提供者的过错界定也在很大程度上借鉴了信息网络传播权领域的规则。② 尽管借鉴和推广司法实践中形成的"较为成熟的"著作权间接侵权责任制度显然是最便捷的路径，但采取该路径也面临着几个必须回答的问题：既有制度和实践中的"应知"在侵权法理论上应如何被定性？其认定规则是否清晰、完备？网络服务提供者承担注意义务的条件是什么？网络服务提供者因过失为网络用户的侵权行为提供帮助是否产生连带责任？③ 在著作权法领域，根据《信息网络传播权保护条例》④ 及《信息网络传播权司法解释》⑤，如果网络服务提供者明知或应知网络用户利用其提供的网络服务侵害信息网络传播权，而未采取必要措施，就构成帮助侵权。对这里的"应知"，在理论层面一般按"过失"来解释⑥，但在规则层面主要以故意来界定，在实践层面是以故意与过失两种过错形态来适用。⑦

---

① 在第三次全国法院知识产权审判工作座谈会上时任最高人民法院副院长提出，深入研究和探索网络交易平台等网络环境下知识产权侵权问题，既要在类似情况下参考借鉴网络著作权司法解释的有关原则和精神处理该类纠纷，又要注意其差别，研究和总结其侵权判断规则的特殊性，不简单参照适用网络著作权司法解释的有关规则。

② 参见《网络人身权司法解释》第 9、10 条。

③ 帮助侵权仅在帮助提供者与被帮助者之间存在意思联络的情况下才成立，即帮助者主观上对于被帮助者的侵权行为应当是知道的状态。程啸．论意思联络作为共同侵权行为构成要件的意义．法学家，2003（4）．

④ 参见《信息网络传播权保护条例》第 22、23 条。

⑤ 参见《信息网络传播权司法解释》第 7、8 条。

⑥ 崔国斌．网络服务商共同侵权制度之重塑．法学研究，2013（4）．陈锦川．网络服务提供者过错认定的研究．知识产权，2011（2）．

⑦ 冯术杰．论网络服务提供者间接侵权责任的过错形态．中国法学，2016（4）．

在商标法领域，在规则层面首先存在不同法律的适用顺序问题。在《侵权责任法》出台之前，对网络服务提供者的商标侵权责任应当适用商标法关于故意提供便利构成帮助侵权的规定①，《商标法》《民法通则》② 作为特别法和一般法，都以帮助侵权制度来调整此类行为。在《侵权责任法》出台后，应当适用该法第 36 条，因为该条在帮助侵权制度之外单独为网络服务提供者设置了特殊条款。该条款是关于责任主体的特殊规定，与责任构成方面的帮助侵权规则并行不悖，有着各自的适用范围。由此可以得出结论，凡是涉及网络服务提供者和网络用户利用网络侵害他人民事权益的责任认定问题，应当适用《侵权责任法》第 36 条，而不能适用该法关于帮助侵权责任的第 9 条。2001 年《商标法》关于故意提供便利构成侵权的规定一般被理解为对应于《侵权责任法》和《民法通则》的帮助侵权规则，因此，不应被适用，除非对其作新的解释。2014 年修订后的《商标法实施条例》即对该条款作了扩充性的新解释，从而将网络服务提供者纳入了其适用范围。③ 因此，在 2013 年《商标法》及其 2014 年修订的实施条例生效后，对网络服务提供者的商标侵权责任应适用商标法关于故意提供便利构成商标侵权的规定，而不应再适用《侵权责任法》第 36 条，因为前者相对于后者构成特别法，除非对于前者不能适用网络服务提供者责任的情形。④ 2018 年的《电子商务法》适用于“通过互联网等信息网络销售商品或者提供服务的经营活动”，但该法第 2 条明确规定“法律、行政法规对销售商品或者提供服务有规定的，适用其规定”。因此，《商标法》及其实施条例关于网络服务提供者帮助侵权的规定优先于《电子商务法》适用，但于该规定不能涵盖的情形应适用《电子商务法》，因此，于网络服务提供者因违反注意义务而承担责任的情形应适用《电子商务法》。2020 年《民法典》通过后，其关于网络服务提供者责任的条款替代了《侵权责任法》中的对应条款，仍对网络服务提供者这一特殊类型主体的责任作了单独规定。由于《民法典》相对于《商标法》和《电子商务法》都是一般法，因此，关于网络服务提供者的商标侵权责任应按照前述方式适用后两部法律。值得注意的是，对于这三部法律，应当在《民法典》的统率下以体系化的方式进行解释和适用。

《商标法》第 57 条第 6 项明确规定，故意为商标侵权人提供便利才构成帮助侵权。对比《民法典》第 1197 条和《商标法》中该规则的适用条件，也会发现二者没有差别：前者的适用条件是“知道或者应当知道网络用户的侵权行为”＋“不采取必要措施（＝仍然或继续提供网络服务＝提供便利）（从而希望或放任侵权发生）”，后者的适用条件是“故意（＝知道商标侵权行为而希望或放任其发生）”＋“提供便利”。这明确表明，过失提供帮助

---

① 参见 2002 年《商标法实施条例》第 50 条第 2 项。

② 参见《民法通则》第 130 条和《民法通则》司法解释第 148 条。

③ 该条例第 75 条规定，为侵犯他人商标专用权提供仓储、运输、邮寄、印制、隐匿、经营场所、网络商品交易平台等，属于《商标法》第 57 条第 6 项规定的提供便利条件。

④ 根据一般法与特别法的区分方法，特别法一般是针对特定的主体、事项、时间或地域范围而作出与一般法不同的规定，因此，就网络服务提供者的商标侵权责任而言，相对于《侵权责任法》第 36 条《商标法》的规定属于针对商标权这一特定民事权利（特定事项）作出的规定。王竹．论实质意义上侵权法的确定与立法展望．四川大学学报（哲学社会科学版），2011（3）：101－111．也有学者主张适用《侵权责任法》第 36 条［张今，郭思伦．商标间接侵权责任中电子商务平台商的过错认定．电子知识产权，2013（9）］。

不产生商标侵权责任。但在司法实践层面，法院在《电子商务法》和《民法典》生效前就在整体上认定网络服务提供者就网络用户的商标侵权行为承担一定的注意义务。因此，过失也会导致侵权责任。

在司法实践中，商标权人能够证明网络服务提供者明知网络用户的商标侵权行为的案件毕竟为少数，多数案件中，法院只能根据相关情形来推定网络服务提供者的知晓状态，而对于这种"推定的知道"经常以"应当知道"来表述，从而形成了将对故意（知道—应知）的认定和论证滑向了注意义务和过失的现象。在衣念（上海）时装贸易有限公司诉浙江淘宝网络有限公司、杜某侵害商标权纠纷案①中，原告7次向作为网络销售平台的淘宝公司投诉杜某的网店售假，而淘宝也多次删除或屏蔽杜某的侵权产品信息，但没有采取进一步措施来制止或预防该网店继续发布假货信息。法院认为，在同一网店重复侵权的情形下，淘宝公司有条件、有能力针对特定侵权人采取预防措施，但淘宝公司依然为其提供网络服务，这是对其继续实施侵权行为的放任、纵容，属于故意为杜某销售侵权商品提供便利条件，构成帮助侵权。实际上，本案中淘宝公司的过错形式更是过失而不是故意，因为淘宝公司的过错核心在于其未对重复侵权者采取预防措施，这是对特定注意义务的违反；网络服务提供者间接商标侵权责任的过错要求的是其对具体侵权信息的知晓②，而重复侵权者再度发布侵权信息的可能性较大仅是一种一般性的认知，在未采取特定预防措施的情况下，淘宝公司对于具体侵权信息客观上是不知道的，而这正是过失。

法院在审判实践中对于网络服务提供者的利益、商标权人的利益和公众利益的平衡政策与做法，已经使将故意滑向过失的做法成为网络商标侵权领域过错认定实践的常态。正如有研究者指出的：法院在此类案件中需要确定网络服务提供者是否应当知道侵权行为而未采取必要措施。而是否应当知道的判断，并非单纯的事实认定，其前提是界定网络服务提供者应当承担的知识产权审查义务。在界定了审查义务后，如果认定网络服务提供者违反了其应当承担的义务，就应当认定其有过错。③ 在这方面，典型的案件就是"大众搬场"诉"百度网络"商标侵权案。④ 该案中，两被告通过购买百度公司的竞价排名服务来实现使用原告的商标作为搜索关键词的广告推广目的。法院认为，与搜索引擎通常采用的自然排名相比，"竞价排名"服务不仅需要收取费用，还要求用户在注册时必须提交选定的关键词，因此，百度网站有义务也有条件审查用户使用该关键词的合法性。在用户提交的关键词明显存在侵犯他人权利的可能性时，百度网站应当进一步审查用户的相关资质，例如要求用户提交营业执照等证明文件，否则就是未尽到合理注意义务，从而主观上存在过错，应与网络用户共同承担商标侵权责任。可见，尽管法院适用的是《民法通则》关于帮助侵

---

① 参见上海市浦东新区人民法院（2010）浦民三（知）初字第426号民事判决书，上海市第一中级人民法院（2011）沪一中民五（知）终字第40号民事判决书。

② 孔祥俊．网络著作权保护法律理念与裁判方法．北京：中国法制出版社，2015：199.

③ 石必胜．电子商务交易平台知识产权审查义务的标准．法律适用，2013（2）.

④ 上海市第二中级人民法院（2007）沪二中民五（知）初字第147号民事判决书．黄武双．搜索引擎服务商商标侵权责任的法理基础：兼评"大众搬场"诉"百度网络"商标侵权案．知识产权，2008（5）．邓宏光，易健雄．竞价排名的关键词何以侵害商标权：简评我国竞价排名商标侵权案．电子知识产权，2008（8）.

权的规则，但是明确地将过失作为网络服务提供者帮助侵权责任的过错形态。该案中法院一方面基于两个理由认定了注意义务的存在、内容和范围（百度公司从网络用户的侵权行为中直接获利，百度公司有能力和权利对其行为予以监控）；另一方面，则根据原告的商标在侵权行为地的知名度以及因此导致的侵权行为的明显性确定了被告注意义务的程度。

对著作权、商标权和人格权网络侵权领域的规则和实践考察表明[①]，网络服务提供者对网络用户的侵权行为是承担注意义务的。[②] 这一结论似乎与网络服务提供者不负有一般审查义务的原则相矛盾，因为，借鉴域外制度的理论观点认为，网络服务提供者没有对网络用户上传或发布的信息进行主动审查的义务，原因是该义务会给网络服务提供者造成沉重的负担，从而不利于互联网产业的良好发展。其实不然。

首先，根据侵权法的一般理论，危险是注意义务产生的根源，危险的制造者或管控者应承担损害预见义务和损害防止义务。[③] 一方面，由于网络的便捷性、广泛覆盖性和网络用户高度的行为自由性，网络服务不仅给侵权行为提供了便利或必要条件，极易扩大侵害后果，而且在很多情况下诱发网络用户的侵权行为。另一方面，尽管范围和程度不同、技术手段和成本要求不同，但网络服务提供者对于其提供的服务范围内的风险具有管控的能力，而且网络服务提供者总是直接或间接从网络用户对其服务的使用（包括被用于合法行为和非法行为的服务）中获得利益（经济利益和非经济利益）。因此，作为危险的制造者、管控者和获利者，网络服务提供者不采取措施预防和控制其服务给他人和社会带来的风险，是不公平、不合理的。[④] 在著作权法和商标法领域，由于既有立法与司法实践的原因，网络服务提供者的注意义务与过失侵权责任已经基本被接受。涉及更广泛民事权利（包括商标在内）的网络侵权司法实践也并不排斥网络服务提供者注意义务的存在，而且总是通过审查该义务的履行情况来认定网络服务提供者过错的存在与否。这表明，在政策和实践层面，网络服务提供者对网络用户的侵权行为负有的注意义务是被认同的。[⑤] 在目前的司法实践中，法院在很多情况下给网络服务提供者设置了不同程度的注意义务，但没有现象表明这给相关的互联网产业发展造成不利影响。这种注意义务是一种采取有关措施的行为义务，而非一定要发现侵权行为的结果义务，而且法院在确定注意义务的程度和范围时需要考虑特定网

---

① 冯术杰．论网络服务提供者间接侵权责任的过错形态．中国法学，2016（4）.

② 吴伟光．网络服务提供者对其用户侵权行为的责任承担：不变的看门人制度与变化的合理注意义务标准．网络法律评论，2011（1）.

③ 《民法典》侵权责任编也是遵循这一法理，比如第1198条规定的安全保障义务，第1199条至第1201条规定的教育机构管理职责，第1214条规定的拼装或改装机动车引发的交通事故责任，以及该编第八章规定的高度危险责任。

④ 网络服务提供者的注意义务与安全保障义务在性质上是不同的：从发生原因看，公众场所的管理者或群众性活动的组织者仅是危险的管控者而非制造者，并且他们不会从第三人的侵害行为中获利，反而会受害。从保护对象来看，安全保障义务所保护的是义务人管控范围内的主体，而网络服务提供者的注意义务保护的是使用网络服务的网络用户之外的第三人。

⑤ 比如，《信息网络传播权司法解释》第1条即明确指出，法院依法行使裁量权时，应当兼顾权利人、网络服务提供者和社会公众的利益。这里的裁量权除了涉及损害赔偿的数额斟酌，更涉及侵权行为认定中对网络服务提供者注意义务的确定。北京市高级人民法院的《电子商务解答》第5条也指出，应知是指按照利益平衡原则和合理预防原则的要求，电子商务平台经营者在某些情况下应当注意到侵权行为存在。

络服务提供者在特定情形下应承担的对他人和社会的责任与其应具备的对危险的管控能力。[①]

其次，一般审查义务免除规则在法律适用上仅意味着：如果网络服务提供者未对网络用户侵害信息网络传播权的行为主动进行审查，则法院不能把这一事实本身作为依据来认定其具有过错。[②] 但是，法院可以而且应当根据有关因素来认定其是否负有主动审查的义务，而现实的情况往往是，很多网络服务提供者同时也实施了基本而单纯的网络服务之外的其他行为，正是这些其他行为给它们创设了注意义务。这适用的就是民法上根据具体情形确定注意义务以认定过失的一般做法。[③] 美国纽约南区法院在 Tiffany 案[④]中指出：根据帮助侵权（contributory liability）的法理，法律并不要求 eBay 公司基于"假冒商品有可能在其网络平台销售"这一笼统的认知来采取一般性预防措施，而是要求其基于哪个商品侵权和哪个商家侵权这一更具体的认知来采取行动。而关于对具体侵权商品和侵权主体的认知，就存在明知（actual knowledge）和有理由知道（have reason to know）两种过错状态。美国联邦第七巡回法院在 Hard Rock 案[⑤]中指出，帮助侵权（contributory liability）制度中的"有合理理由知道"，就是要求跳蚤市场就其中店铺的商标侵权行为能注意到一个合理的谨慎人（reasonably prudent person）会注意到的情况；而且，如果跳蚤市场对于其中店铺的侵权行为"故意视而不见（willful blindness）"，则其主观过错就与明知相当。不论是"合理的谨慎人"的认定还是"故意视而不见"的认定，都要以相关案件中的具体情形为前提或依据，比如 eBay 网络平台上或跳蚤市场里的假货概率。这里涉及的其实就是根据这些事实因素来认定帮助提供者对特定侵权行为的特定注意义务。因此，一般审查义务免除规则并不一概免除网络服务提供者在所有情形下的注意义务。这实际上是注意义务的范围和程度问题。《信息网络传播权司法解释》和《电子商务解答》明确否定主动审查义务的普遍性存在，但同时又规定网络服务提供者"在某些情况下"负有注意义务。[⑥]

再次，就欧盟法和美国法上的一般审查义务免除条款而言，其适用范围也仅限于特定的几种网络服务提供者，更准确地说，是仅适用于特定的几种网络服务。根据《欧盟信息社会指令》第 15 条的规定，（欧盟）成员国不得要求三类网络服务提供者承担监控其所传输或存储的信息或者主动发现表征非法活动的事实或情形的一般性义务，这些服务包括网

---

① 《信息网络传播权司法解释》第 9 条和第 11 条中所列举的多种因素其实是为了规范和引导有关注意义务的自由裁量权的行使的。这些用于认定网络服务提供者的注意能力和注意责任的因素包括，网络服务提供者基于其提供的服务的性质、方式及引发侵权的可能性大小而应当具备的管理信息的能力，其是否主动介入对侵权客体的选择、编辑、推荐等，其是否直接从网络用户提供的作品、表演、录音录像制品中获利，被侵害权利的性质（比如人身权）等。

② 参见《信息网络传播权司法解释》第 8 条第 2 款。

③ 殷少平．论互联网环境下著作权保护的基本理念．法律适用，2009（12）．

④ Tiffany，Inc. v. eBay，Inc. [576F. Supp. 2d 463（S. D. N. Y. 208）]. 该案涉及网络拍卖 eBay 公司就网络平台用户的商标侵权行为而应承担的责任问题。

⑤ Hard Rock Café Licensing v. Concession Services [955 F. 2d 1143（1992）]. 该案涉及跳蚤市场对于其中的店铺的商标侵权行为所应承担的责任的问题。

⑥ 而"某些情况"被界定为两种情况：一是网络用户的侵权行为明显或足以使人相信侵权的可能性较大的情况（这种情况属于"很可能知道"意义上的故意，与注意义务无关），二是网络用户与经营者合作或从侵权活动直接获利等情况。

络接入和信息传输服务、缓存服务或存储服务。[①] 这意味着，对于其他类型的网络服务，法院需要根据一般法来确定网络服务提供者是否承担审查网络信息和活动的义务。在同一网络服务提供者同时提供多种服务的情况下，就不能将一般审查义务免除条款适用于非法定的服务类型。正如巴黎大审法院（Tribunal de grande instance de Paris）[②] 在 eBay 案中所指出的，对于 eBay 作为网络拍卖平台所提供的多种服务应当分别予以定性：其所提供的商品信息和交易信息存储服务属于信息存储服务，但其同时也提供了商品促销和广告相关的服务，性质上的差别决定了对不同的服务应适用不同的责任制度。

最后，网络服务提供者的注意义务似乎与相关的免责条款[③]相冲突，其实不然。网络服务提供者的注意义务，是在过失作为侵权责任的主观要件的角度而存在的，而免责条款是侵权责任构成条款适用中的特殊规则。这就存在一个“两步走且二选一”的操作过程：第一步，对免责条款所针对的情形，应优先适用免责条款，而不再适用侵权责任构成条款；对免责条款所不能涵盖的情形，一律适用侵权责任构成条款，此时就需要根据有关因素确定网络服务提供者的注意义务及其履行情况来确定其是否存在过失。[④] 第二步包括两种情形：一是网络服务行为不满足免责条款的适用条件（比如，缓存服务提供者修改了所存储的信息），这就需要适用侵权责任构成条款来认定信息修改行为是否赋予缓存服务者注意义务或可以由此推定其对存储信息侵权的知晓；二是网络服务行为符合免责条款的适用条件，但网络服务提供者还提供了其他的网络服务或者实施了其他非网络行为，这时就需要适用侵权责任构成条款来认定其过错（故意或过失）。在欧莱雅诉 eBay 公司案[⑤]中，欧盟法院认定，eBay 所提供的信息存储服务满足《欧盟信息社会指令》第 14 条所列的免责条件，但是其所提供的拍卖信息优化和促销服务使其对出售信息有所了解、控制，这使该公司承担注意义务。

就网络平台在网络用户知识产权侵权方面的注意义务的性质和内容，最高人民法院于 2020 年公布的《关于审理涉电子商务平台知识产权民事案件的指导意见》第 11 条作了如下规定：电子商务平台经营者存在下列情形之一的，人民法院可以认定其“应当知道”侵权行为的存在：（1）未履行制定知识产权保护规则、审核平台内经营者经营资质等法定义务；（2）未审核平台内店铺类型标注为“旗舰店”“品牌店”等字样的经营者的权利证明；（3）未采取有效技术手段，过滤和拦截包含“高仿”“假货”等字样的侵权商品链接、被投

---

① Directive 2000/31/EC of the European Parliament and of the Council of 8 June 2000 on certain legal aspects of information society services, in particular electronic commerce, in the Internal Market, Article 15 No general obligation to monitor 1. Member States shall not impose a general obligation on providers, when providing the services covered by Articles 12, 13 and 14, to monitor the information which they transmit or store, nor a general obligation actively to seek facts or circumstances indicating illegal activity.

② TGI Paris, 3e ch., 3^{e} sec. jgt, 13 mai 2009, L'Oreal et autres c/ eBay France et autres, legalis. net.

③ 参见《信息网络传播权条例》第 20、21、22 条。See also Directive 2000/31/E, articles 12, 13, 14 and United States Code, Title 17, chapter 5, Section 512 (a) (b) (c) (d).

④ 司法实践中，法院对于侵权责任构成条件和免责条件在整体上是明确区分的，比如，华纳唱片有限公司诉北京世纪悦博科技有限公司案［北京市高级人民法院（2004）高民终字第 1303 号民事判决书］。

⑤ CJEU, Case C-324/09, 12 July 2011, L'Oréal SA, Lanc'me parfums et beauté & Cie, Laboratoire Garnier & Cie, L'Oréal (UK) Limited v. eBay International AG, eBay Europe SARL and eBay (UK) Limited.

诉成立后再次上架的侵权商品链接；（4）其他未履行合理审查和注意义务的情形。这表明，对电子商务平台“应知”的认定，核心标准已经不是其在涉案的特定情形下是否能够知晓网络用户侵权行为的存在，而是其是否为预防和制止侵权主动采取了有关措施。这实际上标志着电子商务平台义务与责任制度发展到了一个新的阶段。

二、商标侵权的抗辩事由

注册商标赋予注册人专用权以禁止他人在商业活动中未经许可的容易导致混淆的标识使用行为，但这个禁止权也存在一些例外。

（一）国际条约与实践

在国际公约层面，TRIPs 协议第 17 条规定，WTO 成员方可以对商标权规定有限的例外（limited exception），比如对描述性名词的正当使用（fair use），条件是这些例外考虑了商标所有人和第三人的权益。据此，各成员方有权对商标权规定例外，但有义务保证其设置的例外满足该条款设置的条件：例外必须是有限的，必须考虑到（take account of）所有人的利益，必须考虑到第三人的利益。这一条款在国内法上不具有直接效力（not self-executive），即司法机关或行政机关不能直接依据该条款设置对商标权的例外。这不仅是因为美国、欧盟以及我国在国际法层面采取排除 TRIPs 协议的直接效力的政策，而且是因为该条款不是为私法上的主体创设权利或义务，而是对各国的规则制定提出了要求。对这一条款争端解决机构的专家组在美国和澳大利亚发起的欧盟—地理标志（WT/DS 174，WT/DS/290）WTO 争端解决案件中作了解释和适用。[①] 该案中，欧盟的地理标志保护指令规定注册商标可以和地理标志共存。这看似是在地理标志保护制度中为商标权人的利益而设置的对地理标志权的例外，但美国和澳大利亚看出：从商标权保护的角度，这是为地理标志权利人的利益对商标权设置的例外。美国和澳大利亚向 WTO 发起了争端解决程序，认为欧盟的条例违反了 TRIPs 协议第 16 条（关于注册商标权利内容的规定），即认为欧盟的上述规则违反了条约为成员方设置的应当保护商标权的义务。欧盟认为，其涉案规则尽管对商标权作出了限制，但该限制符合 TRIPs 协议第 17 条关于商标权例外的规定，因此是条约所允许的。争端解决机构的专家组在裁定中认定，欧盟为地理标志权利人的利益设置的对商标权的例外符合 TRIPs 协议第 17 条的规定，即满足该条设置的三个条件。简单地说，就为地理标志而设置的商标权例外而言，其一，这一例外是有限的，因为与地理标志相关的农产品都必须符合相关的产品品质和管理规则，因而地理标志产品的产区、生产者、产品数量都是有限的。其二，这一例外考虑到（take account of）了商标权人的利益。这里需要强调的是条约要求的是“考虑到”而不是充分保护，否则，商标权不可能有例外，而且欧盟另有关于产品标签等方面的规定，有助于区分商标与地理标志。其三，这一例外也考虑到了第三人的利益。这里主要涉及地理标志产品生产者的正当利益（作为特色农产品的生产者，他们有正当利益使用地理标志于其产品上）和相关公众的利益（他们有权通过地理标

---

① 冯术杰．欧盟地理标志法律制度述评：写在 DS174、DS290 两案裁决之后//冯术杰．知识产权法：国际的视野与本土的适用．北京：法律出版社，2015.

志识别特色农产品）。

此外，TRIPs协议还在有关注册商标权利内容的第16条中规定，注册商标权不应损害任何现存的在先权利，也不应影响WTO成员方规定商标权可以基于使用取得。前者表明，在处理注册商标权与在先权利的冲突时应遵循尊重在先权利的原则[1]；后者则为成员方协调商标权注册取得和使用取得两种制度留下了自主决定的空间：一方面，这主要是针对以商标权使用取得为基础制度的英美法国家；另一方面，为采用商标权注册取得制度的国家为保护在先标识使用人的利益（包括反不正当竞争法规制假冒商业标识行为）而作出制度安排提供了可能性。

（二）我国商标法上的侵权抗辩条款

在国内法层面，商标侵权的例外规则主要体现在《商标法》第59条的规定中。该条为商标权设置了三种例外的情形，涉及通用标识和描述性标识与地名、功能性三维标识，以及在先使用并有一定知名度的商标。根据该条第1款，对于注册商标中含有的本商品的通用名称、图形、型号，或者直接表示商品的质量、主要原料、功能、用途、重量、数量及其他特点，或者含有的地名，注册商标专用权人无权禁止他人正当使用。这一条款所适用的情形被分为三种：第一种情形是注册商标仅由此类标识构成，它们属于通过使用而获得第二含义（就地名商标而言，要么是地名具有其他含义，要么是较早获得注册的地名商标），从而获得了注册的标识。在这种情况下，同行业竞争者有权在非商标意义上使用该标识或者说以非识别提供者来源的方式使用该标识，即，商标注册人的利益和正当使用人的利益通过标识的使用方式获得平衡：商标注册人有权以商标的方式使用该标识，同行业竞争者有权以表述商品、商品的特征、商品的产地的方式使用该标识。第二种情形是注册商标由通用标识或直接描述性标识或地名和具有固有显著性的元素共同构成。在这种情形下，该注册商标的保护范围仅限于具有固有显著性的元素而不包括通用标识或直接描述性标识或地名，从而商标权人无权禁止他人对此类标识的任何方式的使用。第三种情形是注册商标由具有固有显著性的元素和获得显著性的通用标识或直接描述性标识或地名构成，则其保护范围的确定更为复杂。理论上，这三种情形的区分是清楚的，但在实践中，审理商标侵权案件的法院需要先认定涉案注册商标属于哪一种情形才能确定商标权的保护范围。双方律师的调查、取证和论证在这一认定中将起到至关重要的作用，尤其是当涉及非大众消费品的某些产业内的专业产品时。注册档案有助于核实相关商标是否曾因为不具有显著性而被驳回，对于证明上述情形的存在具有一定的作用。

《商标法》第59条第2款规定，对于三维标识注册商标中含有的商品自身的性质产生的形状、为获得技术效果而需有的商品形状、使商品具有实质性价值的形状，注册商标专用权人无权禁止他人正当使用。此类标识自身不可能通过使用而获得显著性，因此，该条款只能适用于由此类标识和具有固有显著性或获得显著性的元素共同组成的商标。对于此类标识，不存在商标方式的使用和非商标方式的使用的区分。

《商标法》第59条第3款规定，商标注册人申请商标注册前，他人已经在同一种商品

---

[1] 参见《最高人民法院关于审理注册商标、企业名称与在先权利冲突的民事纠纷案件若干问题的规定》。

或者类似商品上先于商标注册人使用与注册商标相同或者近似并有一定影响的商标的，注册商标专用权人无权禁止该使用人在原使用范围内继续使用该商标，但可以要求其附加适当区别标识。

(三) 商标在先使用抗辩条款

在很大程度上，该条款的立法初衷与打击商标"抢注"密切有关：对于法律上有明文规定的和实践中可以被证明的商标恶意"抢注"行为，其注册在异议程序或无效宣告程序中就被阻止了。对于法律没有明文规定或者虽有明文规定但没有证据证明的恶意"抢注"行为，异议或无效宣告程序无能为力，而且存在异议期限或无效宣告请求期限已过的情形。而此时，如果实际上的恶意"抢注"人在获得商标注册之后对在先的善意使用人提起侵权之诉，则这是对实质正义的颠覆，是立法者和司法者所不能承受的。上述条款的引入就是为了解决这个问题：它允许在先使用人在原有范围内继续使用其未注册商标。但该条款的适用条件仍需进一步明确。此外，在先使用抗辩规则是对商标权注册取得制度的一个重大挑战，注册人的利益与在先使用人的利益在表面上实现了平衡，但实际上仍存在没被解决的矛盾和问题。

1. 商标在先使用抗辩条款的适用条件

《商标法》第 59 条第 3 款的适用，应满足以下几个条件：

第一，商标的在先使用应当是善意的使用。尽管这个条件没有在法律条文中有所体现，它却是该条款适用的重要条件，原因就在于此例外的目的是保护他人在先的正当利益。一方面，正当利益（legitimate interest）区别于合法利益（legal interest），后者指法律明确予以保护的利益，于前者则需要在较实证法更广的范围和更深的层面对所涉利益或行为进行评价，因此，正当利益比合法利益在受保护条件上的要求更高，对与正当利益相关的在先使用人的"善意"的解释也就应当从严。另一方面，法律上为任何权利所设置的例外都应当被严格解释，以避免对权利本身造成不应有的损害。

第二，商标的在先使用行为应当发生在在后注册商标的初审公告日之前。关于这一条件的争议发生在判断"在先性"的参照日，即是以在后注册商标的申请日、初步审查公告日还是注册日为准。对于在先使用商标的"在先性"，尤其应结合在先使用人的善意来解释，该善意应指在先使用人在启用其商标时对于在后商标的注册申请和使用是不知情的。自在后注册商标的初步审查公告日起，就不可能有善意的在先使用了，因为初步审查公告将申请注册商标予以公示，同行业经营者被推定对该商标的注册申请是知晓的。善意使用的情形就包括：在后注册商标的申请日和起用日均晚于在先商标的起用日；在后注册商标的申请日晚于在先商标的起用日，但在后注册商标的起用日（注册前就开始了使用）早于在先商标的起用日，然而，在先商标使用人在起用其商标时并不知晓在后商标已经被竞争者使用；在后注册商标的申请日和起用日均早于在先使用商标，但在先使用商标的起用日早于在后注册商标的初步审查公告日，而且在先商标的使用人不知晓在后商标的申请注册和使用的事实。

第三，在先使用的商标应当具有一定影响。一方面，对这里的"有一定影响"与《商标法》第 32 条中的"有一定影响"应作相同的解释。理论上，在商标权注册取得制度下，只有具有一定商誉的未注册商标才能得到保护，这种商誉是其受保护的必要条件。司法实践中，法院对《商标法》第 32 条中的“有一定影响”的条件的把握是比较宽松的，因为“不正当手段”（知晓他人在先使用某商标的事实仍申请将其注册）或者说恶意是该条款的适用条件中的重心，“有一定影响”主要起着证明该恶意的作用。[①] 就《商标法》第 59 条第 3 款的适用而言，可以预见的是法院也会对在先商标“有一定影响”的条件作宽松把握[②]，因为尽管商标权注册取得制度在宏观层面具有诸多好处，但面对具体案件时人们还是倾向于认为使用产生权益的正当性大于注册取得情形下。所以，善意的在先使用而不是“有一定影响”，是该条款适用中的重心条件，尽管这种做法与立法本意和商标法原理并不完全相符。

第四，在先使用人应在原有范围内继续使用其商标。这里涉及两个条件的认定：“原有”指的是哪个时间点？对“范围”从哪些角度来界定？对“原有”应当结合在先使用人的善意来认定，即在其知晓在后注册商标的申请或使用的事实之前的使用范围属于“原有”范围。一般而言，这个时间点就是在后注册商标的初步审查公告日，因为在先使用人将在该日期被推定知晓在后商标的注册申请。“范围”是这个条款里最不易界定的适用条件：一方面是因为在商标权注册取得制度下保护未注册商标的制度设计没有处理好两者的利益协调关系，另一方面是因为商标的功能和特点。从利益协调的角度看，在先使用人的正当利益就在于其在先形成的商誉，因此应当允许其利用既有的商誉吸引客户购买其商品或服务。但是，在利用既有商誉的过程中不可避免地会获得新的客户，从而发展和扩大其商誉，因此，这一角度的利益协调方案难以奏效。只能根据商品或服务的特点以及具体的经营活动特点来确定。地域角度的界定对很多传统商品或服务（比如餐馆）和商业模式（比如实体销售店）可以具有重要意义，地域上的范围应当指在先使用商标的“影响”或商誉所涵盖的地域范围，在先使用人不应在该地域范围之外扩张使用商标。但是，在涉及电子商务的情形，如果在先使用人通过其网店进行商品销售而且具有一定影响，则其原有范围就限于原有电子商务的范围。如果将《商标法》第 59 条第 3 款适用于“微信”商标案[③]所涉的情形，则会发现对于网络社交工具这样的服务，原有范围是没法界定的。从商标的功能和特点的角度来看，“原有范围”的确定应当有助于实现在先使用商标和在后注册商标在相关公众中的区分，但由于在后注册商标的效力范围涵盖了在先使用商标的商誉所及的范围，因而它起不到这一作用。在坚持商标权注册取得制度的同时又在一定程度上保护在先使用商标之上的利益，这种“骑墙”做法造成了这一无解的难题。英美法系国家的商标权基于使用而取得和行使，因而在后商标注册人也不能取得超越在先使用人的权利，就没有这个

① 冯术杰．未注册商标的权利产生机制与保护模式．法学，2013（7）．

② 《最高人民法院关于审理商标授权确权行政案件若干问题的规定》（2020 年）第 23 条第 2 款规定，在先使用人举证证明其在先商标有一定的持续使用时间、区域、销售量或者广告宣传的，人民法院可以认定为有一定影响。

③ 参见北京知识产权法院（2014）京知行初字第 67 号行政判决书，北京市高级人民法院（2015）高行知终字第 1538 号行政判决书。

问题。[①]

第五，在后商标注册人可以要求在先商标使用人附加适当的区别标识。这一条件是否适用主要取决于相关公众在在后注册商标和在先使用商标之间发生混淆、误认的可能程度，如果发生混淆、误认的可能性很大，则应附加区别标识，以区分二者并保护相关公众的利益。

2. 商标在先使用抗辩条款带来的制度困境

在商标法的框架内，上述条款应被理解为立法者为保护善意的在先商标使用人的利益而对在后注册商标的权利设置了一个例外，而不是为善意的在先商标使用人创设了一个"权利"。这一解释符合我国商标法将商标权注册取得制度作为基本制度的价值和政策选择，避免对商标权注册取得制度造成冲击而破坏制度的体系性和逻辑一致性。但是，仍有两个方面的问题对我国目前的商标法和反不正当竞争法体制形成冲击：其一，善意的在先商标使用人可以援引反不正当竞争法对抗在后注册商标的所有人。《反不正当竞争法》（2019 年修正）第 6 条第 1 项规定，经营者不得擅自使用与他人有一定影响的商品名称、包装、装潢等相同或者近似的标识，引人误以为是他人商品或者与他人存在特定联系。在先使用并有一定影响的商标在实践中完全可以被认定为商品名称、包装或装潢：知名度的条件都是模糊而有弹性的，而且实践中法院和行政执法机关对其量的要求都不高；商品名称和商标的区分仅具有形式意义，法院或行政执法机关都是从其是否具有识别功能的角度来认定其是否可以是受保护的客体。[②] 尽管在后注册商标的效力范围覆盖整个中国，但具有知名度的在先使用商标在其知名度所涵盖的地域范围内可以依据反不正当竞争法的上述条款来实现"我的地盘我做主"，从而可以禁止包括在后商标注册人在内的任何人对其未注册标识的使用。其二，在在先使用商标的知名度所覆盖的地域范围内，第三人未经许可使用相同或近似标识，容易导致混淆的，侵犯了谁的权益？侵犯的是在先使用人的利益还是在后注册人的利益？从把《商标法》第 59 条第 3 款理解为仅为在先使用人设置的在后注册商标的权利的例外的角度看，在先使用人没有商标权，也就无权禁止他人使用相关标识，因此，应视为第三人侵犯了注册商标的权利。但从混淆可能性的认定来看，由于在先使用商标的商誉，相关公众还是会将侵权人与在先使用人发生混淆、误认，而不是与在后注册人发生误认，第三人所利用的也是在先使用商标的商誉而不是在后注册人的商誉，因此，尽管在后注册人可以依据商标权制止第三人的商标侵权行为，但损害赔偿额的确定中不能将在先使用商标的商誉纳入考量范围。而且，在先使用人也可以援引《反不正当竞争法》第 6 条的上述规定制止第三人的假冒标识行为，但这同样会引发与在后注册人的权益冲突问题。

（四）权利穷竭

使用注册商标的商品被商标注册人投入市场或经其同意而投入市场之后，购买者及后续的购买者再次销售该商品的行为，不构成商标侵权。这是因为商标权人在第一次将商品投入市场的时候已经行使了商标权，其权利就此穷竭。这就是大陆法系所称的权利穷竭理论（exhaustion），在英美法上被称为首次销售（first sale）理论。权利穷竭理论也适用于著

---

① 冯术杰．我国离商标使用取得制度有多远？．中国知识产权报，2015－04－24.

② 冯术杰．未注册商标的权利产生机制与保护模式．法学，2013（7）.

作权、专利权等其他知识产权。如果没有权利穷竭理论，知识产权商品的再流通将受到阻碍。权利穷竭理论在各国国内法上都是得到承认的，分歧在于国际权利穷竭理论的适用。知识产权的国际权利穷竭和平行进口是一个问题的两种表述方式，此类问题具体表现为：甲公司在A国和B国都是某商标的注册人，它将使用其商标的商品投入A国市场。乙公司未经其同意将从A国市场合法购买的商品进口到B国。如果适用国际权利穷竭理论（认为甲公司将产品投入A国后其商标权就在全球范围内穷竭），则乙公司合法购买相关商品后转售到其他国家的行为就不能被甲公司禁止。平行进口，指的是未经知识产权权利人许可的第三人进口知识产权商品的行为，该进口与知识产权权利人的进口是平行的。可见，在适用国际权利穷竭理论的情形下，平行进口是不能被禁止的。如果适用国际权利穷竭理论，则有利于打破知识产权权利人对一国市场的知识产权商品的控制，即第三人的平行进口将增加该国的商品供货渠道、商品数量和种类，从而有利于促进竞争，降低商品价格，丰富消费者的选择。但这对于知识产权权利人的利益是有消极影响的。对此，各国相关的法律和政策不一致。TRIPs协议第6条是关于知识产权权利穷竭的，但它没有规定国际规则，而是留给各成员方决定。就商标法领域的国际权利穷竭的问题，我国的法律、法规和司法解释没有明确规定，但司法实践表明，国际权利穷竭理论在商标法领域是适用的，即平行进口是被允许的。[①]

如前所述，权利穷竭的理论基础在于知识产权权利人已经在商品的首次销售行为中行使了权利并从中获利，不能在后续销售中再次获利。但在商标法领域，权利穷竭理论在一定程度上也可以为商标的识别功能理论所涵盖：再销售活动中对注册商标的使用并没有引起消费者的混淆、误认，因为商品来源于商标注册人，故而不是假冒商品。这是目前法院认定平行进口不构成商标侵权的主要理由。如同法院在"J. P. CHENET"商标侵权纠纷案和"不二家"商标侵权纠纷案中所审查的，符合商标权利穷竭的再销售行为还不能侵害商标的商誉指示功能。

三、商标侵权行为的救济程序与措施

对于商标侵权行为，商标权人有两种救济程序：行政处理程序和司法程序。实践中，商标权人都会选择维权效率最高而成本最低的程序。这种选择，一方面要基于个案的具体情形，另一方面要基于对于这两种救济程序能实现的目标和程序成本的了解。

（一）行政处理程序与措施

对于商标侵权的行政处理程序，法律一方面规定了负责商标执法的部门（市场监督管理部门和此前的工商行政管理部门）为查清和认定侵权行为可以采取的执法措施，另一方面规定了对于构成商标侵权的行为的处罚措施。

---

① 比如，大西洋C贸易咨询有限公司与北京四海致祥国际贸易有限公司侵害商标权纠纷案［北京市高级人民法院（2015）高民（知）终字第1931号民事判决书］、"J. P. CHENET"商标侵权纠纷案［天津市高级人民法院（2013）津高民三终字第0024号民事判决书］、"维多利亚的秘密"商标侵权和不正当竞争案［上海市高级人民法院（2014）沪高民三（知）终字第104号民事判决书］。

就行政执法措施而言，根据《商标法》第 62 条第 1 款、第 2 款，县级以上负责商标执法的部门根据已经取得的违法嫌疑证据或者举报，对涉嫌侵犯他人注册商标专用权的行为进行查处时，可以行使下列职权：(1) 询问有关当事人，调查与侵犯他人商标权有关的情况。(2) 查阅、复制当事人与侵权活动有关的合同、发票、账簿以及其他有关资料。(3) 对当事人涉嫌从事侵犯他人注册商标专用权活动的场所实施现场检查。(4) 检查与侵权活动有关的物品；对有证据证明是侵犯他人注册商标专用权的物品，可以查封或者扣押。负责商标执法的部门依法行使前述职权时，当事人应当予以协助、配合，不得拒绝、阻挠。

依据《商标法》第 60 条第 2 款，负责商标执法的部门处理时，认定侵权行为成立的，责令立即停止侵权行为，没收、销毁侵权商品和主要用于制造侵权商品、伪造注册商标标识的工具，违法经营额 5 万元以上的，可以处违法经营额 5 倍以下的罚款；没有违法经营额或者违法经营额不足 5 万元的，可以处 25 万元以下的罚款。对 5 年内实施两次以上商标侵权行为或者有其他严重情节的，应当从重处罚。《商标法实施条例》第 78 条进一步规定，计算《商标法》第 60 条规定的违法经营额，可以考虑下列因素：(1) 侵权商品的销售价格；(2) 未销售侵权商品的标价；(3) 已查清侵权商品实际销售的平均价格；(4) 被侵权商品的市场中间价格；(5) 侵权人因侵权所产生的营业收入；(6) 其他能够合理计算侵权商品价值的因素。

依据《商标法》第 60 条第 3 款，对侵犯注册商标专用权的赔偿数额的争议，当事人可以请求进行处理的负责商标执法的部门调解，也可以依照《民事诉讼法》向人民法院起诉。经负责商标执法的部门调解，当事人未达成协议或者调解书生效后不履行的，当事人可以依照《民事诉讼法》向人民法院起诉。

此外，根据《商标法》第 61 条的规定，对涉嫌构成犯罪的侵犯注册商标专用权的行为，负责商标执法的部门应当及时移送司法机关依法处理。

根据《商标法》第 62 条第 3 款，在查处商标侵权纠纷案件过程中，对商标权属存在争议或者权利人同时向人民法院提起商标侵权诉讼的，负责商标执法的部门可以中止案件的查处。中止原因消除后，应当恢复或者终结案件查处程序。

负责商标执法的部门在我国的商标保护工作中发挥着重要作用，每年都有大量的商标侵权行为经由行政处理程序得到解决。行政处理程序对证据等文件的形式不像诉讼中要求的那样高，甚至可以依权利人之外的任何人的举报而启动，且没有官方收费，律师费也通常比诉讼时要低，还能在短时间内就制止侵权活动，因此简便高效，适宜作为针对小规模商标侵权行为的打击程序。此外，负责商标执法的部门在查处侵权的程序中还可以获得相关的证据（包括侵权商品销售和财务方面的证据），这些证据也可以在后续的司法程序中使用，如果商标权人需要通过起诉来获得损害赔偿的话。

(二) 司法程序与措施

商标权人就侵权行为既可以选择行政处理程序，也可以选择司法程序，直接向法院起诉。商标侵权的民事诉讼程序涉及管辖、临时措施、民事责任等方面的问题。

1. 管辖

根据《最高人民法院关于审理商标民事纠纷案件适用法律若干问题的解释》(2020 年修

正）第 6 条，因侵犯注册商标专用权行为提起的民事诉讼，由侵权行为的实施地、侵权商品的储藏地或者查封扣押地、被告住所地人民法院管辖。侵权商品的储藏地，是指大量或者经常性储存、隐匿侵权商品所在地；查封扣押地，是指海关等行政执法机关依法查封、扣押侵权商品所在地。被告住所地或侵权行为地是民法上侵权案件的两个管辖连接点。通常，侵权行为地包括侵权行为实施地和侵权结果发生地，但就商标侵权而言，侵权结果发生地可能辐射的地域范围较广，因为可能发生混淆误认的相关公众包括潜在的消费者，而对商标权人的商誉造成的侵害可以延伸到很广的范围。因此，司法实践中仅采用了侵权行为实施地作为管辖连接点。与此相关的是，在侵权人以电子商务方式销售商品的案件中，不宜将收货地作为管辖地，因为这将给原告选择管辖法院以太大的自由，有损被告的程序权益。该司法解释第 7 条还规定，对涉及不同侵权行为实施地的多个被告提起的共同诉讼，原告可以选择其中一个被告的侵权行为实施地人民法院管辖；仅对其中某一被告提起诉讼的，该被告侵权行为实施地的人民法院有管辖权。

2. 临时措施

法院在判决作出之前可以采取的临时措施包括诉前停止侵权（行为保全）、财产保全和证据保全。《商标法》第 65 条规定，商标注册人或者利害关系人有证据证明他人正在实施或者即将实施侵犯其注册商标专用权的行为，如不及时制止将会使其合法权益受到难以弥补的损害的，可以依法在起诉前向人民法院申请采取责令停止有关行为和财产保全的措施。第 66 条规定，为制止侵权行为，在证据可能灭失或者以后难以取得的情况下，商标注册人或者利害关系人可以依法在起诉前向人民法院申请保全证据。现行《民事诉讼法》第 103 条也对行为保全作出了规定：人民法院对于可能因当事人一方的行为或者其他原因，使判决难以执行或者造成当事人其他损害的案件，根据对方当事人的申请，可以裁定对其财产进行保全、责令其作出一定行为或者禁止其作出一定行为；当事人没有提出申请的，人民法院在必要时也可以裁定采取保全措施。人民法院采取保全措施，可以责令申请人提供担保，申请人不提供担保的，裁定驳回申请。人民法院接受申请后，对情况紧急的，必须在 48 小时内作出裁定；裁定采取保全措施的，应当立即开始执行。

诉前停止侵权措施，也被称为诉前禁令，由于是在判决作出前责令被告停止相关经营活动，因此其适用应满足法律规定的条件以实现当事人之间的利益平衡。从《商标法》的规定来看，诉前禁令的适用应满足三个条件：一是申请人有证据证明他人正在实施或即将实施侵犯其商标权的行为；二是如不及时制止，将会给申请人的合法权益造成难以弥补的损害；三是申请人一般要提供担保。《最高人民法院关于审查知识产权纠纷行为保全案件适用法律若干问题的规定》（法释〔2018〕21 号）第 7 条规定，人民法院审查行为保全申请，应当综合考量下列因素：（1）申请人的请求是否具有事实基础和法律依据，包括请求保护的知识产权效力是否稳定；（2）不采取行为保全措施是否会使申请人的合法权益受到难以弥补的损害或者造成案件裁决难以执行等损害；（3）不采取行为保全措施对申请人造成的损害是否超过采取行为保全措施对被申请人造成的损害；（4）采取行为保全措施是否损害社会公共利益；（5）其他应当考量的因素。

典型案例

“中国好声音”案[①]

申请人浙江唐德影视股份有限公司（以下简称“浙江唐德公司”）于2016年6月7日针对上海灿星文化传播有限公司（以下简称“上海灿星公司”）、世纪丽亮（北京）国际文化传媒有限公司（以下简称“世纪丽亮公司”）、梦响强音文化传播（上海）有限公司（以下简称“梦响强音公司”）向法院提出诉前保全申请。

申请人浙江唐德公司称：第一，权利基础。“The Voice of...”节目系荷兰Talpa公司独创开发的以歌唱比赛为内容的真人选秀节目。Talpa Content B. V.（以下简称Talpa Content）在中国注册有第G1098388号、第G1089326号商标。在Talpa公司的授权下，第一～四季“中国好声音”于2012年至2015年期间制作和播出。Talpa公司向制作公司提供制作宝典（Bible），并派出技术专家去现场指导，确保节目制作达到Talpa公司的要求。Talpa公司提供的节目制作宝典详细记载了节目标识的使用、节目名称、道具、舞台、灯光、摄影机位、画面角度、录音设备、导师设置、主持人设置、现场乐队、选手的挑选流程、节目剪辑、节目风格、化妆、“盲选”、赛程等。第一～四季的节目模式许可合同的知识产权条款均约定，“中国好声音”的制成节目和节目模式构成要素，包括节目名称“中国好声音”“the Voice of China”和节目标识（无论注册与否），其知识产权都归Talpa公司。2016年1月28日，Talpa Media B. V.（以下简称Talpa Media）和Talpa Global B. V.（以下简称Talpa Global）与申请人签署了节目模式许可合同。2016年5月10日，Talpa Content和Talpa Global共同向申请人出具授权书。根据许可合同及授权书，申请人获得独家授权在5年期限内在中国区域（含港澳台地区）内独家开发、制作、宣传和播出第五～八季“中国好声音”节目，并行使与“中国好声音”节目相关知识产权的独占使用许可。同时，Talpa Content和Talpa Global明确授权申请人在许可期限内，针对其他人的侵权行为以申请人名义采取相应的法律行动。鉴于Talpa公司的“The Voice of...”节目在全球享有极高知名度，而且随着“中国好声音”第一～四季在中国的热播，该歌唱比赛真人选秀娱乐节目制作及播出服务的名称“中国好声音”和“the Voice of China”应当作为知名服务特有名称受到保护；又由于节目标识在相关公众中建立起极高知名度，相关节目标识应当作为驰名商标受到保护。综上，申请人浙江唐德公司享有的权利基础如下：（1）对第G1098388号和第G1089326号注册商标享有独占使用权；（2）对节目标识一和节目标识二享有独占使用权，前述标识在第9类、第38类和第41类上构成未注册驰名商标；（3）对在歌唱比赛真人选秀娱乐节目制作及播出服务中使用的“中国好声音”“the Voice of China”节目名称享有独占使用权，前述节目名称构成知名服务特有名称。

第二，被申请人上海灿星公司、世纪丽亮公司的侵权行为。被申请人在没有授权的情况下，擅自宣传、推广和制作第五季“中国好声音”（后更名为“2016中国好声音”）节目

① 参见北京知识产权法院（2016）京知行保1号民事裁定书。

（以下简称“涉案被控侵权节目”）。被申请人上海灿星公司是涉案被控侵权节目的制作方，在其微信公众号上宣传和推广使用“中国好声音”名称的涉案被控侵权节目，并使用包含“中国好声音”文字的侵权标识。梦响强音公司协助上海灿星公司进行涉案被控侵权节目的推广和组织“海选”，在其设立的网站上宣传和推广使用“中国好声音”名称的涉案被控侵权节目以及使用包含“中国好声音”文字的侵权标识，并为参赛选手提供网络“海选”平台。世纪丽亮公司协助上海灿星公司、梦响强音公司组织和主办涉案被控侵权节目的全国校园海选。在涉案被控侵权节目的宣传推广、“海选”和广告招商的阶段，上海灿星公司、世纪丽亮公司已经充分暴露了其侵权行为以及进一步侵权的意图。上海灿星公司和世纪丽亮公司未经授权使用“中国好声音”节目名称和有关标识的行为，已经造成相关公众的混淆、误认，构成对申请人浙江唐德公司享有的驰名商标权和知名服务特有名称权的侵犯。

第三，本案情况紧急，如果不及时阻止被申请人上海灿星公司、世纪丽亮公司录制和播出涉案被控侵权节目，将会造成难以弥补的损害和难以消除的侵权影响。首先，本案情况紧急，涉案被控侵权节目即将开始录制和播出。上海灿星公司和世纪丽亮公司目前筹备的涉案被控侵权节目正处于全国海选阶段，但其已经对外公布，将于2016年6月17日开始录制节目，并定于2016年7月17日在浙江卫视平台播出。其次，一旦涉案被控侵权节目录制完成并播出，将会造成难以弥补的损害后果，主要体现在：（1）一旦上海灿星公司和世纪丽亮公司的“中国好声音”节目录制完成并播出，将不可逆转地侵占申请人浙江唐德公司的市场，浙江唐德公司后续开发和制作合法授权版本的第五季“中国好声音”节目将失去竞争优势。（2）在录制阶段或播出之前，上海灿星公司和世纪丽亮公司更改节目名称和节目标识的成本较低，而一旦节目录制完成并播出，其更改节目名称和节目标识的成本将显著增加，并且会面临极高金额的损害赔偿责任。（3）在上海灿星公司和世纪丽亮公司的“中国好声音”节目制作并播出后，其传播和扩散将难以阻止，对浙江唐德公司的侵权后果将难以消除。（4）上海灿星公司和世纪丽亮公司的“中国好声音”节目进入录制或播出后，会使相当数量的企业或个人卷入潜在的侵权或其他纠纷，社会负面影响巨大。（5）不及时制止被申请人的录制和播出，中国企业今后将难以获得其他海外优秀节目模式的许可，不利于中国影视行业的长期发展。

综上所述，申请人浙江唐德公司请求法院责令被申请人上海灿星公司和世纪丽亮公司立即停止在歌唱比赛选秀节目的宣传、推广、“海选”、广告招商、节目制作或播出时使用包含“中国好声音”“the Voice of China”的节目名称，以及使用浙江唐德公司的第G1098388号、第G1089326号注册商标和涉案节目标识一、二。

被申请人上海灿星公司辩称：第一，申请人浙江唐德公司对诉前行为保全申请事项的表述较为宽泛且不清晰，其主张的要求禁止的有关行为范围不明确，应当予以驳回。

…………

第四，申请人浙江唐德公司主张的权利基础并不稳定，其是否有需要保护的合法权益有待法院经实体审理予以认定，其所有请求均不具有胜诉可能性……（2）申请人主张的知名服务特有的名称，不属于法律明确赋予的特定民事权利，该权益归属以及是否构成所需要保护的民事权益，属于需法院经实体审理认定的内容，该权利基础不稳定。首先，“中国好声音”节目名称属于浙江卫视。Talpa公司第一季许可上海灿星公司的节目模式中，对节目名称的表述为“中国之声”。“中国好声音”节目名称的确定，是浙江卫视向国家新闻出版广电总局（以下简称“广电总局”）报批节目时确定并最终获准制作播出的综艺节目的节目名称。因此，该节目名称属于浙江卫视。并且，“2016中国好声音”节目名称亦是由浙江卫视向广电总局报备、获准使用并制播的节目名称，故“2016中国好声音”节目名称亦归属于浙江卫视。其次，浙江蓝巨星公司拥有“好声音”注册商标专用权。在浙江卫视获批“中国好声音”节目名称后，已由浙江蓝巨星公司申请注册了第11525974号、第11725715号“好声音”商标，并已核准注册。可见，“中国好声音”这一节目名称的归属、该节目名称是否有相应的民事权利或权益及相应权益归属等，均有待经实体审理查明。因此，申请人以所谓知名服务特有名称权为由申请对被申请人进行行为禁令，缺乏稳定的权利基础，应当予以驳回。(3) 申请人所主张的未注册驰名商标，属于商标法规定的绝对禁止注册情形，且该权益不属于法律明确赋予的特定民事权利，该权益归属以及是否构成所需要保护的民事权益，属于需法院经实体审理依法认定的内容，该权利基础不稳定。事实上，浙江卫视在获准使用该节目名称制作并播出“中国好声音”这一节目后，曾申请对该“中国好声音”节目名称注册商标，但被驳回，然而，其将“好声音”申请注册商标并获核准。可见，申请人所主张的所谓未注册驰名商标不属于确定且稳定的权利。(4) 在权利不稳定、不确定的情况下，不可能达到对侵权基本确信的程度，故根据最高人民法院的有关意见，不应予以诉前保全。(5) 对于申请人所主张的禁止使用其注册商标的保全申请，未提供被申请人实际使用该标识的有关证据，而就申请人在保全申请书中提出的被申请人使用的标识来看，显然与其主张的注册商标不同。并且，未注册驰名商标及知名服务特有名称的权益基础并不确定及稳定，因此，申请人提出的所有诉前保全申请，均不成立。

第五，申请人浙江唐德公司基于知名服务特有名称及未注册驰名商标申请诉前行为保全，但《中华人民共和国反不正当竞争法》（以下简称《反不正当竞争法》）和商标法以及相关司法解释中并无相应规定，故其请求缺乏相应的法律依据。

第六，申请人浙江唐德公司的合法权益不存在难以弥补的损失情况。全国各电视台有大量的真人歌唱类选秀节目，浙江卫视获批的“2016中国好声音”为原创的全新节目（与Talpa公司的节目模式完全不同），作为卫视中大量歌唱类节目的新成员，该新增加的一个综艺节目显然不可能出现“严重削弱申请人竞争优势”的情形。而且，申请人已获得授权，完全可以寻求其他的电视台进行第五季的节目合作，且基于前四季“中国好声音”的观众基础，其制作的第五季必将易于受到观众的关注，可见其所谓的难以弥补的损害不可能存在。而且，从其获得授权到目前来看，申请人始终未开始相应节目制作的有关工作，没有将许可的节目模式付诸实施的情况，因此也就没有任何所谓的损失。而且，即使可能有所谓的损失，此类损失也不属于无法用金钱计算的损失。

第七，采取保全措施对被申请人造成的损害将远远大于不采取保全措施对申请人带来的所谓损害。浙江卫视已获批制作和播出“2016中国好声音”，且争取到广电总局批准的黄金档播出歌唱类节目的名额之一，该资格是不可重复和不可替代的。该批准播出的时间段及节目内容是唯一、确定的，因此如果采取保全措施，被禁用名称等，将导致节目无法正常播出，该损失将是巨大的，也会导致上海灿星公司、梦响强音公司以及浙江卫视等的广告和制作投入等相关损失。

第八，“2016 中国好声音”是浙江卫视已报批并获准播出的节目名称，整个节目的制作将采用全新的自有节目模式及元素，符合国家鼓励原创的指导精神，应当予以鼓励。

综上所述，请求法院驳回申请人的保全申请。

经审查，法院认为：《中华人民共和国民事诉讼法》（以下简称《民事诉讼法》）第 101 条第 1 款规定：“利害关系人因情况紧急，不立即申请保全将会使其合法权益受到难以弥补的损害的，可以在提起诉讼或者申请仲裁前向被保全财产所在地、被申请人住所地或者对案件有管辖权的人民法院申请采取保全措施。申请人应当提供担保，不提供担保的，裁定驳回申请。”

审查是否应当责令被申请人停止相关行为，主要考虑以下因素：申请人是不是权利人或利害关系人；申请人在本案中是否有胜诉可能性；是否具有紧迫性，以及不立即采取措施是否可能使申请人的合法权益受到难以弥补的损害；损害平衡性，即不责令被申请人停止相关行为对申请人造成的损害是否大于责令被申请人停止相关行为对被申请人造成的损害；责令被申请人停止相关行为是否损害社会公共利益；申请人是否提供了相应的担保。

第一，申请人是不是权利人或利害关系人。本案中，根据 Talpa 公司的授权，浙江唐德公司自 2016 年 1 月 28 日起拥有独占且唯一的授权在中国（含港澳台地区）使用、分销、市场推广、投放广告、宣传及以其他形式开发“中国好声音”节目的相关知识产权［包括注册商标第 G1098388、G1089326 号；节目名称为英文“the Voice of China”、中文“中国好声音（Zhong Guo Hao Sheng Yin）”；相关标识等］，用于制作、推广、播放和销售“中国好声音”节目第五季至第八季，并有权许可他人进行上述使用，授权期限为 2016 年 1 月 28 日至 2020 年 1 月 28 日，但该期限被延长、修改或者许可协议被有效地终止的情况除外。同时，Talpa 公司明确授权浙江唐德公司在许可期限内，对第三人未经授权使用“中国好声音”节目相关知识产权的行为以浙江唐德公司名义采取相应的法律行动。据此，浙江唐德公司作为涉及 Talpa 公司相关知识产权的独占使用许可合同的被许可人，属于《民事诉讼法》第 101 条第 1 款规定的利害关系人，应有权提出包括本案申请在内的保全申请。

第二，申请人在本案中是否有胜诉可能性。本案中，申请人浙江唐德公司主张上海灿星公司和世纪丽亮公司的行为侵害了其享有独占使用权的注册商标专用权、未注册驰名商标权，并构成擅自使用知名服务特有名称的不正当竞争行为。本院认为，对该问题应从以下几个方面进行判断：

（1）侵害注册商标专用权的可能性。《商标法》第 65 条规定：“商标注册人或者利害关系人有证据证明他人正在实施或者即将实施侵犯其注册商标专用权的行为，如不及时制止将会使其合法权益受到难以弥补的损害的，可以依法在起诉前向人民法院申请采取责令停止有关行为和财产保全的措施。”本案中浙江唐德公司提交的有关商标注册证显示，Talpa 公司拥有注册在第 9、38、41 类包括音乐节目制作、表演等服务上的第 G1098388 号商标，以及注册在第 35、38、41 类包括音乐节目制作、演出以及组织音乐活动等服务上的第 G1089326 号商标。根据 Talpa 公司的授权，浙江唐德公司获得了上述注册商标的独占使用权。本案中，申请人浙江唐德公司提出上海灿星公司与世纪丽亮公司立即停止使用上述两商标标识的请求，从现有证据来看，上海灿星公司在音乐节目制作、宣传等活动中可能使用了完整包含第G1098388号、第G1089326号注册商标图样的标识，而世纪丽亮公司不存在上述使用行为。据此，上海灿星公司存在使用第G1098388号、第G1089326号注册商标及构成侵权的可能性。

(2) 侵害未注册驰名商标权益的可能性。本案中，申请人浙江唐德公司主张前述节目标识一、二构成未注册驰名商标，且上海灿星公司与世纪丽亮公司的行为侵害了其享有独占使用权的未注册驰名商标权益。对此本院认为：节目标识一由中文“中国好声音”、英文“the Voice of China”以及V形手握话筒图形组合而成，节目标识二由中文“中国好声音”和英文“the Voice of China”组合而成。本院注意到节目标识一、二均含有中文“中国”和英文“China”，这两节目标识是否符合商标法有关注册商标的规定，尚需在后续诉讼中进一步审理判断，故本院认为在本案诉前保全申请审查阶段，无法对上述两节目标识是否构成未注册驰名商标进行判断。

(3) 构成不正当竞争行为的可能性。本案中，申请人浙江唐德公司主张上海灿星公司与世纪丽亮公司擅自使用“中国好声音”“the Voice of China”作为歌唱比赛选秀节目名称的行为，构成不正当竞争。对此本院认为：首先，第一～四季“中国好声音”作为歌唱比赛选秀节目在中国境内具有较高知名度和影响力，该节目诸多设计元素亦具有较高知名度，“中国好声音”和“the Voice of China”名称也已具有较高的识别度，结合该模式节目已在全球数十个国家热播的情形，“中国好声音”和“the Voice of China”被认定为电视文娱节目及其制作服务类的知名服务特有名称，存在较大可能性。其次，根据Talpa公司与相关公司就制作播出第一～四季“中国好声音”的授权协议的约定，“中国好声音”和“the Voice of China”节目名称权益归属于Talpa公司，且Talpa公司在整个节目制作过程中进行了监督、审核等深度参与，故Talpa公司拥有有关“中国好声音”和“the Voice of China”节目名称权益的可能性较大。最后，上海灿星公司在第五季“中国好声音”以及“2016中国好声音”歌唱比赛选秀节目的宣传、推广、“海选”、广告招商、节目制作过程中，可能涉及使用“中国好声音”和“the Voice of China”作为节目名称的行为，而世纪丽亮公司在“2016中国好声音”歌唱比赛选秀节目的宣传、推广、“海选”、广告招商过程中，可能涉及使用“中国好声音”作为节目名称的行为。综上，上海灿星公司和世纪丽亮公司的上述行为，存在构成不正当竞争行为的可能性。

第三，是否具有紧迫性，以及不立即采取措施是否可能使申请人的合法权益受到难以弥补的损害。本院认为，提出诉前保全申请，缘由在于情况紧急，且这种紧迫性表现为不立即采取保全措施将会使申请人的合法权益受到难以弥补的损害。首先，本案涉及歌唱比赛选秀节目的制作和播出。浙江唐德公司提交的材料显示涉案“2016中国好声音”节目将于2016年6月录制、7月播出，时间紧迫，而可以预计的是，该节目一旦录制完成并播出，将会产生较大范围的传播和扩散，在诸多环节都有可能构成对浙江唐德公司经授权所获独占使用权的侵犯，可能会显著增加浙江唐德公司的维权成本和维权难度，甚至使其难以在授权期限内正常行使权利。其次，在相关公众对名称为“中国好声音”和“the Voice of

China”的歌唱比赛选秀节目的模式及特色已有极高认知度的情况下，又出现名称为“2016中国好声音”的歌唱比赛选秀节目，很可能会造成相关公众的混淆、误认，也可能会严重割裂名称为“中国好声音”和“the Voice of China”的歌唱比赛选秀节目与其节目模式及特色等元素的对应联系，从而存在导致浙江唐德公司后续依约开发制作的该类型节目失去竞争优势的可能性。综上，本院认为如不责令上海灿星公司和世纪丽亮公司立即停止涉案行为，将可能对浙江唐德公司的权益造成难以弥补的损害。

第四，损害平衡性，即不责令被申请人停止相关行为对申请人造成的损害是否大于责令被申请人停止相关行为对被申请人造成的损害。本案中，首先，责令上海灿星公司和世纪丽亮公司停止涉案行为，仅涉及停止对包含“中国好声音”“the Voice of China”字样的节目名称及有关标识的使用，且即使停止对有关节目名称的使用，也不会影响节目更名后的制作和播出，损失数额是可以预见的。其次，如不责令上海灿星公司和世纪丽亮公司停止涉案行为，其制作的“2016中国好声音”歌唱比赛选秀节目一旦制作完成并公开播出，对浙江唐德公司造成的损失难以计算。因此，本院认为，若不责令上海灿星公司和世纪丽亮公司停止涉案行为，对浙江唐德公司造成的损害大于责令上海灿星公司和世纪丽亮公司停止涉案行为对其造成的损害。

第五，责令被申请人停止相关行为是否损害社会公共利益。对于是否损害社会公共利益的考量，在商标侵权及不正当竞争纠纷案件中主要考虑是否对消费者利益和社会经济秩序造成损害。本案中，责令上海灿星公司和世纪丽亮公司停止涉案行为可能仅涉及上海灿星公司和世纪丽亮公司的经济利益，没有证据证明将会损害社会公共利益。

第六，申请人应当提供相应的担保，至于担保金额和担保形式的确定，需要综合考虑申请人胜诉可能性的高低及被申请人停止相关行为可能遭受的损失等因素进行判断。本案中，浙江唐德公司提出，考虑情况紧急，先期提供1.3亿元的现金担保，后续再以保险公司出具的1亿元责任保险担保函置换已向本院提交的1亿元现金。本院认为，浙江唐德公司提出的上述担保金额和担保形式符合本案要求，可以允许。2016年6月20日，浙江唐德公司提供的1.3亿元现金已汇至本院，担保条件已满足。同时，在本裁定执行的过程中，如有证据证明上海灿星公司和世纪丽亮公司因停止涉案行为遭受更大损失的，本院将责令浙江唐德公司追加相应的担保。浙江唐德公司不追加担保的，本院将解除保全。

综上，浙江唐德公司提出的部分保全请求符合法律规定，根据《中华人民共和国商标法》第65条，《中华人民共和国民事诉讼法》第101条、第108条，《最高人民法院关于诉前停止侵犯注册商标专用权行为和保全证据适用法律问题的解释》第1条第1款、第5条、第6条第1款、第10条之规定，裁定如下：

（1）上海灿星公司立即停止在歌唱比赛选秀节目的宣传、推广、“海选”、广告招商、节目制作过程中使用包含“中国好声音”“the Voice of China”字样的节目名称及第G1098388号、第G1089326号注册商标；

（2）世纪丽亮公司立即停止在歌唱比赛选秀节目的宣传、推广、“海选”、广告招商过程中使用包含“中国好声音”字样的节目名称。

财产保全措施的目的在于保障判决的执行，该措施在商标侵权纠纷案件中的适用与在其他民事纠纷案件中的适用没有不同。证据保全措施的适用也是如此：法院一般仅在当事人无法获得证据的情况下才会采取证据保全措施。实践中，商标权人自行获取侵权证据的做法也很普遍，比如公证购买侵权产品，在公证员的陪同下对被告的经营场所和经营活动进行秘密调查。这里涉及通过“陷阱取证”所获得证据的效力问题。最高人民法院在北大方正集团有限公司、北京红楼计算机科学技术研究所与北京高术天力科技有限公司、北京高术科技公司计算机软件著作权侵权纠纷案①中认可了不侵害他人权益和公共利益的“陷阱取证”。《最高人民法院关于民事诉讼证据的若干规定》（2008 年调整）第 68 条规定，以侵害他人合法权益或者违反法律禁止性规定的方法取得的证据，不能作为认定案件事实的依据。如果“陷阱取证”时没有采用违反手段，没有侵犯到他人隐私、商业秘密等权益，也不损害公共利益，则所获得的证据是有效的。

3. 民事责任

如果法院认定商标侵权行为成立，则侵权人需要承担侵权责任。依《最高人民法院关于审理商标民事纠纷案件适用法律若干问题的解释》（2020 年修正）第 21 条的规定，人民法院在审理侵犯注册商标专用权纠纷案件中，依据《民法典》第 179 条、《商标法》第 60 条的规定和案件具体情况，可以判决侵权人承担停止侵害、排除妨碍、消除危险、赔偿损失、消除影响等民事责任，还可以作出罚款，收缴侵权商品、伪造的商标标识和主要用于生产侵权商品的材料、工具、设备等财物的民事制裁决定。罚款数额可以参照《商标法》第 60 条第 2 款的有关规定确定。行政管理部门对同一侵犯注册商标专用权的行为已经给予行政处罚的人，人民法院不再予以民事制裁。

就停止侵害的责任形式而言，直接的含义就是指侵权人应当停止侵害商标权的活动，具体而言，就是停止在商业活动中于相同或类似商品上使用容易导致混淆误认的相同或近似标识。这不等于责令侵权人停止经营活动，也即不能将停止侵害的责任承担方式在程度或范围上扩展到与商标侵权无关的侵权人经营活动中。比如，在网络游戏的名称侵犯他人商标权的案件中，停止侵害的责任承担方式仅限于修改或删除构成商标侵权的名称，而不能责令停止整个游戏的运营。

（1）侵权损害赔偿。

就损害赔偿额的计算，《商标法》第 63 条第 1 款、第 3 款规定：侵犯商标专用权的赔偿数额，按照权利人因被侵权所受到的实际损失确定；实际损失难以确定的，可以按照侵权人因侵权所获得的利益确定；权利人的损失或者侵权人获得的利益难以确定的，参照该商标许可使用费的倍数合理确定。对恶意侵犯商标权，情节严重的，可以在按照上述方法确定数额的 1 倍以上 5 倍以下确定赔偿数额。赔偿数额应当包括权利人为制止侵权行为所支付的合理开支。权利人因被侵权所受到的实际损失、侵权人因侵权所获得的利益、注册商标许可使用费难以确定的，由人民法院根据侵权行为的情节判决给予 500 万元以下的赔偿。当事人按照本条第 1 款的规定就赔偿数额达成协议的，应当准许。可见，《商标法》除

① 参见最高人民法院（2006）民三提字第 1 号民事判决书。

了允许当事人协议解决损害赔偿问题外，还规定了确定商标侵权赔偿额的四种方法——原告因侵权遭受的损失、被告因侵权产生的获利、可参照的许可使用费的倍数和法定赔偿。这四种方法的使用存在优先顺序，只有在依据前一种方法无法确定赔偿额的情况下才能使用后一种方法。

损害赔偿额的确定是商标侵权责任制度的重点和难点。在理论层面，大陆法系国家以填平原则为损害赔偿责任的基本原则，仅能接受为了对侵权者产生劝阻力和具有惩罚效果而适当偏离填平原则以提高赔偿额①；美国法上存在惩罚性赔偿制度。在操作层面，损害赔偿额的确定还面临多种困难：侵权行为与原告的商品销售量减少或价格降低之间的因果系数难以确定，因为销量下降或价格降低可能同时归因于市场饱和或竞争性产品的上市等因素；侵权行为与被告获利之间的因果系数难以确定，因为被告的侵权商品销售量或销售价格可能同时归因于其促销策略得当、商品质量过硬、售后服务完善等因素；被告的侵权商品销售量或销售额难以确定，因为没有财务方面的证据，或者侵权商品和非侵权商品的销售额或销售量无法区分；可以参照的许可使用费难以查明等。

2020 年修正后的《最高人民法院关于审理商标民事纠纷案件适用法律若干问题的解释》第 14 条规定，《商标法》第 63 条第 1 款规定的侵权所获得的利益，可以根据侵权商品销售量与该商品单位利润乘积计算；该商品单位利润无法查明的，按照注册商标商品的单位利润计算。其第 15 条规定，《商标法》第 63 条第 1 款规定的因被侵权所受到的损失，可以根据权利人因侵权所造成商品销售减少量或者侵权商品销售量与该注册商标商品的单位利润乘积计算。这里有几点应当注意：第一，侵权商品销售量与该商品单位利润或者注册商标商品的单位利润的乘积，不能直接作为损害赔偿额，因为商标侵权行为对被告获利的贡献率还没有被纳入计算，否则，就相当于认定：被告所实现的侵权商品销售数量都是由于使用了注册商标，被告在侵权商品上的所有获利都是因为使用了注册商标。但这在绝大多数案件中都是不符合实际的，不能因为某个经营者未经授权使用了他人的注册商标就要把它所有的盈利都划归商标权人。第二，在计算原告因被侵权而受到的损失的时候，原告因侵权而减少的商品销售量不能简单地用侵权商品的销售量来替代，在这两者之间是不能画等号的，因为原告商品销售量的减少可能有多方面原因，而且被告能实现的销售量不见得原告就能实现，使用侵权商标对被告的侵权商品销售量的作用是不确定的。第三，用注册商标商品的单位利润替代侵权商品的单位利润来计算被告的获利在很多案件中也是不符合实际的。正是由于这些原因，上述司法解释的两个条款用了“根据”一词，意在表明根据规定的方法计算出来的金额只是进一步确定损害赔偿额的参考依据，而不是损害赔偿额本身，还需要考虑商标侵权行为对于原告之损失或被告之获利的贡献率。第四，关于作为损害赔偿额确定依据的被告之获利应当根据其销售额来计算而不是根据其实际的财务利润来计算，后者即便是零或者负数都不影响对损害赔偿额的计算，因为需要认定的是使用侵权商标

---

① 比如，欧盟第 2004/48/EC 号知识产权保护（enforcement）指令第 13 条规定，侵权人应向权利人支付与因侵权而遭受的实际损失所相称的［appropriate/adapté，没有用 adequate（充分的）］赔偿。在法国法上只能根据商标权人因侵权行为所遭受的损失来确定赔偿额。

的行为对被告的销售额有多少贡献。

就用于计算损害赔偿额的许可使用费而言，它可以有两种形式：一是费率，二是费额。现实的商业实践中，不同行业的企业或不同经营模式的企业会选择不同的许可使用费计算方式，两者都可以参照。在选择可以参照的许可使用费时，尤其要考虑到被侵权商标与被参考商标的商誉和知名度、商品或服务的类型、市场竞争的状况等因素，还要考虑作为参考的许可关系中许可人和被许可人之间是否存在关联企业关系等可能影响客观定价的因素。在德国，法院根据相关因素来确定可以作为参考的通常许可使用费率，决定性的因素就是被侵权商标的价值和知名度。通常的许可使用费率为1%～5%，例外情况（比如奢侈品品牌、驰名商标）下的许可使用费率为10%～12.5%，罕见费率为<1%。

在我国的商标侵权司法实践中，法定赔偿方式的使用非常广泛。这一现象也存在于其他知识产权侵权案件领域。有人对北大法宝数据库收录的北京市各级法院从2013年到2015年（审结日期为2012年12月21日至2015年12月31日）的505份商标民事纠纷案件判决书进行了分析，发现没有一起案件的损害赔偿数额是根据原告的实际损失或被告的侵权获利来确定的，采用法定赔偿方式的案件占99.59%。[①] 南京地区的法院自2009年12月20日至2015年10月19日之间判决商标侵权成立的387件案件中，采用原告实际损失和被告侵权获利标准的各占1.29%和0.52%，而采用法定赔偿标准的高达98.19%。[②] 长沙市中级人民法院对该院自2010年10月21日至2015年12月31日之间的案件做了统计，在法院认定知识产权侵权成立的770个案件中，采用法定赔偿方式的案件占98.2%。[③] 法定赔偿方式在我国司法实践中被广泛采用有多方面的原因。[④] 商标侵权行为对于原告之损失或被告之获利的贡献率不易确定只是个技术上的问题，国外司法实践中有借助统计、会计、审计等方面的技术专家来确定贡献率的做法。我国司法实践中的主要问题还不是这个技术问题，而是证据问题：不能确定被告的侵权商品销售数量或销售额。这一基础数据的缺失使后续计算成为不可能。此外，由于与损害赔偿相关的证据难以获得或者获得成本很高，或者即便获得了相关证据，其对于提高损害赔偿额的作用也不大，所以很多当事人和律师也就怠于举证，由此形成恶性循环。比如，长沙市中级人民法院的上述报告显示，该院处理的案件中，98%的原告直接要求采用法定赔偿方式，高达98.2%的原告没有对被告的侵权情节等损害事实进行举证，这些数据与高达98.19%的法定赔偿额采用比例有密切关联。此外，商业维权（商标注册人授权律师发现和起诉商标侵权行为，律师费与损害赔偿额密切相关）案件也占很大比例，一般形成批量案件，律师从成本—效益角度考虑也不愿就损害赔偿举证。商业维权案件占长沙市中级人民法院所统计案件的81%，在上述统计的北京市各级法院从2013年至2015年的505件商标侵权纠纷案件中有289件。

判断赔偿额的高低，首先需要确定评价的标准或基准，不能简单地将外国法院的某些

---

① 万迪，路聪．知识产权侵权损害赔偿制度实施效果分析及完善路径（上）：以北京法院判决书为考察对象．中华商标，2016（4）．

② 南京铁路运输法院课题组．知识产权侵权诉讼成本与效率分析：基于南京法院案件的实证研究．

③ 湖南省长沙市中级人民法院．知识产权民事案件损害赔偿额判定状况（2011—2015）．

④ 宋健．知识产权损害赔偿问题探讨：以实证分析为视角．知识产权，2016（5）．

判决中的金额拿来作为评价我国司法实践的标准，因为不同国家的损害赔偿法律制度不同，不同案件中知识产权客体的价值、其对市场竞争的作用、其所发挥作用的市场环境、其能实现的商业价值等都不相同，而且，不能简单地从判决中的金额来判断赔偿额的高低，必须结合具体案件中的事实作出判断。根据前述报告中对长沙市中级人民法院的案件统计，侵犯商标权纠纷案件中，判赔数额小于1万元的占67%，判赔数额大于5万元的占4%。该报告还显示，78%的案件中原告的诉请数额在5万元以下；91%的案件针对的是终端侵权行为；73%的案件中涉案产品为一般日用消费品；63%的侵权商品销售价格低于50元，仅7%的侵权商品销售价格高于500元；60%的案件以个体工商户或个人为被告；以法人或非法人组织为被告的案件中有84%的涉及的是与销售行为类似的终端侵权行为；81%的案件为商业维权案件。从这些统计数据来看，单案判赔额小于1万元的案件占67%与社会实际情况是符合的。试想：一个个体工商户销售多少条毛巾能盈利1万元？而侵权商标的使用对于1万元的盈利能有多少贡献？

就法定赔偿方式的使用，《最高人民法院关于审理商标民事纠纷案件适用法律若干问题的解释》（2020年修正）第16条第2款规定，人民法院在确定赔偿数额时，应当考虑侵权行为的性质、期间、后果，侵权人的主观过错程度，商标的声誉及制止侵权行为的合理开支等因素综合确定。在采用法定赔偿的情况下，往往没有充分的证据作为依托，因此法院自由裁量的余地很大，虽然上述司法解释要求法官在行使裁量权时综合考虑所述多种因素，但这仍不足以有效规制裁量权的行使。[①] 实践中，各地法院的司法政策对于当地法院的裁量权行使起着很大的量化指引作用，这种做法使各地法院可以根据当地的经济发展水平和品牌的市场作用（比如不发达地区对品牌的认知程度等）等具有当地共性的因素确定一个参考标准量值，法官在不同案件中仍需要将涉案商标的知名度、涉案商品利润率等因素与一般参考量值比较后确定个案的判赔数额。值得注意的是，上述司法解释要求法官考虑的因素包括侵权行为的性质，也就是侵权人的过错类型和程度。如果商标侵权损害赔偿额的确定是以填平原则为基础标准，并仅为产生对侵权人的劝阻力而适当提高赔偿金额，则侵权人的过错类型及程度对于赔偿额的确定是无关的因素。如果将侵权人的过错纳入损害赔偿的确定，这就明显带有惩罚性赔偿的性质。由于法定赔偿方式被广泛使用，商标侵权人的过错被纳入法定赔偿的考量因素范围的做法就使得“隐形的惩罚性赔偿”被广泛地使用。

《商标法》第63条规定的惩罚性赔偿仅适用于“恶意侵犯商标专用权”而且“情节严重”的情形。对恶意侵权的认定要以侵权人的过错状态和侵权意图为依据。恶意侵权的过错形态应限于故意，即明知是他人的商标而进行假冒。对商标侵权行为的认定采用过错责任，但对过错采用过错推定的认定方式，因为商标注册公告起到了公示作用，因此原告不需要证明被告的过错。关于侵权人对他人商标权的明知可以结合案件中的多种因素来认定，比如被侵权商标显著性很强或者独创性很强而被告使用了相同或很相似的商标，被侵权商标在某地知名度很高而侵权人也位于同一地区，并在不同时间或以不同身份多次实施商标

---

① 焦彦，石必胜，戴怡婷．降低维权成本提高侵权代价：北京高院关于加大知识产权司法保护力度的调研报告．人民法院报，2015-04-23.

侵权行为等。侵权意图尤其指侵权人明知被侵权商标的知名度而进行假冒以“搭便车”的意图。对于“情节严重”则要根据被告的侵权行为给原告造成的损害程度等因素来认定。近年来，加大知识产权侵权赔偿力度的呼声越来越高，但知识产权侵权赔偿额的确定是个事实认定问题，即便在采用惩罚性赔偿的情形下也是要以损害的事实认定为基础，因此，不仅不能将惩罚性赔偿广泛地适用于商标侵权纠纷案件，而且要谨防将“隐性的惩罚性赔偿”适用于法定赔偿。

商标权人可以主张的损害赔偿还包括为制止侵权行为所支付的合理开支，包括权利人或者其委托代理人对侵权行为进行调查、取证的合理费用。人民法院根据当事人的诉讼请求和案件具体情况，可以将符合国家有关部门规定的律师费用计算在赔偿范围内。对于为查明和制止商标侵权行为所支付的合理的调查费、公证费，法院一般都判令被告承担，律师费得到支持的比例和金额也不断提升。

《商标法》还规定了对原告有利的举证妨碍制度，其第 63 条第 2 款规定，人民法院为确定赔偿数额，在权利人已经尽力举证，而与侵权行为相关的账簿、资料主要由侵权人掌握的情况下，可以责令侵权人提供与侵权行为相关的账簿、资料；侵权人不提供或者提供虚假的账簿、资料的，人民法院可以参考权利人的主张和提供的证据判定赔偿数额。此外，《最高人民法院关于民事诉讼证据的若干规定》（2019 年修正）第 75 条规定，有证据证明一方当事人持有证据无正当理由拒不提供，如果对方当事人主张该证据的内容不利于证据持有人，可以推定该主张成立。这都是对于没有正当理由拒不提供证据的当事人设置的不利法律后果。但值得注意的是，在适用该条款的情形下，仍需要结合原告的举证和案件的事实综合评估、认定赔偿数额，而不表示该举证妨碍行为可以成为对侵权人隐性地适用惩罚性赔偿。在这方面，美国法上故意（willful）侵权中的损害赔偿举证责任制度值得借鉴：原告只需证明故意侵权人的营业额，被告则需要证明应扣除的费用和应归因于其他因素的收入，扣除这些费用和收入之后的营业额都将被推定为可归因于商标侵权行为。我国法院在某些案件中也有类似做法。在中国港中旅集团公司诉张家界中港国际旅行社有限公司商标侵权及不正当竞争纠纷案①中，被告以“傍名牌”为目的将原告的注册商标登记为企业字号并使用原告的商标，在启用侵权字号和商标的当年营业利润大幅增长。在被告不能举证证明导致该增长的其他原因的情况下，法院认定该增长全部归因于该商标侵权和不正当竞争行为。

典型案例

中国港中旅集团公司诉张家界中港国际旅行社有限公司商标侵权及不正当竞争纠纷案

2006 年 8 月 10 日，中国招商国际旅游管理总公司更名为中国港中旅集团公司，其经营范围为：经营管理国务院授权范围内的国有资产；旅游、钢铁、房地产开发经营及物流贸

---

① 参见湖南省高级人民法院（2015）湘高法民三终字第 4 号民事判决书。

易的投资、管理；旅游景点、主题公园和度假村、高尔夫球会、旅游基础设施的建设、规划设计和经营管理；旅游信息服务；旅游商品的零售和批发等。原告中国港中旅集团公司在四川、江苏、湖南等省份拥有多个以“港中旅”为字号的关联企业，原告及其关联企业通过发布广告、发行刊物等方式推广宣传“港中旅”商业标识（庭审证据显示，原告或其关联企业至少在2005年就开始在媒体上进行宣传）。经过持续良好的经营和推广宣传，原告中国港中旅集团公司先后获得了2009年旅游旅馆及娱乐服务业第一名、2009年至2013年中国企业500强等荣誉。

2006年4月7日，经商标局核准，“港中旅国际”商标在第39类“旅行社（不包括预定旅馆）；旅行陪伴；旅客陪同；安排游艇旅行；观光旅游；安排游览；旅游安排；旅行座位预定；旅行预定；旅游预定（截止）”服务项目上获得注册，商标注册证编号为3638673，注册有效期自2006年4月7日至2016年4月6日，注册人为原告中国港中旅集团公司。2010年11月28日，经商标局核准，“港中旅”商标在第39类“运输；商品包装；码头装卸；船只运输；汽车运输；空中运输；车辆租赁；马车运输；货物贮存；潜水服出租；配电；快递（信件或商品）；旅行社（不包括预定旅馆）；旅行陪伴；旅行预定；旅游安排；观光旅游；导游（截止）”服务项目上获得注册，商标注册证编号为6737650，注册有效期自2010年11月28日至2020年11月27日，注册人为原告中国港中旅集团公司。

2008年2月15日，张家界春秋旅行社有限公司将企业名称变更为张家界港中旅旅行社有限公司，其经营范围为国内旅游服务、旅游用品及国家政策允许的农副产品零售。2009年11月25日，张家界港中旅旅行社有限公司将企业名称进一步变更为张家界港中旅国际旅行社有限公司（本案被告），其经营范围变更为国内旅游服务、入境旅游业务。被告在从事旅游经营活动中，将“张家界港中旅国际旅行社有限公司”“港中旅”作为企业名称或商业标识在其办公场所进行了宣传使用。在宣传时，被告将“港中旅”三个字以不同字体、不同颜色等方式突出使用。

针对被告的上述行为，原告进行了调查取证，共花费合理开支5 997元。原、被告双方曾互发函件，就被告涉嫌商标侵权及不正当竞争一事进行协商。被告后来将自己办公场所处的以不同字体、不同颜色突出使用的“港中旅”三个字的商业标识进行了修改，但依然保留含“港中旅”文字的商业标识。2014年4月17日，原告提起诉讼。

1. 一审裁判理由

一审法院认为，企业名称的取得应遵循诚实信用的原则，不得损害他人的在先权利。“港中旅”作为原告企业名称中的字号，在被告企业注册登记时已具有一定的市场知名度，为相关公众所知悉，应等同于原告的企业名称加以保护。然而，被告在没有任何权利基础的情况下将自己企业名称中的字号冠以“港中旅”，可以看出被告具有“搭便车”的主观故意，该行为足以使相关公众误认为原、被告双方的行为存在关联，根据《反不正当竞争法》（1993年）第5条第3项的规定，被告的行为已构成不正当竞争。故原告中国港中旅集团公司作为“港中旅”字号的在先权利人，请求判令被告在经营活动中停止使用含“港中旅”文字的商业标识、变更企业名称的诉讼请求理由正当，本法院予以支持。

被告的行为同时侵犯了原告的注册商标专用权。商标作为区分商品或服务来源的标志，具有显著性。2006 年 4 月 7 日，原告取得“港中旅国际”商标专用权。2010 年 11 月 28 日，原告又依法取得“港中旅”商标专用权。“港中旅国际”商标中的“港中旅”三个字系整个商标的核心，具备显著性，“国际”在一般情况下只具有区分国际与国内的意义，显著性不强。从庭审查明事实可以看出，原告“港中旅国际”商标服务项目的范围与被告的经营范围均存在旅游业务，双方在市场经济下具有竞争关系，相关公众不会关注“港中旅国际”与“港中旅”的区别，“港中旅国际”与“港中旅”对相关公众来说已无实质区别。2009 年 11 月 25 日，被告将企业名称中的字号再次更名为“港中旅国际”，至此与原告的注册商标完全相同，更加使相关公众无法区分服务来源。不仅如此，被告在其宣传标识中还将“港中旅”三个字以不同的字体、不同的颜色等方式突出使用，具有明显误导相关公众的故意，根据《最高人民法院关于审理商标民事纠纷案件适用法律若干问题的解释》（2002 年）第 1 条第 1 项的规定，被告的行为已侵犯了原告的注册商标专用权。尽管被告后来将宣传标识作了部分修改，但“港中旅”及“港中旅国际”商标已具有较高知名度，只要被告企业名称中存在“港中旅”文字，无论是否突出使用，相关公众均难免会对服务来源产生误认。《最高人民法院关于当前经济形势下知识产权审判服务大局若干问题的意见》指出，“因企业名称不正当使用他人具有较高知名度的注册商标，不论是否突出使用均难以避免产生市场混淆的，应当根据当事人的请求判决停止使用或者变更该企业名称”。故原告要求判令被告在经营活动中停止使用含“港中旅”文字的商业标识、变更企业名称的诉讼请求理由正当，予以支持。被告辩称自己是在先使用的权利人，对“港中旅”字号的使用不构成对原告注册商标的侵权的理由不予采纳。

被告的企业名称尽管经过了工商注册登记，但根据《商标法》（2001 年修正）第 53 条、《最高人民法院关于审理注册商标、企业名称与在先权利冲突的民事纠纷案件若干问题的规定》第 2 条的规定，法院有权对其合法性进行司法审查，故被告辩称自己的企业名称是经过工商行政管理部门行政许可后使用、具有合法使用权的理由，不予采纳。

原告为制止商标侵权及不正当竞争所支付的合理开支客观存在，但是原告所要求赔偿的数额过高，鉴于原告因商标侵权及不正当竞争所遭受的利润损失或被告因此所获得的利益无法从庭审证据中查实，原审法院依据《商标法》（2001 年修正）第 56 条第 1 款、第 2 款的规定，酌情确定被告应赔偿的数额为人民币 5 万元。被告辩称的原告要求赔偿损失没有依据的理由不予采纳。

尽管被告的行为侵犯了原告的注册商标专用权且构成不正当竞争，但是原告无证据证实被告的行为已给其商业信誉造成了不良影响，原告在庭审中也未提交证据证实被告行为的影响范围，故对原告要求被告在《湖南日报》《张家界日报》上刊登声明、消除影响的诉讼请求，不予支持。

被告在庭审中还提出，原告没有在 5 年内起诉，超过了法律规定的权利保护期间。经查，被告的侵权行为自 2008 年开始到现在一直在继续，依据《最高人民法院关于审理商标民事纠纷案件适用法律若干问题的解释》（2002 年）第 18 条的规定，原告的起诉并未超过两年的诉讼时效，故对被告的该项辩称不予采纳。

2. 一审裁判结论

综上所述，根据《中华人民共和国民法通则》第4条，《中华人民共和国反不正当竞争法》（1993年）第2条、第5条第3项，《中华人民共和国商标法》（2001年修正）第3条第1款、第4条第3款、第52条第5项、第53条、第56条第1款、第56第2款，《最高人民法院关于审理不正当竞争民事案件应用法律若干问题的解释》（2007年）第6条第1款、第7条、第17条第1款，《最高人民法院关于审理商标民事纠纷案件适用法律若干问题的解释》（2002年）第1条第1项、第16条第1款、第16条第2款、第18条、第21条第1款、第23条，《最高人民法院关于审理注册商标、企业名称与在先权利冲突的民事纠纷案件若干问题的规定》第2条、第4条之规定，判决如下：（1）被告张家界港中旅国际旅行社有限公司在经营活动中立即停止使用含“港中旅”文字的商业标识；（2）被告张家界港中旅国际旅行社有限公司如继续营业，应在本判决生效后30日内向公司登记机关申请变更企业名称，变更后的企业名称不得含有与“港中旅”相同或者相近似的文字；（3）被告张家界港中旅国际旅行社有限公司于本判决生效后10日内赔偿原告中国港中旅集团公司经济损失人民币5万元（包括原告为制止侵权所支付的合理开支）；（4）驳回原告中国港中旅集团公司的其他诉讼请求。

如果未按本判决指定的期间履行给付金钱义务，应当按照《中华人民共和国民事诉讼法》（1996年）第253条之规定，加倍支付迟延履行期间的债务利息。案件受理费14 700元，由原告中国港中旅集团公司负担14 032元，由被告张家界港中旅国际旅行社有限公司负担668元。

3. 上诉人诉称

上诉人中国港中旅集团公司不服一审判决，上诉称：被上诉人因本案侵权行为获得了巨额的非法收益，原审法院判决赔偿经济损失过低，被上诉人因价格欺诈被处罚，给上诉人的商誉造成无法弥补的损害，其应当刊登声明、消除影响。综上，请求二审法院依法改判。

上诉人张家界港中旅国际旅行社有限公司不服一审判决，上诉称：原审法院不应当受理本案诉讼，张家界港中旅国际旅行社有限公司系上诉人的企业名称，其获得许可的时间早于“港中旅”商标的注册时间，上诉人对其企业名称的使用属于正当使用，不构成侵权，且被上诉人主张权利的时间已经超过了法律规定的权利保护期间。综上，请求二审法院依法改判。

4. 二审举证质证

在二审期间，张家界港中旅国际旅行社有限公司未提交证据，中国港中旅集团公司提交了以下证据：证据一是北京市长安公证处于2015年1月15日作出的（2015）京长安内经证字第869号公证书，拟证明被上诉人通过互联网从事旅游经营活动时将“张家界港中旅国际旅行社有限公司”“港中旅”作为商业标识进行了使用，构成商标侵权及不正当竞争；证据二是新华网《张家界三家旅行社因价格欺诈被处罚》新闻报道，拟证明张家界港中旅国际旅行社有限公司存在价格欺诈行为，对“港中旅”商誉造成了极其恶劣的影响。以上证据均经二审庭审质证，张家界港中旅国际旅行社有限公司对以上证据的真实性均不予认可。经审查，二审法院认为，证据一是北京市长安公证处于2015年1月15日作出的公证书，其形成时间在本案一审庭审结束之后，属于二审期间的新证据，且与本案有关联，依法予以采信；证据二系中国港中旅集团公司自行从互联网下载的打印件，张家界港中旅国际旅行社有限公司对此不予认可，其真实性无其他证据予以印证，依法不予采信。

为进一步举证证明本案侵权获利的情况，中国港中旅集团公司还向二审法院提交了两份证据：证据三是（2015）京长安内经证字第4386号公证书，拟证明2008—2013年度全国旅游业务的利润率；证据四是被上诉人“企业注册登记资料”以及2012年度“公司年检报告书”，拟证明被上诉人公司名称变更及2012年度旅游业务营业收入、毛利润的相关情况。以上证据均经质证，张家界港中旅国际旅行社有限公司认为，该两份证据均不是二审新证据，且与本案无关联。经审查，二审法院认为，证据三是北京市长安公证处于2015年3月12日作出的公证书，其形成时间在本案一审庭审结束之后，属于二审期间的新证据，其下载的内容来源于国家旅游局官方网站，与本案有关联，且无相反证据予以推翻，依法予以采信；证据四的内容与本案有关联，“企业注册登记资料”来源合法、内容真实，“公司年检报告书”虽系张家界港中旅国际旅行社有限公司2012年相关情况统计，但中国港中旅集团公司辩称证据在二审期间才能调取符合本案客观实际，依法予以采信。

在二审期间，为核实中国港中旅集团公司提交用以证明被诉侵权人营业收入及获利情况的审计报告的客观性，本院依申请依法从张家界市永定区地方税务局调取了张家界港中旅国际旅行社有限公司近年来缴纳税款、开具税票实际缴销金额的相关证据，以上证据均向双方当事人出示，双方当事人对该二份证据的真实性、合法性、关联性均无异议。

在二审庭审期间，经本院询问，双方当事人对原审法院查明事实没有提出异议。

5. 二审裁判理由

根据原卷材料、双方当事人对本案事实的承认及二审庭审情况，原审法院认定事实清楚，二审法院依法予以确认。

二审法院另查明：中国港中旅集团公司于2014年1月7日、2015年1月15日两次向北京市长安公证处申请对其从互联网下载有关网页过程及下载内容进行保全证据公证，该公证处分别作出了（2014）京长安内经证字第240号、（2015）京长安内经证字第869号公证书，该两份公证书均记载张家界港中旅国际旅行社有限公司在其网站网络宣传中使用了“张家界港中旅国际旅行社有限公司”企业名称和“港中旅”“张家界港中旅”字样。

还查明：2014年12月26日，张家界港中旅国际旅行社有限公司变更公司名称为张家界中港国旅国际旅行社有限公司；同月29日，变更公司名称为张家界中港国际旅行社有限公司，公司经营范围是国内旅游业务、入境旅游业务。

再查明：张家界中港国际旅行社有限公司在工商部门备案的审计报告记载，其2007、2008年度营业收入分别是348万元、1 292万元；2008—2013年度缴纳营业税分别是31 682.31元、37 191.40元、38 854.20元、111 773.01元、233 920.48元、157 220.22元，2008—2013年度开具发票实际缴销金额分别是6 515 025元、13 174 867元、36 248 091元、72 078 527.78元、101 541 412元、65 728 864.83元。

又查明：国家旅游局官方网站公布的《国家旅游局关于2012年度全国旅行社统计调查情况的公报》记载，2012年度全国旅行社旅游业务营业收入3 096.75亿元，旅游业务利润148.28亿元；公布的《国家旅游局关于2013年度全国旅行社统计调查情况的公报》记载，

2013年度全国旅行社旅游业务营业收入3 189.45亿元，旅游业务利润162.28亿元。

二审法院认为，本案二审期间的争议焦点是：……（2）上诉人张家界中港国际旅行社有限公司被诉侵权行为是否侵害了上诉人中国港中旅集团公司涉案注册商标专用权，是否构成不正当竞争？（3）若侵权成立，应当如何承担民事责任？

…………

关于是否构成不正当竞争、是否侵害注册商标专用权，二审法院认为：根据已查明的事实，自2005年起，中国港中旅集团公司及其前身已经成立了多家以“港中旅”为字号的关联企业，并通过多种方式对“港中旅”商业标识进行了经营和宣传推广，“港中旅”字号已具有相当的市场知名度、为相关公众所知悉，可以以企业名称来保护。2008年2月15日，张家界春秋旅行社有限公司将企业名称变更为张家界港中旅旅行社有限公司。2009年11月25日，又将企业名称变更为张家界港中旅国际旅行社有限公司。在两次变更的企业名称中，“港中旅”字样均系其主要的识别部分。在二上诉人企业经营范围均含有旅游管理等项目的前提下，张家界中港国际旅行社有限公司两次变更的企业名称中均包含“港中旅”字样，明显具有攀附故意，违背诚信原则，因此，张家界中港国际旅行社有限公司将“港中旅”作为企业字号登记并使用，并在其经营和网络宣传中擅自使用，引人误认为是中国港中旅集团公司的服务或者与中国港中旅集团公司有特定的关联，构成不正当竞争。中国港中旅集团公司依法取得“港中旅”“港中旅国际”注册商标专用权，其合法权益应当受到法律的保护。张家界中港国际旅行社有限公司将“港中旅”标识在其经营场所、网络宣传中进行突出使用，用以标示其服务来源，系商标意义上的使用。经比对，张家界中港国际旅行社有限公司突出使用的“港中旅”与诉请保护的“港中旅”注册商标相同，系在相同的服务上使用相同的商标；与诉请保护的“港中旅国际”注册商标相比，只少了“国际”二字，而“国际”仅代表旅游业务范围，本身并不具有显著性，“港中旅国际”商标中实际起到识别作用的是“港中旅”，因此，被诉侵权人使用的“港中旅”标识与诉请保护的“港中旅国际”注册商标构成近似。且基于“港中旅国际”注册商标的使用所获得的知名度，被诉侵权人使用“港中旅”标识容易使相关公众造成服务来源的混淆，系在相同服务上使用近似的商标易造成混淆的情形。基于上述分析，张家界中港国际旅行社有限公司使用“港中旅”标识的行为，构成对中国港中旅集团公司“港中旅国际”注册商标专用权的侵害。张家界中港国际旅行社有限公司上诉提出“对其企业名称的使用属于正当使用、不构成侵权”的上诉理由与事实不符，依法予以驳回。

关于民事责任，二审法院认为：张家界中港国际旅行社有限公司的行为构成不正当竞争，同时也侵害了他人的注册商标专用权，依法应当承担停止侵权并赔偿经济损失的民事责任。其虽然在二审期间将公司名称中字号部分由“港中旅”变更为“中港”，但二字号仍属相似范畴，且张家界中港国际旅行社有限公司使用“港中旅”字号时间较长，虽然变更了企业字号，但公司经营范围和营业地址并未变更，仍易导致混淆，因此，该企业字号文字字数和顺序的变更不属于法律意义上的停止侵权行为。张家界中港国际旅行社有限公司认为其已停止侵权的主张没有事实依据。《商标法》（2001年修正）第56条第1款规定：“侵犯商标专用权的赔偿数额，为侵权人在侵权期间因侵权所获得的利益，或者被侵权人在被侵权期间因被侵权所受到的损失，包括被侵权人为制止侵权行为所支付的合理开支。”《反不正当竞争法》（1993年）第24条第1款规定：“经营者违反本法规定，给被侵害的经营者造成损害的，应当承担损害赔偿责任，被侵害的经营者的损失难以计算的，赔偿额为侵权人在侵权期间因侵权所获得的利润；并应当承担被侵害的经营者因调查该经营者侵害其合法权益的不正当竞争行为所支付的合理费用。”根据现有证据，本案中应以侵权获利并结合当事人的诉讼请求来确定赔偿数额。根据本案查明的事实，本案侵权获利的计算方式如下：第一，根据《最高人民法院关于审理商标民事纠纷案件适用法律若干问题的解释》（2002年）第18条的规定，本案侵权获利的计算期限可自权利人向人民法院起诉之日起相应往前推算两年，中国港中旅集团公司于2014年4月提起本案诉讼，故本院确定2012、2013两个年度为本案侵权获利的计算期限。第二，旅行社属于服务行业，国家旅游局官方网站公布该行业利润率的计算方式为年度旅游业务利润与年度旅游业务营业收入相除。根据国家旅游局官方网站公布的2012、2013年度《全国旅行社统计调查情况的公报》相关数据，全国旅行社2012年利润率为148.28÷3 096.75=4.79%，全国旅行社2013年利润率为162.28÷3 189.45=5.09%。因张家界中港国际旅行社有限公司未提交其实际经营的真实利润相关证据，本院以全国旅行社的平均利润率来计算其经营利润。第三，张家界中港国际旅行社有限公司2012、2013年度的经营范围是国内旅游服务、入境旅游业务，张家界市永定区地方税务局核定的该公司2012、2013年度开具发票实际缴销金额分别为101 541 412元、65 728 864.83元，该统计数据基本能反映该公司的旅游营业收入。第四，张家界中港国际旅行社有限公司自2008年变更为含“港中旅”字号的公司名称后，其当年营业收入为1 292万元，较之2007年度营业收入348万元增长了944万元。该公司并未举证证明其营业收入大幅增长的其他市场因素，因此该944万元的增长额应被推定为使用“港中旅”品牌所带来的效益。由此，“港中旅”品牌在张家界中港国际旅行社有限公司旅游业务利润中的贡献率应为944÷1 292=73%。据此，张家界中港国际旅行社有限公司每年度的侵权获利计算方式是：侵权获利=旅游业务营业收入×利润率×“港中旅”品牌贡献率。2012年侵权获利是101 541 412×4.79%×73%=3 550 599元，2013年侵权获利是65 728 864.83×5.09%×73%=2 442 287元，两个年度侵权获利合计是5 992 886元。本案中，中国港中旅集团公司诉请要求赔偿经济损失100万元，该项诉请远低于本案侵权获利，视为该公司对自己权利的处分，本院依法予以支持。中国港中旅集团公司为制止侵权支付合理开支5 997元，本院依法予以支持。原审法院判赔5万元人民币过低，本院依法予以更正。中国港中旅集团公司上诉提出原审判决赔偿数额过低的上诉理由有事实和法律依据，本院依法予以采信。其上诉还提出应当判决消除影响，但其并未提交有效证据证明被诉侵权人之侵权行为给其带来不良影响，该上诉理由无事实依据，本院依法予以驳回。

6. 二审裁判结论

综上，原审判决认定事实清楚，定性准确，但确定赔偿数额不当，本院依法予以更正。依据《中华人民共和国商标法》（2001年修正）第4条第3款、第52条第1项、第56条第1款，《中华人民共和国反不正当竞争法》（1993年）第5条第3项，《最高人民法院关于审理商标民事纠纷案件适用法律若干问题的解释》（2002年）第1条第1项、第18条、第21

条、第 23 条，《最高人民法院关于审理不正当竞争民事案件应用法律若干问题的解释》（2007 年）第 6 条第 2 款、第 7 条，《最高人民法院关于审理注册商标、企业名称与在先权利冲突的民事纠纷案件若干问题的规定》第 2 条、第 4 条，以及《中华人民共和国民事诉讼法》（1996 年）第 170 条第 1 款第 1 项、第 2 项之规定，判决如下：(1) 维持湖南省张家界市中级人民法院（2014）张中民三初字第 5 号民事判决第 1、2、4 项（其中第 2 项判决企业名称的变更应当经由法院审核）；(2) 变更湖南省张家界市中级人民法院（2014）张中民三初字第 5 号民事判决第 3 项为上诉人张家界中港国际旅行社有限公司在本判决生效后赔偿上诉人中国港中旅集团公司经济损失人民币 100 万元及为制止侵权所支付的合理开支人民币 5 997 元，合计人民币1 005 997 元。

（2）合法来源抗辩。

就损害赔偿责任，《商标法》第 64 条第 2 款规定了合法来源抗辩制度。根据该条款，销售不知道是侵犯注册商标专用权的商品，能证明该商品是自己合法取得并说明提供者的，不承担赔偿责任。就罚款的行政责任，《商标法》第 60 条第 2 款规定，销售不知道是侵犯注册商标专用权的商品，能证明该商品是自己合法取得并说明提供者的，由负责商标执法的部门责令停止销售，即不予罚款处理。这两个法律规范的适用条件是一样的，对其解释和适用值得作字面含义之外的推敲。比如，甲公司生产销售标有“美庭”商标的暖绒被，其在销售宣传中声称该暖绒被具有“改善睡眠效果，促进血液循环，活化机体细胞，提高人体免疫力”等功能，但不能就所声称的功能提供检测报告；同时，涉案暖绒被采用了从乙纺织公司购买的印有“CHANEL”和“”装饰图案的被面，而“CHANEL”和“”是香奈儿股份公司在第 24 类纺织织物上的注册商标。当地负责商标执法的部门对甲公司的虚假宣传行为作出了处罚决定①，但未处罚其商标侵权行为，而是另案处罚了乙公司的商标侵权行为。

个体工商户杨某生产和销售印有平铺排列图案、标识及“LOUIS VUITTON”字样作为点缀图案的床上用品四件套，而这三个标识都是 LOUIS VUITTON MALLETIER 公司在第 24 类纺织品上的注册商标。涉案产品所采用的布料是杨某用现金从一不知姓名的送货上门的人的手中购买的。当地负责商标执法的部门认定：杨某的行为属于将与他人注册商标相同或近似的商标在相同或类似商品上作为商品装潢使用，属于《商标法实施条例》（2014 年修订）第 76 条规定的情形，构成商标侵权行为；责令杨某停止侵权行为，没收侵权产品，罚款 20 万元。② 杨某以其所采用的侵权布料是从他人处购买的而非自己生产的为由要求从轻处罚的主张未被采纳。负责商标执法的部门认为：经营者应当对其生产的产品的合法性负责。本案中含有侵犯注册商标权图案的全棉印花布虽然是当事人从

① 参见江苏省南通市通州区市场监督管理局（通市监罚〔2015〕第 0139 号）行政处罚决定书。
② 参见江苏省南通市通州工商行政管理局（州工商案字〔2015〕第 01286 号）行政处罚决定书。

他人处购买的，但是由当事人组织生产成另一种商品即床上用品四件套，当事人理所应当对生产的床上用品侵犯他人注册商标专用权负责。故对于当事人以原材料系购买的而不是自己生产的为由要求从轻处理的请求，不予采纳。这两个案件中的事实有两个相同点：涉案当事人都因床上用品面料上的装饰图案侵犯他人注册商标权，产品面料都是当事人从第三人处购买的。但负责商标执法的部门在两案中作出的行政决定迥然不同，这一差别源于对《商标法》第60条第2款合法来源抗辩条款的解释和适用。

对注册商标侵权行为的认定适用的是过错推定原则，而且这种推定是法律上的推定，不能用证据推翻，因为，注册商标公告制度的意义就在于让相关经营者知晓他人商标权的存在，从而承担避让的注意义务。但在商标侵权损害赔偿责任的认定上，各国商标法对于生产者和销售者大都区别对待，即对销售者适用合法来源抗辩。在我国，一般认为，《商标法》第60条第2款和第64条第2款的适用要同时满足两个条件：销售者主观没有过错；能证明商品是合法取得的并说明商品的提供者。其实还有一个条件：只有销售者才能援引合法来源抗辩条款。

在专利权、著作权等更广泛的知识产权法领域，立法者也是对产品的销售者和生产者在侵权责任的承担上作区别对待的。这里主要有两个理由：其一，生产是产品从无到有的制造行为，是商品的市场源头。生产者，因为作为经营者从产品的提供中获利，因而对产品的合法性承担注意义务；又因为其管控着产品的制造过程，有能力保障产品的质量、技术、商标等各方面的合法性，因而对其产品的合法性承担严格的注意义务。其二，销售是产品的流通行为，销售者是商品的买卖交易者，它们同样承担着保证所销售商品的合法性的注意义务。但是，销售者并不管控商品的制造过程，因而没有能力干预商品的各方面合法性；而且，如果要求市场交易者对卖方产品的合法性作全面深入的核实，则会大量增加交易成本，损害市场效率。因此，对销售者不能适用对生产者适用的归责原则。这是知识产权法上合法来源抗辩制度的基本原理。

那么，只有销售者才能主张合法来源抗辩，如何认定销售者呢？一是相对于生产者来认定。在这一侵权归责的法律制度中，通过生产者和销售者的主体定性来确定归责条件的适用。销售者不是产品的制造者而仅从事买和卖的商业交易行为。二是相对于侵权产品来认定。侵权产品是什么？是谁生产的、谁制造的？在前述两个案件中，甲公司的暖绒被和杨某的床上用品四件套都侵犯了注册商标权，它/他所采购的面料也都侵犯了注册商标权。两案的当事人都是成品的生产者，而不是面料的销售者。当地负责商标执法的部门将甲公司认定为销售者，采纳了合法来源抗辩理由，却将杨某认定为生产者，拒绝适用合法来源抗辩。根据上述合法来源抗辩制度的原理，在产品原材料或零部件侵犯注册商标权的情况下，应当将成品的生产者视为销售者而不是生产者。理由有二：其一，商标侵权的根源不是成品的生产者制造出来的，成品的生产者对于商标侵权的根源不具有管控能力，也不因该侵权行为直接获利，因而不应承担严格的注意义务。其二，在社会产业分工越来越细的今天，原材料、半成品、零部件、集成品、成品的制造往往都由不同的经营者负责，由上游生产者引起的商标侵权行为而对下游的生产者适用生产者的归责原则，会加大社会成本，不利于实现效率的价值目标。这就等于要求整车生产者对于采购的集成部件一路追溯到原材料的商标合法性，这种追溯所导致的成本就汽车的安全性能等目标而言是合乎比例原则的，但就确保商标权、专利权这样的私权保护而言是违反比例原则的。因此，在这种情况下，应就商品侵权的始作俑者——原材料或零附件来确定生产者和销售者。这种做法并不会给商标侵权人留下多少规避法律的空间，因为成品生产者要免责还必须说明提供者没有主观过错。

就主观过错这个适用条件而言，销售者不承担和生产者一样的高度注意义务，而是仅在知晓商标侵权行为的情况下才承担损害赔偿责任，但销售者应承担举证责任。而“不知道”为一个否定的事实，实践中主要是依据相关的事实因素来认定销售者的主观状态，尤其是依据行政执法机关掌握的情况或商标权人提供的证据来认定，比如，销售者是否因涉案商标侵权行为被追究过责任，是否接到过商标权人的警告函等。此外，如果销售者对涉案商标的知名度及正品价格有着清楚的了解，然而其采购的商品价格低很多，而且有关信息可以表明其提供者获得授权的可能性很小，则可以推定销售者知道其采购的商品侵犯注册商标权。在这一点上，不能仅凭驰名商标认定的判决或裁定就认定销售者知道侵权事实，因为这达不到证明标准；也不能据此认定销售者应当知道侵权事实，因为合法来源抗辩条款的适用中要确定的是故意（实际“知道”），而不是过失（实际不知道）。

就商品的合法取得而言，《商标法实施条例》第 79 条规定，下列情形属于《商标法》第 60 条规定的能证明该商品是自己合法取得的情形：(1) 有供货单位合法签章的供货清单和货款收据且经查证属实或者供货单位认可的；(2) 有供销双方签订的进货合同且经查证已真实履行的；(3) 有合法进货发票且发票记载事项与涉案商品对应的；(4) 其他能够证明合法取得涉案商品的情形。从法条本身的文字表述来看，证明商品是合法取得的和说明商品的提供者似乎是两个条件，但前述解释表明，合法取得的证据能同时证明商品的提供者，因此这两者是一个条件。这个条件的目的并不像文字本身的表述（合法）那样，像是要排除涉案商品是通过盗窃、抢劫等非法手段取得的，因为非法取得的问题并不是商标法要调整的对象；其目的是要找出商标侵权行为的始作俑者——生产者并让其承担损害赔偿责任或经济责任。只有在不能找出生产者的情况下，才让销售者承担赔偿责任，即便销售者没有过错。这是因为，在找不到商标侵权商品生产者的情况下，如果免除销售者的赔偿责任，商标权人的利益将受到损害；权衡没有过错的销售者的利益和商标权人的利益，更应保护后者因商标侵权活动获得补偿的权利。杨某未能提供证据证明其面料的合法来源，也未能说明提供者，因此即便其没有过错，也不能适用合法来源抗辩条款；而甲公司既提供了合法来源证明，又说明了提供者，因此，合法来源抗辩成立。这是两案的处理结果不同的根本原因。①

《商标法》中还有赔偿责任抗辩条款：被告可以被侵权商标未使用为由要求免除赔偿责任。《商标法》第 64 条第 1 款规定：注册商标专用权人请求赔偿，被控侵权人以注册商标专用权人未使用注册商标提出抗辩的，人民法院可以要求商标专用权人提供此前 3 年内实

---

① 冯术杰．认定“具有合法来源”需满足三个条件：评江苏南通××纺织科技公司虚假宣传案、杨某商标侵权案．中国工商报，2006-02-17.

际使用该注册商标的证据。注册商标专用权人不能证明此前 3 年内实际使用过该注册商标，也不能证明因侵权行为受到其他损失的，被控侵权人不承担赔偿责任。这一规则的理论基础在于：一方面，如果商标权人没有使用其注册商标，则侵权行为不会导致其商品销售量的下降，商标权人也就没有实际损失；同时，商标权人也没有商誉，也不会有商誉的损失。另一方面，由于注册商标没有承载商誉，侵权人的获利也就没有利用商标人的商誉，因果系数为零。这里也涉及对商标使用的认定。除遵循《商标法》第 48 条规定的“识别商品来源”的条件外，还有两点需要注意：其一，起诉之前的 3 年内对“注册商标”的使用，不仅包括商标注册日之后对注册商标的使用，也包括注册日之前对相同的未注册商标的使用（比如，在商标注册不满 3 年的情形中）。这是因为，在这里重要的是认定能够产生商誉的商标使用，而商誉的产生是个连续积累的过程，在注册日之前和之后的使用对于商标商誉的积累具有相同的效果。其二，这里对商标实际使用的要求应当比不使用撤销中的要求低。商标审查机关目前在商标不使用撤销的审查中原则上要求商标在商品或服务的提供过程中被使用，仅在广告中宣传注册商标商品或服务不能构成真实有效的使用。但《商标法》第 64 条的制度目的不同，它需要认定被告未经许可的商标使用行为是否对商标权人造成损害，原告没有实际提供商品或服务但对品牌商品或服务作了推广宣传的，也应当被认定为有效的使用，因为这也能让注册商标产生知名度和商誉，而该商誉就可能被侵害或者被利用。这就是法律对商标给予保护的利益基础。比如，某高端时装品牌的商标注册不满两年，但已经通过大量的广告宣传提升了知名度、塑造了品牌形象，为商品的上市做好了前期准备。如果他人未经许可开始销售假冒该品牌的商品，则不仅会损害到商标权人的商誉，打乱其商业和盈利计划，而且会利用该商标的商誉。

第十章 驰名商标的保护

商标的知名度越高，法律对它的保护程度也就越高。当商标的知名度高过一定的门槛时，法律就将它归入一个象征着质变的类别——驰名商标，并创设出相应的特殊规则对它予以高标准的保护。这就是驰名商标保护制度。

一、关于驰名商标的条约与国内法

在国际层面，《巴黎公约》率先在其第6条之二就对未注册驰名商标的保护作出了规定，1994年的TRIPs协议进一步提高了对驰名商标的保护程度。1999年世界知识产权组织通过了《关于驰名商标保护的联合建议》，它虽然不是条约，但对各国法具有示范效应。根据《巴黎公约》第6条之二的规定，如果可享受公约保护的某个主体在某缔约国境内因为使用某商标而被认为是该商标的所有人，从而可以被该国有权机关认定为驰名商标（well-known trademark），而在这种情况下，如果他人在相同或类似商品上申请注册或者注册了或者使用了对驰名商标构成复制、模仿或翻译的商标，从而容易导致混淆，那么该国应当，要么依职权（如果其立法允许这么做），要么依利害关系人的申请，驳回他人的商标注册申请或撤销已注册的商标，并禁止使用。该条还规定，如果他人商标的实质部分构成对驰名商标的复制或者容易导致混淆的模仿，则上述条款也应被适用；各国应允许驰名商标所有人可以在至少5年的期限内行使对他人注册商标的撤销权，但各国自己规定对他人的使用禁止权的行使期限；对恶意注册或使用驰名商标的，权利人的撤销权和禁止使用权不受时间限制。可见，《巴黎公约》的这些规定主要是对未注册驰名商标给予了与注册商标相当的保护。

TRIPs协议第16条第2款规定，《巴黎公约》第6条之二的规定也应适用于服务商标；在认定驰名商标时，成员方应考虑相关公众中对商标的知晓情况，包括因在该成员方境内对该商标的宣传而为相关公众所知晓。其第3款规定，《巴黎公约》第6条之二应适用于与注册商标指定使用的商品或服务不类似的商品或服务，如果该商标在这些商品或服务上的使用会表示这些商品或服务与注册商标的所有人有关联（connection），而且注册商标所有人的利益很可能因为该使用而受到损害。

欧盟商标法将未注册驰名商标称为 well-known trademarks①，将注册驰名商标称为 trade marks with reputation。②《欧盟商标审查标准》特意指出，well-known 和 reputation 仅是表述上的差别，实质上两者具有同一含义。③

我国于 1985 年加入《巴黎公约》之后就开始保护驰名商标。1996 年，国家工商行政管理总局颁布了《驰名商标认定和管理暂行规定》。这是我国驰名商标领域的第一个规范性文件。2001 年《商标法》首次以法律的形式参照《巴黎公约》和 TRIPs 协议的规定对未注册驰名商标和注册驰名商标的保护作出了规定。随后，2003 年的《驰名商标认定和保护规定》取代了前述暂行规定。2013 年《商标法》修正时对驰名商标条款作了修改。国家工商行政管理总局在 2014 年修订了《驰名商标认定和保护规定》。最高人民法院关于驰名商标保护的规定首先出现在（2001 年）《最高人民法院关于审理涉及计算机网络域名民事纠纷案件适用法律若干问题的解释》（2020 年修正）中，其第 4 条规定，"人民法院审理域名纠纷案件，对符合以下各项条件的，应当认定被告注册、使用域名等行为构成侵权或者不正当竞争：……（二）被告域名或其主要部分构成对原告驰名商标的复制、模仿、翻译或音译……"。自此，法院开始在司法程序中认定驰名商标。2002 年《最高人民法院关于审理商标民事纠纷案件适用法律若干问题的解释》（2020 年修正）对侵害驰名商标的法律责任作出了规定。2009 年《最高人民法院关于审理涉及驰名商标保护的民事纠纷案件应用法律若干问题的解释》（2020 年修正）则对司法实践中如何认定和保护驰名商标作出了全面的规定，尤其是确认了我国对驰名商标的反淡化保护。

驰名商标制度的所有规则都围绕着两个点：驰名商标的认定和驰名商标的保护。前者规定驰名商标的认定条件和程序，后者规定驰名商标的权利内容和救济措施。

二、驰名商标的认定

（一）驰名商标的定义

就驰名商标的认定而言，首先涉及法律对它的定义。2013 年《商标法》修正时在第 13 条中增加了一款作为第 1 款："为相关公众所熟知的商标，持有人认为其权利受到侵害时，可以依照本法规定请求驰名商标保护。"据此，任何权利的持有人在认为其权利受到侵害时，都可以请求法律保护。因此，该条的目的不在于规定权利人寻求法律救济的权利。它的作用就只能是规定驰名商标的定义：为相关公众所熟知的商标。这体现了驰名商标认定的两个条件：驰名商标认定的参照主体不是一般公众而是相关公众，驰名指的是为相关公众所熟知。2003 年《驰名商标认定和保护规定》第 2 条第 1 款规定，驰名商标是指在中国为相关公众广为知晓并享有较高声誉的商标。这里的"相关公众"，指的是整个中国境内的相关公众。如果某个商标的相关公众分布于整个中国境内，而该商标仅为某个地区的相关公众所熟知，则它不是驰名商标。美国法针对驰名商标认定中的"相关公众"的范围也是如此规定的。④ 2009 年《最高人民法院关于审理涉及驰名商标保护的民事纠纷案件应用法

---

① 参见《欧盟商标条例》第 8 条第 1 款和第 2 款 c 项。

② 参见《欧盟商标条例》第 8 条第 5 款。

③ Part C：Section 5：trade marks with reputation［Article 8（5）EUTMR］2. 1. 2.

④ 15 U. S. C. § 1125（c）（2）（A）.

律若干问题的解释》第1条规定，驰名商标，是指在中国境内为相关公众广为知晓的商标。2014年修订的《驰名商标认定和保护规定》将驰名商标的定义修改为：在中国为相关公众所熟知的商标。这些法律条文的演变说明两点：其一，驰名商标的认定标准是商标在相关公众中的知名度，而不是商标的声誉（品牌的口碑好坏或者美誉度）。首先，凡是知名度高的商标，其在市场上起到的消费者吸引作用都强（尤其是在商品的市场流通很发达，信息通过各种传播渠道而纷繁呈现，市场竞争激烈的背景下），相关公众对它的熟悉程度使它更容易被侵权和被利用，法律也就需要对它加强保护。其次，驰名商标的认定条件应当与对它的特殊保护密切相关，后者决定着前者。无论混淆理论还是淡化理论都是对驰名商标高知名度的保护。但是，有关驰名商标良好市场口碑或美誉度的证据对于损害的认定是很重要的。其二，就驰名商标的定义而言，"为相关公众所熟知"和"为相关公众广为知晓"仅在文字表述上存在差别，其表述的是同一个条件：达到一定门槛的高知名度。

（二）驰名商标的认定条件和认定程序

从法律规范的适用角度看，驰名商标的认定是享受驰名商标保护（《商标法》第13条第2款和第3款）的条件之一，商标行政主管机关或法院首先需要根据证据认定相关商标知名度的事实——它在多大范围内和多高程度上为相关公众所知悉，然后再根据驰名商标认定的知名度门槛判断该知名度事实是否达到驰名水平。《商标法》第14条第1款规定，认定驰名商标应当考虑下列因素：（1）相关公众对该商标的知晓程度；（2）该商标使用的持续时间；（3）该商标的任何宣传工作的持续时间、程度和地理范围；（4）该商标作为驰名商标受保护的记录；（5）该商标驰名的其他因素。其中，第1项是驰名商标认定中的事实依据或待证事实，居于核心位置；其他几项都是用于证明该待证事实的辅助事实，需要依靠证据来证明。《最高人民法院关于审理涉及驰名商标保护的民事纠纷案件应用法律若干问题的解释》（2020年修正）第5条规定，当事人主张商标驰名的，应当根据案件具体情况，提供下列证据，证明被诉侵犯商标权或不正当竞争行为发生时，其商标已属驰名：（1）使用该商标的商品的市场份额、销售区域、利税等；（2）该商标的持续使用时间；（3）该商标的宣传或者促销活动的方式、持续时间、程度、资金投入和地域范围；（4）该商标曾被作为驰名商标受保护的记录；（5）该商标享有的市场声誉；（6）证明该商标已属驰名的其他事实。前述商标使用的时间、范围、方式等，包括其在核准注册前持续使用的情形。对于商标使用时间长短、行业排名、市场调查报告、市场价值评估报告、是否曾被认定为著名商标等的证据，人民法院应当结合认定商标驰名的其他证据，客观、全面地进行审查。2014年修订的《驰名商标认定和保护规定》第9条第1款第2项对证据的规定与司法解释的上述规定基本一样，但后者还要求："证明该商标使用持续时间的材料，如该商标使用、注册的历史和范围的材料。该商标为未注册商标的，应当提供证明其使用持续时间不少于五年的材料；该商标为注册商标的，应当提供证明其注册时间不少于三年或者持续使用时间不少于五年的材料。"这一规定有失僵化。一个商标是否驰名取决于相关公众对它的知悉程度这一结果性事实，至于这一结果是怎么实现的、在多长时间内实现，在法律上没有意义，而且，宣传手段的丰富性和信息传递的快捷性使一个品牌在短时间内变得非常知名是完全可能的。此外，《最高人民法院关于审理涉及驰名商标保护的民事纠纷案件应用法律若干问题的解释》（2020年修正）第8条规定，对于在中国境内为社会公众广为知晓的商标，原告已提供其商标驰名的基本证据，或者被告不持异议的，人民法院对该商标驰名的事实予以认定。该条适用于为社会公众广为知晓的商标，而不是为相关公众广为知晓的商标，此类商标（比如“可口可乐”这样的大众消费品上的商标）为一般大众所知，因此可以减轻当事人的举证责任。

与驰名商标保护法条（主要是《商标法》第 13 条）的适用相关，驰名商标的认定会发生在商标异议、无效宣告、行政查处程序及相关的行政诉讼程序和侵权民事诉讼程序中。在商标异议或无效宣告程序中，异议人或无效宣告申请人应当证明其商标在被异议商标或被申请宣告无效的商标的申请日前是驰名商标；在商标行政查处程序或民事诉讼程序中，申请人或原告应证明其商标在侵权行为发生时是驰名商标。[①] 这是驰名商标认定的时间点问题。这意味着对同一商标在不同案件中的驰名认定会因涉案行为时间点的不同而依赖不同时间点上的事实，因此，驰名商标的认定具有个案认定的特点。但不同案件中的驰名商标认定也会互相有影响，比如，在先时间点上的驰名事实认定可以在很大程度上支持间隔少于 3 年的在后时间点上的驰名事实认定，因为商标法上对商标的知名度存在一个 3 年影响期的默认。此外，《最高人民法院关于审理涉及驰名商标保护的民事纠纷案件应用法律若干问题的解释》（2020 年修正）第 7 条规定：被诉侵犯商标权或者不正当竞争行为发生前，曾被人民法院或者行政管理部门认定驰名的商标，被告对该商标驰名的事实不持异议的，人民法院应当予以认定。被告提出异议的，原告仍应当对该商标驰名的事实负举证责任。但该条同时规定，除本解释另有规定外，人民法院对于商标驰名的事实，不适用民事诉讼证据的自认规则。这是因为，驰名商标的认定不仅关系到涉案当事人的权益，而且会涉及第三人的利益，因为某商标一旦被认定为驰名商标，其禁用权的范围会大大扩张。

（三）驰名商标的异化与纠正措施

驰名商标是法律规范适用的一个条件，但是，在法律之外的商业环境中，我国企业将它作为政府授予的荣誉称号，表示政府对企业商品或服务的质量及企业信誉的确认。因此，很多企业积极争取驰名商标的认定，导致这一法律制度在我国发生了异化。在市场经济中，企业的商誉要在市场经营活动中建立，取决于相关公众的评价，而不是政府的评价。但我国的市场经济早期运行中仍有计划经济时期的认知模式，消费者习惯于政府在各个领域中扮演评优认证的角色。这是驰名商标制度异化的社会背景原因。商标主管机关曾在没有具体案件的情况下每年评比认定驰名商标，这也对驰名商标制度异化具有一定的推动作用。企业甚至专门为争取驰名商标认定而发起商标异议、无效宣告、行政查处和民事诉讼程序。驰名商标的认定实践曾一度失常。为扭转这一局面，司法、行政、立法机关陆续出台了相关政策和文件，确立了按需认定和被动认定的原则。在 2009 年年初，最高人民法院下发了《关于涉及驰名商标认定的民事纠纷案件管辖问题的通知》，要求从该通知下发之日起，涉及驰名商标认定的民事纠纷案件，由省/自治区人民政府所在地的市、计划单列市中级人民法院，以及直辖市辖区内的中级人民法院管辖；其他中级人民法院管辖此类民事纠纷案件，需报经最高人民法院批准；未经批准的中级人民法院不再受理此类案件。这就首先收紧了

---

① 参见《驰名商标认定和保护规定》第 9 条第 2 款，《最高人民法院关于审理涉及驰名商标保护的民事纠纷案件应用法律若干问题的解释》（2020 年修正）第 5 条。

驰名商标司法认定的管辖权。《最高人民法院关于审理涉及驰名商标保护的民事纠纷案件应用法律若干问题的解释》（2009 年）则从正反两方面规定了按需认定和被动认定的原则。其第 2 条规定，在下列民事纠纷案件中，当事人以商标驰名作为事实根据，人民法院根据案件具体情况，认为确有必要的，对所涉商标是否驰名作出认定：（1）以违反《商标法》第 13 条的规定为由，提起的侵犯商标权诉讼；（2）以企业名称与其驰名商标相同或者近似为由，提起的侵犯商标权或者不正当竞争诉讼；（3）符合本解释第 6 条规定的抗辩或者反诉的诉讼。[①] 其第 3 条第 1 款规定，在下列民事纠纷案件中，人民法院对于所涉商标是否驰名不予审查：（1）被诉侵犯商标权或者不正当竞争行为的成立不以商标驰名为事实根据的；（2）被诉侵犯商标权或者不正当竞争行为因不具备法律规定的其他要件而不成立的。2013 年修订的《商标法》第 14 条第 1 款进一步规定，驰名商标应当根据当事人的请求，作为处理涉及商标案件需要认定的事实进行认定。这也是对被动认定和按需认定的规定。此外，2013 年修订的《商标法》第 14 条第 5 款还规定，“生产、经营者不得将‘驰名商标’字样用于商品、商品包装或者容器上，或者用于广告宣传、展览以及其他商业活动中”。其第 53 条进而规定，违反此项规定的，由地方工商行政管理部门责令改正，处 10 万元罚款。这也是为了扭转驰名商标异化现象而采取的措施。

（四）按需认定与司法经济原则

与驰名商标的按需认定相关的还有《商标法》第 13 条第 2 款和第 3 款中的条件适用顺序问题。依该条第 2 款对未注册驰名商标的保护条件包括：（1）被申请保护的商标是未在中国注册的驰名商标；（2）对方的商标构成对驰名商标的复制、摹仿或翻译；（3）驰名商标所用于的商品与对方的商品相同或类似；（4）容易导致混淆。依该条第 3 款对注册驰名商标的保护条件包括：（1）被申请保护的商标是已经在中国注册的驰名商标；（2）对方的商标构成对驰名商标的复制、摹仿或翻译；（3）驰名商标所用于的商品与对方的商品不相同也不类似；（4）驰名商标注册人的利益可能受到损害。按需认定涉及的问题就是：就上述两个条款分别而言，如果可以认定条件（2）或（3）不满足，则是否就不必认定条件（1）是否满足了，即不用认定驰名商标了，因为即便认定构成驰名商标也得不到保护？对此，理论上和实践中都存在不同意见。[②] 在欧盟商标法的实践中，保护注册驰名商标的《欧盟商标条例》第 8 条第 5 项的适用要同时满足四个条件[③]：（1）在先注册商标在相关领土范围内驰名；（2）在后申请注册商标与在先驰名商标相同或近似；（3）对申请注册商标的使用会不当利用或有损于在先驰名商标的显著性或声誉；（4）这种使用没有正当理由。欧盟商标审查机关和欧盟法院可以在认定其中一个条件不满足的情况下就认定该条款不适用。[④]

---

① 《最高人民法院关于审理涉及驰名商标保护的民事纠纷案件应用法律若干问题的解释》（2009 年）第 6 条规定，原告以被诉商标的使用侵犯其注册商标专用权为由提起民事诉讼，被告以原告的注册商标复制、摹仿或者翻译其在先未注册驰名商标为由提出抗辩或者提起反诉的，应当对其在先未注册商标驰名的事实负举证责任。

② 陈锦川．商标授权确权的司法审查．北京：中国法制出版社，2014：306－308.

③ CJEU，judgment of 16/12/2010 joined cases T-345/08 and T-357/08 ‘BOTOCYL’，confirmed by the Court of Justice in judgment of 10/05/2012 C-100/11 P.

④ CJEU，judgment of 25/05/2005，T-67/04，‘SPA-FINDERS’，para. 30；CJEU，judgment of 22/03/2007，T-215/03，‘VIPS’，para. 34；CJEU，judgment of 16/12/2010，joined cases T-345/08 and T-357/08 ‘BOTOCYL’，para. 41.

而且，这些条件的适用顺序可以根据案件不同而不同，比如，如果申请注册商标和驰名商标不近似，那么就没有必要认定驰名商标了。这其实就是在司法经济（judicial economy）原则指导下的实践。根据该原则，如果一个法律规范的适用需要满足数个条件，而可以认定其中一个条件不满足，就可以在不审查其他条件是否满足的情况下决定该法律规范不能被适用。如果需要被满足的各个条件的认定之间没有依赖关系，则在任何一个条件不满足时均可以适用司法经济原则；但如果对某些条件的认定以对某个条件的认定为基础，则只能在认定了该基础条件不满足后才能适用司法经济原则。前述我国《商标法》第 13 条第 2、3 款规定的四个条件中，条件（1）（2）（3）的认定分别是条件（4）认定的基础，而条件（1）的认定分别对条件（2）（3）（4）的认定都有影响，这遵从了我国商标法中的“商标的知名度影响商标近似、商品类似和混淆可能性的认定”这一一般规则。正如在本书前面所指出的，在我国商标法制中，在认定商标之间的冲突时，商标的近似性和商品的类似性都是个相对的概念，在先商标的知名度会影响到商标近似性和商品类似性的认定：在先商标的知名度越高，越可能构成近似商标和类似商品，从而越容易导致相关公众混淆、误认。知名度在这一认定中是需要被量化把握的事实因素（知名度的高度、地域范围、相关公众范围等），不同的知名度于对商标近似和商品类似的认定会有不同的影响。因此，在商标之间的冲突的认定中，在先商标的知名度是认定商标之间的近似性和商品之间的类似性以及混淆可能性的基础条件，对此不能适用司法经济原则。但是，有关驰名商标保护的条款存在特殊性，这是因为驰名商标是知名度达到最大化的商标，即它们是“为相关公众所熟知（或广为知晓）的”商标，因此，不存在对其知名度进行量化的问题。在这种情况下，可以假设被申请保护的商标是驰名商标，再分别认定条件（2）（商标的复制、摹仿、翻译）和条件（3）（商品的近似性）是否得到满足，而一旦认定这两个条件之一不能得到满足，就不必再认定驰名商标了。根据《最高人民法院关于审理涉及驰名商标保护的民事纠纷案件应用法律若干问题的解释》（2020 年修正）第 3 条第 2 项，被诉侵犯商标权或者不正当竞争行为因不具备法律规定的其他要件而不成立，则法院对于所涉商标是否驰名不予审查。《商标审查审理指南》也规定，如果根据在案证据能够适用《商标法》其他条款对当事人商标予以保护，或系争商标的申请注册不会导致混淆或者误导公众，致使该驰名商标注册人的利益可能受到损害的，商标局、商标评审委员会无须对他人商标是否驰名进行认定。[①] 值得注意的是，在不对驰名商标进行认定的情况下对商标的近似性和商品的类似性或关联性进行认定时，需要在假设被请求保护的商标是驰名商标的条件下对这两个条件进行认定，也即要充分考虑到被请求保护商标被相关公众熟知（或广为知晓）这个假设的事实因素。

三、驰名商标的保护

在认定被申请保护的商标构成驰名商标之后，就需要确定对它保护的范围，即何种情形构成对驰名商标的侵害行为。在这方面，未注册驰名商标与注册驰名商标的保护范围存在很大差别：前者的保护范围依据混淆理论来认定，后者的保护范围包括依混淆理论确定的范围和依淡化理论确定的范围。

---

① 参见《商标审查审理指南》，下编第十章 3.3。

（一）未注册驰名商标的保护范围

就未注册驰名商标的保护范围而言，《商标法》第 13 条第 2 款规定，就相同或者类似商品申请注册的商标是复制、摹仿或者翻译他人未在中国注册的驰名商标，容易导致混淆的，不予注册并禁止使用。与普通商标的侵权认定规则唯一不同的是，该条款与《巴黎公约》第 6 条之二都没有采用“商标相同或近似”的表述，而是采用“复制、摹仿或者翻译”的表述。复制即是相同。按照一般规则，对商标的近似性要从音、形、意，商标的整体和主要部分几个方面来认定。对驰名商标的近似性认定也遵从同一规则。[①] 欧盟商标法对于未注册驰名商标[②]和注册驰名商标[③]的保护范围的规定，没有采用《巴黎公约》中的“复制、摹仿或翻译”表述，而是直接用“相同或近似”标识的表述。《欧盟商标审查指南》也特别指出，驰名商标与非驰名商标在标识的近似性判断方面没有差别。[④] 欧盟知识产权局认为：以混淆可能性的认定为目的的商标近似性认定与以淡化认定为目的的商标近似性认定是不同的，因为后者只需相关公众在驰名商标与在后申请注册商标之间建立起联系（connection）就够了，因而后者对近似性的要求为低。但是，该局也认为，对这种微妙的差别在实践操作中难以把握：如果驰名商标注册人同时以混淆理论和淡化理论的规则为依据对在后申请注册商标提出异议，那么，如果在混淆可能性规则的适用中认定商标之间不近似，则在淡化规则的适用中也不能认定存在近似。[⑤] 在我国商标法律和实践的语境下，驰名商标的极高知名度使“摹仿”和“翻译”替代了“近似”。这一替代表明了两点：一是，与“近似”相比，“摹仿”含有对于模仿者知晓驰名商标这一主观状态的推定性揭示，而这一揭示就使驰名商标的知名度经由恶意成为商标近似性认定的考虑因素[⑥]，这就使于非驰名商标不构成近似的情形可以于驰名商标下构成近似，因而后者的保护范围更广；二是“翻译”在实践中不仅被解释和适用于意译的情形，也适用于音译的情形，而对于非驰名商标而言，发音上的相似性是不足以构成认定商标近似的充分理由的，因而驰名商标的受保护范围更广。

但实践中对于《商标法》第 13 条中的“复制、摹仿或翻译”是否应被理解为对商标近似的表述，仍存在不同看法。在个别案件中，甚至有对“复制、摹仿或翻译”作狭义字面解释的做法，其结果是使针对驰名商标的商标近似性要求反而高于针对非驰名商标的商标近似性要求。

典型案例

“好美思 HERMES 及图”商标异议案[⑦]

第 7163694 号“好美思 HERMES 及图”商标（以下简称“被异议商标”）的申请人为

---

① Part C：Section 5：trade marks with reputation [Article 8 (5) EUTMR] 3.2.

② 《欧盟商标条例》第 8 条第 1 款和第 2 款 c 项。

③ 《欧盟商标条例》第 8 条第 5 款。

④ Part C：Section 5：trade marks with reputation [Article 8 (5) EUTMR] 2.1.2.

⑤ Part C：Section 5：trade marks with reputation [Article 8 (5) EUTMR] 3.2.

⑥ 参见《最高人民法院关于审理商标授权确权行政案件若干问题的规定》（2020 年）第 12 条第 2 款。

⑦ 参见北京市高级人民法院（2016）京行终 2504 号行政判决书。

安徽省好美思酒业营销有限公司（以下简称“好美思公司”），申请日期为 2009 年 1 月 13 日，经商标局初步审定公告后，指定使用的商品为国际分类第 33 类“蒸馏酒精饮料；苦味酒；茴香酒；柑香酒；蒸煮提取物（利口酒和烈酒）；酒（利口酒）；含酒精液体；酒精饮料（啤酒除外）；米酒；开胃酒”商品。

10－1　“好美思 HERMES 及图”商标

第 1708652 号“HERMES 及图”商标（以下简称“引证商标一”）的申请人为爱马仕国际，申请日期为 2000 年 10 月 26 日，于 2002 年 2 月 7 日被商标局核准注册，核定使用在国际分类第 18 类“动物皮；皮箱；仿皮革；人造革箱；钱包；手提包；小皮夹；旅行用大衣箱”等商品上。经续展，商标权专用期限至 2022 年 2 月 6 日止。

图 10－2　“HERMES 及图”商标

第 248937 号“HERMES 及图”商标（以下简称“引证商标二”，商标图样与引证商标一相同）的申请人为爱马仕国际，申请日期为 1985 年 6 月 10 日，于 1986 年 4 月 30 日被商标局核准注册，核定使用在国际分类第 25 类“衣服”商品上。经续展，商标权专用期限至 2016 年 4 月 29 日止。

针对被异议商标，爱马仕国际在法定期限内向商标局提出异议申请。商标局经审查作出（2012）商标异字第 19764 号“好美思 HERMES 及图”商标异议裁定书（以下简称“第 19764 号裁定”），裁定对被异议商标予以核准注册。

爱马仕国际不服商标局第 19764 号裁定，于 2012 年 6 月 1 日向商标评审委员会提出异议复审申请，其复审的主要理由为：爱马仕国际在箱包、服装商品上的“HERMES”商标已构成驰名商标，请求认定爱马仕国际“HERMES”商标、“HERMES 及图”商标、“爱马仕”商标为驰名商标。被异议商标是对爱马仕国际驰名商标的摹仿，其注册使用会误导公众并损害爱马仕国际的利益。

在复审裁定和一审法院判决均没有支持其主张的情况下，爱马仕国际上诉到北京市高级人民法院。

北京市高级人民法院认为：本案中，被异议商标由中文“好美思”、外文“HERMES”

及图形组合而成，引证商标一、二由外文“HERMES”及图形组合而成。虽然被异议商标中的外文与引证商标一、二中的外文字母相同，但除第一个字母外，其余字母存在大小写的区别，而且被异议商标中的图形与引证商标一、二中的图形差异明显，在标志整体中的位置也不同，故被异议商标与引证商标一、二的整体视觉效果差异明显。特别是被异议商标还包含中文“好美思”三字，对于中国相关公众而言，不会将被异议商标呼叫或识别为引证商标一、二对应的中文“爱马仕”。因此，仅凭被异议商标包含与引证商标一、二相同的“HERMES”尚不足以认定其构成对引证商标一、二的抄袭、摹仿。

在此基础上，即便爱马仕国际提交的在案证据能够证明其引证商标一、二在被异议商标申请注册前曾经被认定为使用在服装、箱包商品上的驰名商标，被异议商标也不会导致相关公众的误认，进而损害爱马仕国际的利益。商标评审委员会和原审法院认定被异议商标未构成《商标法》（2001 年）第 13 条第 2 款规定的情形是正确的。爱马仕国际有关原审判决未认定两件引证商标系驰名商标属认定事实错误的上诉理由，依据不足，不能成立。

该案涉及组合商标的近似性认定，《商标审查审理指南》中列举的多个组合商标近似的情形都与该案基本相同①，从标准来说，如果两个组合商标的显著性部分近似，则两个组合商标近似。值得注意的是，驰名商标的保护范围更广、保护程度更高，这是理论、立法、政策和实践层面的共识，因此，在我国商标法律和实践背景下，不应将《商标法》第 13 条中的“复制、摹仿或翻译”的认定标准解释得比一般商标近似的认定标准还要高，而是要更低。

（二）注册驰名商标的保护范围

就注册驰名商标的保护范围而言，《商标法》第 13 条第 3 款规定，就不相同或者不相类似商品申请注册的商标是复制、摹仿或者翻译他人已经在中国注册的驰名商标，误导公众，致使该驰名商标注册人的利益可能受到损害的，不予注册并禁止使用。该款规定的保护也被称为注册驰名商标的“跨类保护”。这是《类似商品与服务分类表》在我国商标法律上和实践中客观上起到的重要作用所导致的，但这一称谓并不准确，因为“不类似商品”与分类表中“不同类别的产品”是不同的概念，对后者并没有总是按照商品的功能、用途、销售渠道等因素来划分。该款的适用主要涉及三个问题：其一，应如何解释“误导公众，致使该驰名商标注册人的利益可能受到损害”？它是指依据混淆理论的保护还是指依据淡化理论的保护？其二，如果是依据淡化理论的保护，其保护范围如何界定？其三，该款是否也适用于对注册驰名商标在相同或近似商品上的保护？

1. 驰名商标的淡化

第一个问题其实是关于驰名商标淡化理论是否被引入我国商标法的争论。2005 年《商标审查及审理标准》将《商标法》（2001 年）第 13 条第 2 款中的“容易导致混淆”与第 3 款中的“误导公众”作了相同的解释，认为两者都是混淆理论的适用。② 法院则倾向于认为该款引入了商标淡化理论。2009 年《最高人民法院关于审理涉及驰名商标保护的民事纠纷

① 参见 2021 年《商标审查审理指南》，下篇，第五章，5.3。

② 参见 2005 年《商标审查及审理标准》，下篇，第二部分，第 1 条第 5 款。

案件应用法律若干问题的解释》第9条第2款明确了我国《商标法》对注册驰名商标的保护适用淡化理论。该条规定："足以使相关公众认为被诉商标与驰名商标具有相当程度的联系，而减弱驰名商标的显著性、贬损驰名商标的市场声誉，或者不正当利用驰名商标的市场声誉的，属于商标法（2001年——引者注）第13条第2款规定的'误导公众，致使该驰名商标注册人的利益可能受到损害'。"从该条文的文义来看，该司法解释将对注册驰名商标造成的损害分成了两类：淡化和不正当利用驰名商标的市场声誉。

就淡化而言，根据商标淡化理论，它包括弱化（blurring）和丑化（tarnishment）两种形式。"减弱驰名商标的显著性"即弱化，而"贬损驰名商标的市场声誉"即丑化。这里说的驰名商标的"显著性"与作为商标注册条件的显著性不具有同一含义：前者指的是驰名商标在其所用于的商品上的极高知名度，这种极高知名度的最突出表现形式就是：提起某个驰名商标，相关公众就会说出相关商品（比如，海尔—电器）。驰名商标在其所用于的商品上的极高知名度代表了其在该商品领域所积累的深厚商誉，驰名商标与相关商品的强对应关系就是这里所说的"显著性"。如果他人将驰名商标用在不相同也不类似的商品上，从而减弱了相关公众对该驰名商标与其所用于的商品之间的强对应关系的认识，使相关公众在看到驰名商标时不再能立刻想起其所注册或使用于的商品[①]，那这就构成对驰名商标的弱化或稀释。正如美国联邦第九巡回法院在"花花公子（Playboy）"案[②]中指出的，如果某个巧克力生产者在其热巧克力上使用Rolls Royce（劳斯莱斯）商标，尽管相关公众不会认为热巧克力是劳斯莱斯汽车公司生产的，但是这种商标使用将降低Rolls Royce商标识别其所用于的商品的能力：当某个消费者说他将要买个Rolls Royce时，其他人将不能判断他是否表示他将买昂贵的汽车。

"贬损驰名商标的市场声誉"即丑化，典型的丑化发生在驰名商标被他人用在劣质商品的情形中或者驰名商标被以令人生厌或不健康的方式呈现的情形中，从而导致公众将质量低下或不上档次这样的印象与驰名商标发生联系。[③] 在美国法上，如果驰名商标被用于色情产业，通常都会被认定为丑化。[④]

从理论来看，商标反淡化保护其实也可以适用于非驰名商标。商标淡化理论自20世纪中后期在美国法上被接受之后，在州法和普通法上都有适用，而且有些州法将反淡化保护适用于任何具有显著性（在作为商标权取得条件的意义上）的商标。1995年《美国联邦商标反淡化法》（Federal Trademark Dilution Act，FTDA）出台后，州法纷纷向联邦法看齐，"驰名"（fame）作为反淡化保护的条件得到确认。[⑤] 这在很大程度上是为了回应"淡化理论将商标权的范围过分扩张"的批评。[⑥]

2. *不正当利用驰名商标的声誉*

就"不正当利用驰名商标的市场声誉"而言，它指的就是对驰名商标的"搭便车"行

---

① CJEU，judgement of 25/05/2005，T-67/04，'Spa-Finders'，paragraph 43.

② Playboy，279 F. 3d，at 805 - 806.

③ New York Stock Exch.，293 F. 3d，at 558.

④ Mary LaFrance，Understanding Trademark Law，2nd edition，Lexis Nexis，2009，p. 207.

⑤ 15 U. S. C. § 1125（c）（1）.

⑥ 李小武．商标反淡化研究．杭州：浙江大学出版社，2011：29 - 43.

为，利用驰名商标的吸引客户的能力。可见，更准确地说，这里所保护的其实是驰名商标的商誉（goodwill，prestige），而不单单是知名度或声誉（reputation）。《欧盟商标条例》第8条第5项和《欧盟商标指令》第5条第3款a项都将对驰名商标的侵害行为规定为四种：不正当利用驰名商标的显著特征或商誉；侵害驰名商标的显著特征或商誉。但实践中，对于不正当利用驰名商标的显著特征和商誉是从商誉的角度作同一理解和适用的。对商誉的不当利用，只能发生在驰名商标的商誉或其所传递的关于商品品质等特征的信息会被转移到在后申请注册商标或侵权商标所用于的商品或服务上去的情形中。① 欧盟法院指出，不正当利用驰名商标商誉的认定要综合考虑各方面因素②：（1）驰名商标具有很高的知名度或（固有）显著性，因为这使其很容易被利用，而且其通常传递着优质、可靠等信息③；（2）商标标识之间的高度近似性，这使相关公众很容易从在后商标想到在先商标④；（3）驰名商标与在后商标所用于的商品或服务之间必须存在某种关联，这才能使驰名商标在其所用于的商品或服务上的商誉有可能转移到在后商标所用于的商品或服务上，典型的就是相邻市场的情形，比如，药品和化妆品，药品和壮阳饮料⑤，相反，信用卡和化妆品之间就不具备这种联系；（4）如果驰名商标已经被用于其所驰名的商品之外的商品，则第三人在这些商品上的商标使用行为也会利用驰名商标的商誉。⑥

"不正当利用驰名商标的市场声誉"，所强调的不是对驰名商标的显著性或市场声誉的损害（狭义），而是对它的不当利用。因此，第三人的一个商标使用行为可能同时构成《最高人民法院关于审理涉及驰名商标保护的民事纠纷案件应用法律若干问题的解释》（2020年修正）第9条所规定的淡化和不正当利用驰名商标的市场声誉两种侵害行为。

典型案例

"香奈尔"商标异议纠纷案⑦

华兴利陶瓷公司于2002年6月25日提出注册申请，将被异议商标第3221732号"香奈尔CHANEL及图"商标指定使用在第19类瓷砖、玻璃马赛克等商品上。2011年6月13日，经商标局核准，被异议商标注册人变更为华兴利公司。商标局经审查对该商标予以初步审定公告，香奈儿公司在公告后的法定期限内向商标局提出异议申请。针对该申请，商标局经审理作出第7335号裁定，对被异议商标予以核准注册。香奈儿公司不服，于法定期

---

① CJEU，judgment of 18/06/2009，C-487/09，'L'Oréal and others'.

② CJEU，judgment of 10/05/2007，T-47/06，'nasdaq'，para. 53，confirmed，on appeal，by judgment of 12/03/2009，C-320/07P，'nasdaq'；CJEU，judgment of 23/10/2003，C-408/01 'Adidas'，paras. 29，30，38；CJEU，judgment of 27/11/2008，C-252/07 'Intel'，paras. 57，58，66；and CJEU，judgment of 24/03/2011，C-552/09P，'Kinder'，para. 53.

③ CJEU，judgment of 12/07/2011，C-324/09，'L'Oréal and others'，para. 44.

④ CJEU，judgment of 06/07/2012，T-60/10，'Royal Shakespeare'，para. 26.

⑤ CJEU，judgment of 25/01/2012，T-332/10，'Viaguara'，para. 74.

⑥ Decision of 16/03/2012，R 1074/2011-5，'Twitter'.

⑦ 参见北京市高级人民法院（2012）高行终字第567号行政判决书。

限内提出复审申请，其复审的主要理由是：被异议商标文字部分“CHANEL”和“香奈尔”分别与香奈儿公司世界驰名商标“CHANEL”及香奈儿公司曾经使用的“香奈尔”商标完全相同，与香奈儿公司“香奈儿”商标也构成混淆性近似。香奈儿公司已在第3、14、18类及第25类商品上在中国注册了“CHANEL”“香奈儿”“香奈尔”商标，香奈儿公司请求认定其“CHANEL”和“香奈儿”商标为手袋、皮夹子、箱包、香水、化妆品、护肤品、眼镜、服装、鞋、帽、首饰、饰品等消费领域内的驰名商标，并予以扩大保护。被异议商标与香奈儿公司的商标完全相同，是对香奈儿公司驰名商标的抄袭与复制，极易使人产生对香奈儿公司及其商标的联想，不仅可能造成对香奈儿公司商标显著性的削弱和淡化，而且会导致消费者混淆、误认。“CHANEL”是香奈儿公司的商号，“香奈尔”和“香奈儿”是香奈儿公司先后使用的中文商号，被异议商标侵犯了香奈儿公司的在先商号权。依据《商标法》（2001年）第9条、第13条、第31条的规定，以及《反不正当竞争法》（1993年）第5条和《巴黎公约》第6条之二的规定，香奈儿公司请求不予核准被异议商标注册……

二审法院认为：根据《商标法》（2001年）第13条第2款的规定，就不相同或者不相类似商品申请注册的商标是复制、摹仿或者翻译他人已经在中国注册的驰名商标，误导公众，致使该驰名商标注册人的利益可能受到损害的，不予注册并禁止使用。

根据《最高人民法院关于审理涉及驰名商标保护的民事纠纷案件应用法律若干问题的解释》（2009年）第8条的规定，对于在中国境内为社会公众广为知晓的商标，原告已提供其商标驰名的基本证据，或者被告不持异议的，人民法院对该商标驰名的事实予以认定。香奈儿公司在商标异议复审阶段提交的相关证据能够证明本案的四个引证商标在被异议商标申请注册日前已经为中国社会公众广为知晓，并且华兴利公司在一审庭审过程中明确表示其对四个引证商标构成驰名商标不持异议，虽其在本院审理过程中否认该事实，但是并未举证证明，故一审法院认定本案的四个引证商标在被异议商标申请注册日前已经为中国境内相关公众广为知晓，构成驰名商标，程序合法，结论正确。华兴利公司此方面的上诉主张缺乏事实依据，本院不予采信。

被异议商标由“CHANEL”、“香奈尔”及图形部分组成，根据中国相关公众的认读习惯，其“CHANEL”及“香奈尔”均为被异议商标显著识别部分；引证商标一、二均由“CHANEL”组成，与被异议商标显著识别部分的英文字母组成相同；引证商标三、四由中文文字“香奈儿”组成，与被异议商标显著识别部分的中文文字读音、外形相似，并且均无明确含义，故被异议商标已经构成对四个引证商标的复制、摹仿和翻译。虽然被异议商标指定使用的商品与香奈儿公司的四个引证商标核定使用的商品不构成类似商品，但是香奈儿公司驰名商标所核定使用的化妆品、衣服等商品均为日常生活用品或消费品，其知名度及于广大公众，在社会公众中的显著性及影响力较大；而被异议商标指定使用的瓷砖等商品属于日常装修、装饰用品，其相关公众与香奈儿公司驰名商标的相关公众相互交叉，故被异议商标指定使用在瓷砖等商品上足以使相关公众认为香奈儿公司的驰名商标与其存在相当程度的联系，从而减弱驰名商标的显著性，或者不正当利用驰名商标的市场声誉，构成了《商标法》（2001年）第13条第2款所规定的情形……

法院在判决中陈述了两种对驰名商标的侵害：淡化和利用驰名商标的声誉（判决中的“或”应当被理解为“和”）。如前所述，欧盟法要求，在后商标所用于的商品与驰名商标所用于的商品之间应当存在一定联系，从而使“商誉从驰名商标所用于的商品转移到侵权人商品”具有可能性，才能认定对驰名商标商誉的不当利用。如果按照这一标准，本案中化妆品或服装与瓷砖之间的联系尚不足以使这种转移成为可能，因而只能认定本案中被告的商标注册申请会构成对驰名商标的淡化。但不可否定的是，由于这两种商品的相关公众之间的交叉或重合关系，在后商标注册申请人在瓷砖商品上使用“香奈尔”这个化妆品或服装上的驰名商标仍会有助于其品牌形象和市场推广，因而还是会利用到驰名商标的声誉。我国商标法可以选择对“不正当利用驰名商标的市场声誉”作广义解释，从而将本案中的情形也纳入其中；如果选择欧盟法的狭义解释方式，就需要另外借助反不正当竞争法来调整这种“搭便车”行为。商标淡化和“搭便车”行为在1996年的《世界知识产权组织反不正当竞争示范条款》中就被列为不正当竞争行为之一。[①] 就这两种方案而言，对我国商标法上的“不正当利用驰名商标的市场声誉”作广义解释更有可取，理由有三：其一，这一规则本身就旨在制止对驰名商标的“搭便车”行为，狭义的和广义的“搭便车”均符合该规则的规制范围，其二，我国反不正当竞争法没有明确的规则可以适用于此类情形，也没有形成成熟的做法，其三，反不正当竞争法仅应对商标法起补充作用，对于商标法能调整的行为应在商标法的框架内解决。这样一来，在我国法上，凡是对驰名商标造成淡化的行为都将同时构成对驰名商标商誉的不正当利用。

不论是淡化行为还是不正当利用驰名商标商誉行为的认定，都需要综合考虑商标的知名度、商标之间的相似程度、商品或服务之间的关联程度、驰名商标的（固有）显著性程度[②]和两个商标指定使用的商品或服务的相关公众之间的重合程度及注意程度。[③] 而相关公众之间的交叉或重合程度对于商标淡化和不当利用商誉行为的认定或者驰名商标的保护范围界定具有突出的重要作用。这一因素来自对于TRIPs协议第16条第3款的解释和2009年《最高人民法院关于审理涉及驰名商标保护的民事纠纷案件应用法律若干问题的解释》（2020年有修正）第9条第2款对《商标法》第13条第3款的解释，即，就注册驰名商标在不相同和不类似商品上的保护以“相关公众会认为被诉商标的商品与驰名商标具有相当程度的联系（connection）”为条件。这意味着在后申请注册商标或被诉商标指定使用的商品或服务的相关公众会在看到该商标时会想到驰名商标，这就要求这些相关公众已经知晓驰名商标，也即他们应当也是驰名商标指定使用的商品或服务的相关公众。这样，要么驰名商标指定使用的商品的相关公众与在后申请注册商标或被诉商标指定使用的商品的相关公众重合，要么前者涵盖后者，要么前者涵盖后者中的大部分。在对这三种关系模式的认定中，应当以在后申请注册商标或被诉商标指定使用的商品的相关公众对驰名商标的知晓程度为目标。在对淡化或不正当利用驰名商标商誉的认定中，单从功能、用途、销售渠道

---

① Art. 3 of WIPO Model Provisions on Protection against Unfair Competition，WIPO publication，No. 832，Geneva，1996.

② 欧盟法院在VIPS案（CJEU，T-215/03，para. 62）和SPA案中分别拒绝认定他人在后申请注册的VIP商标和SSPA-FINDERS对驰名商标构成淡化，主要原因就是在先驰名商标都是既有词汇。

③ 参见2017年《最高人民法院关于审理商标授权确权行政案件若干问题的规定》（2020年修正）第13条。

等角度分析商品或服务本身的关联性是难以评价保护范围的宽窄的，重要的是结合商品或服务的特点来分析两个相关公众的交叉或重合关系，再结合驰名商标的显著性和知名度来认定在后商标指定使用的商品的相关公众在被诉商标指定使用的商品上看到被诉商标是否会想到驰名商标并认为二者存在联系。

3. 适用混淆理论保护注册驰名商标的法条依据

就依据混淆理论保护驰名商标时是否适用《商标法》第13条第3款的问题，首先，对驰名商标的保护既适用淡化理论也适用混淆理论。关于这一点是没有争议的，因此，这是个形式上的问题，即依据混淆理论保护注册驰名商标应适用哪个法律条款的问题。就混淆理论在商标法上的体现而言，商标授权和确权程序中适用的是《商标法》第30条，商标侵权程序中适用的是《商标法》第57条第1项和第2项。如前所述，在对非驰名商标的保护中，被请求保护商标的知名度在侵权认定和损害赔偿中也都是要被考虑的，因此，于对驰名商标的保护可以适用这两个条款。在对驰名商标按需认定的司法政策下，在相同或类似商品上保护驰名商标依据前述条款完全可以达到应有的保护效果，也就不需要认定其是否驰名。实践中，也有观点认为依据混淆理论保护注册驰名商标仍应适用《商标法》第13条第3款，理由是，按照“举重以明轻”的法律解释方法，既然注册驰名商标在不相同和不类似商品上都被保护，那么在相同和类似商品上更要受保护。这一推论是没有问题的，但这并不能说明为什么要适用《商标法》第13条第3款。欧盟商标立法上也曾存在类似的争论，欧盟法院在Davidoff案[①]中认定，注册驰名商标保护条款也适用于在相同和类似商品上的注册驰名商标保护，尽管条文本身没有对此作出规定。2015年修改《欧盟商标条例》和《欧盟商标指令》时，欧盟专门在涉及注册驰名商标保护的条款中加入了在相同和类似商品上保护驰名商标的规定。[②] 在我国，2017年《最高人民法院关于审理商标授权确权行政案件若干问题的规定》（2020年有修正）第14条规定，当事人主张诉争商标构成对其已注册的驰名商标的复制、摹仿或者翻译而不应予以注册或者应予无效，商标评审委员会依据《商标法》第30条规定裁决支持其主张的，如果诉争商标注册未满5年，人民法院在当事人陈述意见之后，可以按照《商标法》第30条规定进行审理；如果诉争商标注册已满5年，应当适用《商标法》第13条第3款进行审理。由此可见，司法解释是从保护效果来确定相关法条适用的，如果依据《商标法》第30条可以保护相关权益，则可以适用该条；但在必须适用《商标法》第13条第3款才能予以保护的情形下，则适用该款。

---

① CJEU，judgment of 09/01/2003，C-292/00，‘Davidoff’.

② 参见《欧盟商标条例》第8条第5项，《欧盟商标指令》第5条第3款a项。See also Guidelines for Examination in the EUIPO on European Union Trademarks and Registered Community Designs，part C：section 5：trade marks with reputation [Article 8（5）EUTMR] 2.2.

第十一章 反不正当竞争法上的反假冒制度

商业标志假冒（尤其是假冒注册商标）的受害者通常会寻求商标法上的救济。从这个角度来看，反不正当竞争法对商业标志的保护是一种商标法之外的相当重要的补充性救济。在国际层面，混淆行为（confusion）、商业诋毁（defamation）和虚假陈述（misrepresentation）是三种公认的应当加以制止的不正当竞争行为。根据《巴黎公约》，混淆行为涵盖以任何手段对竞争者的营业场所、商品或工商业活动造成混淆的一切行为。[①] 为协调英美法系的假冒之诉（passing off）和大陆法系的混淆（confusion）之禁止，《巴黎公约》确立了广泛禁止混淆行为一般规则。然而，即便进入 WTO 时代，该公约的实质规则已为 TRIPs 协议所吸纳，禁止混淆行为的一般规则在不同国家和地区的法律的实施情况仍有所不同。[②] 混淆如果被理解为事实概念，则成员国立法并不能完全禁止此类行为，因为《巴黎公约》已经完整地界定了此类行为的外延。混淆应被理解为法律概念，以具有更大解释空间，允许成员国综合运用反不正当竞争法、商标法、民法和司法政策来进行调整。我国的情况正是如此。

在 1993 年制定的《反不正当竞争法》采德国法模式，对不正当竞争行为进行专门立法，并设有一般条款。[③] 既有具体条款用来列举 11 种不正当竞争行为（第 5～15 条），也有一般条款用来禁止一切不正当竞争行为（第 2 条）。在 11 种不正当竞争行为中，混淆行为位居首位，由此其在反不正当竞争法中的重要性可见一斑。具体来说，1993 年《反不正当竞争法》的混淆条款（第 5 条）禁止对下列标志的假冒：注册商标（第 1 项）；知名商品特有的名称、包装、装潢（第 2 项）；企业名称或者姓名（第 3 项）；认证标志、名优标志等质量标志，产地标志（第 4 项）。可以看到，混淆条款本身的适用范围相当狭窄。随着新的

---

① 《巴黎公约》第 10 条之二. 博登浩森 . 保护工业产权巴黎公约指南（附英文文本）. 汤宗舜，段瑞林，译. 北京：中国人民大学出版社，2003：95 - 98.

② 冯术杰 . 知识产权条约视角下新型竞争行为的规制 . 知识产权，2018（12）.《巴黎公约》第 10 条之二在“澳大利亚—烟草平装措施”案（WT/DS 434，435，441，458 and 467）中首次得到解释和适用。

③ 法国法通过民法典中的侵权责任条款来制止不正当竞争行为。英国法上既没有不正当竞争（unfair competition）的概念，也没有专门立法。

商业实践不断涌现，法院通过司法判决、司法解释不断丰富混淆条款的解释和适用。考虑到我国法院对法律解释和适用一般所采取的保守立场，这一现象值得关注。[①] 直到2017年，《反不正当竞争法》进行了制定24年以来的首次修订，对混淆条款作了一系列重要调整。修法之前的司法实践为此次修订提供了宝贵的实践经验。2019年《反不正当竞争法》修订没有对混淆条款做出修改。因此，本书中所提2017年《反不正当竞争法》的混淆条款即是目前有效的法律条款。

2017年《反不正当竞争法》对混淆条款（第6条）进行了四个基本方面的重要调整：其一，扩大受保护标志范围，增加新的标志类型，如域名和网站名称；其二，澄清混淆条款对注册商标、未注册商标的可适用性；其三，调整了混淆条款的适用门槛，将未注册商业标志受保护的条件从“知名”修改为“有一定影响”；其四，与《巴黎公约》第10条之二保持一致，将原来只适用于五种商业标志的混淆条款扩展为禁止所有混淆行为的一般条款。上述调整改变了反不正当竞争法中的混淆概念，引入混淆可能性作为认定混淆行为的一般标准。[②] 以下即结合我国法制的发展演变从这四个方面对《反不正当竞争者法》中混淆条款的原理与适用进行分析。

一、受保护的标志范围

理论上，任何可能对竞争者的营业场所、商品或工商业活动造成混淆的行为都是不正当的，应被禁止。《巴黎公约》第10条之二对混淆行为的定义说明了这一点。因此，关于混淆的规则应适用于所有类型的标志，甚至包括不涉及商业标志的混淆行为。但是，我国1993年《反不正当竞争法》制定了适用范围相当狭窄的混淆条款，穷尽式列举五类受保护的未注册标志。之所以如此的原因有二：其一，我国于1982年建立了商标权注册取得制度，不采商标权使用取得制度，普遍认为《商标法》的目的是保护注册商标，保护未注册标志则是《反不正当竞争法》的任务之一。[③] 这就是为什么《反不正当竞争法》只对商业标志引起的混淆行为适用混淆条款。其二，立法者希望混淆条款尽可能具有精确性和可操作性，以减少法院解释和适用该条款时的任意性。职是之故，立法者列举了在当时的商业实践中得到使用的所有已知商业标志。然而，新型商业标志不断涌现，出于禁止不诚信商业行为的需要，法院扩展了混淆条款的适用范围。司法层面的探索在2017年《反不正当竞争法》修订时被整合进立法。新法对受保护标志的类型持开放立场。

（一）1993年《反不正当竞争法》所保护的未注册标志

除禁止假冒注册商标（第1项）和禁止对产品质量或产地来源的虚假陈述（第4项）外，1993年《反不正当竞争法》第5条只保护五种商业标志：知名商品特有的名称、包装、装潢（第2项），企业名称和姓名（第3项）。实践中，法院对这五种特定标志所涉条款进行灵活解释，对未注册标志权益加以保护。这为2017年修法扩大受保护标志范围铺平了

---

① 孔祥俊．反不正当竞争法的创新性适用．北京：中国法制出版社，2014：92.

② 王太平，袁振宗．反不正当竞争法的商业标识保护制度之评析．知识产权，2018（5）.

③ 未注册驰名商标例外地受商标法保护。

道路。

1. 商品名称

2007年《最高人民法院关于审理不正当竞争民事案件应用法律若干问题的解释》（法释〔2007〕2号，为法释〔2022〕9号所废止，以下简称《不正当竞争解释》）第2条规定，商品特有的名称是指具有区别商品来源的显著特征的名称。[①] 通过对显著特征的强调，该解释将商标法对“商标”的界定方式引入反不正当竞争法对“商品名称”的界定当中。这为对“商品名称”的扩大解释提供了理论基础，商业活动中使用的文字、字母或数字等文字符号都可以作为商品名称受到保护。在“万侨鸿”案[②]中，WQH是原告的商标和字号“万侨鸿”的拼音首字母缩写。原告通过“WQH-”后加具体型号的描述方式为其不同型号的产品命名，如WQH-CMJHZ04。法院认为，“WQH”与原告形成较为稳定的对应关系，起到等同于商品名称的作用，具有标明商品来源的功能，能够作为商品名称受到保护。在“星河湾”案[③]中，原告星河湾公司从事房地产开发，将其在不同城市建设的数个小区命名为“星河湾”，并使用该名称进行房地产销售。最高人民法院认为，“星河湾”符合商品名称的受保护条件。在“《功夫熊猫》电影名称”案[④]中，法院认定《功夫熊猫》这一知名电影的名称是受反不正当竞争法保护的商品名称，以禁止他人将该电影名称“抢注”为商标。在“山姆”案[⑤]中，沃尔玛公司在全国开设了十余家名为“山姆会员商店”的百货超市，并在其网站、微信公众号和博客上对“山姆会员商店”进行宣传。法院认为，“山姆”文字用于山姆会员商店所提供的百货零售服务，具备区分同类服务并指示服务来源的功能，应被认定为服务的特有名称。可以看到，对“商品名称”的扩大解释使不同类型的文字标志均被纳入混淆条款的保护范围当中。

2. 包装、装潢

在“费列罗”案[⑥]中，最高人民法院认为：包装是指盛装或者保护商品的容器等，装潢是指在商品或者其包装上附加的文字、图案、色彩及其排列组合。但是，从混淆条款的目的来看，实际上没有必要从盛装或保护作用的角度来定义包装。因为从消费者识别商品的角度来看，起作用的是商品的外部整体形状，这一形状到底是商品本身的外观还是容器的外观无关紧要。就装潢而言，司法解释使文字具有可以根据情况作为商品名称或作为装潢的两种归类可能，就艺术字体而言尤其如此。这意味着，不正当竞争行为的受害者可以根据仿冒对象（字体风格或文字内容）的不同而自行选择适用何种保护。最后，服务中使用

---

① 2020年《最高人民法院关于适用〈中华人民共和国反不正当竞争法〉若干问题的解释》（法释〔2022〕9号，以下简称《反不正当竞争法解释》）并没有改变这一定义，只是将该定义方式应用到了混淆条款项下各类标志。根据该司法解释第4条第1款，“有一定影响的”标志是指具有一定的市场知名度并具有区别商品来源的显著特征的标志。

② 参见北京市西城区人民法院（2018）京0102民初45733号民事判决书。

③ 参见最高人民法院（2013）民提字第102号民事判决书。

④ 参见北京市高级人民法院（2016）京行终4543号行政判决书。

⑤ 参见福建省高级人民法院（2018）闽民终164号民事判决书。

⑥ 参见最高人民法院（2006）民三提字第3号民事判决书。

的装饰性元素同样受到保护。

实践中，确定受保护的客体并非易事。在“费列罗”案中，意大利费列罗公司诉称其“FERRERO ROCHER”牌巧克力的包装和装潢为蒙特莎公司所仿冒。[①] 费列罗公司主张其包装和装潢的保护范围包括五种元素：（1）金色呈球状的纸质包装；（2）在金纸球状包装上配以椭圆形金边并且印有原告“FERRERO ROCHER”商标的标签作为装潢；（3）每一粒金纸球状包装的巧克力均有咖啡色纸质底托作为装潢；（4）具有各种形状的塑料制硬包装盒，但包装盒的盒盖均为透明，以呈现金纸球状内包装；（5）使用费列罗公司所持有的配有产品图案的组合商标作为装潢，并由商标标识处延伸出红金颜色的绶带状图案（见图11-1）。

图 11-1　原告的商品/ 被告的商品

一审法院认为（1）和（4）所涉包装早已被普遍使用在中国的巧克力商品之上，属于通用包装，遂拒绝提供保护；同时认定（2）、（3）和（5）是费列罗公司商品的特有装潢，具有显著性。二审法院和最高人民法院未对费列罗公司所主张的每一种元素进行单独分析，而是结合“模仿自由”理念对所有可识别元素进行整体考察，并与相关领域的现有包装和设计进行对比，最终确定涉案巧克力的整体外观构成特有包装、装潢。

在对原、被告之商品的外观加以对比，进而确定混淆可能性之前，作为原告主张商业标志在反不正当竞争法上权益的前提条件，法院首先必须认定原告的包装、装潢是否具有显著性。为此，法院将商标显著性的认定方法引入对包装、装潢显著性的认定当中，商品整体上的外观具有显著性即可。这一保护门槛较低，相对灵活，使任何未注册的外观设计都可以为反不正当竞争法所保护，只要该设计未在相关商业领域被普遍使用，且原告的商品具有一定的知名度。[②] 在这一点上，反不正当竞争法比外观设计法的要求低得多。《专利法》（2020 年修正）第 23 条要求外观设计不属于现有设计，且与现有设计或者现有设计特征的组合相比应当具有明显区别。此外，反不正当竞争法甚至保护通过使用而获得显著性的外观（《反不正当竞争解释》第 5 条第 2 款）。

3. 企业名称和字号

企业名称必须采用法定的标准格式，以便在市场监督管理部门登记。企业名称一般由

---

① 另参见“哈尔滨啤酒”案［最高人民法院（2014）民申字第 1183 号民事裁定书］。在该案中，原告主张其应受保护的包装、装潢包括：酒瓶上的冰块浮雕设计；以蓝银色搭配为主基调，由冰山图、酒厂图、“HARBIN”、“哈尔滨啤酒”、冰块图等要素组成的瓶贴。最高人民法院认为，啤酒瓶整体上具有识别功能，应受混淆条款保护。

② 吴伟光．商业外观的法律保护：以保护来源标识功能为原则．清华法学，2009（16）．2008 年《专利法》修改之后，瓶标无法作为外观设计受保护。

四项要素组成——行政区划名称、字号、行业或者经营特点、组织形式，如“北京联想科技有限公司”[①]。根据1993年《反不正当竞争法》第5条第3项，擅自使用他人的企业名称，引人误认为是他人的商品，构成不正当竞争行为。不过，大多数情况下被擅自使用的并不是完整的企业名称，而是企业名称中的字号或企业名称的缩写。《不正当竞争解释》第6条第1款规定，具有一定的市场知名度、为相关公众所知晓的企业名称中的字号可以作为“企业名称”受到保护。在“山起”案[②]中，满足上述条件的并不是字号而是企业名称的简称，法院同样提供了反不正当竞争法上的保护。就境外企业而言，除非在中国设立子公司，对境外企业中国没有义务也没有相应的程序安排来登记其企业名称。境外企业只要在中国开始使用其企业名称，即可受到保护。在“米高梅”案[③]中，上海市浦东新区人民法院认定美国电影公司米高梅集团的英文字号“METRO-GOLDWYN-MAYER”、该字号的简称“MGM”以及中文对应译名“米高梅”已在中国使用，因而受反不正当竞争法保护。新的司法解释确认了这一点。《反不正当竞争法解释》第9条第1款规定，法院应当保护在中国境内进行商业使用的境外企业名称。

2017年《反不正当竞争法》对企业名称的保护作了两处调整：其一，将知名度作为所有企业名称、字号或其简称受保护的前提条件。但是，就在市场监督管理部门登记的完整企业名称而言，具有知名度才受保护这一做法并不妥当。经登记的完整企业名称是独一无二的、指向特定的某一公司时，他人的擅自使用必然会使消费者误以为商品或服务与该公司之间存在联系，或者误以为擅自使用该名称的竞争者与该公司之间存在关联。其二，增加规定企业名称之外的“社会组织名称”。这里的社会组织一般指的是非营利性组织，如大学。在“清华”案[④]中，原告是清华大学，被告是一家民营教育集团。被告不仅在经营和推广过程中使用了注册商标“清华”，还在其网站上“以清华大学的办学思想与精神为引领”这一表述中使用了清华大学的名称。法院认为，对该名称的使用将使相关公众误认为网站中的“清华园”学校与清华大学存在特定联系，构成不正当竞争行为。

4. 自然人姓名

1993年《反不正当竞争法》第5条第3项规定，经营者不得擅自使用他人姓名，引人误认为是他人的商品。实践中，反不正当竞争法对自然人姓名的保护以该自然人知名为前提，禁止他人使用的商品或服务范围限于知名度所对应的领域。例如，著名篮球运动员姚明的姓名获得保护以禁止一家体育用品公司在篮球、运动鞋等商品上擅自使用“姚明”“姚明一代”等字样[⑤]，小米公司创始人雷军的姓名获得保护以禁止一家汽车电子公司使用该姓名。[⑥] 2017年《反不正当竞争法》对自然人姓名的保护作了两处调整：其一，引入知名度作为自然人姓名获得反不正当竞争法保护的前提条件；其二，将自然人姓名的保护范围扩

---

① 《企业名称登记管理规定》（2020年修订）第6条规定：企业名称由行政区划名称、字号、行业或者经营特点、组织形式组成。跨省、自治区、直辖市经营的企业，其名称可以不含行政区划名称；跨行业综合经营的企业，其名称可以不含行业或者经营特点。

② 参见最高人民法院（2008）民申字第758号民事裁定书。

③ 参见上海市浦东新区人民法院（2017）沪0115民初85362号民事判决书

④ 参见北京知识产权法院（2019）京73民终1409号民事判决书

⑤ 参见湖北省高级人民法院（2012）鄂民三终字第137号民事判决书。

⑥ 参见北京知识产权法院（2016）京73民终366号民事判决书。

展至包括笔名、艺名、译名等在内。这两处调整都是对此前司法实践的整合。[①] 虽有上述调整，反不正当竞争法保护自然人姓名的理论基础仍有待澄清。

我国并无美国法上的"形象权"（right of publicity）。[②] 沿袭大陆法系传统，在我国民事权利被明确区分为人身权和财产权。在《民法典》制定之前，姓名权是指决定、使用和依照规定改变自己姓名的权利，以及禁止他人干涉、盗用、假冒的权利（《民法通则》第 99 条第 1 款）。从民法理论和这一定义可以看出，姓名权作为人格权的一种，与财产权相比，不涉及经济利益。不过，在涉及姓名的商标"抢注"案件中，法院在认定在先姓名权受损害时引入了经济利益层面的考量。这一考量是通过适用反不正当竞争法理论被引入商标"抢注"的认定当中的。在"姚明"案中，被告云鹤大鳖鱼体育用品公司未经许可使用姚明的姓名。被告辩称，姚明并非经营者，"不具备不正当竞争诉请的主体资格"。一审法院认为：《反不正当竞争法》的立法目的在于维护市场竞争秩序。存在竞争的商业化市场不限于传统的商品流通市场，还包括文化市场、技术市场、广告市场等新兴市场。就明星而言，在广告中使用其姓名和形象为商品或服务代言，是对其形象的经营。因此，明星是广告市场上的经营者。对经营者的此种解释方案明显扩展了对这一概念的传统理解。[③]

《民法典》重新界定了姓名权的权利范围，增加了许可他人使用个人姓名的权利（第 993 条、第 1012 条）。随着姓名权中的经济利益因素为《民法典》所正式认可，姓名所受保护得到进一步加强，以使其免受未经授权的商业使用，而不是限于反不正当竞争法对混淆性使用的禁止。除了受保护范围的扩大，在受保护条件层面，《民法典》所提供的保护并不以自然人具有知名度为前提（第 1017 条）。[④] 不过，就名人而言，虽然《民法典》和《反不正当竞争法》都可以为商业活动中他人擅自使用其姓名提供救济，但后者更为可取。一方面，在损害赔偿额的计算方面，虽然两法大体一致（《民法典》第 1182 条、《反不正当竞争法》第 17 条），但《反不正当竞争法》支持将"经营者为制止侵权行为所支付的合理开支"纳入赔偿额（第 17 条第 3 款第二句）。另一方面，《反不正当竞争法》在民事救济之外还提供行政救济，可以由行政机关实施没收、罚款甚至吊销营业执照等行政处罚（第 18 条第 1 款）。

（二）2017 年《反不正当竞争法》新增的受保护标志

2017 年《反不正当竞争法》第 6 条新增了三种与互联网相关的受保护商业标志：域名、网站名称和网页（第 3 项）。此外，还增加规定"其他足以引人误认为是他人商品或者与他

---

① 关于艺名可参见"胡杨林"案［北京知识产权法院（2016）京 73 民终 8 号民事判决书］。

② 形象权通常是指自然人对其姓名或肖像进行商业利用的权利。Kateryna Moskalenko，"The Right of publicity in the USA，the EU，and Ukraine"，(2015) 2 *International Comparative Jurisprudence*，113 - 120.

③ 在商标"抢注"相关案件中，法院运用了同样的思路来保护名人姓名以规制第三方的"抢注"行为，例如前文所述"乔丹"商标无效宣告案中，最高人民法院认为：随着市场经济的发展，具有一定知名度的自然人将其姓名进行商业化利用，通过合同等方式为特定商品、服务代言并获得经济利益的现象日益普遍。名人代言日益成为经营者提升品牌形象、推销商品或者服务、扩大知名度的一种重要的营销手段。这就要求，法律不仅保护姓名所涉及的人格尊严，而且保护姓名，尤其是知名人物姓名所蕴含的经济利益。最高人民法院进一步认为，缺少这种保护，容易使相关公众产生混淆误认。可以看到，最高人民法院在分析姓名权的经济利益时，很大程度上偏离了传统民法关于人格权保护的理论，反而是运用了商标法，尤其是反不正当竞争法关于商业标志保护、制止混淆行为的理论。

④ 崔国斌．姓名商品化权的侵权认定思路．清华法学，2021（1）．

人存在特定联系的混淆行为”（第 4 项），从而使该条款转化为禁止混淆行为的一般条款。法院有权依据第 6 条第 4 项为潜在的新型商业标志提供反不正当竞争法上的保护。

1. 域名、网站名称和网页

域名和网站名称主要用以识别不同的网站和网站背后的不同企业，有时也被称作“网络品牌”。在域名“抢注”规制领域，禁止将注册商标用作或注册为域名的规则和实践早已成型。就域名使用而言，依《最高人民法院关于审理商标民事纠纷案件适用法律若干问题的解释》（2020 年修正，以下简称《商标纠纷解释》）第 1 条第 3 项的规定，在商业活动中将与他人的注册商标相近似的文字注册为域名使用，有混淆可能的，构成商标侵权。就域名注册而言，将他人的商标作为域名加以注册的，商标所有人可以通过域名争议解决程序或民事诉讼程序寻求救济，由争议解决机构或法院来裁决或判决注销该域名，或将域名转移给商标所有人。涉及“.CN”“.中国”的国家顶级域名争议解决程序参考了世界知识产权组织有关域名争议解决的规则和程序安排。[①] 有关域名争议案件的司法解释和司法裁判同样参考了世界知识产权组织的规则。[②] 可以看到，有关域名“抢注”规制的规则和实践，立足点在于保护注册商标权，禁止将与商标相同或近似的标志用作或注册为域名。

另一方面，域名和网站本身的显著特征也需要受保护，以制止借由域名和网站实施的不正当竞争行为。这是反不正当竞争法的任务。在“开心网”案[③]中，原告开心人公司于 2008 年 3 月开通“开心网”（kaixin001.com），该网站注册用户在短期内达到 750 多万，在 Alexa 网站的世界排名达 100 位左右。被告千橡互联公司于同年 10 月受让取得“kaixin.com”域名，并使用该域名开通了与原告“开心网”从事同样社交网络服务的“开心网”（kaixin.com）。最高人民法院认为，开心人公司的网站名称“开心网”和域名“kaixin001.com”构成 1993 年《反不正当竞争法》项下知名服务特有的名称，千橡互联公司对该特有名称的使用造成了网络用户对两个开心网的误认或混淆。从该案可以看出来，2017 年修法时将域名和网站名称列入受保护标志，不过是对司法实践的接纳和整合。

就网页本身而言，法院通常将网页整体视作作品的集合，适用著作权法加以保护。[④] 适用反不正当竞争法制止与网页相关的混淆行为时，法院会援引禁止不正当竞争行为的一般条款（2017 年《反不正当竞争法》第 2 条），毕竟 1993 年的混淆条款所列标志中并不包括网页。[⑤] 新的混淆条款则为有一定影响的网页提供保护以禁止混淆行为。因此，在现行法下，具有独创性且有一定影响的网页可以同时受著作权法和反不正当竞争法的保护，但这种双重保护并不意味着网页所有权人有权获得双重的损害赔偿。至于未达到独创性要求的网页，可以依据新法获得反不正当竞争法上的保护，但此时法院通常会要求网页具有显著

---

① 《国家顶级域名争议解决办法》（中国互联网络信息中心 2019 年 6 月 18 日公布）。

② 《最高人民法院关于审理涉及计算机网络域名民事纠纷案件适用法律若干问题的解释》（法释〔2001〕24 号，2020 年修正）。另参见“米高梅”案［上海市浦东新区人民法院（2017）沪 0115 民初 85362 号民事判决书］，该案中，法院认为，深圳米高梅公司注册、使用 mgmchn.com 和 mgmchn.cn 域名并将网站用于从事影城业务的行为构成不正当竞争行为。

③ 参见最高人民法院（2011）民申字第 670 号民事判决书。

④ 参见南京铁路运输法院（2017）苏 8602 民初 564 号民事判决书，上海知识产权法院（2015）沪知民终字第 14 号民事判决书。

⑤ 参见山东省临沂市中级人民法院（2014）临民三初字第 302 号民事判决书。

特征。[①] 理论上，著作权法上的独创性是相对于既有表达（作品和处于公共领域的表达）而言的，商标法上的显著性和反不正当竞争法上的显著特征则是相对于相同或类似商品或服务上的在先标志而言的。因此，如果同行业竞争者尚未使用相同或近似的网页，未达到独创性要求的网页仍可具有显著特征。另一个问题是：既然域名和网站名称可以作为知名服务特有的名称受 1993 年《反不正当竞争法》保护，为什么网页不可以作为包装、装潢受保护？有法院产生过类似想法，如“quna. com”案[②]中的一审法院就认为网页版面设计可以构成包装、装潢。这一包装、装潢式保护进路将进一步引发外观设计法对于网页而言是否具有可适用性的疑问。实际上，无论是对于网页的显著特征，还是对于网页所引起的混淆可能，都需要结合网页的整体外观和显著元素加以认定。值得注意的是，法院同样会将网页具有一定知名度作为保护前提。[③]这一点也为 2017 年新法所吸收。不过，这里实际上应该加以考虑的是网站的知名度，而非某个网页本身的知名度。

2. 角色形象

正如名人可以为商品或服务背书以吸引其粉丝消费，电影、卡通、小说或游戏中的虚拟角色形象同样能为商品或服务促销。角色形象的受众广泛，包括儿童、青少年乃至成人。这种商业实践即所谓角色商品化（character merchandising）。[④] 未经授权使用虚拟角色的名称或形象可能会使消费者误以为商品或服务的提供者同角色所有者之间存在联系。此种混淆也应为反不正当竞争法所禁止。不过，在适用混淆条款时，角色商品化理论尚未为法院所接纳。例如，在“鬼吹灯”案[⑤]中，被告在其开发的游戏中使用了原告所著《鬼吹灯》系列小说中若干角色的姓名和昵称。法院认为，小说中的虚拟角色名称不符合知名商品特有名称的构成要件，不能适用混淆条款加以保护。类似地，在“四大名捕”案[⑥]中，法院认为，被告在游戏中使用《四大名捕》小说中的虚拟角色名称，是对游戏中的卡牌人物身份所作描述性使用，并不是在识别游戏来源的意义上使用这些名称，不会使用户将游戏误认为该小说，因而不存在混淆可能。

作为对比，在商标“抢注”相关案件中，法院则接纳并应用了角色商品化理论。[⑦] 2017 年《最高人民法院关于审理商标授权确权行政案件若干问题的规定》（2020 年有修正）第 22 条第 2 款规定，作品中的角色名称满足下列条件时可以构成《商标法》（2013 年）第 32 条所称“在先权利”：作品处在著作权保护期限内，具有较高知名度，将其作为商标使用在相关商品上容易导致相关公众误认为其经过权利人的许可或者与权利人存在特定联系。尽管这一规则的理论基础在于混淆理论，其仍需在形式层面采用著作权法的保护模式，以至于将对角色名称的保护限制在相关著作权的保护期内。可以看到，最高人民法院在角色名称的保护条件、保护期限、保护范围以及法律依据上持谨慎态度。其实，将反不正当竞争

---

① 参见上海市浦东新区人民法院（2018）沪 0115 民初 8222 号民事判决书，浙江省高级人民法院（2019）浙民终 242 号民事判决书。

②③ 参见广东省高级人民法院（2013）粤高法民三终字第 565 号民事判决书。

④ 根据角色商品化理论，小说、电影以及电子游戏中的角色形象应受到保护以制止第三方的商业使用。WIPO report on character merchandising（WO/INF/108，December 1994）.

⑤ 参见上海知识产权法院（2017）沪 73 民终 324 号民事判决书。

⑥ 参见北京市海淀区人民法院（2015）海民（知）初字第 32202 号民事判决书。

⑦ 参见“功夫熊猫角色形象”案［北京市高级人民法院（2015）高行（知）终字第 1969 号行政判决书］。

法上的混淆理论应用于角色名称保护将有效消除上述疑虑：以混淆可能性标准来确定角色名称的保护范围，以知名度高低来界定角色名称的保护条件和保护期限。值得注意的是，考虑到商标法领域针对角色名称相关商标“抢注”案件已经形成了相对成熟的裁判规则，法院将反不正当竞争法中的混淆条款适用于角色名称相关不正当竞争纠纷案件在理论上并无障碍。2017 年修法时将混淆条款转变为禁止混淆行为的一般条款，进一步为该适用方案提供了法律依据。

3. 其他标志

2017 年《反不正当竞争法》修改时，立法者在商品名称、包装、装潢（第 6 条第 1 项）和域名主体部分、网站名称、网页（第 6 条第 3 项）之后均增加了“等”字。在列举前三项受保护标志之后，立法者新增了一项一般条款：其他足以引人误认为是他人商品或者与他人存在特定联系的混淆行为（第 6 条第 4 项）。考虑到我国立法者通常偏爱具体概念和穷尽式列举，以限制法官的自由裁量，这一些许反常的立法方案揭示出，立法者已经认识到穷尽式列举受保护标志不具有可行性，法院在适用反不正当竞争法时的自由裁量无法避免。因此，修改后的混淆条款对受保护标志的范围保持开放。这一改变在允许法官为未来可能出现的新型识别性标志提供保护的同时，也给混淆条款对某些既有标志的适用带来了模糊性。②

带来适用模糊性的一个例子是商品形状。商品的功能性形状可以获得专利保护（2008 年《专利法》第 22 条），商品的非功能性形状可以作为外观设计（2008 年《专利法》第 23 条）、实用艺术品（2010 年《著作权法》第 3 条）或立体商标（2013 年《商标法》第 12 条）受到保护。鉴于形状和产品之间的密切联系，一旦形状获得某种知识产权保护，竞争者将无法制造或销售同样的产品。因此，法院在为形状提供著作权法或商标法上的保护时持谨慎态度，以防止对市场竞争造成障碍。③ 通常认为，商品形状不会被消费者视作识别性标志，因而不得注册为商标，除非该形状已经通过使用获得了第二含义。这一规则在反不正当竞争法领域同样适用。④ 在 2017 年修法时，国务院法制办公室* 公布的《反不正当竞争法（修订草案送审稿）》（以下简称《送审稿》）第 5 条第 2 款详细列举了各种商业标志，其中就包括商品形状。但是，该款在后续的修订草案、修订草案二次审议稿、修订草案三次审议稿中均被删除。鉴于此，法院在整体上对商品形状的保护仍将持谨慎态度。例外情况下，非功能性的商品形状在具有较高知名度时有可能受反不正当竞争法保护。

二、混淆条款对商标的可适用性

1993 年《反不正当竞争法》禁止假冒注册商标，但对未注册商标只字未提。实践中，

---

* 2018 年国家机构改革之后，被并入司法部。——编辑注

① 然而，值得注意的是，如果被告对角色名称的使用并不能发挥识别商品或服务来源的作用，则无法适用混淆条款。换言之，如果单纯的“搭便车”行为没有混淆可能性，则无法适用混淆条款。

② 例如，微博用户名称、微信公众号名称、软件（App）名称、网店名称等。参见“粤蒲”案［广州知识产权法院（2018）粤 73 民终 4628 号民事判决书］。

③ Shujie Feng and Ning Wei, “The Protection of Works of Applied Art in China: A Critical Study of the Current Practice and Preview of its Development”, (2019) 9 *European Intellectual Property Review*, 564 - 570.

④ 参见上海市第一中级人民法院（2014）沪一中民五（知）终字第 5 号民事判决书。孔祥俊．商标与不正当竞争法：原理和判例．北京：法律出版社，2009：790.

注册商标和未注册商标都可以受反不正当竞争法保护，但进路有所不同：于注册商标由反不正当竞争法提供商标法之外的补充性保护，于未注册商标则是以混淆条款所列其他商业标志（如商品名称）的形式间接予以保护。2017 年修法时，立法者对未注册商标的保护问题依旧保持沉默，但立法过程些许展现了立法者对这一问题的看法。就注册商标而言，虽然“假冒他人的注册商标”被从文本中删去，但这并没有改变反不正当竞争法为注册商标提供补充性保护的体系定位。

（一）未注册商标

1993 年《反不正当竞争法》第 5 条并未将未注册商标列为受保护标志。这背后的考虑是，除未注册驰名商标外，商标权注册取得制度天然地排斥未注册商标保护。对第 5 条作反对解释可以得出同样的结论：立法者有意不保护未被该条列举的未注册商标。但在实践中，法官在面对恶意仿冒未注册商标的案件时，并不能以抽象层面的制度效率为理由对现实层面的不正当行为置之不理，因而不得不为未注册商标提供相应保护。法官的策略是，将未注册商标认定为混淆条款项下的商品名称（主要对应文字商标）或包装、装潢（主要对应图形商标）。①

主流学说对这种司法实践持赞同立场，更进而认为混淆条款所列标志（商品名称、包装、装潢、企业名称、姓名）都是一种未注册商标，混淆条款的主要任务就是保护未注册商标。② 实际上并非如此。考虑到混淆条款的主要目的所在，立法者有意在法律文本中区分了商标与其他商业标志，后者如个人姓名或装潢，在其原本的指示功能之外还具有额外的识别功能。因此，混淆条款列举这些具有识别功能的商业标志作为受保护标志，同时有意在文本层面不提及“商标”的做法，应被解释为对商标保护的排除。未注册商标中的“商标”一词，应被理解为技术性商标（technical trademarks），即只具有商标功能而不具有其他功能的标志。作为商标的标志是商业标志的一种，与其他商业标志相并列。主流学说无意间将这一概念错置为一般意义上由识别功能所定义的“商标”。在这一意义上，任何具有识别功能的标志，即便同时具有其他功能，都可以被称作“商标”。

主流解释方案有悖于条文所体现出的立法者意图。2017 年修法时，《送审稿》第 5 条第 2 款列举的商业标志中包括“商标”，并未对注册还是未注册加以限定，因而该“商标”涵盖未注册商标。但该款在后续草案中均被删除。这说明，立法者拒绝保护未注册商标以避免动摇商标权注册取得制的态度并未改变。尽管如此，考虑到制止假冒未注册商标行为的现实必要性，司法实践或将一如既往。

（二）注册商标

理论上，只要混淆理论和淡化理论能够涵盖所有针对注册商标（包括驰名的注册商标）实施的侵权行为，商标法对注册商标的保护就是完备的。③ 但是，即便我国已于 1982 年制定《商标法》为注册商标提供保护，1993 年《反不正当竞争法》第 5 条第 2 项仍禁止假冒注册商标。④ 这是因为，1982 年《商标法》并没有设置禁止混淆性使用注册商标的一般条

---

① 参见“LAFITE”案［湖南省高级人民法院（2011）湘高法民三终字第 55 号民事判决书］。

② 孔祥俊．商标法适用的基本问题．增订版．北京：中国法制出版社，2014：58.

③ TRIPs 协议第 16 条的规定体现了这一点。

④ 例如，“阿玛尼”案［广东省深圳市中级人民法院（2017）粤 03 民初 2067 号民事判决书］。

款，而是根据侵权人所使用的侵权标志类型（如商标、商品名称、包装、装潢、域名、企业名称）确立了碎片化的侵权认定规则。[①] 随着科技和商业的发展，一旦出现某种新型商业标志，法院既无法援引既有的碎片化规则加以处理，又因其解释空间受限而无法援引《商标法》第57条。此时，法院倾向于援引反不正当竞争法上的混淆条款加以处理。反不正当竞争法的处理方案相对实用和便利：法院无须识别被告所使用的标志类型，具有混淆可能性即为已足。[②] 在这一意义上，就注册商标保护而言，商标法是特别法，反不正当竞争法是一般法。两法的这种关系得到学理上如下论断的进一步强化：商标法不过是反不正当竞争法的组成部分。换言之，当商标法的规则无法适用时，反不正当竞争法的混淆条款为注册商标提供一种补充性保护。[③]

不过，后来的立法趋势是逐渐排除反不正当竞争法对注册商标的保护。一方面，2013年《商标法》修改所引入的“商标使用”，是指将商标“用于识别商品来源的”使用行为（第48条）。这样一来，无论被告所使用的侵权标志类型如何，只要该标志发挥识别功能，法院就可以将该标志界定为“商标”，进而适用商标法而无须求助于反不正当竞争法。另一方面，2017年《反不正当竞争法》修改，删除了“假冒注册商标”条款。显然，立法者的意图是让反不正当竞争法不再适用于对注册商标的混淆性使用行为。

即便如此，反不正当竞争法仍将在特定情形下为注册商标提供补充性保护。其一，将注册商标作为企业名称使用的，有可能适用反不正当竞争法。《商标纠纷解释》第1条第1项规定，将与他人注册商标相同或者相近似的文字作为企业的字号在相同或者类似商品上突出使用，容易使相关公众产生误认的，构成商标侵权。相反地，根据《商标法》第58条，将商标用作企业名称但未突出使用的，适用《反不正当竞争法》处理。[④] 虽然未具体规定适用的是哪一条，但显然此时应适用混淆条款。[⑤] 实际上，将注册商标用作企业名称，无论是否突出使用，都可以为以混淆标准为基础的商标侵权认定条款所涵盖，并无适用反不正当竞争法的必要。其二，2017年《反不正当竞争法》修改时，混淆条款被扩充为禁止所有混淆行为的一般条款。鉴于商标法尚无禁止混淆性使用注册商标的一般条款，反不正当竞争法针对混淆行为的一般条款仍有可能在一些新型商标侵权案件中得到适用。

三、知名度

将知名度作为未注册标志受保护的前提的正当性在于，防止混淆条款架空商标（以及外观设计）权注册取得这一制度安排。1993年《反不正当竞争法》形成的知名度要件为2017年《反不正当竞争法》所沿袭，只是在知名度的用语表述上有所差异。作为未注册标志受保护的前提，旧法中的“知名”为新法中的“有一定影响”所取代。从文义解释的角度来看，上述修改意味着新法对知名度的要求较旧法低。尽管如此，“有一定影响”是高度

① 郑成思．浅议《反不正当竞争法》与《商标法》的交叉与重叠．知识产权，1998（4）．

② 李明德．关于《反不正当竞争法》修订的几个问题．知识产权，2017（6）．

③ 吴汉东．论反不正当竞争中的知识产权问题．现代法学，2013（1）．郑友德，万志前．论商标法和反不正当竞争法对商标权益的平行保护．法商研究，2009（6）．

④ 例如，“业之峰”案［陕西省宝鸡市中级人民法院（2019）陕03民初55号民事判决书］。

⑤ 例如，“正野”案［最高人民法院（2008）民提字第36号民事判决书］。

抽象的用语，实践中对知名度的认定仍将不可避免地带有较强的灵活性和不确定性，在适用旧法过程中所形成的知名度认定规则仍将为法院所继续采用。

（一）理论基础

反不正当竞争法中的混淆条款的目的在于制止不正当竞争行为。从这一点来看，要求受保护的商业标志具有一定知名度看起来颇为奇怪，需要从其他角度来加以解释。以商品包装和与商品有关的文字符号为例：如果其被授予外观设计专利权或被注册为文字商标，则第三方未经许可实施外观设计专利或混淆性使用商标，构成专利或商标侵权，直接推定该行为有引起消费者混淆的危险并因而属于仿冒行为；如果其并未申请外观设计专利或未被注册为商标，且在市场上并不知名，则第三方可以自由使用该包装或文字，既无违法，也无混淆的可能。因此，专利申请和商标注册制度的存在极大地影响了法律上对混淆的认定：注册则有混淆可能性，未注册则无混淆可能性。这种奇怪的差别对待所体现的是，在商业标志保护的法律制度设计中，竞争者对享有排他权的商业标志的知晓是一项重要的考虑因素。注册制度下，享有排他权的标志经法定程序加以公示，其他竞争者由此知晓在先标志的存在，进而避免在相关商业领域使用相同或近似的标志。相反地，未注册标志只有在商业活动中使用过，才有可能让其他竞争者知晓其存在。因此，只有当未注册标志在市场上为人所知时，其他竞争者才能够采取必要措施以规避混淆。对在先标志的知晓一方面使诚信的竞争者能够避免使用具有混淆性的标志，另一面也能从侧面证明不诚信的在选择商业标志时未尽合理注意义务的竞争者的主观故意。此外，注册制度及公示机制能够预防不同竞争者在选择商业标志时发生冲突，从而有利于提高市场的宏观效率。因此，前述注册与否对混淆可能性有无的影响，其实是法律问题而非事实问题。这构成了作为未注册标志受保护前提的知名度要件的理论基础。①

除上述原因外，立法者将知名度作为受保护前提还有如下考虑。其一，商标权注册取得制度和外观设计专利权制度下，为防止架空注册体制，对未注册标志不予保护，否则，对未注册商标和未授权外观设计的保护将在实质上等同于商标权和外观设计权的使用取得，注册制的法律确定性和可预测性将被大幅度削弱。② 其二，反不正当竞争法中的混淆条款所列标志不包括技术性商标，而是与商品或服务具有密切关系的各种标志。对此类标志的保护对竞争者之利益的影响程度较技术性商标而言更甚。限制竞争者商业标志使用自由的合理性在于保护在先标志所有权人的商誉，因此需要该标志具有知名度。其三，由于此类标志与商品或服务间的密切联系，相关公众不会将其视作识别来源的标志，而是在初始符号功能的意义上看待这些标志，如包装、装潢或姓名。只有具有一定知名度的标志，才有可能具有显著特征，即在相关公众看来，标志与特定的商品或服务提供者之间存在联系。③ 这一点与商标法上的第二含义理论是一致的，差别只在于，商标法要求的是全国范围的知名度，反不正当竞争法只要求局部地区的知名度。其四，知名度是商业标志所有权人投资于和经营相关商品或服务的成果。在认定第三方的恶意以及第三方从攀附他人商誉中不当获

---

① 孙山．未注册商标法律保护的逻辑基础与规范设计．甘肃政法学院学报，2015（2）．

② 崔国斌．知识产权法官造法批判．中国法学，2006（1）．

③ 例如，浙江省杭州市中级人民法院（2019）浙01民终4937号民事判决书。

利时，知名度是一项重要的考虑因素。

与英美法上的仿冒制度不同，我国反不正当竞争法不要求标志上存在经营者的实际商誉（goodwill）。知名度是指商业标志为相关公众所知晓，这就意味着，尚未在国内开展商业活动但已广为人知的商业标志同样能获得保护。值得注意的是，经过激烈的争辩和司法裁判的不断发展，通说才得以形成。1993 年《反不正当竞争法》第 2 条第 2 款、第 3 款规定，不正当竞争行为必须是经营者所实施的行为，而经营者是指从事商品经营或者营利性服务的法人、非法人组织和自然人。据此，很长一段时间里，未从事商业经营则无反不正当竞争法的适用余地。但在实践中，法院逐渐突破了法条对经营者的狭隘定义，对经营者采用较为灵活的解释，适用混淆条款为商品或服务经营者以外的一般民事主体提供保护。①

决策者观念的变化是混淆条款的适用范围扩张的另一层重要原因。就 1993 年《反不正当竞争法》而言，关于混淆行为的法律规则和法律理论都是舶来品，决策者和法律学者在观念上以尊重舶来的规则和理论为主。随着我国市场经济的发展，问题转向如何应对在真实的商品市场上所发生的各种具体的不正当竞争行为，决策者的态度也因此从对规则和理论的固守转向务实。仿冒行为的大量发生促使知名度要件在理论和实践层面得到调整，以增强混淆条款的可适用性。然而，1993 年《反不正当竞争法》在字面上对知名度的规定是“知名”，确立了较高的知名度门槛，从而排除对不知名商业标志的保护。这就导致，法院在裁判过程中更加关注混淆条款的制度目的而非适用时对“知名”要求的严格解释。在这种情况下，立法者决定调整条文表述以回应司法实践。至于调整的具体方式，即将“知名”修改为“有一定影响”，则是受商标法的启发。② 反不正当竞争法禁止第三方在商业活动中使用他人“知名”的标志，商标法则禁止以不正当手段抢先注册他人已经使用并“有一定影响”的商标（2013 年《商标法》第 32 条后半句）。根据商标“抢注”规制领域的案例，在先商标的知名度只要达到能够推定第三方知晓该标志存在的程度即可。这恰是反不正当竞争法之混淆条款所需要的知名度程度：只要无权使用的第三方知晓他人在先未注册标志，就可以推定其具有过错或恶意。借由将“知名”修改为“有一定影响”，立法者将反不正当竞争法上的知名度门槛从类似于商标法上的驰名商标的知名度降格到类似于在先未注册商标的“有一定影响”③。可见，法官在裁量过程中对知名度要件的松动为立法者所认可。

（二）知名度的认定

2017 年《反不正当竞争法》对知名度仅规定了“有一定影响”，这使在法律适用层面具体如何认定知名度成为一个复杂的问题。在适用 1993 年《反不正当竞争法》的司法实践中，法院对混淆条款的理解和适用在很大程度上受到前述各种理论认识的影响。1993

---

① 在“王跃文”案中，原告王跃文（湖南）是一位知名作家，曾创作小说《国画》；被告王跃文（河北）原名王立山。被告中元公司和华龄出版社出版、销售小说《国风》，小说作者署名为王跃文（河北）。王跃文（湖南）起诉王跃文（河北）等，主张著作权侵权和不正当竞争行为。就不正当竞争行为而言，法院认为，王跃文（湖南）、王跃文（河北）、中元公司和华龄出版社同在一个文化市场中活动，均在以自己的行为来分享文化市场中产生的经济利益，各方之间存在着竞争关系，均属于反不正当竞争法调整的市场主体。参见湖南省长沙市中级人民法院（2004）长中民三初字第 221 号民事判决书。

② 刘继峰．反不正当竞争法中“一定影响”的语义澄清与意义验证．中国法学，2020（4）．

③ 王太平，袁振宗．反不正当竞争法的商业标识保护制度之评析．知识产权，2018（5）．

年《反不正当竞争法》的适用思路同样可以应用于 2017 年《反不正当竞争法》中的“有一定影响”的认定过程中，而且“知名”向“有一定影响”的这一转变本身即是对先前司法实践的整合。首先，一般要求对于商业标志在商业活动中使用过一段时间，用于销售一定数量的产品，为一定区域范围内的相关公众所知（《不正当竞争解释》第 1 条、《反不正当竞争法解释》第 4 条第 2 款）。[①] 不过，很难要求时间长短、产品数量、相关公众数量达到一个具体的数值。其次，对知名度门槛高低的要求，受标志本身的显著特征和被告的恶意程度影响。被告的恶意越明显，知名度的门槛值越低[②]；商业标志越是欠缺显著特征，对知名度的要求就越高。《最高人民法院关于禁止仿冒知名商品特有的名称、包装、装潢的不正当竞争行为的若干规定》第 4 条第 1 款甚至规定，商品名称、包装、装潢被他人擅自作相同或者近似使用，足以造成购买者误认的，该商品即可认定为知名商品。[③] 尽管在实践中这样的极端化规则很少得到适用，但也表明对知名度门槛能够在很大程度上根据具体案件事实加以调整。在适用混淆条款时，知名度的要求可以被放得很低。因此，法院在决定是否适用混淆条款时，通常会将下面两项重要且相互关联的因素一并加以考量：原告是否具有值得受保护的商誉，被告的行为是否具有恶意（对原告的商业标志是否明知）。[④] 商业标志的知名度证明原告具有合法利益，恶意则使被告具有可归责性。有趣的是，对恶意往往是通过商业标志的知名度来推定的。因此，知名度是适用混淆条款的关键因素。它既是未注册商业标志受保护的条件，同时也界定了商业标志受保护的范围。在先使用人的合法利益、“搭便车”行为造成的损害以及推定被告所具有的恶意，都取决于商业标志知名度所涵盖的范围。[⑤]

值得注意的是，尽管商业标志在我国境内的知名度是其受保护的前提（《反不正当竞争解释》第 4 条第 2 款），但实践中，在国外的知名度也可以被考虑在内。这种做法会继续下去。在“费列罗”案中，原告费列罗公司于 1946 年在意大利成立，于 1982 年开始生产“费列罗”巧克力并投放市场，曾在亚洲多个国家和地区的电视、报纸、杂志上发布广告。在我国台湾和香港地区，“费列罗”巧克力取名为“金莎”巧克力，并分别于 1990 年和 1993 年在我国台湾和香港地区注册了“金莎”商标。1984 年至 1993 年，“费列罗”巧克力进入中国大陆（内地）市场，主要在当时政策所允许的特定场所销售。被告蒙特莎公司及被告的投资方张家港市乳品一厂于 1990 年开始生产销售和推广金莎巧克力，其包装、装潢与“费列罗”巧克力的包装、装潢在整体印象和主要部分上相近似。原告于 2004 年起诉被告。一审法院认为：被告的巧克力自 1990 年代中期便逐步在全国范围内知名，并于 2004 年被评为中国名牌产品；原告的巧克力于 1993 年之后才开始扩大销售范围，近几年才成为国内知名商品。这两种商品在市场上共存十多年，且被告的商品比原告的商品更加出名。

---

① 刘继峰．反不正当竞争法中“一定影响”的语义澄清与意义验证．中国法学，2020（4）．

② 对被告的恶意也可以通过知名度以外的其他因素，如商标“抢注”行为、对原告商品不同层面的模仿，原、被告之间的关系等，加以判断，如“粤蒲”案［广州知识产权法院（2018）粤 73 民终 4628 号民事判决书］。

③ 国家工商行政管理局令第 33 号（1995 年 7 月 6 日发布）。

④ 刘维．试论我国禁止仿冒原则．知识产权，2012（6）．

⑤ 如“良工”案［河北省保定市中级人民法院（2019）冀 06 民初 65 号民事判决书］。

一审法院因此认为，这两种商品之间不存在混淆可能性。二审法院认为：《反不正当竞争法》（1993年）所规定的知名商品，是指已在特定市场销售并为相关公众知晓的商品。对商品的知名状况的评价应根据其在国内外特定市场的知名度综合判定，不能理解为仅指在中国境内知名。据此，二审法院认可了原告此前在国际市场上的知名度，进而认定被告擅自使用了原告之知名商品特有的包装、装潢。最高人民法院再审时基本认可二审法院的结论，但也表示，“在国际已知名的商品，我国法律对其特有名称、包装、装潢的保护，仍应以在中国境内为相关公众所知悉为必要”。考虑到混淆条款与商标权保护在理论上的相似性，最高人民法院的意见更符合知识产权地域性原理。由此可以看出，由于知名度认定具有不确定性和灵活性，法官可以在个案中结合其他相关因素来调整知名度门槛的高低，而这些因素中就包含被告的恶意。尽管最高人民法院在这方面有所保留，但二审法院的认定思路还是对此有所体现：被告擅自使用了原告的包装、装潢，而不是自行设计；被告甚至申请注册并使用了原告在我国台湾和香港地区所注册、使用的汉字商标“金莎”。正是在这些情形下，我们可以看到反不正当竞争法基本原则所起到的重要作用：禁止不诚信的商业行为。

在保护国内企业在对外贸易中使用的外文企业名称时，法院采用了同样的思路。在“天容”案中，原告天容公司在出口到印度的农药产品上使用英文企业名称“JIANGSU TIANRONG GROUP CO.，LTD”，且该英文企业名称已经在印度农业部登记。[①] 被告昊华公司在向印度出口农药产品时使用了同样的英文名称。法院认为，被告主观上具有仿冒的故意，客观上引人误认为其商品是天容公司的商品，挤占了天容公司的出口市场份额，给天容公司造成了损害。

四、混　淆

在前述三项具体调整之外，2017年《反不正当竞争法》的修订还在根本上将原来只适用于五种商业标志的混淆条款扩展为禁止混淆行为的一般条款。这在规则和实践层面对混淆的概念、类型及认定思路产生了整体性影响。

（一）混淆的概念和类型

根据《巴黎公约》第10条之二，造成混淆的对象包括竞争者的营业场所、商品或工商业活动。1993年《反不正当竞争法》则将混淆的后果界定为“使购买者误认为是该知名商品”（第5条第2项）或“引人误认为是他人的商品”（第5条第3项），范围较《巴黎公约》规定的要窄。实际上，关于商品的混淆存在两种情形，均应由反不正当竞争法加以规制：其一，消费者对商品的提供者产生混淆；其二，消费者对商品的提供者未发生混淆，但误以为被告的商品与原告的商品具有相同的特点或品质，从而形成对商品的混淆误认。[②]

最高人民法院参考商标法上基于识别功能的破坏来确认有无混淆的做法，将与知名商品发生混淆解释为“足以使相关公众对商品的来源产生误认，包括误认为与知名商品的经

① 参见上海市浦东新区人民法院（2015）浦民三（知）初字第1887号民事判决书。

② 例如，快餐店A销售名为“上校鸡块”的炸鸡食品，快餐店B随即销售同样名为“上校鸡块”的炸鸡食品。B店里的消费者很清楚，鸡块的提供者是B店而非A店。

营者具有许可使用、关联企业关系等特定联系”（2007 年《不正当竞争解释》第 4 条）。该解释虽然将混淆的范围限于商品来源的混淆，而未涵盖商品自身的混淆，但同时也将混淆的类型拓展至包括关联关系混淆在内。2017 年《反不正当竞争法》第 6 条采纳了上述商标法进路，使混淆包括来源混淆（“误认为是他人商品”）和关联关系混淆（“与他人存在特定联系”）。就“特定联系”而言，《反不正当竞争法解释》第 12 条第 2 款进一步将原来的“许可使用、关联企业关系”扩展为“商业联合、许可使用、商业冠名、广告代言等”。

就混淆标准而言，虽然《反不正当竞争法》和《巴黎公约》定义的有所不同，但法院适用混淆条款为商业标志提供保护以制止混淆，在实践中能够与《巴黎公约》的规定产生相同的效果。这是因为，在认定反不正当竞争法上的混淆时，法院采取了商标法上混淆可能性的认定思路，即通过比较原、被告双方的商业标志以及商品或服务类别来认定混淆。① 一旦商业标志相同或近似，商品或服务类别相同或类似，将直接推定具有混淆可能性。法院并不考虑这一混淆到底是商品来源的混淆还是商品自身的混淆。这种相对固化的程式化做法实际上能够制止所有类型的混淆，因为无论是哪一种混淆，最终都可以被归入来源混淆或关联关系混淆。这种做法无疑有利于混淆纠纷案件中的原告，正如商标法上的混淆可能性认定方法更加有利于注册商标权人。

2013 年《商标法》修改，正式引入混淆可能性概念（第 57 条第 2 项）。之后，2017 年《最高人民法院关于审理商标授权确权行政案件若干问题的规定》（2020 年有修正）第 12 条规定，商标法上混淆可能性的认定应当综合考量如下因素以及因素之间的相互影响：商标标志的近似程度、商品的类似程度、请求保护商标的显著性和知名程度、相关公众的注意程度、商标申请人的主观意图、实际混淆的证据。其实，这一司法解释并未确立一项新规则，而是对此前商标法领域司法实践的总结。在考察反不正当竞争法领域有关混淆认定的司法实践时，商标法领域的上述认定思路能够提供重要参照。

（二）混淆可能性的认定

由于采用了商标法上混淆可能性的认定思路，《反不正当竞争法》对混淆行为的简单定义并未妨碍实践中适用混淆条款制止所有类型的混淆行为。② 不过，《反不正当竞争法》对混淆的认定仍有其自身的特点。与商标法上判断商标侵权的做法颇为相似，法官在适用反不正当竞争法中的混淆条款时，通常考虑以下因素来认定是否存在混淆：（1）商业标志是否具有显著特征或不同于相关商品上常用的标志；（2）商业标志或商品是否具有知名度；（3）双方的标志是否相似；（4）双方的商品或服务是否相似；（5）被告是否有恶意行为；（6）被告的行为是否给原告造成损失或被告已经对原告的商誉构成“搭便车”。③ 值得注意的是，因素（1）和（2）的作用在于认定原告是否具有值得保护的商业标志利益，因素

---

① 孔祥俊．论反不正当竞争法修订的若干问题：评《中华人民共和国反不正当竞争法（修订草案）》．东方法学，2017（3）．另外，《反不正当竞争法解释》第 12 条第 3 款规定：“在相同商品上使用相同或者视觉上基本无差别的商品名称、包装、装潢等标识，应当视为足以造成与他人有一定影响的标识相混淆。”

② 刘继峰．反不正当竞争法中“一定影响”的语义澄清与意义验证．中国法学，2020（4）．可参见“六个核桃”案［最高人民法院（2020）最高法民申 2294 号民事裁定书］。

③ 孔祥俊．反不正当竞争法的创新性适用．北京：中国法制出版社，2014：164．王太平，袁振宗．反不正当竞争法的商业标识保护制度之评析．知识产权，2018（5）．

(2)、(3) 和 (4) 用于考量混淆可能性的有无，因素 (5) 和 (6) 则是认定混淆可能性的额外参考因素。这三个方面与法院在混淆纠纷案件中分析混淆有无的三个步骤相对应。

第一步，法院在审理混淆纠纷案件时通常会从确定原告的受保护标志或合法利益来展开分析，尽管反不正当竞争法在理论上被认为是规制竞争者行为的行为法而非保护民事权利的财产法（如商标法）。[①] 这再一次向我们展现了商标法思路之于反不正当竞争法中的混淆条款之适用在实践层面的重要影响。这一步的工作在某种程度上相当于商标审查工作，同时还要找出诉讼的法律依据。2007 年《不正当竞争解释》进一步强化了这种思路，要求反不正当竞争法上的“特有的名称、包装、装潢”具有区别商品来源的显著特征（第 2 条第 1 款）；通用的、描述性的或具有功能性的商业标志一般不受保护，除非通用的或描述性的标志获得了第二含义（第 2 条第 2 款）。该规定是对商标法上商标显著性认定规则的直接复制（2001 年《商标法》第 9 条、第 11 条、第 12 条）。《反不正当竞争法解释》更是将这种思路扩展至各类未注册标志（第 4 条第 1 款）。不同之处在于，在商标法上，具有固有显著性的标志一经获准注册即受保护；在反不正当竞争法上，有一定知名度的标志才受保护，无论该标志是具有“固有”的显著特征还是通过使用获得显著特征。不过，描述性的标志所需具备的知名度的门槛值会更高，具有“固有”的显著特征的标志的知名度要求则相对较低。此外，即使通用的或描述性的标志获得了第二含义，对该标志的描述性使用仍然是混淆行为的例外。[②]

就第二步而言，虽然对未注册商业标志混淆的认定思路十分接近注册商标混淆可能性的认定，但法院在认定原、被告的商业标志之间、商品或服务之间的相同或近似时，相对于商标领域而言具有更大的自由裁量空间。就原、被告的商品名称、包装或装潢之间的相同或近似如何认定，法院可以参照商标相同或者近似的判断原则和方法（《不正当竞争解释》第 4 条第 3 款，《反不正当竞争法解释》第 12 条第 1 款）。《商标纠纷解释》第 10 条规定，认定商标相同或者近似的原则包括：(1) 以相关公众的一般注意力为标准。(2) 既要进行对商标的整体比对，又要进行对商标主要部分的比对。比对应当在比对对象隔离的状态下分别进行。(3) 应当考虑请求保护注册商标的显著性和知名度。在判断包装、装潢的近似性时，与判断商标的近似性相比，这些原则和方法的应用具有不同形式。由于商品的包装和装潢之间的物理联系紧密，大多数情况下很难将两者明确区分开来。但是，混淆行为的认定标准是混淆的可能性，原告可以要求保护包装或装潢其中之一，也有可能根据案件具体情况要求同时保护二者。现实中，由于意识到区分包装和装潢的难度较高且必要性不大，法院会接受商业外观（trade dress）的概念以保护商品的整体外观。此外，在认定是否存在模仿或混淆时，法院也会考虑认定的装饰元素或商品容器所表现出的个性化特征。这就导致，反不正当竞争法对包装、装潢的保护标准与外观设计领域的保护标准具有很大的共性，都应基于商品的整体外观来评估相关公众的认识，同时考虑包装或装潢中独特元素的影响。在“费列罗”案中，一审法院和二审法院都认为，由于原、被告之商品的外观（包装、装潢的整体形象）相似，因此存在混淆的可能性。

---

① 郑友德，万志前．论商标法和反不正当竞争法对商标权益的平行保护．法商研究，2009 (6)．

② “避风塘”案［上海市高级人民法院 (2003) 沪高民三（知）终字第 49 号民事判决书］//最高人民法院公报，2004 (6)．

就原、被告之商品或服务类似性的判断而言，反不正当竞争法未作规定。在认定混淆时对商品或服务的类似性展开分析，是采用商标侵权认定思路的必然结果。而从反不正当竞争法自身的角度来看，“混淆”（尤其是“与商品有关的混淆”）这一概念本身就已经内在地要求对商品或服务的类似性作出判断。① 反不正当竞争法领域关于商品或服务的类似性的判断较商标法领域的更加客观，这是两法在立法背景和理论认识上的差异所引起的。在商标法领域，《商标纠纷解释》第 11 条第 1 款规定，对商品的相似性应当从商品的功能、用途、生产部门、销售渠道、消费对象等各方面进行判断。但实践中，商标审查机关和法院都高度依赖《类似商品和服务区分表》。② 区分表以《尼斯协定》为基础，将每个类别下的商品分为若干群组，原则上同一群组下的商品被推定为相似，而不同群组的商品被推定为不相似。③ 为了避免判断的任意性，商标审查员或法官始终严格遵守区分表，很少推翻基于类似群组所推定的商品类似性。相比之下，在反不正当竞争法领域，由于法律和司法解释都没有规定商品类似的认定规则，法院可以更好地参照适用《商标纠纷解释》第 11 条第 1 款的规则。原国家工商行政管理总局在答复天津市工商行政管理局时甚至认为，在不相同、不类似的商品上擅自使用他人知名商品特有的名称、包装、装潢，造成或者足以造成混淆或者误认的，也可以认定为不正当竞争行为。④

在给出混淆可能性存在的结论时，被告的恶意和对原告之商誉的“搭便车”是发挥确认或加强作用的两项补充性因素。混淆行为和其他不正当竞争行为一样，是一种违反商业诚信的行为。这种道德层面的考虑在反不正当竞争法的适用中一直发挥重要作用。商业标志之间和商品之间的机械比较，不一定能让法院得出是否存在混淆可能性的结论。在这种情况下，法院通常会通过考察被告的恶意来认定不正当竞争行为的构成。在“费列罗”案中，考虑到被告商品的知名度高且原、被告的商品在市场上共存十多年，一审法院认为不存在混淆可能性。二审法院和最高人民法院则认为存在混淆可能性，因为被告对原告之包装的模仿和对原告的商标的“抢注”表明被告具有恶意。即使在商业标志近似、商品类似，足以认定混淆可能性的情况下，法院仍会强调被告的恶意，从而教育或者说告诫经营者诚信行事。至于对原告之商誉的“搭便车”，其实是混淆行为的后果。但是，在分析商业标志之间以及商品之间的相似性时，法官往往会以被告搭原告便车的可能性为导向。如果商品在功能、营销渠道等方面相似，则“搭便车”的可能性较高。有时，即使商品之间不那么相似，也可能存在“搭便车”的可能性，极端的例子是对名人姓名或角色形象的“搭便车”。⑤ 从这个角度来看，与传统商标侵权纠纷案件中商品类似的认定相比，“搭便车”理论支持法院在更大范围内认定商品之间类似。换言之，混淆条款对商品的保护，可以达到淡化理论对驰名商标的保护程度。

---

① 刘继峰．反不正当竞争法中“一定影响”的语义澄清与意义验证．中国法学，2020（4）．

② 国家知识产权局商标局编著．类似商品和服务区分表：基于尼斯分类第十一版（2022 文本）．北京：知识产权出版社，2022．

③ 例如，第二十五类“服装，鞋，帽”被区分为 13 个群组。

④ 《国家工商行政管理局关于在非相同非类似商品上擅自将他人知名商品特有的名称、包装、装潢作相同或者近似使用的定性处理问题的答复》（工商公字〔1998〕第 267 号）。

⑤ 在域名争议有关案件中，法院曾认定，将名人的姓名注册为域名构成擅自使用他人姓名的不正当竞争行为。参见“周立波”案［上海市高级人民法院（2011）沪高民三（知）终字第 55 号民事判决书］。

参考书目

一、中文文献

［1］刘春田．知识产权法．5 版．北京：高等教育出版社，2015.

［2］郑成思．知识产权法．北京：法律出版社，2003.

［3］李明德．知识产权法．2 版．北京：法律出版社，2014.

［4］吴汉东．知识产权法．6 版．北京：中国政法大学出版社，2012.

［5］冯晓青．知识产权法．北京：中国政法大学出版社，2015.

［6］李琛．知识产权法关键词．北京：法律出版社，2011.

［7］王迁．知识产权法教程．4 版．北京：中国人民大学出版社，2014.

［8］郭禾．商标法教程．北京：知识产权出版社，2004.

［9］曾陈明汝．商标法原理．北京：中国人民大学出版社，2003.

［10］孔祥俊．商标法适用的基本问题．北京：中国法制出版社，2014.

［11］王莲峰．商标法．北京：清华大学出版社，2008.

［12］胡开忠．商标法学教程．北京：中国人民大学出版社，2008.

［13］孔祥俊．最高人民法院知识产权司法解释理解与适用．北京：中国法制出版社，2012.

［14］陈锦川．商标授权确权的司法审查．北京：中国法制出版社，2014.

［15］周云川．商标授权确权诉讼：规则与判例．北京：法律出版社，2014.

［16］北京市高级人民法院知识产权庭．北京法院商标疑难案件法官评述．北京：法律出版社，2012.

［17］北京市高级人民法院知识产权庭．北京法院商标疑难案件法官评述．北京：法律出版社，2013.

［18］北京市高级人民法院知识产权庭．知识产权诉讼实务研究．北京：知识产权出版社，2008.

［19］钟鸣．商标与不正当竞争裁判规则．北京：法律出版社，2020.

［20］［奥］博登浩森．保护工业产权巴黎公约指南．汤宗舜，译．北京：中国人民大学出版社，2003.

[21] 孔祥俊．反不正当竞争法新原理．北京：法律出版社，2019.

[22] 谢晓尧．在经验与制度之间 不正当竞争司法案例类型化研究．北京：法律出版社，2010.

二、外文文献

[1] Jérome Passa，Droit de la propriete industrielle（Tome I），L. G. D. J.，2006.

[2] Jacaues Azéma，Jean-Christophe Galloux，Droit de la propriété industrielle，6e édition，Dalloz，2006.

[3] Mary LaFrance，Understanding Trademark Law，2nd edition，LexisNexis，2009.

[4] David I. Bainbridge，Intellectual Property，9th edition，Harlow，Pearson，2012.

[5] Carlos M. Correa，Trade Related Aspects of Intellectual Property Rights，A Commentary on the TRIPs Agreement，Oxford University Press，2007.

《　　　　　　　》※任课教师调查问卷

为了能更好地为您提供优秀的教材及良好的服务，也为了进一步提高我社法学教材出版的质量，希望您能协助我们完成本次小问卷，完成后您可以在我社网站中选择与您教学相关的 1 本教材作为今后的备选教材，我们会及时为您邮寄送达！如果您不方便邮寄，也可以申请加入我社的**法学教师 QQ 群：436438859（申请时请注明法学教师）**，然后下载本问卷填写，并发往我们指定的邮箱（cruplaw@163.com）。

邮寄地址：北京市海淀区中关村大街甲 59 号中国人民大学出版社文化大厦 1202 收

邮　　编：100080

再次感谢您在百忙中抽出时间为我们填写这份调查问卷，您的举手之劳，将使我们获益匪浅！

基本信息及联系方式：※

姓名：＿＿＿＿＿＿ 性别：＿＿＿＿＿＿ 课程：＿＿＿＿＿＿

任教学校：＿＿＿＿＿＿＿＿＿＿ 院系（所）：＿＿＿＿＿＿

邮寄地址：＿＿＿＿＿＿＿＿＿＿ 邮编：＿＿＿＿＿＿

电话（办公）：＿＿＿＿＿＿ 手机：＿＿＿＿＿＿ 电子邮件：＿＿＿＿＿＿

调查问卷：※

1. 您认为图书的哪类特性对您使用教材最有影响力？（　　）（可多选，按重要性排序）

A. 各级规划教材、获奖教材　　B. 知名作者教材

C. 完善的配套资源　　D. 自编教材

E. 行政命令

2. 在教材配套资源中，您最需要哪些？（　　）（可多选，按重要性排序）

A. 电子教案　　B. 教学案例

D. 教学视频　　C. 配套习题、模拟试卷

3. 您对于本书的评价如何？（　　）

A. 该书目前仍符合教学要求，表现不错将继续采用

B. 该书的配套资源需要改进，才会继续使用

C. 该书需要在内容或实例更新再版后才能满足我的教学，才会继续使用

D. 该书与同类教材差距很大，不准备继续采用了

4. 从您的教学出发，谈谈对本书的改进建议：＿＿＿＿＿＿＿＿＿＿

＿＿＿＿＿＿＿＿＿＿＿＿＿＿＿＿＿＿＿＿

＿＿＿＿＿＿＿＿＿＿＿＿＿＿＿＿＿＿＿＿

选题征集：如果您有好的选题或出版需求，欢迎您联系我们：

联系人：黄　强　联系电话：010-62515955

索取样书：书名：＿＿＿＿＿＿＿＿＿＿＿＿＿＿

书号：＿＿＿＿＿＿＿＿＿＿＿＿＿＿＿＿＿＿

备注：※为必填项。